Hans Lenk · Günter Ropohl

Systemtheorie als Wissenschaftsprogramm

Athenäum Verlag · Königstein/Ts.
1978

Gesamtherstellung: Hain-Druck KG, Meisenheim/Glan
Printed in Germany
ISBN 3-7610-8003-4

Inhalt

Vorwort

In den letzten Jahren sind wissenschaftliche Konzeptionen bekannt geworden, die als Systemtheorie auftreten oder doch für sich in Anspruch nehmen, mit systemtheoretischen Mitteln zu arbeiten. Eine breitere Öffentlichkeit haben vor allem die sogenannten Weltmodelle gefunden, die J. W. Forrester, D. Meadows, M. Mearović, E. Pestel und andere im Auftrag des Club of Rome entwickelt haben, um mögliche Zukünfte des „Raumschiffs Erde" in Berechnungsexperimenten auf dem Computer zu ermitteln. „Grenzen des Wachstums", so wurde gefordert, müsse sich die „Menschheit am Wendepunkt" auferlegen, wenn sie im 21. Jahrhundert überhaupt noch bestehen wolle. In der leidenschaftlichen Diskussion dieser Thesen sind neben den sachhaltigen Voraussetzungen und Annahmen der Modellbauer auch die systemtheoretischen Ansätze auf höchst kritische Aufmerksamkeit gestoßen, weil damit offenkundig methodisches Neuland betreten worden war. Während es sich bei diesen Weltmodellen um Anwendungen einer mathematisch-kybernetisch orientierten Systemtheorie handelt, ist das sozialwissenschaftlich interessierte Publikum in der vielbeachteten Kontroverse zwischen N. Luhmann und J. Habermas einer ganz anders gearteten „Systemtheorie" begegnet, die wohl eher als spekulative Sozialphilosophie einzuschätzen ist.

„Systemtheorie" ist infolgedessen zu einer geläufigen Vokabel geworden. Umso unschärfer jedoch sind weithin die Vorstellungen, die sich damit verbinden. Daran sind freilich auch manche Systemtheoretiker, die diese Bezeichnung verdienen, nicht unschuldig; korrekte Einführungen sind dünn gesät und zeichnen sich selten durch begriffliche und methodologische Klarheit aus. Darunter leiden dann natürlich auch die Anwendungen des systemtheoretischen Ansatzes, die inzwischen in zahlreichen Disziplinen unternommen worden sind. Systemtheoretische Konzepte finden sich heute insbesondere in der Biologie und Ökologie, in Betriebswirtschaftslehre, Organisationstheorie und Arbeitswissenschaft, in den Ingenieur- und Planungswissenschaften, in Wissenschafts- und Technikforschung, in der Pädagogik und in der Politologie; die „strukturell-funktionale" Theorie sozialer Systeme kann nur unter Vorbehalt mit diesen Forschungstendenzen in Zusammenhang gebracht werden und ist in diesem Buch lediglich am Rande zu erwähnen.

Tatsächlich kann sich der systemtheoretische Ansatz als ein neues Wissenschaftsprogramm ausweisen: Die Systemtheorie beruht auf ganz bestimmten kognitiven und normativen Vorentscheidungen, die sich vor allem in der Interdisziplinarität ihres konzeptionellen Rahmens, in der Globalität ihrer Erkenntnisperspektive und in der pragmatischen Ausrichtung ihrer methodologischen Standards zeigen. Daran mag es liegen, daß die herrschenden wissenschaftstheoretischen Schulen, weil an den Paradigmen etablierter Wissenschaftsprogramme orientiert, die Systemtheorie entweder ignoriert oder doch in ihrer Eigenart verkannt haben. Lediglich gewisse Spielarten des dialektischen Materialismus, so etwa die Arbeiten von G. Klaus, haben sich bemüht, der Systemtheorie gerecht zu werden, ohne freilich von der einschlägigen Orthodoxie widerstandslos akzeptiert zu werden. Der bundesdeutsche Neomarxismus hingegen neigt dazu, dieses Wissenschaftsprogramm als „szientistisch", als „technokratisch" oder gar als „Werkzeug eines spätkapitalistischen Krisenmanagements" abzulehnen. Auch hermeneutischen Positionen scheint die Systemtheorie, vermutlich ihrer mathematisch-naturwissenschaftlichen Herkunft und ihrer Affinität zur Computeranwendung wegen, durchweg suspekt zu sein. Der Kritische Rationalismus schließlich vermag sich mit Systemansätzen nicht so recht anzufreunden, weil insbesondere seine zentrale Forderung nach prinzipieller Falsifizierbarkeit bei komplexen Systemmodellen nicht ohne weiteres einzulösen ist.

Dieses Buch hat sich daher zwei Aufgaben gestellt: Zum einen will es eine korrekte und interdisziplinär verständliche Einführung in die authentische Systemtheorie und einige ihrer Anwendungen geben. Zum zweiten aber soll der Band einen Beitrag zur erkenntnis- und wissenschaftstheoretischen Grundlegung der Systemtheorie leisten und die forschungsstrategischen Chancen dieses neuen Wissenschaftsprogramms herausarbeiten. Der *erste Aufsatz* in diesem Buch macht den Leser mit den grundlegenden Vorstellungen der allgemeinen Systemtheorie vertraut. Nach einem einleitenden Rückblick auf systemtheoretische Motive in der abendländischen Denktradition werden die Wurzeln der modernen Systemtheorie skizziert. An einen Abriß verschiedener Auffassungen zum Systembegriff schließt sich ein mengenalgebraisch präzisierter Definitionsvorschlag an, der alle bedeutsamen Merkmale aktueller Systemkonzepte in kohärenter Form vereinigt und weitere Grundbegriffe der Systemtheorie wie „Funktion", „Struktur", „Hierarchie" usw. verständlich macht. Ein folgender Abschnitt behandelt, weitere Grundbegriffe erläuternd, verschiedene Arten von Systemen und weist nach, daß dafür vorliegende spezielle Systemtheorien sich aus der allgemeinen Systemtheorie ableiten lassen; gegenüber soziologischen „Systemtheorien" sind allerdings Vorbehalte anzumelden. Abschließend wird die Bedeutung der Systemtheorie als Wissenschaftsprogramm gewürdigt.

War schon im ersten Aufsatz auf den Modellcharakter der Systemtheorie hingewiesen worden, so legt *H. Stachowiak* mit seinem Beitrag das erkenntnis- und wissenschaftstheoretische Fundament des „Modellismus". Von einer kritischen Würdigung des Popperschen kritischen Rationalismus ausgehend entwickelt der Autor die Auffassung, daß aus dem Verzicht auf letzte Begründungen „wahrer" Erkenntnis notwendigerweise die pragmatische Legitimationsbedürftigkeit der Wissenschaft erwächst: Alles Wissen

ist ein „Wissen wozu", und jede Erkenntnisbemühung hat sich, ohne dadurch in kruden Utilitarismus zu verfallen, in einem „pragmatischen Entschluß" ihrer zugrundeliegenden Intentionen zu vergewissern. Erst mit einem solchen aufgeklärten und liberalen „Neopragmatismus" läßt sich der zunächst irritierende Spielraum möglicher systemtheoretischer Modellierungen bewältigen, indem er jeweils auf jene spezifische Modellbildung eingeschränkt wird, die in einer bestimmten Situation für ein bestimmtes Forschungssubjekt dem Untersuchungszweck besonders angemessen erscheint. Abschließend skizziert Stachowiak die an Humanismus und Aufklärung orientierte Wertbasis dieses erkenntnistheoretischen Konzepts.
Auch der Beitrag von *H. Rampacher* signalisiert die pragmatische Wende, die sich im Wissenschaftsverständnis gegenwärtig abzuzeichnen beginnt und mit dem systemtheoretischen Wissenschaftsprogramm so eng verbunden ist. Die Fülle von Information, die in Forschungsprozessen hervorgebracht wird, ist gegenwärtig für Aufklärungs- und Steuerungsaufgaben der gesellschaftlichen Praxis kaum zugänglich, da geeignete Maßnahmen und Einrichtungen pragmatischer Informationsaufbereitung und -vermittlung noch nicht zur Verfügung stehen; der disziplinäre, auf Einzelaspekte spezialisierte Charakter des herrschenden Wissenschaftsbetriebs tut ein übriges, die problemorientierte Integration des Wissens zu erschweren. Rampacher konzipiert daher ein umfassendes pragmatisches Informationssystem, das in einem Dialog zwischen Mensch und Computer praxisrelevante Ermittlungs- und Entscheidungsmodelle für beliebige Problemsituationen zu bilden und auszuwerten gestattet; bei der Entwicklung der dafür erforderlichen Dialogsprachen wird der allgemeinen Systemtheorie eine besondere Rolle zukommen
Auch *U. Niederwemmer* geht den Bedingungen für eine an praktischen Problemlagen orientierte Optimierung des Wissenschaftssystems nach. Während Rampacher, die Perspektive Stachowiaks weiterführend, wissenschafts- und modelltheoretische Gesichtspunkte in den Vordergrund stellte, konzentriert sich Niederwemmer auf die institutionelle und organisationssoziologische Seite der Wissenschaftsforschung und skizziert die Struktur des bundesdeutschen Forschungssystems. Der Beitrag umreißt einen systematischen Rahmen, der von einer innovations- und praxisorientierten Wissenschaftssoziologie in Zukunft auszufüllen sein wird, wenn die Aufbau- und Ablaufprinzipien der Hervorbringung, der Vermittlung und der Verwendung wissenschaftlicher und technologischer Ergebnisse besser verstanden und beherrscht werden sollen.
Der Beitrag von *P. Jansen* entwirft ein methodologisches Modell des systemtheoretischen Problemfindungs- und -lösungsprozesses. Dieses Modell wird mit Mitteln der Mengenalgebra formalisiert, doch sind die Textpassagen auch für den mathematisch weniger Geübten mit Gewinn zu lesen. Drei Merkmale zeichnen Jansens idealtypischen Entwurf vor allem aus: Erstens wird die Entdeckung von Problemen methodisch in die sy-

stemtheoretische Arbeit einbezogen, wodurch reaktiv-defensive durch offensiv-antizipative Strategien kollektiver Existenzbewältigung ersetzt werden; zweitens sind problemlösende Handlungsalternativen vor ihrer Realisierung auf alle ihre möglichen Folgen hin zu analysieren, damit nicht später in Erscheinung tretende Nebenwirkungen den Erfolg einer Problemlösung empfindlich beeinträchtigen; und drittens werden die möglichen Lösungsalternativen und ihre Folgen in demokratischen Diskussionsprozessen hinsichtlich aller relevanten Wert- und Zielvorstellungen beurteilt, wobei formale Prozeduren zwar zur rationalen Strukturierung und Versachlichung der Bewertungsvorgänge beitragen, nicht jedoch in zwangsläufigen Optimierungsautomatismen die schlechthin beste Lösung deduzieren können. Abschließend erörtert der Autor institutionelle Realisierungsmöglichkeiten dieses methodologischen Konzepts.
Eine besonders bekannte Anwendung der Systemtheorie ist, wie gesagt, die Computersimulation, die in Jansens Entwurf insbesondere der Folgenanalyse für alternative Handlungsstrategien zuzurechnen ist. Damit man solche Entwicklungsmöglichkeiten mithilfe der elektronischen Datenverarbeitung durchspielen kann, müssen entsprechende Systemmodelle gebildet und für den Computer programmiert werden. *H. Bossel* stellt in seinem Beitrag die Anforderungen zusammen, denen solche Modelle genügen sollten, und zeigt, daß der Modellansatz von M. D. Mesarović und E. Pestel, der bekanntlich dem zweiten Bericht an den Club of Rome zugrundelag, diese Anforderungen erfüllt. Im letzten Teil seiner Untersuchung vermittelt der Autor einen Überblick über die Arbeiten, die im Rahmen dieses Modellansatzes bislang unternommen wurden.
S. Harbordt dagegen gibt eine kritische Darstellung methodologischer und gesellschaftspolitischer Probleme, die mit der Computersimulation zusammenhängen. Vor allem hebt der Verfasser hervor, daß die Modelle, deren Gültigkeit bei der Simulation zu unterstellen ist, häufig gar nicht oder nur unzureichend getestet sind, und daß ihr empirischer Gehalt und damit auch die Aussagefähigkeit der Simulationsergebnisse ungewiß bleiben. Weitere methodologische Schwierigkeiten betreffen die Behandlung von Wertungen bei der Modellbildung und Simulation. Schließlich sieht Harbordt die Gefahr einer „Computer-Diktatur" darin begründet, daß sich des neuen Instruments vorwiegend mächtige Interessenverbände und Herrschaftsapparate bedienen dürften, die durch solche Monopolisierung von Information die politischen Mitwirkungsmöglichkeiten des einzelnen weiter einschränken können.
Systemtheoretische Forschungs- und Planungstätigkeit ist, nicht zuletzt ihrer pragmatischen Orientierung wegen, immer wieder mit Wert- und Zielproblemen konfrontiert. Um dabei weder unreflektiertem Dezisionismus noch technokratischer Präpotenz zu verfallen, widmet die Systemforschung der rationalen Rekonstruktion von Zielfindungs- und Zielsetzungsprozessen große Aufmerksamkeit. Mit diesem Thema beschäftigt

sich der Beitrag von *Ch. Zangemeister*. Regelmäßig wird eine Entscheidungssituation nicht lediglich von einem einzelnen Ziel, sondern von einem ganzen Bündel miteinander verflochtener Ziele, d.h. von einem Zielsystem bestimmt. Aufgabe der Zielplanung ist es, die Elemente eines solchen Zielsystems und deren wechselseitige Beziehungen sowohl hinsichtlich der zugrundeliegenden Werte als auch hinsichtlich der möglichen Handlungsalternativen zu ermitteln, präzise zu beschreiben und zu ordnen. Der Autor verdeutlicht solche Vorgehensweisen am Beispiel eines gesellschaftspolitischen Zielsystems, das im Auftrag einer Landesregierung ausgearbeitet wurde.

K. W. Deutsch beschreibt die Verhaltensänderungen eines politischen Systems, die mit der Erkenntnis neuer Probleme, mit der Aufstellung neuer Ziele und mit der Reorganisation von Ressourcen und Institutionen einhergehen, als Lernprozesse. Der Autor verbindet in dieser Analyse sozialwissenschaftliche und lerntheoretische Konzepte mit Ansätzen der kybernetischen Systemtheorie und erläutert seine Darstellung mit zahlreichen Beispielen aus der politischen Praxis. Ausführlich untersucht er die strukturellen und prozessualen Bedingungen, von denen eine gesteigerte Lernfähigkeit politischer Systeme zu erwarten ist, und rechnet insbesondere auch gesellschaftliche Konflikte, sofern sie das System nicht sprengen, zu den Faktoren fruchtbarer politischer Innovations- und Lernfähigkeit. Die sozialkybernetische Systemtheorie von Deutsch hebt sich in der Art, wie sie sozialen Wandel und Konflikt als konstitutive Systemeigenschaften thematisiert, deutlich von den harmonistischen und konservativistischen Tendenzen gewisser soziologischer „Systemtheorien“ ab.

Bezogen sich die Überlegungen von Deutsch sozusagen auf die Evolution politischer Systeme, so legt *E. Laszlo* mit seinem Beitrag eine systemphilosophische Studie zum Evolutionsprinzip im allgemeinen vor und behandelt jene Systemcharakteristika, in denen, trotz aller Vielfalt evolutiver Erscheinungen, eine durchgängige Invarianz begründet ist. Es sind dies: die strukturelle Ordnung und die daran geknüpfte Nichtreduzierbarkeit bestimmter Systemeigenschaften; die Selbststabilisierung mit Hilfe einfacher oder verschachtelter Rückkopplungsmechanismen; die Selbstorganisation als Prozeß planmäßiger Strukturänderung; sowie die Hierarchisierung als Verknüpfung einfacher Systeme zu komplexeren Systemen und die Fortsetzung solcher Systembildungen auf immer höheren Stufen. Mit diesen Überlegungen stellt der Verfasser einige typische Konzepte der allgemeinen Systemtheorie in einen größeren gewissermaßen naturphilosophischen Zusammenhang.

Im *letzten Beitrag* schließlich werden wissenschaftstheoretische Thesen zum Paradigma und zum Programm der Systemtheorie entwickelt. Legt man die strengen Maßstäbe der analytischen Wissenschaftstheorie an, so erweist sich der Systemansatz als ein Bündel verschiedener keineswegs kongruenter Modellkonzepte, die keine erfahrungswissenschaftliche

Theorie im engeren Sinne bilden; die kaum Gesetze im natur- oder sozialwissenschaftlichen Sinn umfassen und strikten Bewährungskriterien selten standhalten; die insofern auch keine exakten Prognosen zu liefern vermögen; die schließlich deskriptive und normative Komponenten in gelegentlich unentwirrbarer Weise miteinander verbinden. Andererseits ist einzuräumen, daß praktische Planungs-, Entscheidungs- und Gestaltungsprobleme dringend systematische Lösungsansätze von der Art erfordern, wie sie die Systemtheorie als planungs- und handlungswissenschaftliches Programm verspricht; soweit die Problemlösungen unaufschiebbar sind, wird die gegenwärtige methodische Unvollkommenheit der Systemtheorie vorläufig toleriert werden müssen, da nicht genügend abgesicherte Resultate immer noch besser sind als gar keine. Überdies liegt in solchen Mängeln eine fruchtbare Herausforderung für die Konfrontation und Kooperation zwischen Wissenschaftstheorie und Systemtheorie, wovon beide profitieren können: die eine, indem sich ihre Perspektive auf ein neues Paradigma der Forschungspraxis erweitert, und die andere, indem sie an methodologischer Reflexion und wissenschaftlicher Präzision gewinnt.

Die meisten Beiträge dieses Bandes sind aus Vorträgen und Referaten entstanden, die an der Universität Karlsruhe im Rahmen eines zweisemestrigen Seminars des Instituts für Philosophie und des Studium Generale gehalten wurden. Dank gebührt der Hochschulvereinigung Karlsruhe, die durch ihre Unterstützung diese Vortragsreihe ermöglichte. Im Falle der beiden Nachdrucke danken die Herausgeber für die entsprechenden Genehmigungen. Herrn M. Maring sei für die sorgfältige Korrekturarbeit gedankt.

Bei aller Verschiedenartigkeit der einzelnen Beiträge gewinnt doch in der Zusammenschau ein recht geschlossenes Bild Konturen, ein Bild, in dem die Systemtheorie als pragmatisches Wissenschaftsprogramm erscheint und neue Lösungen für das Spannungsverhältnis zwischen Theorie und Praxis erkennen läßt. Wenn schon von einer politischen Herausforderung der Wissenschaft gesprochen wird, so ist diese Herausforderung eine zweifache: Nicht nur fordert Politik die Wissenschaft heraus, was übrigens ihr gutes Recht ist, solange sie sich wissenschaftsfremder Gängelung und Bevormundung enthält; ebenso ist es die Wissenschaft, die, nicht zuletzt mit der Systemtheorie, die Politik herausfordert, indem sie neue Problemlösungspotentiale bereitstellt, die der politischen Praxis wachsende Rationalisierung und Demokratisierung zugleich erlauben und anempfehlen.

Hans Lenk
Günter Ropohl

G. Ropohl

Einführung in die allgemeine Systemtheorie)*

1. Einleitung

Die allgemeine Systemtheorie steht in dem Ruf, zu den jüngsten Leistungen zeitgenössischer Wissenschaft zu zählen. Darüber wird leicht vergessen, daß die Wurzeln heutigen Systemdenkens bis in die Anfänge der abendländischen Philosophie zurückreichen (Klaus/Buhr 1969, 389 ff; von Bertalanffy 1972 a, 21 ff). In der Tat wirft der Systembegriff fundamentale erkenntnistheoretische und ontologische Probleme auf. Heißt im Griechischen das Wort „systema" zunächst nur soviel wie „Zusammenstellung", so verweist schon dieser Ausdruck auf die elementare Erfahrung, daß die meisten Gegenstände, die sich unserer Beobachtung und unserem Denken stellen, nicht einfach, nicht einheitlich, nicht homogen, nicht ungegliedert sind, sondern sich bei genauerer Betrachtung als teilbar erweisen: Das „Ganze" des Gegenstandes ist aus „Teilen" „zusammengestellt". Dieser schlichte Satz ist es, der die Fragen – und Scheinfragen! – zweitausendjährigen Systemdenkens immer wieder provoziert hat:

- Sind Ganzheit und Teil voneinander unabhängige Kategorien oder wechselseitig, „dialektisch" aufeinander bezogen?
- Gibt es einen erkenntnistheoretischen oder ontologischen Primat der Ganzheit gegenüber dem Teil, oder gilt die umgekehrte Annahme?
- Trifft zu, was schon Aristoteles behauptet haben soll (von Bertalanffy 1972a, 21), daß „das Ganze mehr ist als die Summe seiner Teile"? Und wenn ja, worin besteht dieses „Mehr" (Nagel 1965)?
- Sind Phänomene wie Ordnung, Gestalt, Entwicklung und Leben nur durch die Hypostasierung einer Ganzheit sui generis verstehbar? Oder ist es möglich, solche Erscheinungen auf die jeweils konstituierenden Bestandteile zu reduzieren?

Es ist hier nicht der Ort, den zahlreichen Ausformungen nachzugehen, welche die Systemproblematik in der Philosophie erfahren hat. Immerhin können wir in erster Näherung zwei grundlegende Richtungen unterscheiden, die sowohl die speziellen Antwortversuche wie auch den allgemeinen Stil des Philosophierens und der wissenschaftlichen Arbeit charakterisie-

*) Frühere Fassungen dieses Textes wurden in einer Arbeitsgemeinschaft des Europäischen Forums Alpbach/Tirol 1971 sowie in interdisziplinären Seminaren an der Universität Karlsruhe diskutiert. Der Verfasser dankt allen, die mit kritischen Hinweisen und Anregungen geholfen haben, insbesondere den Herren Prof. Dr. L. Arnold, Bremen, Prof. Dr. H. Lenk und Prof. Dr. S. Moser, Karlsruhe, sowie Prof. Dr. F. Rapp, Berlin.

ren. Die eine Richtung verfolgt, ausgehend von Plato und Plotin, ein holistisches Prinzip, während die andere Richtung einem atomistischen Prinzip verpflichtet ist und sich bis zu Empedokles und Demokrit zurückverfolgen läßt. Dabei wollen wir die Epitheta ,,holistisch" und ,,atomistisch" in einem sehr allgemeinen Sinn verwenden und keinesfalls mit speziellen Lehren identifizieren; insofern glauben wir auch dem antiholistischen Verdikt des kritischen Rationalismus (Popper 1971, 61 f) zu entgehen, das sich wohl nur auf Perversionen des holistischen Prinzips beziehen kann. In unserem Verständnis markieren beide Prinzipien nichts anderes als Tendenzen in der Dimensionierung der Erkenntnisperspektive. Das *holistische Prinzip* favorisiert die Ganzheit, das Denken in übergreifenden Zusammenhängen, die Synthese des Disparaten, die Integration der Vielfalt, die Einheit in der Mannigfaltigkeit. Das *atomistische Prinzip* hingegen postuliert den Primat der Teile, die Analyse des Zusammengesetzten, die Differentiation des Komplexen, den Rekurs auf die einfachsten Elemente, die Spezialisierung auf die ausgesonderten Segmente.

Herrschte bis ins späte Mittelalter unter dem Einfluß theologischen Denkens das holistische Prinzip vor, so verdankt sich die – nicht umsonst als analytisch apostrophierte – Wissenschaft der Neuzeit einer Renaissance des atomistischen Prinzips. Eine exakte Wissenschaft, die im Wechselspiel von Theorie und Experiment nachprüfbare Aussagen über die Wirklichkeit gewinnen will, glaubt bis heute nicht umhinzukönnen, eng abgegrenzte Untersuchungsobjekte aus umfassenderen Komplexen herauszulösen, ideale Bedingungen der Abgeschlossenheit des ,,Teiles" gegenüber dem ,,Ganzen" zu fingieren und dessen Interdependenzen zu suspendieren. So formuliert schon Descartes (1960, 58f) im ,,Discours de la méthode pour bien conduire sa raison et chercher la vérité dans les sciences" die Grundregeln, ,,jede der Schwierigkeiten, die ich untersuchen würde, in so viele Teile zu teilen, als möglich und zur besseren Lösung wünschenswert wäre" und ,,zu beginnen mit den einfachsten und faßlichsten Objekten und aufzusteigen allmählich und gleichsam stufenweise bis zu der Erkenntnis der kompliziertesten", mit einem Wort, den Teilen den erkenntnistheoretischen Vorrang gegenüber dem Ganzen einzuräumen. Ohne Zweifel sind die Erfolge insbesondere der Naturwissenschaften sehr weitgehend diesem atomistischen Prinzip zuzuschreiben. Allerdings hatte die Wissenschaftspraxis ihren Preis dafür zu zahlen, indem sie, in Forschung und Lehre, einer zunehmenden Spezialisierung und Parzellierung unterlag: Das atomistische Prinzip entartet zur Atomisierung wissenschaftlicher Erkenntnis.

2. *Neuere Wurzeln der Systemtheorie*

Aber auch das holistische Prinzip war, vor allem in Philosophie, Geistes- und Gesellschaftswissenschaften – man denke nur an die Dialektik bei Hegel und Marx (Klaus/Buhr 1969, 239ff) – keineswegs in Vergessenheit geraten und erfuhr im ersten Drittel unseres Jahrhunderts in einigen Einzelwissenschaften, so in Biologie und Psychologie, einen bemerkenswerten Aufschwung, da die mechanistische Betrachtungsweise, die aus dem atomistischen Prinzip abgeleitet wurde, für die Erklärung lebender Organismen nicht auszureichen schien. Während sich nun holistisches Denken, etwa als „Neovitalismus" (H. Driesch) oder „Holismus" im engeren Sinne (J.C. Smuts; J. S. Haldane), in mystifizierender Ganzheitsmetaphysik verirrte und in seinen sozialphilosophischen Konsequenzen zu faschistischem Gemeinschaftspathos („Du bist nichts, das Volk ist alles!") pervertierte, war es Ludwig von Bertalanffy (1972 b), der, ausgehend von der Begründung einer „organismischen Biologie" als Synthese mechanistischer und vitalistischer Vorstellungen, mit seiner 1949 erstmals veröffentlichten *„allgemeinen Systemlehre"* den Weg vom spekulativen Ganzheitsmythos zur wissenschaftlichen Systemtheorie eröffnete. Das zeigt sich ganz deutlich wenn man Bertalanffys (1972a, 25) Reformulierung des eingangs erwähnten holistischen Axioms über Ganzheit und Teile liest: „Die Eigenschaften und Verhaltensweisen höherer Ebenen sind nicht durch die Summation der Eigenschaften und Verhaltensweisen ihrer Bestandteile erklärbar, solange man diese isoliert betrachtet. Wenn wir jedoch das Ensemble der Bestandteile und die Relationen kennen, die zwischen ihnen bestehen, dann sind die höheren Ebenen von den Bestandteilen ableitbar". Das Ganze ist demnach „die Summe seiner Teile" und die „Summe" der Beziehungen zwischen den Teilen. Schon Aristoteles hatte in ähnlicher Weise zwischen „Gesamtheiten, bei denen die Lage keinen Unterschied macht" und „Ganzen, bei denen sie einen Unterschied ausmacht" (Metaphysik 1024a 1ff), differenziert und damit, wenn man „Lage" als „Relation zwischen den Teilen" interpretiert, ähnlich wie später Bertalanffy zumindest partiell jenen exakten Systembegriff antizipiert, den wir im folgenden einführen werden. Von Bertalanffy erkannte aber auch, daß dieser rational-holistische Ansatz nicht nur auf bestimmte Gegenstände einzelner wissenschaftlicher Disziplinen, sondern auch auf das Zusammenwirken der Wissenschaften anzuwenden wäre, wenn man der Atomisierung wissenschaftlicher Erkenntnis entgegenwirken und in einer „Mathesis universalis" eine neue Einheit der Wissenschaften konstituieren will. Dieses Programm begründete er mit der Annahme, „daß unterschiedliche Phänomensysteme formal gesehen vielfach isomorphe oder homorphe Strukturen aufweisen, für welche allgemeine homologe Systemgesetze gelten" (Fuchs 1972, 47).
Aus der Einsicht, daß interdisziplinäre Brückenschläge für die weitere Fruchtbarkeit wissenschaftlicher Forschung unabdingbar sind, entstand

auch die zweite Wurzel modernen Systemdenkens: die *Kybernetik*, wie sie 1948 von N. Wiener inauguiert wurde (Wiener 1968); er versteht darunter „das gesamte Gebiet der Steuerungs-, Regelungs- und Nachrichtentheorie sowohl bei Maschinen als auch bei Lebewesen" (a.a.O., 32; Übersetzung vom Verf. korrigiert). Wie am Anfang der Kybernetik Analogien beispielsweise zwischen neurophysiologischen und kommunikationstechnischen Problemen herausgeschält wurden, so ist es ganz allgemein das Ziel der Kybernetik, Homomorphismen zwischen Objekten verschiedener Wirklichkeitsbereiche zu erschließen, insbesondere, wenn sie auf die Modelle der Regelung oder der Information hinauslaufen, jene Modellkonzepte also, deren Verallgemeinerung Wieners bleibendes Verdienst ist. Der Systembegriff selbst dagegen wurde in der Kybernetik anfangs nicht ausdrücklich thematisiert, obwohl doch die Prozesse der Regelung, der Nachrichtenübertragung und -verarbeitung in komplexen Instanzen ablaufen, die als Systeme zu verstehen sind. Tatsächlich entwickelte K. Küpfmüller (1949) eine technikwissenschaftliche Systemtheorie, die regelungs- und nachrichtentechnische Einrichtungen, also Gegenstände der Kybernetik betrifft, ohne allerdings zu jenem Zeitpunkt auf Bertalanffy oder Wiener bereits Bezug nehmen zu können; auch wenn sich Küpfmüller (1968) noch Jahre später gegenüber der Kybernetik abzugrenzen versuchte, wird doch seine Forschungsperspektive heute mancherorts als technische Kybernetik bezeichnet. Offensichtlich also war das Systemdenken von Anfang an auch im Programm der Kybernetik prinzipiell mit eingeschlossen (von Cube 1967; Klaus 1968; Stachowiak 1970).

Eine dritte Wurzel gegenwärtigen Systemdenkens erblicken wir in verschiedenen Bestrebungen, *praktische Problemlösungen* mit wissenschaftlicher Methodik zu stützen. Dabei blieb es nicht aus, daß die Umsetzung von Theorie in Praxis und die damit verbundenen Schwierigkeiten erhöhte Aufmerksamkeit beanspruchten. Aufgrund des atomistischen Prinzips beziehen sich einzelwissenschaftliche Theorien in der Regel lediglich auf Teilaspekte eines vorliegenden Problems. Da sich aber praktische Probleme in ihrer Komplexität grundsätzlich nicht nach der Fächereinteilung der Einzelwissenschaften richten, lassen sie sich nur dann befriedigend lösen, wenn man alle wichtigen Teilaspekte und die Zusammenhänge zwischen diesen Teilaspekten berücksichtigt. Praktische Probleme betreffen also stets Ganzheiten und erfordern somit „die problemorientierte Integration" von Erkenntnissen der Einzelwissenschaften (Kosiol/Szyperski/Chmielewicz 1972), mit anderen Worten also eine Systembildung auf der Modellebene wissenschaftlicher Aussagen, die dem Systemcharakter des praktischen Problems entspricht. Als Vorläufer derartiger Bemühungen können wir das „*Operations Research*" ansehen, eine Form der mathematischen Modellanalyse zur Optimierung praktischer Lösungen, die während des zweiten Weltkrieges in Zusammenhang mit militärischen Problemen entwickelt, bald jedoch auch auf kommerzielle Probleme übertragen wurde; während ursprünglich auf interdisziplinäres Systemdenken großer Wert gelegt wurde (Churchman/Ackoff/Arnoff 1964, 16ff), ist das Operations Research allerdings inzwischen hier und dort zu einer besonderen Variante esoterischen Spezialistentums geraten (Henn/Künzi 1968). Da rein quantitative Verfahren bei vielschichtigen und umfangreichen Untersuchungsgegenständen sehr schnell an die Grenze der Durchführbarkeit stoßen, entstand in amerikanischen Großforschungsinstituten, insbesondere bei der Rand Corporation, die „*Systemanalyse*" im engeren Sinne, die in stärkerem Maße qualitative Aspekte, vor allem eben auch den Systemaspekt, bei der Lösung zunächst strategischer, später auch politisch-gesellschaftlicher Probleme ins Spiel brachte (Wegner 1972; Churchman 1970). Schließlich war auch im Ingenieurwesen die fachzentrierte Isolation der Spezialisten dem Umfang und der Komplexität technischer Großprojekte nicht mehr gewachsen, die in zunehmendem Maße technische, wirtschaftliche, organisatorische und gesellschaftliche Integrationsleistungen verlangten. Den Denk- und Vorgehensweisen, die sich hier aus der Projektplanungs- und -leitungspraxis herausdestillierten, gab man, zunächst wohl Anfang der fünfziger Jahre bei Bell Telephone Laboratories, die Bezeichnung „Systems Engineering" und akzentuierte damit einen Stil der Ingenieurarbeit, der als „*Systemtechnik*" inzwischen auch in Deutschland Verbreitung gefunden hat (Ropohl 1975); es ist anzumerken, daß man, im Gegensatz zu der engeren technikwissenschaftlichen Auffassung der Systemtechnik, heute unter „Systemtechnik" gelegentlich jede Art von praktischer Anwendung der Systemtheorie versteht (Zangemeister 1972; Händle/Jensen 1974, 8). Allen praxisorientierten Systemansätzen ist gemeinsam, daß man nicht nur die Objekte praktischer Problemlösungstätigkeit als systemhafte Ganzheiten aufzufassen lernt, sondern korrespondierend hierzu ganzheitliche Arbeitskollektive anstrebt, die Generalisten und Spezialisten unterschiedlichster Provenienz in sich vereinigen.

Die vierte Wurzel der Systemtheorie schließlich ist das strukturelle Denken der *modernen Mathematik*, das sich insbesondere der Bourbaki-Schule verdankt. Insofern die Mathematik heute als Wissenschaft von allgemeinen Strukturen und Relationen, ja, als Strukturwissenschaft schlechthin aufgefaßt wird (Heuser 1971), bietet sie sich nicht nur als Werkzeug der Systemtheorie an, sondern erweist sich gewissermaßen als die Systemtheorie par excellence. So ist es nicht verwunderlich, daß eine formale Präzisierung des Systembegriffs auf einen Mathematiker, S. C. Kleene, zurückgeht, der ein System als eine Menge von Objekten definiert, zwischen denen gewisse Relationen bestehen (Klaus/Buhr 1969,1060); dieser Systembegriff wird in den folgenden Überlegungen auch für uns den Ausgangspunkt bilden.

Fassen wir zusammen, so zeigen sich uns mindestens vier Wurzeln des modernen Systemdenkens: (a) die allgemeine Systemtheorie L. von Bertalanffys; (b) die Kybernetik N. Wieners samt ihren regelungs- und nachrichtentechnologischen Vorläufern und Nachfolgern; (c) mehrere praxisorientierte Systemansätze wie Operations Research, Systemanalyse und Systemtechnik; und (d) die moderne Mathematik. Sicherlich ließen sich frühe systembezogene Tendenzen auch noch in anderen Wissenschaften aufspüren, wozu dann beispielsweise T. Parsons' Theorie sozialer Systeme zu rechnen wäre; auf sozialwissenschaftliche sogenannte Systemtheorien werden wir später noch kurz zu sprechen kommen, ohne diese allerdings unmittelbar mit der Entstehung der allgemeinen Systemtheorie in Verbindung bringen zu wollen. Aber auch die anderen von uns genannten Ansätze scheinen unabhängig voneinander entstanden zu sein, und es wäre Aufgabe wissenschaftsgeschichtlicher Analyse, möglicherweise doch bestehende genetische Interdependenzen aufzudecken. Offenkundig sind jedoch, neben der auffallenden zeitlichen Koinzidenz in den vierziger Jahren, die thematischen Zusammenhänge vor allem zwischen den drei erstgenannten Wurzeln, so daß es als Gebot der Zweckmäßigkeit erscheinen sollte, die *innere Einheitlichkeit der wissenschaftlichen Fragestellung* auch durch eine gemeinsame Bezeichnung zu akzentuieren. Wenn dieser Versuch allerdings gemacht wird, scheiden sich die Geister daran, ob man, vom Systemaspekt ausgehend, alle jene Arbeitsrichtungen einer übergreifenden Systemwissenschaft subsumieren oder umgekehrt, da regelungs- und informationstheoretische Konzepte fast immer eine wichtige Rolle spielen, die Kybernetik zum alles abdeckenden Oberbegriff machen soll. Da diese Frage bislang weder theoretisch noch durch praktischen Sprachgebrauch entschieden ist, müssen wir uns vorläufig damit abfinden, daß sowohl „Kybernetik" wie „Systemwissenschaft" bzw. „Systemtheorie" jenes weitgreifende Wissenschaftsprogramm bezeichnen können, das im folgenden zu skizzieren ist.

3. Systembegriff

3. 1. Verschiedene Konzepte

Kybernetik und Systemtheorie leiden bis heute darunter, daß drei unterschiedliche Systemkonzepte vertreten werden, die jeweils einen Systemaspekt in den Vordergrund stellen oder gar verabsolutieren, während doch der Systembegriff in Wirklichkeit alle drei Aspekte umfaßt. Wir meinen das funktionale, das strukturale und das hierarchische Systemkonzept.

Am geläufigsten ist das *strukturale Systemkonzept*, das in Bild 1 b dargestellt wird; es besteht darin, ein System als eine Ganzheit miteinander verknüpfter Elemente zu betrachten. Diese Blickrichtung haben wir bereits in der Einleitung mit dem Satz kennengelernt, das Ganze sei mehr als die Summe seiner Teile; bekanntlich besteht dieses Mehr in den Relationen zwischen den Elementen, so daß diese Ganzheitskonzeption durchaus ohne spekulative Mystifikationen auskommen kann. Daß Relationen einem System eine zusätzliche Qualität verleihen, die nicht auf seine Elemente zurückgeführt werden kann, zeigt das folgende einfache Beispiel:

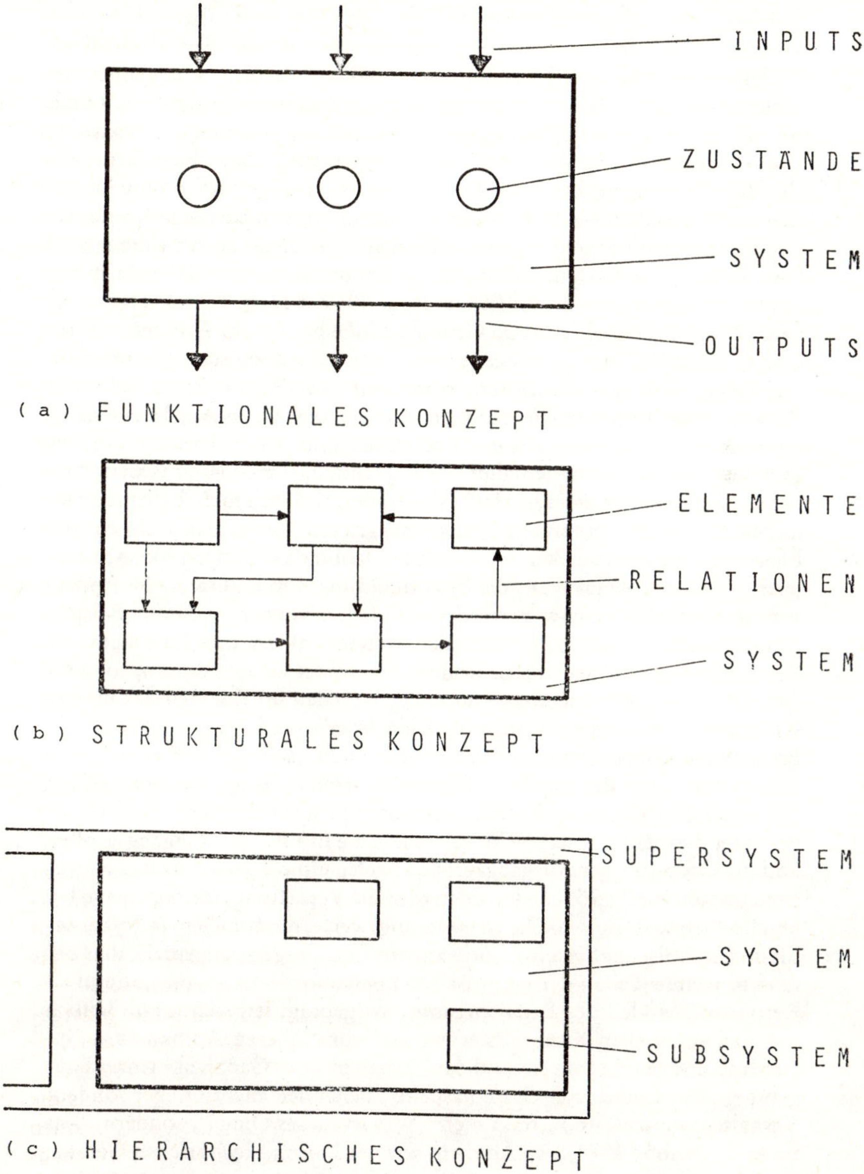

1 Verschiedene Systemkonzepte

Nehmen wir an, ein System bestehe aus fünf Elementen; jedes dieser Elemente kann mit den vier anderen in Relation stehen, also vier verschiedene Beziehungen aufweisen. Insgesamt sind folglich 5 · 4 = 20 – allgemein bei n Elementen n (n – 1) – Relationen möglich. Nehmen wir jetzt zusätzlich an, daß jede Relation nur zwei Formen haben kann – entweder sie existiert oder sie existiert nicht –, so erhalten wir insgesamt 2^{20} verschiedene mögliche Beziehungsgeflechte zwischen unseren fünf Elementen; obwohl die Elemente dieselben bleiben, lassen sich durch unterschiedliche Kombination der Relationen mehr als eine Million verschiedener Systeme erzeugen! Den Prozeß der Systembildung durch Herstellung von Relationen bezeichnet man als Integration (Klaus/Buhr 1969, 529ff). Bild 2 zeigt an einem einfachen Beispiel, dessen Grundgedanke bereits auf Aristoteles (Metaphysik 1034b 25ff) zurückgeht, den Unterschied zwischen Summation und Integration von Elementen, wobei wir freilich, um einem beliebten Einwand zuvorzukommen, betonen müssen, daß beide Ausdrücke nicht im streng mathematischen Sinn zu verstehen sind. Als Relation gilt in diesem Beispiel das Zusammenfallen der Begrenzungslinien von Flächen. Ferner sieht man in der unteren Hälfte des Bildes, daß sich nicht beliebige Elemente zu einem bestimmten System integrieren lassen, daß vielmehr die Elemente eine entsprechende „integrale Qualität" (Pfeiffer 1965, 43) aufweisen müssen, wenn nicht die Systembildung durch zusätzliche Anpassungsmaßnahmen erschwert werden soll. Wir erkennen an diesem Beispiel den wichtigen Grundsatz strukturalen Systemdenkens, daß Teile nicht isoliert, nicht losgelöst von ihrem Konnex betrachtet werden dürfen, sondern daß man ihre Interdependenz mit anderen Teilen im Rahmen des umfassenden Systemzusammenhangs berücksichtigen muß.

Im *funktionalen Konzept* stellt das System einen „schwarzen Kasten", eine „black box" dar, der durch bestimmte Zusammenhänge zwischen seinen äußeren Eigenschaften gekennzeichnet ist. Wie aus Bild 1 a ersichtlich, fallen unter diese Eigenschaften insbesondere die Inputs oder Eingangsgrößen und die Outputs oder Ausgangsgrößen; gelegentlich bezieht man auch sogenannte Zustandsgrößen ein, wenn man die Verfassung des Systems selbst beschreiben will. Eine solche Betrachtungsweise, die vor allem in Kybernetik und technischer Systemtheorie anzutreffen ist, ganz allgemein aber bereits in weiten Teilen der empirischen Forschung, so z.B. im „Stimulus-Response"-Modell des Behaviorismus, vorgeprägt ist, sieht ausdrücklich von der materiellen Konkretisierung und vom inneren Aufbau eines Systems ab und beschränkt sich auf das Verhalten einer Ganzheit in ihrer Umgebung. Der funktionale Systemaspekt „behandelt nicht Dinge, sondern Verhaltensweisen" und „fragt nicht ‚Was ist dieses Ding?', sondern ‚Was tut es?'" (Ashby 1974, 15). Ähnlich, wie der Laie mit technischen Geräten umgeht, indem er, vom inneren Aufbau beispielsweise eines Fernsehgerätes völlig absehend, lediglich Schalter betätigt und daraufhin die Wiedergabe eines bestimmten Programms erwartet, suspendiert der funktionale System-

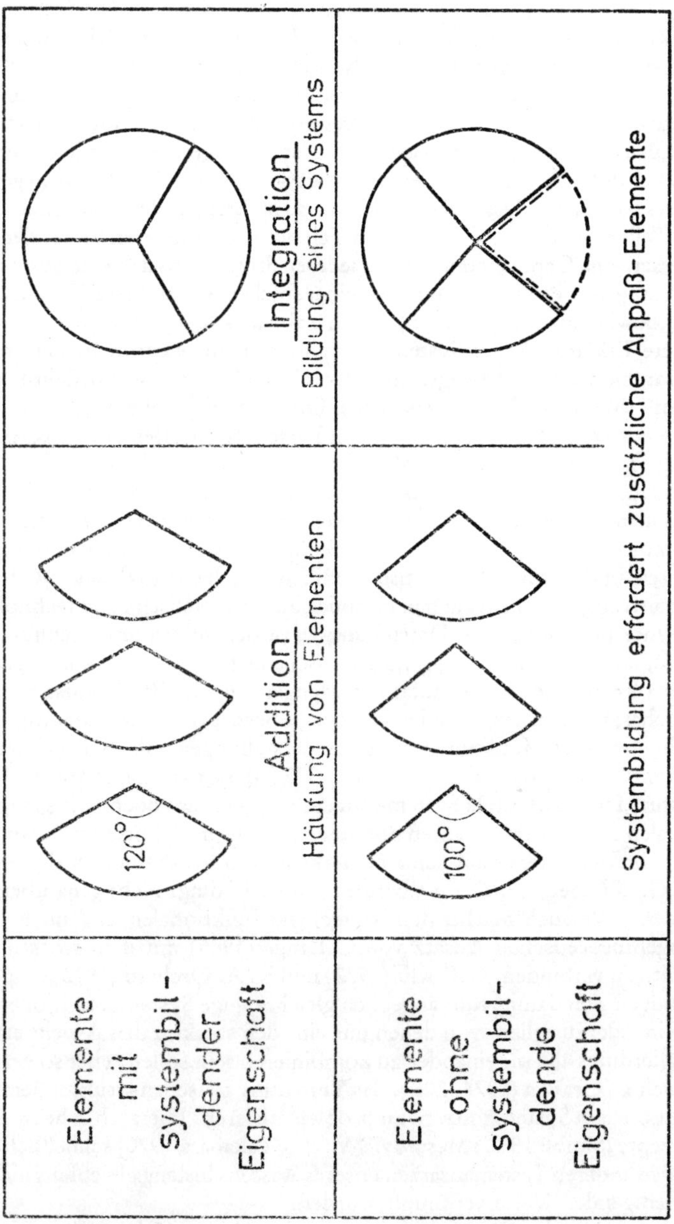

2 Prinzip der Systembildung

aspekt die essentialistische Frage nach dem Wesen der Sache zugunsten der operationalistischen Frage nach ihrem Verhalten.

Das *hierarchische Konzept* schließlich betont den Umstand, daß die Elemente eines Systems wiederum als Systeme, das System selbst aber seinerseits als Element eines umfassenderen Systems angesehen werden können; Bild 1 c verdeutlicht, daß daher erstere als Subsysteme, letzteres dagegen als Supersystem aufzufassen sind. Es gibt also mehrere Stufen von Ganzheiten und Teilen, wobei die Ganzheit ein Teil der nächsthöheren Stufe, der Teil indessen eine Ganzheit der nächstniederen Stufe ist, so daß eine Systembetrachtung auf verschiedenen Stufen einer solchen Systemhierarchie möglich ist; „bewegt man sich in der Hierarchie abwärts, so erhält man eine detailliertere Erklärung" des Systems, „während man, wenn man sich in der Hierarchie aufwärts bewegt, ein tieferes Verständnis seiner Bedeutung gewinnt" (Mesarović/Macko 1969, 35). Offensichtlich hat man das moderne Systemdenken, das gegenüber beiden Perspektiven offen ist, als Reaktion auf die Tatsache anzusehen, daß sich die Einzelwissenschaften bislang sehr weitgehend auf die erstgenannte Erkenntnisrichtung beschränkt haben.

Es sind nun eine Reihe von Versuchen unternommen worden, diese Systemkonzepte sowie weitere daran geknüpfte Systemeigenschaften zu präzisieren und dafür mathematische Hilfsmittel heranzuziehen. Während man anfangs, vor allem auch in Hinblick auf physikalische und technologische Interpretationen, die Darstellungsweise der Infinitesimalrechnung bevorzugte, stehen heute mengentheoretische Definitionen im Vordergrund. Aber obwohl die Universalität der Mengenalgebra alle bedeutsamen Systemcharakteristika abzubilden gestattet, überwiegen in der Literatur doch noch immer die funktionalen Systemdarstellungen; als Beispiel sei die Systemtheorie von M. D. Mesarović (1972; Mesarović/Takahara 1975) angeführt. Das strukturale Systemkonzept dagegen, das doch, wie gesagt, in verbalen Systemexplikationen dominiert, taucht in elaborierten Definitionen sehr viel seltener auf; eine bemerkenswerte Ausnahme ist die Arbeit von G. Wintgen (1968), die überdies den – allerdings nicht ganz überzeugenden – Versuch macht, den weitgehend funktionalen und noch nicht mengentheoretischen Ansatz von O.Lange (1965) mit dem strukturalen Ansatz zu verbinden. G.J. Klir (1972) und R. A. Orchard (1972) hingegen begnügen sich damit, fünf angeblich gleichrangige Systemdefinitionen nebeneinanderzustellen, von denen nur eine den strukturalen Aspekt erfaßt, die allerdings alle miteinander zu kombinieren sein sollen; ebenso verfehlt es auch L. Czayka (1974, 20ff), das Verhältnis zwischen strukturalem und funktionalem Systemkonzept zu problematisieren. Hierarchische Systemkonzepte (Simon 1962; Mesarović/Macko/Takahara 1970) schließlich sind mit den anderen Systemansätzen unseres Wissens bislang gleichfalls nicht in befriedigender Weise verknüpft worden.

Wir halten es daher für erforderlich, im folgenden eine Systemdefinition zu entwickeln, die alle drei Systemkonzepte von vornherein enthält, die also den funktionalen, den strukturalen und den hierarchischen Aspekt in einheitlicher und übersichtlicher Form zusammenfaßt. Dieser Ansatz wird vom allgemeinsten mathematischen Systembegriff ausgehen, der jede beliebige Spezifizierung zuläßt, diese Spezifizierung jedoch nicht so weit treiben, daß bei dem Versuch, die verschiedensten speziellen Systemtheorien in den grundlegenden Definitionen zu berücksichtigen, ein verwirrendes ,,Flechtwerk" (Klir 1972) disparater Systembeschreibungen das Ergebnis wäre.

3. 2. Grundlegung des Systembegriffs

In der reinen Mathematik kann, wie gesagt, ein System als eine Menge von Objekten definiert werden, zwischen denen gewisse Beziehungen bestehen; dieser Begriff ist mit dem des ,,*Relationengebildes*" (Stachowiak 1973, 244f) eng verwandt. Wenn wir nun diesen Begriff in der angedeuteten Weise für die Systemtheorie nutzen wollen, müssen wir genauer angeben, was wir unter ,,Objekten" und was wir unter ,,Beziehungen" zu verstehen haben; wir müssen also eine zumindest partielle Interpretation dieser abstrakten Ausdrücke vornehmen. Dabei soll uns zunächst das funktionale Systemkonzept beschäftigen.

Wenn wir noch einmal auf Bild 1 a zurückblicken, so liegt es nahe, als ,,Objekte" die Inputs, die Zustände und die Outputs zu erfassen. Ganz allgemein wollen wir solche Merkmale oder Eigenschaften, die sich einem System ohne Berücksichtigung seines inneren Aufbaus zusprechen lassen, Attribute nennen. Als erste Teildefinition können wir somit festhalten:

Definition (1.1.)
Die *äußeren Merkmale* und *Eigenschaften* eines Systems S bilden die Menge α der Attribute A_i:
$\alpha = [A_i]$ mit $i \in I$ $(I \sim \mathbb{N})$; $\alpha \in S$

In der letzten Zeile ist die Definition in der ,,Begriffskurzschrift" der Mengenalgebra zusammengefaßt worden: Die geschweifte Klammer symbolisiert die Mengenbildung und liest sich im vorliegenden Fall als ,,Menge der A_i"; weiter heißt es, daß i aus einer Indexmenge I stammt, die der Menge der natürlichen Zahlen entspricht, so daß $i = 1$, $i = 2$, $i = 3$ usw. sein kann; schließlich wird die Attributmenge α als Bestandteil des Systems S bezeichnet. Wir legen nun weiterhin fest, daß ein Attribut mindestens eine, meist jedoch mehrere Ausprägungen bzw. ,,Werte" annehmen kann, und formulieren

Definition (1.1.1.)
Ein *Attribut* A_i ist eine nicht-leere Menge von Eigenschaftsausprägungen a_{in}:
$A_i = [a_{in}] \neq \phi$ mit $i \in I$ und $n \in N$ $(I, N \sim \mathbb{N})$

Wäre demgegenüber als Attribut auch eine leere Menge $\emptyset$ zulässig, so gäbe es keine bestimmte Ausprägung dieser Eigenschaft, was für konkrete Systembeschreibungen keinen Sinn ergibt. Aus den vielen Eigenschaften, die einem Gegenstand zukommen, wählt man, wenn man diesen Gegenstand als System darstellen will, diejenigen Attribute aus, die für eine bestimmte Fragestellung bedeutsam sind. Attribute des sozialen Systems Familie können beispielsweise sein: Informationsaufnahme, Rollenerwartung, Einkommen, Wahlverhalten, Konsumgewohnheiten usw.; zu den Attributen eines Systems Wohnung zählen etwa: Lage im Haus, Energie-, Wasser- und Luftzufuhr, Sichtmöglichkeit, Mietzins, Behaglichkeit usw. Die Ausprägungen oder ,,Werte" solcher Attribute können quantitativer oder qualitativer Art, sie können diskret oder kontinuierlich verteilt sein, je nachdem, mit welchem Meßverfahren sie gewonnen werden; das Attribut Farbe z.B. mag die qualitativ-diskreten Ausprägungen rot, gelb, blau usw., aber auch die quantitativ- kontinuierlichen Zahlenwerte der Wellenlängen des Lichts annehmen. Selbstverständlich gehören auch Zeit und Raum zu den Attributen eines Systems, wobei die Zeit, wie wir noch sehen werden, häufig eine besondere Rolle spielt. Während man in jedem Fall von Attributen sprechen kann, ist es bei manchen Systemanalysen zweckmäßiger, die bereits erwähnte Unterscheidung zwischen Inputs, Zuständen und Outputs zu verwenden; dazu dient rein formal

Definition (1.1.2.)
Es seien $\alpha_x \subset \alpha, \alpha_y \subset \alpha$ und $\alpha_z \subset \alpha$ paarweise disjunkte Teilmengen der Attributenmenge α :
$\alpha_x \cap \alpha_y = \phi; \alpha_x \cap \alpha_z = \phi; \alpha_y \cap \alpha_z = \phi$
$\alpha_x \cup \alpha_y \cup \alpha_z = \alpha$
Dann heißt ein Attribut $A_{xi} \in \alpha_x$ ein *Input*, ein Attribut $A_{yi} \in \alpha_y$ ein *Output* und ein Attribut $A_{zi} \in \alpha_z$ ein *Zustand* des Systems S. Die entsprechenden Teilmengen der Attributenmenge heißen Input-, Output- und Zustandsmenge.

In dieser Definition bedeutet die Forderung, daß die Schnittmengen zwischen je zwei Teilmengen leer sein müssen, daß kein Attribut gleichzeitig zwei Teilmengen angehören kann. Zusammengenommen ergeben die drei Teilmengen die gesamte Attributenmenge; ein Attribut, das weder Input noch Output ist, erweist sich also grundsätzlich als Zustand.
Nachdem wir die ,,Objekte" unseres Ausgangsbegriffs als Attribute interpretiert haben, müssen wir uns nun den ,,Beziehungen" zuwenden; innerhalb des funktionalen Systemkonzepts bezeichnen wir diese als Funktionen:

Definition (1.2.)
Die *Beziehungen zwischen den Attributen* eines Systems bilden die Menge φ der Funktionen F_j:
$\varphi = [F_j]$ mit $j \in J$ $(J \sim \mathbb{N})$; $\varphi \in S$

Formal entspricht diese Definition dem Ausdruck, mit dem wir die Attributenmenge eingeführt hatten; auch die Funktionenmenge ist ein Bestandteil des Systems S. Während aber ein Attribut nur einstellige Ausprägungen hat, müssen wir für Funktionen, die ja mehrere Attribute miteinander verknüpfen, einen etwas komplizierteren Ausdruck einführen:

Definition (1.2.1.)
Eine *Funktion* F_j ist eine echte Teilmenge des kartesischen Produktes zwischen Attributen A_i
$F_j \subset \underset{i \in I}{X} A_i$

Diese Definition läßt sich leichter verstehen, wenn man den einfachen Fall betrachtet, daß nur zwei Attribute, sagen wir A und Z, miteinander zu verknüpfen sind; entsprechend der vorstehenden Definition lautet dann eine Funktion $F \subset A \times Z$. Wie Bild 3 verdeutlicht, ist das kartesische Produkt A x Z gleich der Menge aller geordneten Paare (a_j, z_j); jedem geordneten Paar entspricht im Bild ein kleines Quadrat. Die fett umrandeten Quadrate symbolisieren nun eine Teilmenge des kartesischen Produktes und stellen definitionsgemäß eine Funktion dar. Man erkennt in dieser Graphik unmittelbar den Zusammenhang unserer Definition mit dem klassischen Funktionsbegriff, der hier durch $Z = f(A)$ ausgedrückt würde. Statt einer operationalen Rechenvorschrift, die nur in speziellen Fällen anzugeben ist, beschränkt sich dieser moderne Funktionsbegriff darauf, jedem a aus A ein z aus Z zuzuordnen; handelt es sich, über unser Beispiel hinausgehend, um eine Funktion zwischen mehr als zwei, allgemein zwischen n Attributen, so treten statt der Paare sogenannte n-Tupel, also n-gliedrige Folgen auf, wobei die einzelnen Glieder immer Zahlenwerte oder auch qualitative Ausprägungen sein können. Beiläufig haben wir anzumerken, daß diese systemtheoretische Funktionsdefinition, abweichend von gewissen Begriffskonventionen der modernen Mathematik, auch mehrdeutige Funktionen einschließt. Wenden wir uns nun wieder unseren Beispielen zu und betrachten wir etwa die Attribute Einkommen und Konsumgewohnheiten des Systems Familie mit den Ausprägungen „gering, mittel, hoch" bzw. „bescheiden, durchschnittlich, luxuriös", so gibt es neun mögliche geordnete Paare dieser Attributwerte; die Funktion umfaßt dann die tatsächlich zutreffenden Wertpaare, also z. B. (gering, bescheiden), (mittel, bescheiden) und (hoch, durchschnittlich). Eine Funktion des Systems Wohnung können wir entsprechend als Teilmenge aller Tripel beschreiben, die aus Werten der Attribute Wohnlage (schlecht, mittel, gut), Wohnfläche ($30 m^2$, $40 m^2$, ... $100 m^2$) und Mietzins (100 DM, 200 DM, ... 600 DM) bestehen. Dieser *deskriptive* Funktionsbegriff, der in Mathematik, Naturwissenschaft und Kybernetik selbstverständlich ist, hat nichts mit dem *teleologischen* Funktionsbegriff zu tun, der in den Human- und Sozialwissenschaften häufig auftritt. Am besten klären wir den Unterschied an einem Beispiel aus der Technik, wo interessanterweise die eine wie die andere Begriffsauffassung vorkommt: Im deskriptiven Sinne besteht die Funktion eines Kraftfahrzeuggetriebes darin, entsprechend einem eingestellten Übersetzungsverhältnis der Drehzahl und dem Drehmoment der Motorkurbelwelle eine bestimmte Drehzahl und ein bestimmtes Drehmoment der Kardanwelle und damit der Antriebsräder zuzuordnen. Im teleologischen Sinn dagegen sagt man etwa, die „Funktion" des Getriebes sei es, Drehzahl und Drehmoment der Antriebsräder den jeweiligen Fahrerfordernissen anzupassen. Während sich der deskriptive Funktionsbegriff auf das betrachtete System beschränkt, greift der teleologische Funktionsbegriff in zweifacher Weise darüber hinaus: Erstens meint er gewisse Zusammenhänge zwischen

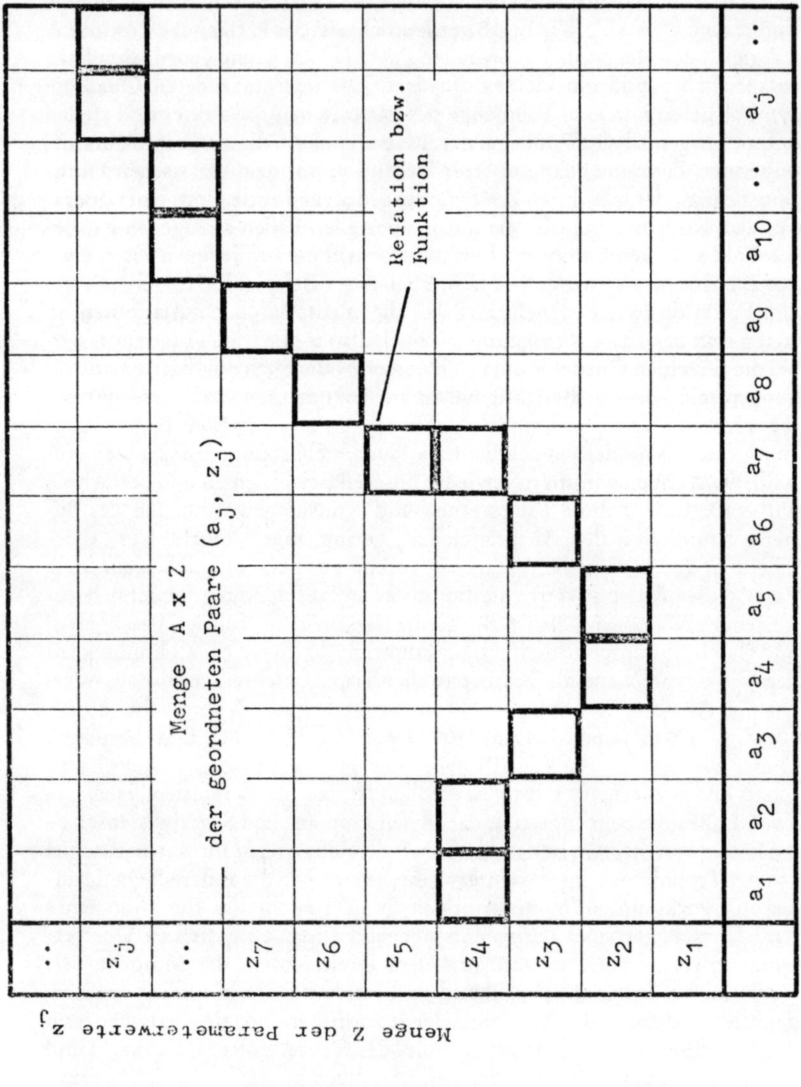

3 Mengentheoretische Definition der Relation bzw. Funktion

dem Systemoutput und den Gegebenheiten außerhalb des Systems – im Beispiel den Antriebsrädern –, und zweitens impliziert er eine Art Zielpegel, den der Systemoutput erreichen oder nicht verlassen dürfe – hier die Fahrerfordernisse –, ohne daß allerdings eine zielsetzende Instanz ausdrücklich benannt würde. Wenn man also sagt, ein System habe eine bestimmte „Funktion" (im teleologischen Sinn), meint man im Grunde, es diene als Mittel zu einem bestimmten Ziel; da diese eindeutigere Ausdrucksweise zur Verfügung steht, halten wir den teleologischen Funktionsbegriff mit seinen Mißverständlichkeiten für entbehrlich und verwenden ausschließlich den präzise definierten deskriptiven Funktionsbegriff. In Definition (1.1.2.) hatten wir Inputs, Zustände und Outputs als besondere Attributklassen eingeführt. Dementsprechend wollen wir in den folgenden beiden Definitionen einige besondere Funktionsarten festlegen, die vor allem in bestimmten speziellen Systemtheorien eine Rolle spielen:

Definition (1.2.2.)

Eine Funktion zwischen Inputs A_{xi} heißt *Inputfunktion* F_{xj}, zwischen Outputs A_{yi} *Outputfunktion* F_{yj} und zwischen Zuständen A_{zi} *Zustandsfunktion* F_{zj}.

$F_{xj} \subset X\, A_{xi}$; $F_{yj} \subset X\, A_{yj}$; $F_{zj} \subset X\, A_{zi}$

Definition (1.2.3.)

Eine Funktion zwischen Inputs und Zuständen heißt *Überführungsfunktion* $F_{Üj}$, zwischen Inputs und Outputs *Ergebnisfunktion* F_{Ej} und zwischen Zuständen und Outputs *Markierungsfunktion* F_{Mj}:

$F_{Üj}: A_{zi} \times A_{xi} \rightarrow A_{zi}$; $F_{Ej}: A_{zi} \times A_{xi} \rightarrow A_{yi}$; $F_{Mj}: A_{zi} \times A_{zi} \rightarrow A_{yi}$

Funktionen nach Definition (1.2.2.) bestehen insbesondere zwischen gewissen Attributen und der Zeit. So ist beispielsweise das Einkommen einer Familie bei genauerer Betrachtung eine zeitabhängige Inputfunktion und das Raumklima einer Wohnung eine – unter anderem – zeitabhängige Zustandsfunktion. In Definition (1.2.3.), die Funktionen zwischen zwei bzw. drei Attributklassen behandelt, haben wir eine etwas andere Schreibweise benutzt; die Notation der Überführungsfunktion $F_{Üj}$ beispielsweise ist so zu verstehen, daß einem gegebenen Zustandswert und einem hinzutretenden Inputwert ein neuer Zustandswert zugeordnet wird. Eine solche Überführungsfunktion besteht z. B. zwischen der Raumtemperatur einer Wohnung und der Wärmezufuhr. Eine Ergebnisfunktion liegt etwa bei dem zuvor erwähnten Kraftfahrzeuggetriebe vor, und ein Beispiel für eine Markierungsfunktion ist der Zusammenhang zwischen dem Konsumverhalten einer jungen Familie und der Kinderzahl. In Bild 4 sind die Funktionsarten, die in den letzten beiden Definitionen eingeführt wurden, in einer Übersicht zusammengestellt.

Nachdem wir somit das funktionale Systemkonzept präzisiert haben, gehen wir nunmehr zum strukturalen Konzept über, indem wir den „Objekten" und den „Beziehungen" unserer Ausgangsdefinition eine zweite Interpretation geben. Ein Rückblick auf Bild 1 b macht uns klar, daß wir als „Objekte" jetzt die Elemente des Systems zu erfassen haben; um diesen

ATTRIBUTE	INPUTS	ZUSTÄNDE	OUTPUTS
INPUTS	INPUT-FUNKTION	ÜBERFÜHRUNGS-FUNKTION	ERGEBNIS-FUNKTION
ZUSTÄNDE	—	ZUSTANDS-FUNKTION	MARKIERUNGS-FUNKTION
OUTPUTS	—	—	OUTPUT-FUNKTION

4 Funktionsbegriffe der Automaten- und Systemtheorie

Ansatz von vornherein mit dem hierarchischen Systemkonzept kompatibel zu machen, nennen wir allerdings diese Elemente sogleich Subsysteme.

Definition (1. 3.)

Die *inneren Bestandteile* eines Systems S bilden die Menge σ der Subsysteme S'_k:

$\sigma = [S'_k]$ mit $k \in K$ ($K \sim \mathbb{N}$); $\sigma \in S$

Die Subsystemmenge ist gleichfalls ein Bestimmungsstück des betrachteten Systems. Wenn wir die Elemente eines Systems als Subsysteme bezeichnen, so wollen wir damit nicht nur dem hierarchischen Aspekt Rechnung tragen, auf den wir noch zu sprechen kommen werden, sondern vor allem auch ein Grundaxiom der Systemtheorie einlösen, demzufolge jeder beliebige Gegenstand des Denkens oder der Anschauung als System interpretiert werden kann; notwendigerweise gilt dieses Axiom dann auch für die Bestandteile eines Systems. Subsysteme sind daher in formal der gleichen Weise zu definieren wie Systeme; für den vorliegenden Gedankengang, in dem wir die umfassende Systemdefinition (1.) schrittweise aufbauen, bringt das den Schönheitsfehler mit sich, daß wir jetzt eine Definition einführen müssen, die erst am Schluß dieses Abschnitts in vollem Umfang verständlich ist. Das liegt aber lediglich an der hier gewählten einführenden Darstellung und bedeutet nicht, daß unser Definitionsverfahren zirkulär wäre.

Definition (1.3.1.)

Ein *Subsystem* S'_k ist ein System gemäß Definition (1.):

$S'_k = (\alpha'_k, \varphi'_k, \sigma'_k, \pi'_k)$

Immerhin können wir dieser Definition entnehmen, daß auch ein Subsystem wiederum Attribute und Funktionen - man könnte sie Subfunktionen nennen – besitzt und seinerseits nach inneren Bestandteilen, sozusagen nach Sub-Subsystemen, analysiert werden kann, womit wir uns hier jedoch der Übersichtlichkeit wegen nicht weiter beschäftigen werden. In unseren Beispielen sind Subsysteme die Mitglieder der Familie bzw. die Räume der Wohnung; man sieht, daß ein Übergang zu Sub-Subsystemen, etwa zu den Körperorganen der Individuen oder zu den Möbeln der Wohnräume, die Untersuchungsperspektive erheblich verändern würde, was für eine bestimmte Fragestellung weder notwendig noch erwünscht sein mag. Eine andere Frage jedoch können wir an dieser Stelle klären, die Frage nämlich, wie ein System als solches identifiziert werden kann; denn eine gebräuchliche Antwort besteht darin, jene Gegebenheiten, die als Subsysteme zum System zusammengefaßt werden sollen, von anderen Gegebenheiten der sogenannten Umgebung abzugrenzen. Das führt uns zu

Definition (1. 3. 2.)

Es sei β eine nicht-leere Menge, welche die Menge $\sigma \subseteq \beta$ der Subsysteme als Teilmenge enthält. Dann heißt die Differenzmenge zwischen dieser Menge β und der Menge σ der Subsysteme *Umgebung* γ:

$\gamma = \beta / \sigma$

Im allgemeinen besitzen Systeme eine nicht-leere Umgebung; Systeme, deren Umgebung leer ist, deren Basismenge also gleich der Subsystemmenge ist, wollen wir lediglich als Grenzfall zulassen. Allerdings ist es keineswegs immer nötig, die Umgebung eines Systems vollständig zu beschreiben; häufig genügt es, die zugrundegelegte Basismenge ihrer Art nach zu kennzeichnen und diejenigen Gegebenheiten der Umgebung zu erfassen, die für die jeweiligen Systemanalyse bedeutsam sind. Auf unsere Beispiele angewandt, besteht die Umgebung der Familie etwa aus den Einwohnern des Wohnortes, die Umgebung der Wohnung aus anderen Wohnungen und Gemeinschaftsräumen. An diesen Beispielen läßt sich übrigens auch verdeutlichen, daß es jeweils auf die Fragestellung ankommt, welche Gegebenheiten zur Systemumgebung gerechnet werden; für eine wohnsoziologische Untersuchung können die Gemeinschaftsräume eines Wohnhauses durchaus in die Umgebung des Systems Familie einbezogen werden.
Auch für das strukturale Systemkonzept müssen nun noch die „Beziehungen" präzisiert werden; entsprechend Bild 1 b nennen wir diese in der Systemtheorie Relationen und kommen damit zu

Definition (1. 4.)

Die *Beziehungen zwischen* den *Subsystemen* eines Systems S bilden die Menge π der Relationen P_m:

$\pi =]P_m]$ mit $m \in M$ $(M \sim \mathbb{N})$; $\pi \in S$

Die Menge der Relationen heißt auch Struktur des Systems.

Es liegt nahe, eine Relation formal in gleicher Weise zu definieren, wie wir das für die Funktion getan haben. Da das jedoch mit dem mehrgliedrigen Ausdruck, den wir für Subsysteme eingeführt haben, nicht ohne weiteres zu machen ist, legen wir fest, daß ein bestimmtes Subsystem in einer Relation durch eines seiner Attribute repräsentiert wird (Lange 1965, 17ff). Auf diese Weise erhalten wir

Definition (1. 4. 1.)

Es sei $A'_{ki} \in \alpha'_k$ ein Attribut des Subsystems S'_k. Dann heißt eine echte Teilmenge des kartesischen Produktes zwischen den k Attributen von k Subsystemen eine k-stellige *Relation* P_m:

$P_m \subset \bigtimes_{k \in K} A'_{ki}$; mit je einem i für jedes k

Diese Definition ist tatsächlich jenem Ausdruck sehr ähnlich, der eine Systemfunktion fixiert. Der Unterschied besteht jedoch darin, daß eine Funktion Beziehungen zwischen mehreren Attributen ein und desselben Systems bzw. Subsystems beschreibt, während eine Relation zwischen je einem Attribut verschiedener Subsysteme definiert ist; diese spezifisch systemtheoretische Terminologie, die von den Begriffskonventionen der reinen Mathematik ein wenig abweicht, wird in Bild 5 anschaulich gemacht. Eine in der Systemtheorie besonders wichtige zweistellige Relation wollen wir noch gesondert einführen:

Definition (1. 4. 2.)

Es seien A'_{1y} der Output eines Subsystems S'_1 und A'_{2x} der Input eines Subsystems S'_2. Dann heißt die zweistellige Identitätsrelation zwischen A'_{1y} und A'_{2x} eine *Kopplung* P_{K12}:

$P_{k12} \subset A'_{1j} \times A'_{2x}$ mit $a'_{2xn} = a'_{1yn}$ für alle n

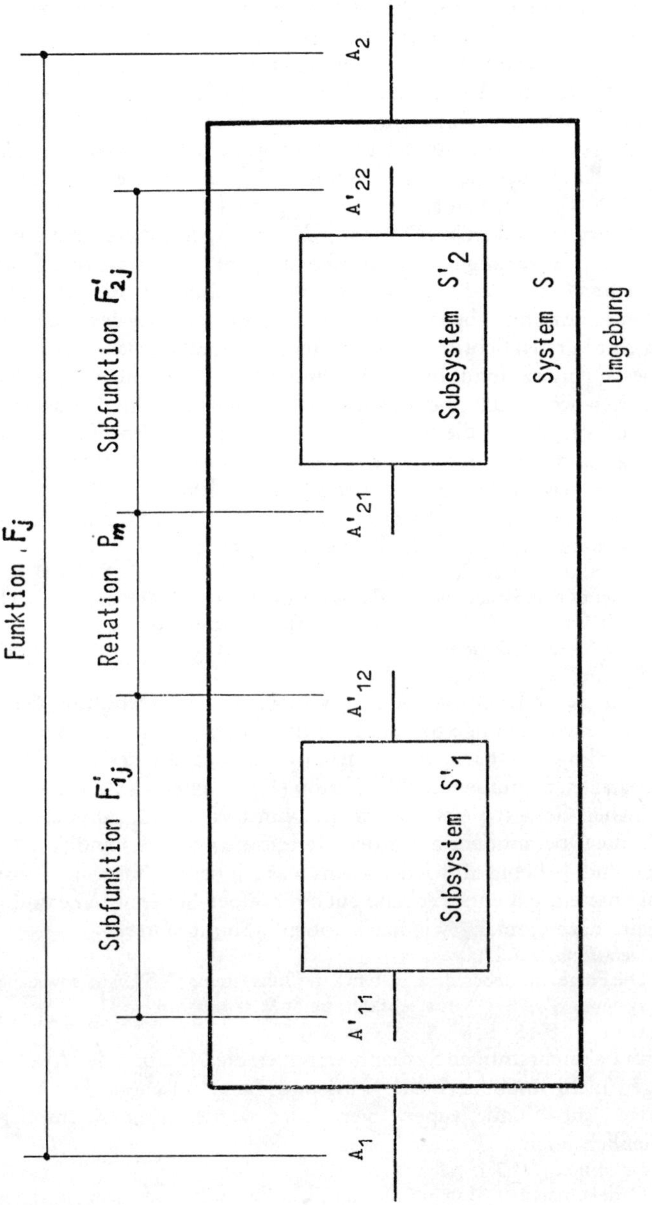

5 Funktion und Relation in der allgemeinen Systemtheorie

Bei einer Kopplung ist also jeder Inputwert des zweiten Subsystems identisch mit einem entsprechenden Outputwert des ersten Subsystems. So kann beispielsweise eine Zahlungsstruktur innerhalb des Systems Familie aus lauter Kopplungen bestehen, wenn jeweils die Ausgabe eines Familienmitgliedes, etwa Haushalts- oder Taschengeld, gleich der Einnahme eines anderen Familienmitgliedes ist. Dagegen umfaßt die Altersstruktur der Familie Relationen der Art ,,Familienmitglied I ist älter als Familienmitglied II", die natürlich keine Kopplungen sind.
Durch zwei verschiedene, formal jedoch weitgehend ähnliche Interpretationen des ursprünglichen, mathematischen Systembegriffs haben wir nunmehr sowohl das funktionale wie das strukturale Systemkonzept präzisiert. Gleichzeitig haben wir mit der Definition (1.3.1.) des Subsystems bereits einen ersten Schritt getan, um auch das hierarchische Systemkonzept in diesen Ansatz einzufügen; dazu sind jedoch noch einige ergänzende Definitionen notwendig. Indem wir sozusagen einen ,,Schluß von n auf n + 1" ziehen, können wir die folgende Überlegung anstellen: Ebenso, wie das einzelne Subsystem ein Element der zum System gehörigen Subsystemmenge ist, so kann sich auch dieses System als Element einer Systemmenge darstellen, die dann ihrerseits zu einem höherrangigen, nämlich zu einem Supersystem gehört (vgl. Bild 1 c). So ergibt sich

Definition (1.5.1.)

Es sei σ^+ eine Systemmenge, die das System $S \in \sigma^+$ als Element enthält. Dann heißt das gemäß Definition (1.) gebildete Quadrupel, das σ^+ enthält, *Supersystem* S^+ zum System S.

$S^+ = (\alpha^+, \varphi^+, \sigma^+, \pi^+)$ mit $S \in \sigma^+$

Auch in dieser Definition setzen wir, wie bei der Definition des Subsystems, die vollständige Systemdefinition bereits voraus; inzwischen sind uns allerdings alle darin verwendeten Grundbegriffe bekannt, so daß sich die später zu formulierende Definition (1.) lediglich als Zusammenfassung des bisher Gesagten erweisen wird. Nun lassen sich, zumindest theoretisch, die Operationen, die in den Definitionen (1.3.1.) und (1.5.1.) angegeben sind, beliebig oft wiederholen; was wir bereits über Sub-Subsysteme gesagt hatten, gilt entsprechend auch für Super-Supersysteme und weitere Schritte nach ,,unten" wie nach ,,oben". Somit lautet

Definition (1.5.2.)

Die Folge, die neben dem System S die Subsysteme S', S" usw. sowie die Supersysteme S^+, S^{++} usw. enthält, heißt *Systemhierarchie* H.

$H = (\ldots, S'', S', S, S^+, S^{++}, \ldots)$

Damit bei mehrstufigen Systemhierarchien die Notation der Apostrophierungen nicht unübersichtlich wird und damit unschöne Häufungen der Präfixe ,,sub-" und ,,super-" vermieden werden können, empfiehlt sich schließlich noch

Definition (1.5.3.)

Ordnet man dem System S die natürliche Zahl $b \in \mathbb{N}$ zu, dem Subsystem S' die Zahl b-1 usw. sowie dem Supersystem S^+ die Zahl b + 1 usw., so heißt eine solche Ordnungszahl *Rang* des Systems in der Systemhierarchie

Da, wie gesagt, die Systemhierarchie theoretisch nach oben wie nach unten unendlich ist, kann der Rang b nicht absolut angegeben werden; bei empirischen Systemanalysen allerdings mag es gelegentlich zweckmäßig sein, bestimmte Subsysteme, die man nurmehr funktional betrachtet, als eine Art „Urelemente" anzusehen und diesen den Rang $b = 1$ zuzusprechen. Bild 6 zeigt, wie am rechten Rande angeschrieben, Systeme dreier Rangstufen; es verdeutlicht zugleich, wie die Bildung eines Supersystems – hier des Systems vom Rang $b + 1$ – die Existenz einer Systemumgebung voraussetzt, deren Gegebenheiten, als weitere Systeme von Rang b betrachtet, gemeinsam mit dem Ausgangssystem die Systemmenge σ^+ des Supersystems konstituieren. Inwieweit rangniedere und ranghöhere Systeme in eine Systembetrachtung einbezogen werden, hängt ganz vom jeweiligen Untersuchungsziel ab. So hatten wir bereits darauf hingewiesen, daß eine weitere Analyse der Familienmitglieder nach psycho-physischen Sub-Subsystemen für eine Untersuchung mit soziologischem Erkenntnisziel kaum von Interesse sein dürfte. Anders steht es dagegen mit dem zugehörigen Supersystem, beispielsweise der Dorfgemeinschaft oder auch der Gesellschaft schlechthin. Ein Architekt andererseits beschäftigt sich in der Regel nicht nur mit dem System Wohnung, sondern auch mit dessen Subsystemen, den Wohnräumen usw., sowie mit dem zugehörigen Supersystem, dem Wohnhaus als Ganzem, ja, er wird gelegentlich , aus eigenem Interesse oder auf Druck der Baubehörden, sogar noch einen Rang weiter aufsteigen und das Super-Supersystem des Gebäudekomplexes oder Stadtviertels auch in Betracht ziehen. Jedes System steht also grundsätzlich in einer solchen Hierarchie; nach gegenwärtiger Kenntnis liegen die empirischen Grenzen solcher hierarchischen Betrachtung beim Weltall als ranghöchstem System, für das keine Umgebung und kein Supersystem mehr auszumachen ist, und bei den Elementarteilchen, aus denen sich die Atome zusammensetzen, als rangniedersten Systemen, die nicht wieder in Subsysteme zu gliedern sind. Aber auch wenn wir die obere und die untere Grenze angeben können, folgt daraus nicht, daß wir die Stufenzahl oder gar den Rang bestimmter Systemarten als absolute Größe ermitteln könnten, weil natürlich auch hierarchische Verhältnisse perspektiveabhängig sind; die Systemtheorie erlaubt es nicht, eine neue „Analogia entis" zu konstruieren! Außerdem müssen wir betonen, daß der Hierarchiebegriff einen rein formalen Sinn hat und keinerlei materialen Hinweis auf Bedeutung, Vorrang, Wert, Recht oder Macht bestimmter Rangstufen in der Hierarchie impliziert; insbesondere kann der formale Hierarchiebegriff bei sozialen Systemen nicht per se bestimmte Ausprägungen von Entscheidungsstrukturen präjudizieren.

Jetzt sind wir soweit, daß wir zusammenfassend die vollständige Definition eines Systems angeben können. Schon in den Definitionen (1.1.), (1.2.), (1.3.) und (1.4.) hatten wir die Attributmenge, die Funktionsmenge, die Subsystemmenge und die Struktur als Elemente des Systems ausgewiesen; wir brauchen nun diese Einzelbestimmungen nur noch zu einem vierstelli-

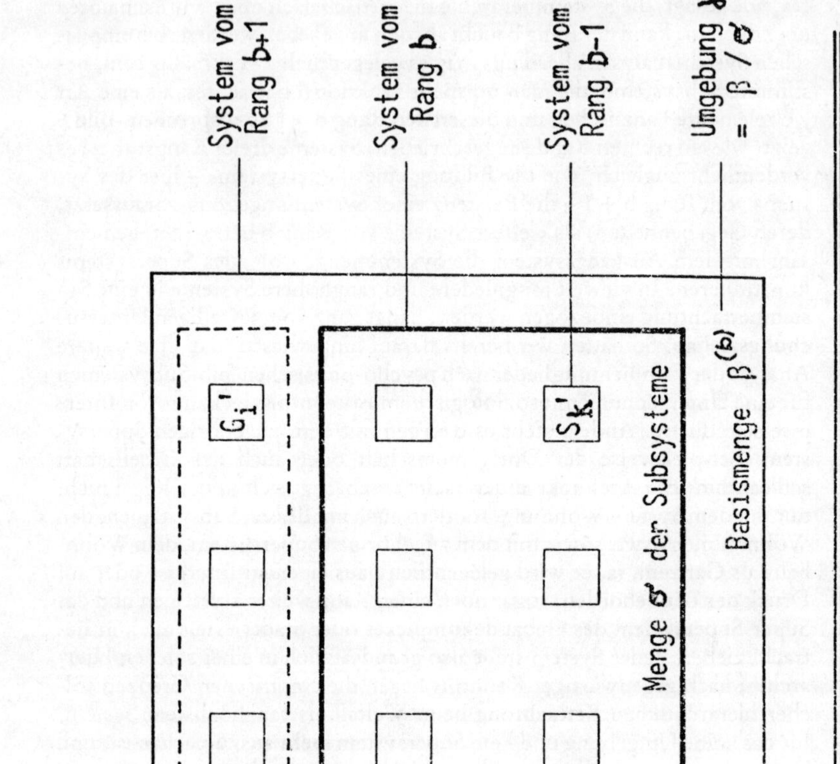

6 Abgrenzung eines Systems in einer Systemhierarchie

gen Ausdruck, einem sogenannten Quadrupel, zu verbinden und gelangen so zu

Definition (1.)

Es sei α eine Menge von Attributen A_i, φ eine Menge von Funktionen F_j, σ eine Menge von Subsystemen S'_k und π eine Menge von Relationen P_m (bzw. eine Struktur), dann heißt das Quadrupel dieser Mengen ein *System* S.

$$S = (\alpha, \varphi, \sigma, \pi)$$

$$\text{mit } \alpha = [A_i]; \varphi = [F_j]; \sigma = [S'_k]; \pi = [P_m]$$

$$\text{und } i \in I; j \in J; k \in K; m \in M \; (I, J, K, M \sim \mathbb{N})$$

Damit haben wir einen Systembegriff entwickelt, der allen Konzepten der Systemtheorie Rechnung trägt; zur weiteren Präzisierung dient noch

Definition (1.6.)

Ein System S heißt *echtes System* S_{echt}, wenn die Attributmenge α, die Subsystemmenge σ und die Umgebung γ nicht -leere Mengen darstellen

$$S_{echt} \Leftrightarrow (\alpha \neq \phi) \wedge (\sigma \neq \phi) \wedge (\gamma \neq \phi)$$

Diese Definition besagt, daß ein echtes System dann und nur dann vorliegt, wenn gleichermaßen Funktionen, eine Struktur und eine Umgebung angebbar sind. Um jedoch nicht mit verbreiteter systemtheoretischer Literatur zu kollidieren, lassen wir schwächere Formulierungen als „Systeme" zu, wenn mindestens Attribute und Funktionen oder mindestens Subsysteme („Elemente") und Relationen definiert sind. Dadurch werden auch rein funktionale und rein strukturale Systemtheorien ermöglicht; das hierarchische Systemkonzept setzt allerdings das strukturale Konzept voraus. Abschließend wollen wir den zusammenfassenden Systembegriff gemäß Definition (1.) noch einmal mit einer verbalen Explikation umschreiben: Ein System ist eine Ganzheit, die (a) Beziehungen zwischen bestimmten Attributen aufweist, die (b) aus miteinander verknüpften Teilen bzw. Subsystemen besteht und die (c) auf einem bestimmten Rang von ihrer Umgebung abgegrenzt bzw. aus einem Supersystem ausgegrenzt wird. Damit ist erreicht, was wir uns vorgenommen hatten: ein umfassender Systembegriff, der das (a) funktionale, (b) strukturale und (c) hierarchische Konzept in sich vereinigt.

3.3. Systeme als Modelle

Der Systembegriff, den wir im letzten Abschnitt entwickelt haben, hat den Status eines *partiell interpretierten Kalküls*: Ein formales mathematisches Konzept ist dadurch konkretisiert worden, daß wir es mit gewissen Minimalannahmen über die Erfahrungswirklichkeit anreicherten. So läuft insbesondere die Unterscheidung zwischen Funktion und Struktur auf die Annahme hinaus, daß Gegenstände der Erkenntnis eine „Außenseite" und eine „Innenseite" besitzen, und impliziert, ebenso wie weitere Grundbegriffe der Systemtheorie, bestimmte allgemeine Vorstellungen von der Beschaffenheit empirischer Substrate. So ist die allgemeine Systemtheorie, ähnlich wie die angewandte Mathematik, gewißermaßen zwischen Formal- und Realwissenschaften angesiedelt: Sie konstruiert formale Modelle, die

aber erst darin ihren Sinn finden, daß sie auf reale Gegenstände interpretiert werden.
Daraus ergibt sich nun eine erkenntnistheoretische Schwierigkeit, die in der Sprache der Systemtheorie oft verwischt wird. Der Ausdruck „System" wird nämlich häufig im objektsprachlichen Sinn verwendet und bezeichnet dann die *Objekte der Realität*, die man als Systeme beschreibt; wenn von technischen, physikalischen oder sozialen Systemen die Rede ist, so kann der Eindruck entstehen, es werde die wirkliche Existenz nicht nur der Objekte, sondern auch ihrer Systemhaftigkeit unterstellt. Aus der Sicht einer materialistischen Erkenntnistheorie behauptet man dementsprechend: „Systeme existieren als geordnete ganzheitliche Gebilde objektiv" (Autorenkollektiv 1973, 73) Freilich widerspricht dieser Behauptung die grundsätzliche Perspektivität jeder Systembeschreibung, die wir im letzten Abschnitt bezüglich aller Systemmerkmale immer wieder betonen mußten; was etwa wäre das wirklich existierende ganzheitliche Gebilde: das soziale System Familie, das technische System Wohnung oder das soziotechnische System Privathaushalt? Wir können die Zwiespältigkeiten, die von derartigen Fragen heraufbeschworen würden, hier nicht ausbreiten und gehen umso lieber zu jener anderen Auffassung über, die mit der Benennung „System" im metasprachlichen Sinne das *formale Modell* meint, mit dessen Hilfe die Gegenstände der Erkenntnis beschrieben werden. Folgerichtig heißt es aus der Sicht einer kritizistischen Erkenntnistheorie: „Systeme sind keine Gegenstände der Erfahrungswelt, sondern" (theoretische) „Konstruktionen" (Händle/Jensen 1974, 26). Damit soll die Existenz realer Korrelate zu unseren Systemmodellen keineswegs geleugnet werden; Systeme selbst jedoch sind *kognitive Organisationsinstrumente*, keine Wesenheiten! Im strengen Sinne „ist" ein System nach dieser Auffassung nicht mehr und nicht weniger als die systemtheoretische Darstellung eines Gegenstandes; ein System ist ein Modell, das sich der Mensch von der Realität macht. In erkenntnistheoretischer Hinsicht sind daher Systeme, wie alle Modelle, durch drei Merkmale zu kennzeichnen, durch (a) das *Abbildungsmerkmal*, (b) das *Verkürzungsmerkmal* und (c) das *pragmatische Merkmal*, H.Stachowiak (1973, 131 ff) kennzeichnet diese Merkmale folgendermaßen: (a) „Modelle sind stets Modelle von etwas, nämlich Abbildungen, Repräsentationen natürlicher oder künstlicher Originale, die selbst wieder Modelle sein können"; der Abbildungsbegriff ist nicht im Sinne eines naiven Abbildrealismus, sondern im Sinne des mathematischen Homomorphismus zu verstehen.(b)„Modelle erfassen im allgemeinen nicht alle Attribute des durch sie repräsentierten Originals, sondern nur solche, die den jeweiligen Modellerschaffern und/oder Modellbenutzern relevant erscheinen". Schließlich sind (c) „Modelle ... ihren Originalen nicht per se eindeutig zugeordnet. Sie erfüllen ihre Ersetzungsfunktion (1) für bestimmte – erkennende und/oder handelnde, modellbenutzende – Subjekte, (2) innerhalb bestimmter Zeitintervalle und (3) unter Einschränkung auf bestimmte gedankliche oder tatsächliche Operationen".

4. *Spezielle Systemtheorien*

4.1. *Arten von Systemen*

Systemklassifikationen beziehen sich, entsprechend der Unterscheidung, die wir im letzten Abschnitt getroffen haben, teilweise auf die Modellebene und teilweise auf die Ebene der Realität; im einen Fall werden formale Eigenschaften der Systemdarstellung, im anderen Fall materiale Eigenschaften der systemtheoretisch beschriebenen Gegenstände in Betracht gezogen. Natürlich würde es zu weit führen, alle bekannten Klassifikationsvorschläge hier im einzelnen nachzuweisen und kritisch zu diskutieren; neben verschiedenen Übersichten (Fuchs 1972, 51f; Kosiol/Szyperski/Chmielewicz 1972, 79f; Czayka 1974, 39ff) liegt eine recht umfassende, wenn auch nicht durchweg befriedigende, morphologische Systematik der Systeme vor (Dubach 1969, 283), die unser Schema in Bild 7 inspiriert hat. Wir wollen dieses Schema kurz kommentieren, da sich bei dieser Gelegenheit weitere zentrale Begriffe der Systemtheorie einführen lassen.
Eine verbreitete Einteilung der Systeme beruht darauf, sie durch den „Seinsbereich" zu kennzeichnen, auf den sie sich beziehen. *Abstrakte* Systeme, gelegentlich auch als konzeptuell bezeichnet, sind Darstellungen abstrakter Gegenstände im Systemmodell, betreffen also Denk- und Vorstellungsgebilde bzw. die diesen korrelierenden Zeichen im weitesten Sinne; darunter fallen z. B. philosophische Systeme, Klassifikationssysteme, Zahlensysteme, Wertsysteme usw. Da man das Systemmodell im Grenzfall als Darstellung seiner selbst auffassen kann, zählt es ebenfalls zu den abstrakten Systemen. Von *konkreten* Systemen dagegen spricht man, wenn man reale Gegenstände der erfahrbaren Außenwelt meint, insofern sie sich mit Hilfe des Systemmodells beschreiben lassen. Alle Klassifikationen, die zur Gliederung der Erfahrungswirklichkeit benutzt werden, können natürlich auch auf konkrete Systeme angewandt werden; so gelangt man etwa zu physikalischen oder biologischen, zu technischen oder sozialen Systemen. Dabei ist jedoch stets der erkenntnistheoretische Vorbehalt zu beachten, den wir im letzten Abschnitt herausgearbeitet hatten.
Je nachdem, wie der Gegenstand, den man als System beschreibt, zustandegekommen ist, unterscheidet man natürliche und künstliche Systeme. *Natürliche* Systeme findet der Mensch in der Außenwelt vor; sie sind ohne sein Zutun entstanden. *Künstliche* Systeme dagegen sind solche, die aus dem gestaltenden Eingriff des Menschen in die Außenwelt oder auch aus theoretischer Konstruktion hervorgehen; demnach sind alle abstrakten Systeme selbstverständlich auch künstlich. Unter den konkreten Systemen kann man etwa das Sonnensystem oder Fauna und Flora der tropischen Regenwälder den natürlichen, ein Werk der bildenden Kunst oder ein technisches Produkt den künstlichen Systemen zurechnen.
Das nächste Gliederungsmerkmal betrifft das Verhältnis eines Systems zu

MERKMALE	MERKMALSAUSPRÄGUNGEN		
SEINSBEREICH	KONKRET	ABSTRAKT	
ENTSTEHUNGSART	NATÜRLICH	KÜNSTLICH	
VERHÄLTNIS ZUR UMGEBUNG	ABGESCHLOSSEN	RELATIV ISOLIERT	OFFEN
ZEITABHÄNGIGKEIT (FUNKTION)	STATISCH	DYNAMISCH	
ZEITVERTEILUNG DER ATTRIBUTWERTE	KONTINUIERLICH	DISKRET	
FUNKTIONSTYP	LINEAR	NICHT LINEAR	
GRAD DER BESTIMMTHEIT	DETERMINISTISCH	STOCHASTISCH	
ZEITABHÄNGIGKEIT (STRUKTUR)	STARR	FLEXIBEL	
ANZAHL DER SUBSYSTEME	EINFACH	KOMPLIZIERT	
ANZAHL DER RELATIONEN	EINFACH	KOMPLEX	ÄUSSERST KOMPLEX
VERHALTENSFORM	INSTABIL	STABIL	ULTRASTABIL
STRUKTURFORM	NICHT RÜCKGEKOPPELT	RÜCKGEKOPPELT	

7 **Morphologische Systematik der Systeme**

seiner Umgebung; ähnlich, wie wir Relationen zwischen Attributen von Subsystemen definiert hatten, können selbstverständlich auch die Attribute des Systems in Beziehung zu Attributen der Systemumgebung stehen. Insbesondere haben Systeminputs ihre Quelle in der Systemumgebung, und Outputs finden darin ihre Senke. Gibt es nun keinerlei Relationen solcher Art und besitzt das System weder Inputs noch Outputs, so heißt es *abgeschlossen*. Bestehen umgekehrt beliebig viele derartige Relationen, so heißt das System *offen*. Sind nur einige wenige ausgezeichnete Relationen zu erfassen, so spricht man von einem *relativ isolierten* System. Im Prinzip sind natürlich die meisten Systeme offen. Lediglich solche Systeme, deren Umgebung durch eine leere Menge repräsentiert wird, die also, mit anderen Worten, keine Umgebung haben, müssen abgeschlossen sein, da sich definitionsgemäß keine Relation angeben läßt; dies trifft etwa auf das ranghöchste uns bekannte System, das Weltall, zu. In allen anderen Fällen idealisieren wir, wenn wir ein System als abgeschlossen oder relativ isoliert behandeln. Insbesondere bei den relativ isolierten Systemen ist es eine Frage des Untersuchungszieles, welche Relationen wir als ausgezeichnet betrachten. Interessiert uns etwa das System Wohnung als Wärmespeicher, so zeichnen wir diejenigen Relationen aus, welche die Wärmezufuhr und den Wärmeverlust betreffen; geht es uns hingegen um ökonomische Fragen, so mögen wir beispielsweise die Zahlungen für Kauf und Unterhaltung sowie die Mieterlöse als Relationen hervorheben.

Schon bei der Grundlegung des Systembegriffs hatten wir darauf hingewiesen, daß auch die Zeit zu den Attributen eines Systems zu rechnen ist. Wenn nun für ein bestimmtes System mindestens ein Zeitattribut als Folge von Zeitpunkten definiert ist und wenn mindestens eine Funktion zwischen der Zeit und einem anderen Attribut existiert, so heißt das System *dynamisch*; sind diese Bedingungen nicht gegeben, so liegt ein *statisches* System vor. Insbesondere sind die mit Definition (1.2.2.) eingeführten Input- und Outputfunktionen häufig Funktionen über der Zeit; in abgekürzter Ausdrucksweise unterstellt man, wenn man von Inputs und Outputs spricht, gelegentlich ohne weiteres deren Zeitabhängigkeit und betrachtet sie als sogenannte Flußgrößen. Das anschaulichste Beispiel hierfür ist das System Wasserreservoir; der Wasserzufluß ist der Input, der Wasserabfluß ist der Output, und der jeweilige Wasserbestand im Reservoir ist das, hier auch zeitabhängige, Zustandsattribut. Die meisten speziellen Systemtheorien konzentrieren sich auf dynamische Systeme; daher erlaubt es deren Terminologie manchmal nicht mehr, auch statische Systeme sinnvoll zu beschreiben. Denken wir z.B. an ein abstraktes Codierungssystem wie die Morse-Tabelle; bestimmen wir dessen Attribute als Alphabet 1 und Alphabet 2, so können wir die Systemfunktion als ein-eindeutige Abbildung der lateinischen Buchstaben auf die Menge der bekannten Punkt-Strich-Kombinationen fassen. Da die Zeit weder bei den Attributen noch in der Funktion eine Rolle spielt, liegt offensichtlich ein statisches System vor. Hätten wir dagegen die Systemfunktion, wie das oft geschieht, sogleich als zeitabhängige Transformation von Inputs in Outputs definiert, so fiele es uns schwer, die Funktion des Codierungssystems mit diesen Begriffen zu charakterisieren. Unser Systembegriff ist also tatsächlich allgemein genug, um sowohl dynamische als auch statische Systeme abzudecken. Dagegen betreffen die folgenden Unterscheidungen zwischen diskreten und kontinuierlichen sowie zwischen linearen und nicht linearen Systemen vorwiegend den dynamischen Fall und können hier nicht näher behandelt werden.

Bisher hatten wir stillschweigend unterstellt, daß bestimmte Attribute, Attributausprägungen und Funktionen, die ein System beschreiben, mit Sicherheit auftreten oder nicht auftreten. Das bedeutet aber nichts anderes, als das System für *deterministisch* zu erklären, in dem man allen Systemcharakteristika lediglich die Wahrscheinlichkeitswerte 0 oder 1 zuordnet. In wahrscheinlichkeitstheoretischer Betrachtung ist das bekanntlich nur ein Sonderfall. Kann indessen ein System erst dadurch angemessen beschrieben werden, daß man einzelnen oder allen Systemparametern Wahrscheinlichkeitswerte zwischen 0 und 1 beimißt, so handelt es sich um ein stochastisches bzw. probalistisches System. Das elektrische System Wohnraumbeleuchtung ist beispielsweise ein deterministisches System, da die Funktion Lichtabgabe in Abhängigkeit von der Schalterbetätigung mit der Wahrscheinlichkeit 1 geleistet wird – jedenfalls, wenn man von der stochastisch begrenzten Lebensdauer der Glühlampe absieht. Das System Familie andererseits erweist sich hinsichtlich des Haushaltsgebarens als probabilistisches System, da der Zusammenhang zwischen Einkommen und Konsumgewohnheiten nicht eindeutig determiniert ist.

Nicht nur die Funktionen, sondern auch die Struktur eines Systems kann zeitabhängig sein, indem sie zu verschiedenen Zeitpunkten unterschiedliche Formen annimmt. Einzelne Relationen können entfallen, andere neu hinzukommen, und sogar der Bestand an Subsystemen kann sich im Verlauf der Zeit ändern. Solche strukturdynamischen Systeme sollen *flexibel* heißen (Ropohl 1971), während Systeme mit unveränderlicher Struktur als *starr* bezeichnet werden. Ein typisches Beispiel für flexible Systeme stellen Gebilde dar, die aus einem Baukastensystem zusammengesetzt sind und sich immer wieder zu neuen Kombinationen umbilden lassen.

Auch die folgenden Einteilungen beziehen sich auf die Struktur von Systemen. Der Sprachgebrauch ist hier leider sehr uneinheitlich, doch führen wir die entsprechenden Begriffe in der gebräuchlicheren Art ein. Von *komplizierten* Systemen spricht man in der Regel dann, wenn sie eine größere Zahl verschiedenartiger Subsysteme enthalten; das Maß der Kompliziertheit, die *Varietät*, wird durch die absolute Zahl unterscheidbarer Subsysteme oder durch den dualen Logarithmus dieser Zahl angegeben. Demgegenüber zeichnen sich *komplexe* Systeme durch eine Vielzahl unterschiedlicher Relationen aus; analog zur Varietät gibt man die Komplexität durch die Zahl unterscheidbarer Relationen oder durch den dualen Logarithmus dieser

Zahl an. Offensichtlich wächst die größtmögliche Komplexität mit zunehmender Varietät; wie wir schon in den einführenden Überlegungen zum strukturalen Systemkonzept gesehen hatten, sind bei n Subsystemen maximal $n(n-1)$ Relationen des gleichen Typs möglich. Wenn man will, kann man in erster Näherung zwischen einfachen, komplexen und äußerst komplexen Systemen unterscheiden, wobei freilich eine Konvention bezüglich der quantitativen Abgrenzungen erst noch zu treffen wäre. Ein Backsteingebäude im Rohbau beispielsweise ist unter Umständen von geringster Kompliziertheit, sofern nur eine Art von Backsteinen verwendet wird; nichtsdestoweniger kann durch zahlreiche verschiedene Lagebeziehungen bereits eine beträchtliche Komplexität erzielt werden. Eine ganze Stadtbebauung schließlich wird man durchaus als äußerst komplexes System anzusprechen haben.

Als *stabil* bezeichnet man ein System, bei dem mindestens ein Zustands- oder Outputattribut dazu tendiert, immer wieder ein und dieselbe Ausprägung anzunehmen, auch wenn andere Attribute, hinsichtlich jenes „Gleichgewichts" auch „Störungen" genannt, zwischenzeitlich Abweichungen von dieser Attributausprägung herbeiführen. Ein stabiles System verhält sich so, als suche es dieses Gleichgewicht als Ziel, ein Umstand, der dazu verleitet hat, solche Systeme als zielorientiert, zielsuchend oder zielstrebig zu bezeichnen. Da wir freilich Zielsetzung und Zielverfolgung für spezifisch menschliche Fähigkeiten zu halten haben, erscheint uns jene Redeweise, sofern sie sich auf nicht menschliche Systeme bezieht, als anthropomorphisierende Metapher, die unfruchtbare Mißstände heraufbeschwören kann. Desgleichen sollte den formal-deskriptiven Begriffen „Gleichgewicht" und „Störung" keine wertende Nebenbedeutung unterschoben werden; je nach Lage der Dinge kann ein Beobachter ein Gleichgewicht durchaus negativ und eine Störung sehr positiv beurteilen oder umgekehrt verfahren, ohne daß derartige Wertungen im Konzept der Systembeschreibung präjudiziert wären. Neben einfach stabilen gibt es auch solche Systeme, die, wenn sie aufgrund besonderer Störungen ein bestimmtes Gleichgewicht nicht mehr einhalten können, in der Lage sind, sich auf ein anderes Gleichgewicht einzustellen; diese Systeme heißen *ultrastabil*.

Schließlich kann man Systeme nach ihrer Strukturform gliedern; neben den typischen Systemstrukturen in Bild 8 gibt es noch einige weitere Möglichkeiten. In der Systematik der Abbildung 7 haben wir uns dagegen auf die Merkmalsausprägung der Rückkopplung beschränkt, weil sich dadurch eine besonders wichtige Klasse von Systemen hervorhebt. Sofern die Attribute, zwischen denen Kopplung und Rückkopplung bestehen, quantitative Ausprägungen besitzen, kann man zwei spezifische funktionale Verhaltenstypen dieses Strukturprinzips unterscheiden: Man spricht von *positiver Rückkopplung*, wenn die betroffenen Attribute dazu tendieren, immer größer bzw. immer kleiner zu werden, indem sich die Rückkopplung kumulativ der Vorwärtskopplung überlagert; ein bekanntes Beispiel ist das

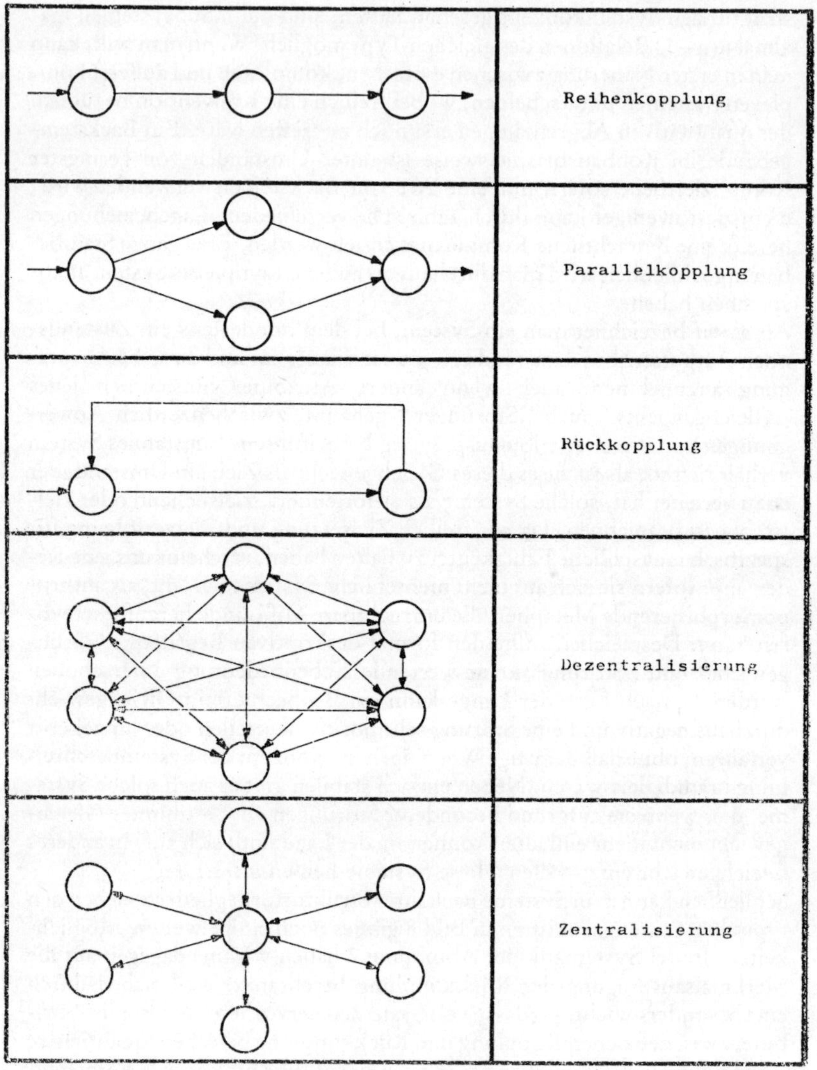

8 Beispiele für typische Systemstrukturen

exponentielle Wachstum. Umgekehrt liegt *negative Rückkopplung* vor, wenn diese auf Änderungen von Attributwerten kompensatorisch reagiert, so daß sich immer wieder bestimmte Grenz-, Sättigungs- oder Gleichgewichtswerte bei den betroffenen Attributen einstellen; offensichtlich ist negative Rückkopplung ein Mittel, um Systeme stabil zu machen. Gelegentlich hält man freilich diese beiden Eigenschaften eines Systems, nämlich seine Stabilität aufgrund negativer Rückkopplung, für hinreichend, um es als Regelungssystem oder kybernetisches System im engeren Sinne zu kennzeichnen. In Wirklichkeit jedoch machen *Regelungssysteme* nur eine Teilklasse der stabilen Systeme mit negativer Rückkopplung aus und zeichnen sich durch eine externe Zielvorgabe aus, die dann durch den Gleichgewichtszustand verwirklicht wird. Andere Systeme, die wohl ein Gleichgewicht beibehalten mögen, ohne indessen durch eine Zielvorgabe dazu veranlaßt worden zu sein, dürfen mit Regelungssystemen nicht verwechselt werden. Stellt sich beispielsweise die Population einer bestimmten Tierart aufgrund von Umweltrestriktionen auf einen stabilen Zahlenwert ein, so verhält sich dieses System zwar wie ein Regelungssystem, ermangelt aber einer entsprechenden Zielvorgabe; keineswegs kann aus der Tatsache, daß ein solches Gleichgewicht erreicht und bewahrt wird, geschlossen werden, es sei von einer systemexternen Instanz im Voraus intendiert worden. Ein echtes Regelungssystem dagegen ist die thermostatbeeinflußte Raumheizung, deren Gleichgewichtswert, nämlich eine bestimmte Raumtemperatur, mit dem von einer zielsetzenden Instanz, dem Menschen, vorausbestimmten Sollwert korrespondiert. Daher sollte entsprechend Bild 9 die Sollwertvorgabe in Modellen von Regelungssystemen stets ausdrücklich ausgewiesen und ihrer Herkunft nach erläutert werden.

Wir haben damit eine Reihe von Merkmalen skizziert, nach denen sich Systeme klassifizieren lassen; sicherlich könnte man noch weitere Merkmale heranziehen. Aber auch so haben wir bereits so viele Einteilungskriterien gewonnen, daß eine eindimensionale Klassifikation offensichtlich unangemessen wäre. Aus diesem Grunde wurde Bild 7 als *morphologische Matrix* (Ropohl 1972) konzipiert. Indem jede Zeile dieser Matrix ein Klassifikationsmerkmal mit seinen verschiedenen Ausprägungen aufführt, kann man daraus eine Typologie der Systeme gewinnen, weil jede Kombination aus je einer Ausprägung jeden Merkmals zumindest theoretisch einen bestimmten Systemtyp repräsentiert; so sind, wie wir gesehen haben, die Regelungssysteme ein besonderer Typ sowohl stabiler als auch rückgekoppelter Systeme. Allerdings existieren aus logischen oder inhaltlichen Gründen nicht alle Kombinationen tatsächlich; so können wie gesagt abstrakte Systeme grundsätzlich nicht natürlich sein. Auch wenn dieses Schema noch erweiterungsfähig und erweiterungsbedürftig sein mag, so haben wir doch immerhin einen Weg zeigen können, wie man mithilfe der morphologischen Matrix zu einer umfassenden Systematik aller denkbaren Systeme gelangen kann

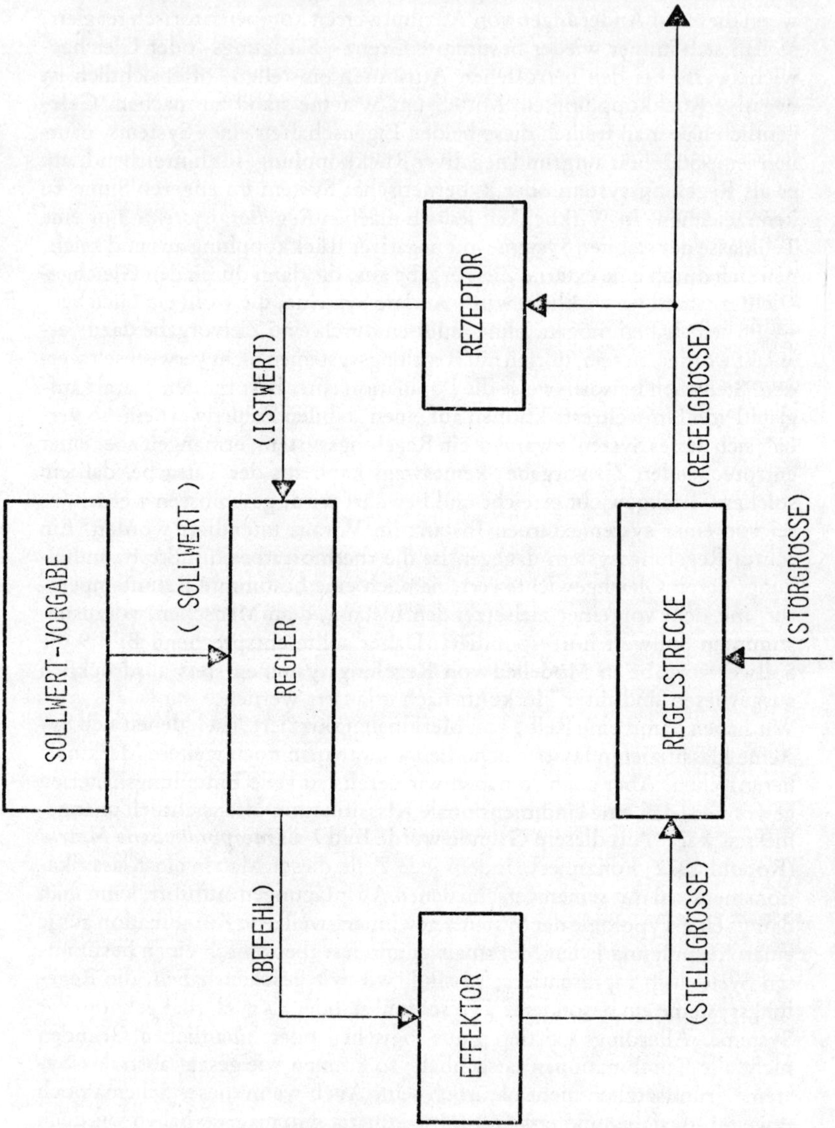

9 Blockschaltbild eines Regelkreises

4.2. *Mathematisch-kybernetische Systemtheorien*

Mathematisch-kybernetische Systemtheorien zeichnen sich durchweg durch einen beträchtlichen Formalisierungsgrad aus und beziehen sich meist auf bestimmte Typen von Systemen. Man benutzt sie nicht nur, um naturwissenschaftliche, kybernetische und technologische Konzepte theoretisch-analytisch zu präzisieren, sondern häufig auch, um das Verhalten technisch-praktischer Lösungsmöglichkeiten zu prognostizieren oder in computerunterstützten Berechnungsexperimenten zu simulieren. Wir möchten dazu im folgenden lediglich einige kurze Hinweise geben, die allerdings bereits genügen dürften, um die Universalität unseres allgemeinen Systembegriffs deutlich zu machen; alle diese Konzepte kommen nämlich dadurch zustande, daß man die Grundbestimmungen der Definition (1.) in der einen oder anderen Richtung spezifiziert und dabei gewisse Zusatzannahmen trifft.

Die meisten speziellen Systemtheorien betreffen, wie bereits erwähnt, *dynamische*, d.h. zeitabhängige Systeme. Einen besonders übersichtlichen Aufbau hat die Theorie diskreter Zustandssysteme, die Ashby (1974) für seine luzide Einführung in die Kybernetik benutzt, die sich aber auch für wissenschaftstheoretische Explikationen hervorragend eignet (Stegmüller 1969, 208ff).

Definition (2.)

Ein System heißt *diskretes Zustandssystem* S_{dZ}, wenn in

$$S_{dZ} = (\alpha, \varphi)$$
$$\alpha = [T, Z]; (T, Z \sim \mathbb{N}), \text{ und}$$
$$\varphi = [F_Ü]; F_Ü : Z \rightarrow Z \text{ gilt.}$$

Ein solches System besitzt also neben der Zeit, die als diskreter Zeittakt aufgefaßt wird, lediglich ein Attribut: den Zustand, der eine Menge diskreter Zustandswerte darstellt. Die Überführungsfunktion $F_Ü$, auch Transformation genannt, ordnet jedem Zustandswert z_n aus Z einen Nachfolgewert z_{n+1} aus Z zu, in den z_n überführt wird.

Dieser Ansatz läßt sich ohne Schwierigkeit zur sogenannten Automatentheorie erweitern, indem man neben Zeittakt und Zustandsattribut einen Input, einen Output und die Funktionen aus Definition (1.2.3.) annimmt (Aiserman 1967, 59ff):

Definition (3.)

Ein System heißt *diskreter Automat* S_{dA}, wenn in

$$S_{dA} = (\alpha, \varphi)$$
$$\alpha = [T, A_x, A_y, A_z]; (T, A_x, A_y, A_z \sim \mathbb{N}), \text{ und}$$
$$\varphi = [F_Ü, F_E, F_M] \text{ gemäß Definition (1.2.3.) gilt.}$$

Während die Automatentheorie besonders in den Computerwissenschaften Bedeutung erlangt hat, herrschte bei den Anwendungen in Nachrichten- und Regelungstechnik lange Zeit die Theorie kontinuierlicher linearer Systeme vor; im einfachsten Fall lautet

Definition (4.)
Ein System heißt *kontinuierliches lineares System* S_{kL}, wenn in

$S_{kL} = (\alpha, \varphi)$

$\alpha = [T_x, T_y, A_x, A_y]; (T_x, T_y, A_x, A_y \sim \mathbb{R})$, und

$\varphi = [F_x, F_y, F_E]$ gilt, ferner

$F_x: T_x \rightarrow A_x; F_y: T_y \rightarrow A_y; F_E: T_x \times A_x \rightarrow A_y$ ist

und in F_E für beliebige Konstanten C aus

$a_{xn} \rightarrow a_{yn}$ die Beziehung $Ca_{xn} \rightarrow Ca_{yn}$ folgt.

In diesem Systemansatz wird die Stetigkeit oder Kontinuierlichkeit aller Attribute vorausgesetzt bzw. durch bestimmte mathematische Operationen hergestellt, damit sich die analytischen Mittel der Infinitesimalrechnung anwenden lassen; auch die im letzten Teil der Definition formulierte Linearitätsannahme zielt darauf ab, die infinitesimalmathematische Behandlung solcher Systeme zu erleichtern. Während sich die vorgelegte Definition auf Input-Output-Zusammenhänge beschränkt, berücksichtigen neuere Arbeiten mit dem Konzept des „Zustandsraumes" auch Systemzustände (Unbehauen 1969; Pichler 1975).

Mit dem Vordringen der modernen Mathematik und mit den Fortschritten der maschinellen Rechentechnik wächst gegenwärtig die Tendenz zu algebraischen und numerischen Konzepten; vor allem die letzteren gestatten es, den mathematischen Schwierigkeitsgrad zu Lasten eines höheren Rechenaufwandes erheblich zu reduzieren. Ein besonders eindrucksvolles Beispiel hierfür ist die *Systemtheorie von J. W. Forrester* (1972), die mithilfe einer beträchtlichen Anzahl einfacher Differenzengleichungen zwischen Input-, Output- und Zustandsattributen, formuliert über einem festen Zeittakt, jedes beliebige Systemverhalten zu simulieren gestattet, wobei die eigens entwickelte Notation für den mathematischen Ansatz zugleich als Programmiersprache dient, die über den „Dynamo"-Compiler unmittelbar vom Computer verarbeitet werden kann. Eine wichtige Komponente dieses Ansatzes sind positive und negative Rückkopplungen, die dort freilich nicht sehr korrekt meist als „Regelkreise" bezeichnet werden. Auch sonst ist das methodologische Reflexionsniveau dieser Konzeption, ganz im Gegensatz zu ihrer formal-rechentechnischen Eleganz, vor allem in den Anwendungen nicht sonderlich beeindruckend, was die Kritik an den bekannten Weltmodellen (Forrester 1971; Meadows 1972) ja zur Genüge dargelegt hat (Harbordt 1974).

Alle bisher genannten Systemtheorien haben funktionalen Charakter; das gilt auch für Forresters Systemtheorie, obwohl deren Blockdiagramme einen strukturalen Eindruck machen – ein Eindruck, der sich aus der Dualität funktionaler und strukturaler Systeminterpretation erklärt; da beiden Interpretationen das mathematische Konzept des Relationsgebildes zugrundeliegt, lassen sich auch beide als Graphen darstellen. Dennoch möchten wir die Graphentheorie eher als strukturale Systemtheorie ansprechen und formulieren daher

Definition (5.)
Ein System heißt *Graph* S_{gr}, wenn in
$S_{gr} = (\sigma, \pi)$
$\sigma = [E_k]; (k \in K \sim \mathbb{N})$, und
$\pi \subseteq \sigma \times \sigma$ gilt, wobei die E_k „Knoten" und die geordneten Paare (E_k, E_m) „Kanten" heissen.

Die Subsysteme eines Graphen werden also als Elemente aufgefaßt, sodaß der hierarchische Aspekt entfällt und die Relationen sogleich über den Elementen definiert werden können. Die in der Systemtheorie gebräuchlichen Blockbilder, z.B. auch unsere Strukturdarstellungen in Bild 8, in denen Systeme bzw. Subsysteme als Kästen oder Kreise und Relationen bzw. Kopplungen als Linien oder Pfeile dargestellt werden, sind tatsächlich nichts anderes als anschauliche Repräsentationen von Graphen, die im Prinzip auch in mathematischer Sprache wiedergegeben werden können. Ansonsten findet man strukturale Gesichtspunkte bei den speziellen Systemtheorien allenfalls in „aufsteigender" Richtung, wenn etwa in der Regelungstheorie erörtert wird, welches Gesamtverhalten sich ergibt, wenn man verschiedene Regelglieder bekannten Verhaltens miteinander verknüpft. Die umgekehrte Frage, „aus welchen Teilen man sich ein System zusammengesetzt denken kann", ist dagegen bislang wenig beachtet worden (Pichler 1975, 251). Möglicherweise liegt das allerdings an dem Umstand – man könnte fast von einem Theorem der Systemtheorie sprechen –, daß wohl die Funktion eines Systems aus seiner Struktur abgeleitet werden kann, umgekehrt jedoch eine bestimmte Funktion durch mehrere verschiedene Systemstrukturen zu realisieren ist.

4.3 Soziologische „Systemtheorien"

Da gewisse soziologische Konzepte mit dem Begriff des sozialen Systems sowie mit einigen anderen Begriffen arbeiten, die an die Terminologie der Systemtheorie erinnern, müssen wir mit einigen klärenden Hinweisen jenen Mißverständnissen entgegentreten, die dadurch mancherorts entstanden sind. Sofern man die Gesellschaft als System auffaßt, dessen Eigenschaften und Verhaltensweisen nur aus der Interdependenz von Elementen verstanden und erklärt werden können, liegt wohl tatsächlich ein im weitläufigen Sinne strukturaler Systemansatz vor; dieser Ansatz hat seine umfassendste Entfaltung im Werk des amerikanischen Soziologen T. Parsons (1963) erfahren. Während Parsons' Konzeption durchweg als „strukturell-funktionale Theorie" bekannt ist, gebührt N. Luhmann das zweifel-

hafte Verdienst, für ein gegenüber Parsons modifiziertes sozialphilosophisches Konzept in höchst mißverständlicher Weise das Etikett „Systemtheorie" - ohne einschränkenden Zusatz! – usurpiert und dabei diesen Begriff nicht, wie er selbst meint (in Habermas/Luhmann 1971, 15), radikalisiert, sondern jeglicher Präzision beraubt zu haben.
Wir können unsere Einwände gegen diese soziologischen „Systemtheorien" hier nicht ausführlich darstellen, sondern müssen uns auf wenige Stichworte beschränken. Insbesondere bei Parsons stören die Widersprüche in der Systemidentifikation, die einmal ein System von Individuen, ein ander Mal hingegen ein System von Handlungen beschreibt, sowie die Unklarheiten in der Definition von Subsystemen. Des weiteren wird der Funktionsbegriff durchweg im teleologisch-wertenden Sinn gebraucht, ohne daß die zugrundeliegenden Zielimplikationen hinreichend präzisiert und reflektiert würden; vor allem werden Ziele wie Stabilität und Integration unbefragt zu Leitbildern einer harmonistischen und statischen Gesellschaftsvorstellung gemacht, deren ideologische Gefahren auf der Hand liegen. Demgegenüber werden die Möglichkeiten der Systemtheorie, funktions- und strukturdynamische sowie antagonistische Gesellschaftsmodelle zu bilden, weitgehend vernachlässigt. Überhaupt scheint man sich in diesen Konzeptionen des Modellcharakters der Systemtheorie häufig nicht bewußt zu sein und verfällt daher nicht selten unbemerkt einer Hypostasierung des Systembegriffs. Luhmann schließlich hat mit seiner Zauberformel „Reduktion von Komplexität", die er für das entscheidende Merkmal von Systemen hält, nicht nur spekulative Verbalakrobatik an die Stelle exakter Modellkonstruktion gesetzt, sondern vor allem auch, wie sich leicht zeigen läßt (Ropohl 1978), Ashbys kybernetische Systemtheorie gründlich mißverstanden.
Insgesamt wollen wir festhalten, daß soziologische „Systemtheorien" entweder diesen Namen zu unrecht für sich beanspruchen oder doch von einseitigen Vorentscheidungen zu stark präokkupiert sind, als daß sie die Möglichkeiten der allgemeinen Systemtheorie für eine angemessene Analyse sozialer Systeme zu nutzen verstünden; das schließt selbstverständlich nicht aus, daß manche Einsichten darin enthalten sind, hinter die auch eine präzise Systemtheorie mit ihren formalen Rekonstruktionen nicht zurückgehen sollte. Damit freilich treten wir auch dem voreiligen Verdikt von J. Habermas (in Habermas/Luhmann 1971, 271) entgegen, daß „ein sozialwissenschaftlich brauchbarer Systembegriff ... nicht aus der allgemeinen Systemtheorie übernommen" werden kann; es hat den Anschein, als verdanke Habermas seine Kenntnisse der kybernetischen Systemtheorie fast durchweg den eigenwilligen Umdeutungen Luhmanns, die in der Tat das zitierte Urteil verdienen.

5. *Bedeutung der allgemeinen Systemtheorie*

Der Stellenwert, die Auswirkungen, die Entwicklungs- und Anwendungsmöglichkeiten eines ebenso jungen wie universell intendierten wissenschaftlichen Programms sind zum gegenwärtigen Zeitpunkt noch kaum zu übersehen. Dennoch seien abschließend einige Tendenzen zusammengefaßt, die von den Protagonisten der allgemeinen Systemtheorie von vornherein anvisiert worden waren (von Bertalanffy/Rapoport 1956ff; Buckley 1968) und sich in der Entwicklung, die zwischenzeitlich stattgefunden hat, zu bestätigen scheinen (Laszlo 1972). Diese Tendenzen stellen sich in drei miteinander verflochtenen Perspektiven dar; es sind dies:

- die supra-, inter- und multidisziplinäre Generalisierung wissenschaftlicher Modellbildung;
- die Fundierung von Handlungswissenschaften zur Vermittlung von Theorie und Praxis;
- die Synthese zwischen dem atomistischen und dem holistischen Prinzip in den Wissenschaften.

Im Gegensatz zu den fachspezifischen Ausdrucksformen und Modellen stellt die allgemeine Systemtheorie Begriffe, Konzepte und Prinzipien zur Verfügung, die nicht auf die Natur bestimmter Untersuchungsgegenstände beschränkt sind. *Supradisziplinär* leistet sie auf diese Weise die Generalisierung und Vereinheitlichung bislang unverbundener einzelwissenschaftlicher Theorien, erleichtert die Orientierung in der Vielfalt theoretischer Modelle und erweist sich insofern als „allgemeine Modelltheorie" (Stachowiak 1973). Mögen auch auf diesem Abstraktionsniveau noch einige wenige, höchst allgemeine Gesetze formulierbar sein, so steht doch die beschreibende Aufgabe im Vordergrund. Indem jedoch dasselbe generelle Modell für die verschiedensten wissenschaftlichen Problemstellungen inhaltlich konkretisiert werden kann, fungiert die allgemeine Systemtheorie als abstraktes Skelett beliebiger empirisch gehaltvoller erklärender Theorien und vermag die Grundlage für einen heuristischen Algorithmus der Theoriebildungsprozesse abzugeben. Neben der „vertikalen" Übertragung allgemeiner Formalismen in spezielle Disziplinen ermöglicht die Systemtheorie die „horizontale", im engeren Sinne *interdisziplinäre* Übertragung von Modellen aus dem einen einzelwissenschaftlichen Anwendungsbereich in den anderen, erleichtert den Austausch bewährter Forschungsansätze und überwindet mithilfe einer vereinheitlichten Terminologie die Kommunikationsbarrieren zwischen den Disziplinen. *Multidisziplinär* schließlich stellt die allgemeine Systemtheorie ein Integrationspotential zur Verfügung, das es gestattet, heterogene Theorien über verschiedenartige Wirklichkeitsbereiche zu kohärenten Modellen problemorientiert zusammenzufassen. Wenn man aufgrund all dieser Generalisierungschancen in der Systemtheorie eine neue Universalwissenschaft sehen will, so muß man sich allerdings der reziproken Relation bewußt bleiben, die zwischen der Extension und der Intension wissenschaftlicher Begriffe und Theorien besteht: Je allgemeingültiger und universeller eine Theorie ist, desto inhaltsleerer wird sie in der Regel sein. Ganz gewiß ist von der Universalität der allgemeinen Systemtheorie eine neue Einheit der Wissenschaften zu erwarten; es wird dies jedoch eine *Einheit in der Vielfalt* sein, die weit davon entfernt ist, die Einzeldisziplinen überflüssig zu machen oder zu ersetzen.

Für die *Fundierung von Handlungswissenschaften* ist die Systemtheorie in mehrfacher Hinsicht relevant. In Verbindung mit anderen kybernetischen Aspekten, insbesondere dem Regelungs- und dem Informationsaspekt, lassen sich Zielsetzungs- und Entscheidungsprobleme explizieren und rationalisieren, die nur in Systemmodellen adäquat beschreibbar sind (Zangemeister 1970; Kirsch 1977). Insbesondere erleichtern es die supra-, inter- und multidisziplinären Generalisierungsmöglichkeiten der Systemtheorie, die Menge möglicher Handlungsalternativen in einer Entscheidungssituation, gestützt auf die problemorientierte Redintegration heterogener wissenschaftlicher Ergebnisse, für alle Beteiligten transparent zu machen. Darüber hinaus sind zahlreiche heuristische Problemlösungsmethoden mit dem Systemdenken eng verknüpft. So dürfte sich der Systemansatz als ein Paradigma erweisen, das nicht nur von theoretischer Fruchtbarkeit, sondern vor allem auch den Problemsituationen der Praxis besonders angemessen ist. Es steht zu hoffen, daß sich hieraus neue „Brückenprinzipien" (Albert 1968, 76ff) zur Vermittlung von Theorie und Praxis werden gewinnen lassen.

Drittens schließlich liegt die Bedeutung der allgemeinen Systemtheorie darin, daß sie dem Denken in ganzheitlichen Zusammenhängen wieder zu seinem Recht verholfen hat, indem sie Ganzheitsprobleme präzisiert und entmystifiziert. An die Stelle monokausaler und eindimensionaler treten polykausale und mehrdimensionale Modelle; anstelle punktueller Phänomene und linearerKausalketten werden strukturale Geflechte interdependenter Elemente in den Mittelpunkt der Betrachtung gerückt. Doch so sehr der komplexe Zusammenhang der Ganzheiten akzentuiert wird, so wenig wird die Mannigfaltigkeit der Teile aus dem Auge verloren. Spezielle Interpretationen der Systemtheorie tragen nach wie vor auch dem atomistischen Prinzip Rechnung, ohne indessen den holistischen Zugang zu verstellen. Ist man mit Popper (1975, 167ff) bereit, die Dialektik zumindest als Modell wissenschaftlicher Entwicklung anzuerkennen, so kann man durchaus behaupten, daß atomistisches und holistisches Prinzip in der allgemeinen Systemtheorie tatsächlich „aufgehoben" werden – aufgehoben in des Hegelschen Begriffs dreifacher Bedeutung! So sehen wir in der allgemeinen Systemtheorie nicht so sehr ein Symptom für die zyklische Wiederkehr einer integrativen Phase, die eine Phase der Differenzierung und Spezialisierung in den Wissenschaften ablösen würde (Bertaux 1969); vielmehr erblicken wir im systemtheoretischen Denken die endlich fällige *Synthese zwischen atomistischem und holistischem Prinzip.*

Literatur

Aiserman, M. A. u. a.: Logik, Automaten, Algorithmen. München/ Wien 1967.
Albert, H.: Traktat über kritische Vernunft. Tübingen 1968.
Aristoteles.: Metaphysik. Übersetzt v. F. Bassenge. Berlin 1960
Ashby, W. R.: Einführung in die Kybernetik. Frankfurt 1974.
Autorenkollektiv: Grundlagen der marxistisch-leninistischen Philosophie. Berlin 1973.

von Bertalanffy, L. u. A. Rapoport (Hrsg.): General Systems Yearbook. Washington 1956ff.
ders.: General Systems Theory. New York 1968.
ders.: The History and Status of General Systems Theory. In Klir 1972. S. 21-41 (1972a).
ders.: Zu einer allgemeinen Systemlehre. In Bleicher 1972, S. 31-45 (1972b).
Bertaux, P.: Innovation als Prinzip. In C. Grossner u. a. (Hrsg.): Das 198. Jahrzehnt. Hamburg 1969, S. 479-493.
Bleicher, K. (Hrsg.): Organisation als System. Wiesbaden 1972.
Buckley, W. (Hrsg.): Modern Systems Research for the Behavioral Scientist. Chicago1968.

Churchman, C. W., R. L. Ackoff u. E. L. Arnoff: Operations Research, 2. Aufl. Wien/München 1964.
Churchman, C. W.: Einführung in die Systemanalyse. München 1970.
von Cube, F.: Was ist Kybernetik? Bremen 1967.
Czayka, L.: Systemwissenschaft. Pullach b. München 1974.

Descartes, R.: Abhandlung über die Methode. In I. Frenzel (Hrsg.): Auswahlausgabe. Frankfurt 1960, S. 47-91.
DIN 19 226: Regelungstechnik und Steuerungstechnik. Berlin/Köln 1968.
Dubach, P.: Die Kybernetik als theoretische, praktische und interdisziplinäre Wissenschaft. Industrielle Organisation 38 (1969) 7, S. 275-289.

Forrester, J. W.: Der teuflische Regelkreis. Stuttgart 1971.
ders.: Grundzüge einer Systemtheorie. Wiesbaden 1972.
Fuchs, H.: Systemtheorie. In Bleicher 1972, S. 47-57.

Greniewski, H. u. M. Kempisty: Kybernetische Systemtheorie ohne Mathematik. Berlin 1966.

Händle, F. u. S. Jensen (Hrsg.): Systemtheorie und Systemtechnik. München 1974.
Habermas, J. u. N. Luhmann: Theorie der Gesellschaft oder Sozialtechnologie. Frankfurt 1971.
Harbordt, S.: Computersimulation in den Sozialwissenschaften. Reinbek b. Hamburg 1974.
Henn, R. u. H. P. Künzi: Einführung in die Unternehmensforschung. 2 Bde. Berlin/Heidelberg/New York 1968.
Heuser, H.: Die Bedeutung der Mathematik in unserer Zeit. In H. Heuser u. H. G. Tillmann (Hrsg.): Mathematik 1. Frankfurt 1971, S. 28-36.

Kirsch, W.: Einführung in die Theorie der Entscheidungsprozesse, 2. Aufl., Wiesbaden 1977.

Klaus, G. (Hrsg.): Wörterbuch der Kybernetik. 2. Aufl. Berlin 1968.

ders. u. M. Buhr (Hrsg.): Philosophisches Wörterbuch. 2 Bde. Leipzig 1969.

ders. u. H. Liebscher: Systeme – Informationen – Strategien. Berlin 1974.

Klir, G. J. (Hrsg.): Trends in General Systems Theory. New York/London/Sydney/Toronto 1972.

Kosiol, E., N. Szyperski u. K. Chmielewicz: Zum Standort der Systemforschung im Rahmen der Wissenschaften. In Bleicher 1972, S. 65 - 97.

Krauch, H.: Wege und Aufgaben der Systemforschung. Heft 106 der Arbeitsgemeinschaft für Rationalisierung des Landes Nordrhein-Westfalen. Dortmund 1969.

Küpfmüller, K.: Systemtheorie der elektrischen Nachrichtenübertragung. Stuttgart 1949.

ders.: Systemtheorie und Kybernetik. In: Jubiläumsfestschrift des Ohm-Polytechnikums. Nürnberg 1968, S. 99-103.

Kurzrock, R. (Hrsg.): Systemtheorie. Berlin 1972.

Lange, O.: Wholes and Parts. Oxford/London/Warschau 1965.

Laszlo, E.: Introduction to Systems Philosophy. New York/London/Paris 1972.

Meadows, D. u. a.: Die Grenzen des Wachstums. Stuttgart 1972.

Mesarović, M. D. u. D. Macko: Foudations for a Scientific Theory of Hierarchical Systems. In Whyte/Wilson/Wilson (Hrsg.): Hierarchical Structures. New York 1969, S. 29-50.

ders., D. Macko u. Y. Takahara: Theory of Hierarchical Multilevel Systems. New York/London 1970.

ders., A Mathematical Theory of General Systems. In Klir 1972, S. 251-269.

ders. u. Y. Takahara: General Systems Theory: Mathematical Foundations. New York/San Francisco/London 1975.

Nagel, E.: Über die Aussage „Das Ganze ist mehr als die Summe seiner Teile“. In E. Topitsch (Hrsg.): Logik der Sozialwissenschaften. Köln/Berlin 1965, S. 225-235.

Orchard, R. A.: On an Approach to General Systems Theory. In Klir 1972, S. 205-250.

Parsons, T.: Soziologische Theorie. Neuwied 1963.

Pfeiffer, W.: Absatzpolitik bei Investitionsgütern der Einzelfertigung. Stuttgart 1965.

Pichler, F.: Mathematische Systemtheorie. Berlin/New York 1975.

Popper, K. R.: Das Elend des Historizismus. 3. Aufl. Tübingen 1971.

ders.: Was ist Dialektik? Jetzt in G. Lührs u. a. (Hrsg.): Kritischer Rationalismus und Sozialdemokratie. Berlin/Bonn-Bad Godesberg 1975, S. 167-199.

Ropohl, G.: Flexible Fertigungssysteme. Mainz 1971.

ders.: Grundlagen und Anwendungsmöglichkeiten der morphologischen Methode in Forschung und Entwicklung. Wirtschaftswissenschaftliches Studium 1 (1972) 11, S. 495-499 u. 12, S. 541-546.

ders.: (Hrsg.): Systemtechnik – Grundlagen und Anwendung. München/Wien 1975.
ders.: Eine Systemtheorie der Technik. Habilitationsschrift Karlsruhe 1978

Simon, H. A.: The Architecture of Complexity. Proceedings of the American Philosophical Society 106 (1962) 6, S. 467-482.
Stachowiak, H.: Kybernetik. In Staatslexikon Bd. 10. Freiburg 1970, S. 576-584.
Stachowiak, H.: Allgemeine Modelltheorie. Wien/New York 1973.
Stegmüller, W.: Wissenschaftliche Erklärung und Begründung. Berlin/Heidelberg/New York 1969.

Unbehauen R.: Systemtheorie, München/Wien 1969.

Wegner, G.: Systemanalyse. In Bleicher 1972, S. 191-198.
Wiener, N.: Kybernetik. Reinbek b. Hamburg 1968.
Wintgen, G.: Zur mengentheoretischen Definition und Klassifizierung kybernetischer Systeme. Wissenschaftliche Zeitschrift der Humboldt-Universität zu Berlin, Gesellschafts- und Sprachwissenschaftliche Reihe 17 (1968) 6, S. 867-885.

Zahn, E.: Systemforschung in der Bundesrepublik Deutschland. Göttingen 1972.
Zangemeister, C.: Nutzwertanalyse in der Systemtechnik. München 1970.
ders.: Systemtechnik – eine Methodik zur zweckmäßigen Gestaltung komplexer Systeme. In Bleicher 1972, S. 199–214

H. Stachowiak

Erkenntnis in Modellen

1. Zur Kritik am Kritischen Rationalismus

K. R. Popper (1966) hat deutlich gemacht, daß es in zeitlosem Sinne ,,wahres" Wissen nicht geben kann, daß es sogar unmöglich ist, erfahrungswissenschaftliche Theorien auch nur als ,,wahrscheinlich" zu erweisen. Seine Argumente gegen den verifikationstheoretischen ,,Induktivismus" – auch und gerade in seiner exakten, formalisierten Gestalt bei *Carnap* – sind zutreffend. Von hier aus ist keine befriedigende Lösung des Problems der Sicherung oder Rechtfertigung von Erfahrungswissen oder der Begründung von Leitlinien der Theorienbildung zu erwarten (und zwar grundsätzlich auch dann nicht, wenn es gelingen sollte, die Bestätigungstheorie *Carnaps* auf genügend reichhaltige Logiksprachen zu beziehen).
Poppers eigener Versuch indes, falsifizierbarkeits- und bewährungstheoretisch der ,,intellektuellen Aufgabe" der Wissenschaft gerecht zu werden, muß selbst ebenfalls als gescheitert betrachtet werden. Gerade die Konsequenz, mit der *Popper* seine Idee einer möglichst kritisch-illusionslosen Theorie der empirischen Erkenntnis als Methodologie der Theorienprüfung durchführt, zieht unausweichlich die eklatente Widerlegung - nicht seiner Theorie als *Methodenlehre*, wohl aber der an sie geknüpften, sie tragenden optimistischen *Erkenntnistheorie* nach sich. Wo soll hier noch ein Ort für eine ,,science pour la science" sein, wie soll gerade nach *Poppers* Kritik noch Wissen als Ziel einer ,,Erkenntnis" gelten dürfen, die sich unabhängig weiß von pragmatischer Intentionalität? Wie kann hier noch von ,,Objektivität" gesprochen werden? (Wer, wie *Popper*, ein geistes- und vor allem philosophiegeschichtlich so belastetes Wort wie dieses zur ,,intellektuellen Ehrenrettung " der Wissenschaft verwendet , verweist damit doch ausdrücklich auf etwas, das über ,,bloße Intersubjektivität der wissenschaftlichen Methode" hinausgeht; dem schwebt fraglos *mehr* vor als nur der konventionale Zusammenschluß einer Anzahl ,,psychologischer Subjekte" zu mehr oder weniger einheitlichen Verfahrensweisen; der meint letztlich, daß es der Wissenschaft möglich sei, nicht nur intentional-konstruierend, sondern enthüllend und nachvollziehend der *einen* überbegrifflichen Wirklichkeit näherzukommen.) Noch viel zu wenig, so scheint es, hat *Popper* Ernst gemacht mit dem, was gerade er betont hat: in welchem Ausmaß, in welch determinativer Basishaftigkeit und Selbstunbegründbarkeit nämlich es Übereinkünfte und damit persönliche Meinungen, subjektiv wertende Entschlüsse sind, die letztlich das entscheidende Wort in jedem Verfahren der Theorieprüfung sprechen.

Es ist nicht nur so, daß unser Wissen von der Welt ein Raten ist und daß den Ergebnissen dieses Ratens nicht einmal Wahrscheinlichkeit zuerkannt werden kann (*Popper* 1966, 223). Auch aus den von *Popper* entsprechend wissenschaftlichem Vorgehen empfohlenen methodischen Nachprüfungen der Theorien, aus den systematisch angestellten Versuchen ihrer Widerlegung kann, wie gerade *Popper* zeigt, im Sinne einer absolutistischen (nicht-intentional-pragmatisch relativierten) Erkenntnistheorie nicht *mehr* herausspringen als eine Theorie-Bewertung auf der Grundlage des Vertrauens in die Gültigkeit, Richtigkeit, wenigstens Regelhaftigkeit der tatsächlich getroffenen Basis-Entscheidungen und deren Konventionalisierungen, wobei hier Ausdrücke wie „Gültigkeit", „Regelhaftigkeit" gemeint sind mit Bezug auf ihre Funktion, Leitlinien der Theorienbildung bzw. Theorienkontrolle zu ermöglichen, die irgendwie in ein überintentionales und vielleicht auch überzeitliches Zielobjekt der Erkenntnis münden.
Theorie-Bewertungen, die sich wesentlich, basal, auf Gemütszustände wie „vertrauen", „hoffen", „Zuversicht haben", „glauben, daß man sich darauf verlassen kann" usw. berufen, dürften unbeschadet der Bedeutung dieser Zustände für das praktische Leben wie vielleicht auch für eine pragmatisch aufgefaßte Wissenschaft für ein Wissen fragwürdig sein, für das der Anspruch auf eine wie weitgehend immer abgeschwächte intellektuelle oder über-pragmatische oder „reine" Erkenntnisfunktion noch aufrechterhalten wird. Die faktische Existenz von Fortschrittslinien oder *(Bavinkschen)* Konvergenzlinien der Forschung ändert an diesen Feststellungen nichts. Die oft anzutreffende Übereinstimmung von auf verschiedene Weisen gewonnenen Forschungsresultaten mag als ein praktisches Indiz dafür betrachtet werden, daß man sich „auf dem richtigen Wege" befindet; dem Erkenntnistheoretiker bietet sie keinerlei Begründungsmöglichkeiten für Basis-Entscheidungen. Schon gar nicht kann solche Begründung durch Verweis auf ein unreflektiertes, unspezifiziertes Gesamtfaktisches geleistet werden; gilt es doch gerade umgekehrt, den faktischen Wissenschaftsprogreß aus der spezifizierten Weise seines Zustandekommens und aus seinen spezifizierten Entwicklungsbedingungen zu begreifen und hieraus methodische Anweisungen zu geben, wie künftiger Wissenschaftsprogreß gesichert werden kann.
Wie schon zu Beginn betont, ruhen die hier vorgelegten Argumente auf ihren eigenen, nicht eliminierbaren Grundannahmen. Unter diesen Grundannahmen muß jedenfalls bei sonst starken Zugeständnissen an die Lehre *Poppers* der mit dieser Lehre verbundene realistisch-empiristische Glaubensreste als rational unbegründet abgewiesen werden. Auch noch der Schatten eines erkenntnistheoretischen Absolutheitsanspruchs (der letztlich ein Anspruch auf Realgeltung der Erkenntnisresultate ist) ist störendes Beiwerk, psychologisch erklärbar, aber unvertretbar vor dem Forum der Kritik (hierzu auch *Stegmüller* 1971, 20-52; *Wellmer* 1967, insbes. 225ff).

2. *Der pragmatische Entschluß*

Die aus der dargelegten Situation gezogene Hauptkonsequenz soll ein *Entschluß* sein. Es ist dies der Entschluß zur Umzentrierung des auch von *Popper* noch verteidigten, wenn auch in gewisser pragmatisch-konventionaler Weise abgeschwächten klassischen, unitären, rezeptiv-passiven, Wissen irgendwie noch als ein Seinsverhältnis auffassenden Erkenntnisbegriffs (mit seinen spezifischen, den Menschen intellektuell überfordernden Implikationen) in einen multiplen, pragmatischen, intentionalen Erkenntnisbegriff, das Wort ,,pragmatisch" aufgefaßt in dem ausdrücklich ,,liberalen" Sinne des Neopragmatismus (*White* 1956):
An die Stelle einer bestimmten pragmatischen, z. B. utilitaristischen, instrumentalistisch-prognostizistischen usw. Fassung von ,,Erkenntnis" soll ein Repertoire solcher Fassungen und Deutungen treten, d. h. formal gesprochen, eine auf einem Bereich definierte, ,,internal" oder systemimmanent unabhängige Variable, über deren jeweilige spezielle Belegung, falls eine solche in concreto gewünscht wird, *zu beschließen* ist. Solche Beschlüsse können und sollten in Abhängigkeit von ,,externalen" – etwa einer sozialen Ethik, einer politisch-ökonomischen Wertlehre, einer planungswissenschaftlichen ,,Antizipatorik" entnommenen – Bewertungen erfolgen. Das Gesamtrepertoire jener Fassungen von ,,Erkenntnis", das ein von der historischen Zeit abhängiges und bereits insofern offenes System darstellt, mag dabei durch eine ,,operationale" Regel etwa folgenden Inhalts bestimmt sein: ,,Beschließe über dasjenige, was du unter ,Erkenntnis' verstehen willst, immer nur bezüglich der Intentionen (Absichten, Zwecke, Ziele), die du dir als einzelner oder als Mitglied einer oder mehrerer hinreichend intentionshomogener Gruppen für eine gewisse Zeitspanne gesetzt hast. Versuche also nicht, auf Intentionslosigkeit des Erkennens, auf eine Erkenntnis, die nicht ein ,,Wissen wozu" erzeugt, zu intendieren.
Solches Intendieren wäre nichts als ,,Haschen nach Wind". Denn die Möglichkeit von intentionslosem Erfahrungswissen, von ,,Erkenntnis um ihrer selbst willen", einer Erkenntnis also, für die z. B. die Voraussagefunktion von Theorien zufälliges Nebenprodukt ist, steht und fällt mit der Möglichkeit des stringenten Nachweises intentionsunabhängiger Leitlinien der Theorienbildung. Weder verifikationstheoretisch, wie besonders *Popper* gezeigt hat, noch auch falsifikations- und bewährungstheoretisch im Sinne des *Popper*schen Erkenntniskonzepts kann dieser Nachweis erbracht werden. Daher bleibt, um es nochmals zu sagen, eine Theorien-,,Bewährung" ohne pragmatisch-intentionalen Bezug in das Land der erkenntnistheoretischen Träume verwiesen, die noch erfüllt sind vom alten Absolutheitszauber der Adäquationstheorien des vorkantischen Dogmatismus.
Aber man muß bei den Beschlüssen, zu denen der pragmatische Entschluß auffordert, der neopragmatischen Wertbasis eingedenk bleiben. Dies fordert ein *Erstes Supplement* zum pragmatischen Entschluß. Die Intentionali-

tät der Erkenntnis und damit die Ad-hoc-Fassung des Erkenntnisbegriffs darf nicht ins *Uneigentlich*-Pragmatische entgleiten. Legt man etwa *Schelers* bekannte Einteilung des Wissens in Leistungs-, Bildungs- und Erlösungswissen zugrunde, so können selbstverständlich Erkenntnisweisen, die auf ein Heils- und Erlösungswissens im *Scheler*schen Sinne zielen, nicht in die möglichen Grenzen jenes Repertoires fallen, das der pragmatische Entschluß meint. Wesentlich empfangene Teilhabe an einem total Fremdbestimmten ist, wenn sie rationalisiert wird, Ontologie und fällt als solche noch vor das Konzept des Kritischen Rationalismus zurück. Ihre Einbeziehung in das Erkenntnis-Repertoire würde den pragmatischen Entschluß gleichsam ,,horizontal" entarten lassen.

Nicht-ontologisch dagegen ist Erkenntnis, die darauf intendiert, Menschen oder Menschengruppen oder Gesellschaften bis hin zur Weltgesellschaft zur ,,Einigung mit sich selbst" zu verhelfen, sie zur ,,stileinheitlichen Selbstverwirklichung" zu führen u. dgl. Solche Erkenntnisweisen eines säkularisierten Heils-, Erlösungs- und Bildungswissens, deren Verwirklichung zumindest potentiell pragmatisch im eigentlichen Sinne ist, da sie das absolutistische Erkenntniskonzept kritisch-rationalistisch transzendieren, sprengen unter den Bedingungen der geschichtlichen Gegenwart ersichtlich die entsprechenden *Scheler*schen Kategorien bereits in Ansehung des individuellen Menschen. Denn dessen Interessen, soweit diese erkenntnismäßig realisierbar sind, gruppieren sich weniger z. B. um ein ,,Bildungsanliegen" als vielmehr um die Befriedigung mehr oder weniger vitaler und aktiver Bedürfnisse. Der Hunger nach Information, nach Wahrheit und auch Schönheit in einem machbaren, relativen Sinne; das Immunwerdenwollen gegen verdummende Propaganda; das Verständlichmachenwollen der Welt aus der Einsicht in konkrete Wechselverhältnisse von Regularität und Irregularität; die Befriedigung des natürlichen Kausal- und Ordnungsbedürfnisses und was dergleichen mehr ist: all dies braucht noch keineswegs die Grenzen zum *Scheler*schen Leistungswissen zu überschreiten, wenn auch de facto die Intentionen des Bildungs- oder besser vielleicht: Erfüllungswissens, jener mehr inneren Daseinsfelder des Menschen in diejenigen des ,,Herrschafts- oder Leistungswissens" fließend übergehen. – Die Erkenntnisweisen des letzteren brauchen hier nicht näher angeführt zu werden. Sie bilden die Domäne eines wesentlich instrumentalistisch vereinseitigten pragmatischen Erkenntnisformen-Repertoires. Generalintentionen sind hier: äußere Daseinsbewältigung, Beherrschung der Natur, Umbildung der Welt zur Lebensdienlichkeit einerseits, planerische Gestaltung gesellschaftlicher Innovationen in der Auseinandersetzung mit den Umweltgegebenheiten andererseits.

Besonders die Repertoireisierung der Erkenntnisformen des ,,Leistungswissens" eröffnet einen Pluralismus von intentionalen Erkenntnisdeutungen. Abgrenzungs- und Strukturierungskriterien müßten selbst wieder auf nicht begründbare Entscheidungen rekurrieren. Aber solche Freiheitsspielräume bereits auf der konstituerenden Ebene der erkenntnistheoretischen oder besser: erkenntnispragmatischen Entscheidungen sind vom Standpunkt einer ,,dynamisch-aktionsbezogenen und interessenhaften Wissenschaftsauffassung", hinter der eine ebensolche Auffassung menschlicher Lebensfunktionen überhaupt steht, eher wünschenswert als bedenklich. Oder sollte man diese ,,pragmatische Freiheit", die Teil einer umfassenden, tief erlebten, oft auch tief vermißten Entscheidungsfreiheit des Menschen ist, gegen die Unterwerfung unter die Autorität eines Phantoms rückeintauschen, als welches ein absolutistischer Begriff der Erkenntnis mit seiner Inaussichtstellung von ,,subjektfrei-objektivem" Wissen dem ebenso kritisch wie entschlossen auf Sinnerfüllung dieses Erkenntnisbegriffs Drängenden erscheinen muß? Sicher ist ,,pragmatische Freiheit" in ihrem epistemologischen oder auch in einem umfassenderen Sinne eine – intentional – begrenzte Freiheit. Aber wo soll es absolute Freiheit geben? In den Seinsspekulationen der sich über die pragmatische Selbstbindung der Entscheidungsfreiheit erhaben dünkenden Philosophen, deren momenta causae beabsichtigter oder unbeabsichtigter Selbstfixierung an eine Grundnorm, ein prius, ein Selbstverständliches nur den Vorzug der Künstlichkeit, der Entfernung vom gemeinhin und alltäglich Erlebbaren besitzen? Dieses Märchenland der Stützpunktlosigkeit ist selber ein Seinsmythos.

Der ,,pragmatische Entschluß" bedarf noch eines *Zweiten Supplements.* Dieses betrifft die Absicherung gegen einen unendlichen Stufen-Regreß der Erkenntnis: Es soll, außer in einem erkenntnismäßig unverbindlichen Modellentwurf – nur als solcher will die neopragmatische Erkenntnistheorie des Modellismus verstanden werden –, das Repertoire der pragmatisch-intentionalen Fassungen des Erkenntnisbegriffs nicht metatheoretisch transzendiert werden. Das heißt: es soll nicht in einer Weise, die, wo sie nicht wieder pragmatisch intentionalisiert wird, mehr Verbindlichkeit für sich beansprucht als intuitive und dabei gleichsam spielerische Gedankenkonstruktivität (bei innerer Widerspruchsfreiheit der die gedanklichen Konstrukte darlegenden Aussagesysteme), in erkennenwollender Absicht über Erkenntnis gesprochen werden. Ohne diese zweite Absicherung des pragmatischen Entschlusses würde das durch diesen konstituierte pragmatische Erkenntniskonzept, um in dem schon zuvor verwendeten Bild zu bleiben, ,,vertikal" entarten.

Jenes mögliche metatheoretische Zerfließen des modellistisch-neopragmatischen Erkenntnisbegriffs ins Intuitive, Außerpragmatische, Unverbindlich-Spielerische ist dabei ein im Sinne des ,,pragmatischen Entschlusses" durchaus legitimer Prozeß. Die Freisetzung von konkret-pragmatischen Modellierungskriterien kann sich als notwendig erweisen für übergreifende, höhere Formen pragmatischer Erkenntnis besonders im Bereich der Aufbereitung von Zielalternativen. Zudem verwirklicht sich im Spielerischen eine Form persönlicher Entscheidungsfreiheit, die zumal in der Leistungsgesellschaft hohe pragmatische Relevanz gewinnt. Der persönliche

Wille durchbricht, jederzeit, den ihn bedingenden Kausalkontext und wird zur originären Schöpfungskraft. Er läßt seine eigenen Verursachungen hinter sich – wie der Bergsteiger im Gipfelerlebnis die Mühen des Aufstiegs und die öde Erlebnisfülle des Tals.

Die angedeutete Rekursion pragmatischer Erkenntnis auf spielerische Konstruktivität, das Bestehen auf Unverbindlichkeit des jeweiligen „Letzt"urteils muß Wert-Dogmatikern ein Dorn im Auge ihrer Gewißheitseinsichten sein. Und sie werden vielleicht geneigt sein, rational notwendig scheinende Zurückhaltung in Fragen der erreichbaren Wahrheitserkenntnis mit Wertskeptizismus und – neuen Dogmatismus gebärender – Wertindifferenz zu verwechseln. Bedeutet aber Entfaltung zum Menschsein soviel wie Mündigwerden gegenüber Fremdsteuerung und Befreiung von unnötigen und unwürdigen Zwängen, so ist *Mensch im ausgeprägten Sinne* nur das sich immer erneut hier und jetzt vermeintlicher Notwendigkeiten begebende Individuum als Bewußtseinsatom. Für diesen Menschen ist, idealtypisch extrapoliert, letzthin die Haltung des Spielerischen geradezu wesentlich gattungsbildendes Charakteristikum, und es ist gleichzeitig Grundbedingung für Kultur und Fortschritt in allen seinen – technischen, ökonomischen, gesellschaftlichen – Dimensionen (hierzu *Hiuzinga* 1956).

Die mittels des pragmatischen Entschlusses und seiner beiden Supplemente getroffene neopragmatische Parametrisierung des unitärten klassisch-absolutistischen Erkenntnisbegriffs kann als Stück „Entzauberung der Welt" betrachtet werden in dem über das von *Max Weber* Gemeinte hinausgehenden Sinne, daß diese Entzauberung auch noch das *Instrumentarium* der Weltentzauberung einschließt. Das Infragestellen von Gewißheiten, Selbstverständlichkeiten, Überzeugungen ist damit bis in jenen Grenzbereich vorangetrieben, wo die Strukturtheorie der Erkenntnis endet und die ethischen Inhalte, konkrete Erkenntnisinterpretationen beginnen. Mit den De-facto-Belegungen der Erkenntnisvariablen ist eine neue Entscheidungsebene erreicht, von der aus sich alle im Sinne des Neopragmatismus denkbaren erkenntnismäßigen – insbesondere wissenschaftlichen – Modellierungen bestimmen. Hier ist der neopragmatische Springbereich der Erkenntnis.

Inwieweit jedoch diese Erkenntnis sich in Modellbildungen vollzieht, soll im nächsten Abschnitt betrachtet werden.

3. Das Modellkonzept der Erkenntnis

Die neopragmatische Erkenntnislehre des Modellismus leitete sich einmal ab aus dem pragmatischen Entschluß, zum anderen aus dem Modellkonzept der Erkenntnis. Beide Basismimente bedingen einander komplementär.

Das Modellkonzept der Erkenntnis greift den Abbildgedanken der klassischen Erkenntnistheorie auf, relativiert ihn jedoch im Sinne des pragmatischen Entschlusses. Hiernach ist alle Erkenntnis *Erkenntnis in Modellen* oder *durch Modelle*, und jegliche menschliche Weltbegegnung überhaupt bedarf des Mediums ,,Modell" : indem sie auf das – passive oder aktive – Erfassen von etwas aus ist, vollzieht sie sich relativ zu bestimmten Subjekten, ferner selektiv – intentional selektierend und zentrierend – und in je zeitlicher Begrenzung ihres Original-Bezuges.

3.1. Weite des Modellbegriffs

Modell in jenem mehrfach zu relativierenden Sinne ist ebenso die ,,elementarste" Wahrnehmungs,,gegebenheit" wie die komplizierteste, umfassendste Theorie. Modell ist das vermeintlich objektive Erkenntnisgebilde ebenso wie die Gedankenkonstruktion, die ihre Subjektivität und Perspektivität betont. Modell ist *Newton*s Partikelmechanik ebenso wie *Ranke*s Weltgeschichte oder *Hölderlin*s Hyperion. Oft verblaßt die subjektive Komponente, ohne jedoch eliminierbar zu sein; oft aber auch trägt das Modell durchgängig die Züge seines Erschaffers. Auch das umfassende philosophische System, zumal als beschreibende und erklärende Metaphysik auf einem das fraglich Gewordene tragen wollenden Seinsgrund sowie die machtliebedienerisch-verschleiernde oder der Rechtfertigung von Vorurteilenden dienende Ideologie: alles dies ist,, Modell", hinsichtlich seiner ,,Objektivität" von der exakten naturwissenschaftlichen Theorie nur graduell unterschieden.

3.2. Modell-Operationalität

Besonders in den jüngeren Erfahrungswissenschaften hat gerade die Freiheit im Herausheben der je abbildungsrelevanten Original-Merkmale (und im Vernachlässigen der übrigen Merkmale) zu einer ungemeinen Belebung der Forschungstätigkeit geführt. Aus der Not der Unmöglichkeit von ,,Wirklichkeits"erkenntnis, die zu wahrem oder auch nur wahrscheinlichen Wissen sollte führen können, ist die Tugend der Zweckangepaßtheit und operationalen Beweglichkeit pragmatischer Wissenschaft geworden. Dies gilt auch und gerade für die neue, in ihrem Reichtum überströmende Welt mathematischer Denkarbeit, zu der *Hilbert* nach zweitausendjähriger klassischer Absolutheits-Axiomatik das Tor hatte aufstoßen können.
Besonders aber empirische Erkenntnis ist stets ,,Erkenntnis für wen" und ,,Erkenntnis wozu", wenngleich zumal die Wozu-Komponente oft unreflektiert blieb. Sie ist stets konstruktive, bewußt oder unbewußt: *operationale*, d.h. dem Antrieb von Motiven unterliegende, mehr oder weniger von zielorientierten Entscheidungen abhängige Erkenntnis. Wenn sich Fortsetzungs- und Fortschrittslinien solcher Erkenntnis aufzeigen lassen, so sind

diese Linien nicht durch „Objektivität", sondern durch schöpferische Konstruktivität bestimmt. Die Beurteilung von Fortschritt ist daher immer auch belastet mit tragischer Ambivalenz: die Konstrukte können gewollt oder blind zerstören.

3.3. Empirische Theorien als Modelle

Im *Popper*schen Sinne falsifizierte Theorien können sich mit dem Modellkonzept der Erkenntnis durchaus in Einklang befinden. Die Aufweisung einer „falsifizierenden Hypothese" (*Popper* 1966, 54) muß noch nicht die Außerkraftsetzung der durch sie falsifizierten Theorie bewirken. Auch ein theoriewiderlegender Effekt gewinnt seine Validität aus bestimmten Konventionen, deren Relevanzgrad sich radikal ändern kann. Die Geschichte der Wissenschaft zeigt, daß manche Erkenntnisgebilde gegen „unerwünschte" Falsifikation immunisiert wurden. Nicht immer dient die *Popper*sche Forderung möglichst strenger Theorienkontrolle dem Fortschritt der (neopragmatisch, nicht-absolutisch verstandenen) Erkenntnis. Schon gar nicht würde etwa wahnhafte Übersteigerung der an diese Kontrolle gestellten Strengeanforderungen der Entfaltung fruchtbarer und interessanter wissenschaftlicher Konstrukte dienlich sein.
Andererseits ist es mit dem modellistischen Erkenntniskonzept verträglich, daß hochbewährte Theorien mehr oder minder aus dem Verkehr gezogen oder für *wesentlich* erweiterungsbedürftig erklärt werden, wenn die an ihren Fundamenten ansetzende spekulative „Laune" eines einzelnen Forschers genügend viele Fachkollegen findet, die sich der neuen „Tatsachen"-Interpretation anschließen. Die falsifizierenden Effekte, wie im Falle der *Einstein*schen Kritik an den Grundannahmen der klassischen Mechanik der *Michelson-Morley*-Effekt, gehen dann der Theorierevision nicht voran; eher folgen sie ihr nach, wenn überhaupt angesichts der oft außerordentlichen Verschlungenheit der heuristischen Prozesse Zeitfolgen der angedeuteten Art konstatierbar sind.

3.4. Verfahren der Theorienprüfung

Das Modellkonzept der Erkenntnis folgt in vielem den kritischen Einsichten der *Popper*schen „Forschungslogik". Es läßt nichtsdestoweniger neben dem falsifizierbarkeitstheoretischen Verfahren der Theorienkontrolle andere Prüfungsverfahren für erfahrungswissenschaftliche Theorien gelten. Auch die von *Popper* abgelehnte „konventionalistische Wendung" zur Rettung einer Theorie (vor allem ad hoc eingeführte Hypothesen bzw. Zuordnungsdefinitionen) sollen nicht unbedingt und für immer ausgeschaltet werden. Auch kommt es auf die jeweilige Grundentscheidung bezüglich der inhaltlichen Belegung der Erkenntnisvariablen an sowie darauf, als wie fruchtbar sich – relativ zu jener Variablenbelegung – das resultie-

rende Erkenntnisgebilde erweist. Es muß nicht gleich alles „ideologieverdächtig" sein. Auch läßt sich faktisch eine scharfe Grenze zwischen wissenschaftlichen und ideologischen Systemen nicht ziehen.
Insbesondere soll eine durch intuitiv-ästhetische Einfachheit ausgezeichnete Theorie nicht unbedingt verworfen oder auch nur minderbewertet werden, weil – vielleicht nur probeweise oder nur für eine gewisse Forschungsphase – an einem bestimmten Grundkonzept ihres Aufbaus konsequent festgehalten wird. Ein solches Festhalten kann ja andere Gründe haben als gewollte Immunisierung der Theorie gegen „unerwünschte Erfahrungen". Allgemein sollten nicht grundsätzlich Erkenntnisgebilde aus der Klasse der erfahrungswissenschaftlichen Theorien ausgeschlossen werden, die zwar einem im engeren Sinne verifikationstheoretischen, nicht aber dem falsifikations- oder vielmehr falsifizierbarkeitstheoretischen Verfahren *Poppers* unterworfen wurden. Der *Juhos*sche Glaube an die Unbezweifelbarkeit der verifizierenden „Konstatierungen" ist als solcher zwar mit dem modellistischen Konzept unvereinbar, das von *Juhos* (1950) entwickelte, an physikalischen Methoden orientierte Verfahren der Theorienverifikation dagegen ist modellistisch legitim. Ganz ähnlich verhält es sich mit einer – künftigen, von ihren derzeitigen Unzulänglichkeiten befreiten – Methode der Hypothesenbestätigung auf der Grundlage der induktiven Logik *Carnaps* (1950), ganz zu schweigen von *Hintikkas* (1966) nutzentheoretischem Verfahren. Die Bevorzugung des einen oder anderen Vorgehens außerhalb pragmatischer Gesichtspunkte scheint wenig sinnvoll; sie dürfte auch der tatsächlichen Situation der modernen Forschung wenig angemessen sein.

3.5. Empirisch relevante metaphysische Theorien als Modelle

Popper äußert sich zutreffend darüber, daß „manche metaphysische Theorien rational vertretbar und trotz ihrer Unwiderlegbarkeit kritisierbar sind" (*Popper* 1966, 159). Es sind wesentlich Konventionen, die über die Grenzziehung zwischen empirischen und metaphysischen Theorien entscheiden. Nimmt man die zumindest heuristische Fruchtbarkeit mancher „metaphysischer" Theorien hinzu, so kann es nicht verwundern, daß ein die *Popper*sche Empirismuskritik weiterführendes modellistisches Erkenntniskonzept auch in der Frage der Abgrenzung der auf mögliche Erfahrungswelten bezogenen Theorien von denjenigen Theorien, die sich überhaupt mögliche Welten zum Gegenstand machen, denkbar tolerant ist.
Das modellistische Erkenntniskonzept bleibt dem Umstand eingedenk, daß alles wissenschaftliche Erkennen unabgeschlossen, „auf dem Wege" ist. Auf allen seinen Entwicklungsstufen bleibt es im Blick auf das Ganze des Theorienbildungsprozesses immer nur Heuristik. Darüber, ob eine

Theorie , die üblicherweise „metaphysisch“ genannt wird, dennoch als wissenschaftliche Theorie zu werten ist, entscheiden neopragmatische Gesichtspunkte.

3.6. Liberalität und Strenge des Modellkonzeptes der Erkenntnis

Mit solcher modellistischer Liberalität sind höchste wissenschaftliche Strengeanforderungen aufs beste vereinbart. Exaktheitsanforderungen werden sogar gerade desto gewichtiger, je undogmatischer , elastischer und diskussionsoffener die Grundbaupläne der im einzelnen durch Verarbeitung des Materials der Erfahrung zu errichtenden Theorien gestaltet sind. Manche jüngere Erfahrungswissenschaften (wie z. B. die Wirtschaftswissenschaften) geben ein Beispiel für die fruchtbare Komplementarität von Gestaltungsfreiheit und mathematischer Stringenz. Erfahrungswissenschaftliche Theorien können etwas von der Eigentümlichkeit formalwissenschaftlicher Systeme gewinnen, bei denen höchste Freiheit der Axiomenauswahl und strengste Bindung an die Deduktionsvorschriften komplementär existieren.

3.7. Erkenntnisaxiologie und neopragmatischer Humanismus

Das Modellkonzept der Erkenntnis eröffnet der Theorienbildung einen Raum „neopragmatischer Freiheit“, der für vor-modellistische Epistemologen beängstigend sein mag. Wer indes weder will, daß dieser Raum von einem undifferenzierten Gesamtfaktischen oder einem modellpluralistischen „laisser faire“ beherrscht wird, noch für gut hält, daß unter dem Intersubjektivitätsargument expertokratisch bestimmt wird, was „echte“ und „eigentliche“ Wissenschaft und was „Wahrheit“ sei, wird die perennierende Diskussion über die sich wandelnden Zielsetzungen wissenschaftlichen Modellierens suchen.

Diese Diskussion, deren eigene Theorie und Technik auf Meta-Ebene zu diskutieren ist, hat die Verbundfrage nach dem, was ist, was sein wird und was sein soll, aus gemeinsamen Anstrengungen auf der Wertgrundlage eines antidogmatischen und nicht-autoritären Humanismus immer erneut zu stellen und Antworten zu erarbeiten. In den konkreten Fällen beteiligen sich nicht nur Wissenschaftler und Politiker, sondern alle, die unter der Forschung gesellschaftlicher Verantwortung eigene Interessen zu vertreten haben. Sie müssen gemeinsam und nach Spielregeln fairer Auseinandersetzung den Möglichkeitsraum dessen, was wissenschaftlich machbar ist – und was bisher auch unbekümmert gemacht wurde –, auf den Sollensraum dessen einengen, was nach gesellschaftlich wünschenswerten, weil der Selbstentfaltung möglichst vieler einzelner dienenden Prioritäten tatsächlich zu machen ist (*Habermas* 1968; *Picht* 1969).

In unserer Zeit ist aus der potentiellen Wertemasse überhaupt ebenso wie aus den zum nicht geringen Teil kontroversen aktuellen Wertsystemen der Grundwert der sozialen Gerechtigkeit dominant geworden. In den meisten modernen Großgesellschaften steht die Forderung nach Beseitigung sozialer Not, nach Chancengleichheit und nach Emanzipation bislang ,,Unterprivilegierter" usw. an erster Stelle des Innovationsbemühens. Dies verweist auf eine zunehmend soziale Ausformung des zeitgenössischen Humanismus. Sie ist mit dem hier vertretenen neopragmatischen Humanismuskonzept in dem Maße verträglich, ja stellt eine der wahrscheinlich befriedigendsten allgemeinen Inhaltsgebungen dieses Konzepts dar, wie sie nicht ins Extrem entartet oder orthodox und damit ihrerseits repressiv wird.

Jedes nur denkbare Konzept eines neopragmatischen Humanismus hat seine Basis in der Vergewisserung der weitgehend übereinstimmenden Grundmotive des Menschen: Deckung des unerläßlichen vitalen Bedarfs, darüber hinaus Bedürfnisbefriedigung unter dem Gesichtswinkel maximaler Selbstverwirklichung.

Solche Überlegungen beziehen biologische, medizinische, psychoanalytische und psychiatrische sowie wissenssoziologische Betrachtungsweisen ein; sie sind *operational* orientiert in dem Sinne, daß das Denken des Menschen, insbesondere seine antizipatorische Leistung, als im Dienste handelnder Lebensbewältigung stehend betrachtet wird. Gesellschaftlich bedeutet dies: immer aufs neue nach Ordnungs- und Organisationsformen suchen, welche die Bedarfsdeckung und die Bedürfnisbefriedigung möglichst vieler Menschen optimieren. Auch sind hier wieder die Bedingungen einer die individuellen Interessen und Gruppenegoismen übersteigenden sozialen Ethik zu beachten. Daß sich hinter diesen lapidaren Aussagen Problemfüllen verbergen, bedarf keiner Erwähnung.

Das neopragmatische Modellkonzept der Erkenntnis erfordert eine Ethik-Diskussion, die sich immer wieder abzusichern hat gegen den besonderen Absolutismus der ausschließenden Zieldetermination. Freiheit, Mündigkeit, Emanzipation sind Synonyme für die Wahl- und Entscheidungsfähigkeit des einzelnen Menschen. Voraussetzungen hierfür sind einerseits offene, genügend reichhaltige Ziel- und Mittelrepertoires, vgl. (*Rapoport* 1970, 153 ff). Andererseits hat die Wissenschaft die alternativen Strategien gesellschaftsplanerischer Handlungsantizipationen auf ihre Folgen bezüglich der Frage der Motiverfüllung des einzelnen Menschen zu untersuchen und ihm zu helfen, sich des Wechselverhältnisses seiner Motivdynamik mit seiner Umwelt bewußt zu werden und zu motivationalen Präferenzordnungen zu gelangen, die ihm eine je optimale Entfaltung seiner Persönlichkeit gewähren. Hierzu gehört auch, die aus den unterschiedlichen motivationalen Präferenzordnungen erwachsenden Konflikte rational zu analysieren und Lösungsalternativen anzubieten.

Der Zirkel, der darin gesehen werden kann, daß jene Motiv-Vergewisserungen, Präferierungshilfen und sonstigen Wissenschaftsleistungen, die ja insgesamt erkenntnisfundierende Funktion haben sollen, selbst der Erkenntnisfundierung bedürfen, fällt nicht besonders ins Gewicht. Einmal braucht ethisch-politisch fundierte Werterkenntnis als solche nicht notwendig die durch starke Voraussetzungen erkaufte exakte Methodengestalt *wissenschaftlicher* Erkenntnis zu besitzen, wenn sie auch mit der letzteren einen genügenden Rationalitätsgrad gemeinsam haben sollte; zum anderen, und dies ist der wichtigere Gesichtspunkt, ist das Fundierungsverhältnis zwischen wissenschaftlicher Erkenntnis und erkenntnisbegründender ethischer Axiologie stets in seiner kreisrelationalen Entwicklungsdynamik zu begreifen, derart, daß sich die Bedingungen, unter denen es zu Forschungsergebnissen kommt, selbst auf Grund dieser Ergebnisse wandeln. Es ist dies, systemtheoretisch gesprochen, einem ergodischen Prozeß vergleichbar, dessen Führungsfunktion sich aus rationaler Diskussion bestimmt.

3.8. Modellismus, Aufklärung und Emanzipatiom

Modellismus versteht sich als Fortsetzung des rational-empirischen Hauptstranges der Entwicklung des philosophischen Denkens. Sein kritisches Anknüpfen an die Erkenntnislehre *Poppers* verdeutlicht, daß die erkenntnistheoretisch vollzogene neopragmatische Wendung letztlich der Auseinandersetzung mit dem klassisch-transzendenten, *Aristotelischen* Wahrheitsbegriff entspringt. Alle auf der in *Poppers* Theorie gipfelnden Entwicklungslinie kritisch vollzogene Abschwächungen dieses Wahrheitsbegriffs – Wahrscheinlichkeit, Bestätigbarkeit, Falsifizierbarkeit, Bewährbarkeit – stehen sozusagen noch im Licht des „absoluten Sinnes von Wahrheit". Sogar noch die Liberalität und Pluralität des formal operationalisierten Erkenntnisbegriffs des Modellismus drückt den Grad aus, in welchem rationale Kritik nötigt, von der Objektivitätsideologie des klassischen Wahrheitsbegriffs abzuweichen, ihn zu ent-ontologisieren und zu säkularisieren. Ein Stück „aufgehobener" Ontologie und damit Theologie haftet auch noch der säkularisierten Wahrheit und der mit ihr korrespondierenden pragmatisch pluralisierten Erkenntnis an.

Nicht zuletzt in der Rückverbundenheit der neopragmatischen Lehre des Modellismus mit den Quellen rationalen Philosophierens will sich der aufklärerisch-emanzipatorische Charakter dieser Lehre äußern. Befreiung von aktivitätslähmender Autorität kann immer nur im orientierten Rückbezug auf solche Autorität erfolgen. Sogar Revolution wird als solche erst bedeutsam aus den Prinzipien, die sie aufhebt.

Zwei geschichtlich gestaffelte Hauptquellbereiche des aufklärerisch-emanzipatorischen Modellismus sind zu unterscheiden: ein primärer im klassisch-griechischen Abbild-Rationalismus, ausgewiesen vor allem durch das *Aristotelische* Wahrheitskonzept, und ein sekundärer, dessen Ort im deutschen Idealismus liegt. *Kant* hatte als erster das passiv-rezeptive, gegenstands „erfassende" Philosophieren verabschiedet zugunsten eines Welterkennens, das vom gestaltenden, gegenstands„erzeugenden" Menschen her verständlich werden sollte, und mit dieser Wende war über *Fichte*, den „idealistischen Pragmatisten", wie *Scheler* ihn nannte, ferner über *Schopenhauer*, *Marx*, *Nietzsche*, *Cohen*, *Simmel* die Idee einer von den Bewußtseinstatsachen ausgehenden, sich in personaler Spontaneität verwirklichenden pragmatischen Emanzipation des Menschen weitergetragen worden. Der amerikanische Pragmatismus hatte diesen emanzipatorischen Impuls ins Unpathetische, Praktisch-Soziale, unmittelbar Lebensdienliche gewandelt und die zwecksetzende Komponente im Subjekt stärker hervorgehoben. In den Wissenschaften hatte mehr und mehr ein „antiautoritäres" und dabei operationales Konzept Denken und Handeln zusammengerückt. *Poppers* kritischer Rationalismus erscheint als Position des Ausgleichs zwischen dem aktiven und dem meditativen Bewußtseinsanteil im erkennenden Subjekt. Der Neopragmatismus *Morton Whites* und der sich ihm verbindende Modellismus stellen erneut den aktiven Subjektanteil der aus der Macht der Freiheit erwachsenden Verantwortlichkeit heraus.

Neopragmatisch-modellistische Emanzipation bedeutet hiernach Abbau von Fremdbestimmtheit menschlichen Denkens und Tuns sowie Zunahme der Selbstbestimmung des Menschen, beides in vielleicht bis dahin theoretisch noch nicht erreichten Graden. Dabei wird, eingedenk der dargelegten Rückverbundenheit neo-pragmatisch-modellistischer Emanzipation, der radikale, revolutionäre Sprung ins Unbestimmbare und Unplanbare vermieden. Insbesondere entlassen auch denkbar höchste Grade von Selbstbestimmung den Menschen, will er sich nicht in erneute Fremdbestimmung begeben, nicht aus den Bedingungen von Rationalität. Allerdings ist „Rationalität", gemessen an *H. Marcuses* (1970, passim) Rationalitätskonzept, durchaus „klassisch" gemeint, nämlich *positiv handlungs- und zielorientiert* und *auf motivierte Aktionssubjekte bezogen.* Auch für den Fall, daß solche Rationalität partiell repressive Herrschaft erzeugt (ebda. 247), aufrechterhält oder nicht verhindert, bleibt sie unabdingbar für eine mit Selbstverwirklichung verbundene Zukunftsbewältigung des Menschen – nicht nur des starken, von Natur und Gesellschaft begünstigten, sondern gerade auch des schwachen menschlichen Individuums: Wie sollte dieses anders als durch motivierte Zielsetzungen und zweck-mittel-orientierte Handlungen seiner selbst oder anderer auch nur die Chance der Verbesserung seiner Lebensumstände gewinnen? –

4. Nachbemerkung

Die vorangegangenen Überlegungen sind dem ersten, vorbereitenden Kapitel des Buches „Allgemeine Modelltheorie" (*Stachowiak* 1973) entnommen. In dieser Untersuchung wird das allgemeine Modellkonzept zunächst verbal-episprachlich erarbeitet und dann mit Hilfe einer pragmatischen Logik (*Martin* 1959; 1964) in den wesentlichen Zügen formal expliziert; eine

gekürzte Fassung dieses formalisierten Teils ist auch an anderer Stelle (*Stachowiak* 1972) vorgelegt worden.
Die Allgemeine Modelltheorie schließt eine Theorie der semantischen Stufen ein, die als universelles Klassifikationssystem für alle Arten von Modellen dient; ferner enthält sie eine Theorie des auf attributenlogischer Grundlage entwickelten, quantitativen Modell-Original-Vergleichs, der strukturelle und Kodemaße unterscheidet. Systemtheorie tritt in dieser Konzeption sowohl als Werkzeug erkenntnistheoretischer Modellierung (*Stachowiak* 1965; 1973, 67ff) wie auch als spezielle Ausprägung der Modelltheorie (*Stachowiak* 1973, 137f u. 308ff) auf. So erweisen sich die hier wiedergegebenen Überlegungen als erkenntnistheoretische Grundlagen auch der Systemtheorie.
Die methodologische Fruchtbarkeit der Modelltheorie hat sich inzwischen auf zahlreichen einzelwissenschaftlichen Anwendungsgebieten bestätigt. Aus der Sicht der Erkenntnistheorie stellt das neopragmatische Erkenntniskonzept des „Modellismus" eine praxeologische Alternative zu den Positionen des Induktivismus und Neoempirismus, des Konventionalismus, des Kritischen Rationalismus und der Methodologie der historiographischen Forschungsprogramme dar. Damit „liegt hier ein umfassender wissenschaftstheoretischer Entwurf vor, der den handlungs-, planungs- und systemtheoretisch orientierten Paradigmenwechsel in den Erfahrungswissenschaften thematisiert" (Ropohl 1978).

5. Literatur

Carnap, R.: Logical foundations of probability. Chicago, Ill. 1950.
Habermas, J.: Technik und Wissenschaft als „Ideologie". Frankfurt 1968.
Hintikka, J.: On semantic information. Stanford, Cal. 1966 (hektographiertes Manuskript)
Huizinga, J.: Homo ludens. Vom Ursprung der Kultur im Spiel. Hamburg 1956.
Juhos, B.: Die Erkenntnis und ihre Leistung. Wien 1950.
Lenk, H.: Pragmatische Philosophie, Hamburg 1975.
Marcuse, H.: Triebstruktur und Gesellschaft. Frankfurt 1970.
Martin, R. M.: Toward a systematic pragmatics. Amsterdam 1959.
Ders.: Toward a logic of intentions. In: Gregg, J. R. u. F. T. C. Harris (Hrsg.), Form and strategy in science. Dordrecht 1974, 146-167
Picht, G.: Mut zur Utopie, München 1969.
Popper, K. R.: Logik der Forschung. 2. Aufl. Tübingen 1966.
Rapoport, A.: Philosophie heute und morgen. Darmstadt 1970.
Ropohl, G.: Rezension zu Stachowiak 1973. Philosophische Rundschau 25 (1978) 1/2, S. 133–138
Stachowiak, H.: Denken und Erkennen im kybernetischen Modell. Wien/New York 1965.
Ders.: Models. In: UNESCO (Hrsg.): Scientific thought. Some underlying concepts, methods, and procedures. Paris/Den Haag 1972, 145-166.
Ders.: Allgemeine Modelltheorie. Wien/New York 1973.

Stegmüller. W.: Das Problem der Induktion: Humes Herausforderung und moderne Antworten. In: Lenk, H. (Hrsg.): Neue Aspekte der Wissenschaftstheorie. Braunschweig 1971, 13-74.
Wellmer, A.: Methodologie als Erkenntnistheorie. Zur Wissenschaftslehre Karl R. Poppers. Frankfurt 1967.
White, M. G.: Toward reunion in philosophy. Cambridge, Mass. 1956

Hermann Rampacher

WISSENSCHAFT ALS PRODUZENT VON PRAGMATISCHEN INFORMATIONSSYSTEMEN

Erstmals in der Geschichte verfügt die wissenschaftlich-technische Zivilation unserer Tage über Technologien zur globalen Zerstörung der physischen Grundlagen menschlichen Lebens. Bedrohlicher noch als vernichtende Atomschläge erscheinen die unter der Reizschwelle der Politiker liegenden schleichenden, teilweise irreversiblen Zerstörungen unserer physischen und sozialen Umwelt [1 2]: Produktions- und Verkehrstechnologien, welche die Regenerationsfähigkeit der Natur überfordern, weltweiter Raubbau an unersetzlichen Rohstoffen, eine auf steigenden Konsum materieller Güter programmierte Wirtschaft, deren immer höhere, auf einseitig kognitives Funktionswissen hinzielende Arbeitsanforderungen ständig größerere Gruppen in den westlichen Industriestaaten aus dem Arbeitsprozeß herausdrängen, ein wachsendes Gefälle zwischen „reichen" Industriestaaten und „armen" Entwicklungsländern ohne Rohstoffe. Während früher menschliche Fehlentscheidungen allenfalls regionale ökologische oder sozioökonomische Gleichgewichte ins Wanken brachten, bildet heute infolge der technisch-wirtschaftlichen Superstrukturen die Erde ein Gesamtsystem, dessen Stabilität durch die offensichtlich überforderte Steuerungsfähigkeit insbesondere der Regierungen der Industriestaaten ernsthaft gefährdet ist.

Das offenkundige Versagen von Regierung, Parlament und Parteien etwa in der Frage nach der Zukunft der Kernenergie hat die Öffentlichkeit alarmiert und den Bürgerinitiativen, die es bei funktionierenden Volksparteien nicht zu geben brauchte, beträchtlichen Auftrieb verliehen. Der tiefste Grund für dieses Versagen der Entscheidungsträger liegt freilich nicht in deren angeblicher Unfähigkeit: Die ganz augenscheinliche Steuerungskrise in der Energiepolitik – und auch in anderen, weniger spektakulären Bereichen – ist auf eine Informationskrise zurückzuführen. Für fachübergreifende Fragen wie die der Kernenergie mit ihren weitreichenden Auswirkungen auf Wirtschaft, Ökologie und innere Sicherheit gibt es derzeit keine kompetenten Personengruppen: „Kritisch wird es jedoch, wenn man Experten durch die Fragestellung zwingt, fachgebietsübergreifende Probleme zu beurteilen. Sofern sich der Betreffende nicht zufälligerweise nebenbei mit fachgebietsübergreifenden Problemen befaßt hat, besteht im allgemeinen eine Unschärferelation: je fachübergreifender eine Frage ist, um so weniger sicher ist der Wert des Expertenurteils", stellt der Physiker H. Stumpf[1] fest. In der Tat: im Januar 1976 haben sich 650 Fachleute, Physiker, Chemiker und Biologen – darunter der Präsident der Max-Planck-Gesellschaft: die Nobelpreisträger Heisenberg, Mössbauer und Eigen – dazu bekannt, daß „Kernenergie notwendig und zu rechtfertigen ist", die Gefahren der Kernenergie seien ,,ausreichend unter Kontrolle"; kurz danach protestierte eine andere Gruppe von Wissenschaftlern und Persönlichkeiten des öffentlichen Lebens gegen diese Auffassungen und erklärte die Sicherheitsprobleme für keineswegs gelöst[3].

,,Das Problemerzeugungspotential der wissenschaftlich-technischen Zivilisation wächst derzeit rascher als ihr Problemlösungspotential"[4]. Eine notwendige – nicht notwendig hinreichende – Bedingung zur Verbesserung des Problemlösungspotentials besteht darin, das Orientierungs- und Funktionswissen auf allen Ebenen unserer Gesellschaft durch umfassende, den Zusammenhängen der technischen und der gesellschaftlichen Praxis Rechnung tragende Informationen grundlegend zu verbessern, eine säkulare Aufgabe, die ganz gewiß nicht ,,zufälligerweise und nebenbei" gelöst werden kann. Ohne zureichende Information gibt es keine rationale Argumentation und erst recht keine rationale Entscheidungen.

Eine der schwerwiegendsten Folgen der für die Steuerungskrise verantwortlichen Informationskrise ist in der bei Wahlen in den westlichen Demokratien immer häufiger anzutreffenden Polarisierung der Wählermassen zu sehen: Wer aufgrund seines mangelhaften Informationsstandes – und, so könnten wir ergänzend hinzufügen, seiner infolge öffentlicher Versäumnisse unzureichenden schulischen Ausbildung – zu differenzierter Argumentation nicht in der Lage ist, neigt zur Schwarz-Weiß-Malerei. Je schwächer die eigene Auffassung zu begründen ist, desto radikaler und einseitiger wird sie vertreten. Grobschlächtige, die Wahrheit mehr verhüllende als aufdeckende Wahlparolen der Parteien (,,Freiheit oder Sozialismus") unterstützen diesen sachlich völlig ungerechtfertigten Polarisierungsprozeß. Zusätzlichen Zündstoff häufen Vertreter einer – nach eigenem Bekunden – ,,kritischen Wissenschaft" an, die auf dem schwankenden Boden einer empirisch mangelhaft gestützten, aber eloquent verfochtenen ,,Theorie" im Namen einer Wissenschaft auftreten, zu deren Erfolgen sie selbst nichts beizutragen hatten. Die marxistische ,,Krisentheorie des Spätkapitalismus" vermag sich ebensowenig auf wissenschaftliche Kompetenz zu stützen, wie die überzogene Argumentation jener liberalistischen Theoretiker , die allein in der Marktwirtschaft für Gegenwart und Zukunft den Garanten freiheitlicher Grundrechte sehen. Die bisher bekannten marktwirtschaftlichen Modelle funktionieren nur bei stetigem Wirtschaftswachstum und können somit schwerlich eine tragfähige Konzeption zur Bewältigung unserer wirtschaftlichen Zukunft bieten. Bundespräsident Scheel erklärte jüngst:,,Sicher wird es auch erlaubt sein, darüber nachzudenken, wohin denn am Ende die stetig hohen Wachstumsraten, die wir aus den letzten Jahrzehnten gewöhnt sind, führen werden"[5].

Wenn es überhaupt einen Garanten für die freiheitliche Zukunft der Demokratien gibt, dann den durch Information und eigenes, selbständiges Denken aufgeklärten, mitbestimmenden Bürger. Schon 1931 schrieb Karl Jaspers: ,, Es ist die weltgeschichtlich politische Grundfrage unserer Zeit,

ob die Menschenmassen demokratisiert werden können, ob die Durchschnittsnatur des Menschen überhaupt fähig ist, eine Mitverantwortung als Staatsbürger durch Mitwissen und Mitentscheiden der Grundlinien faktisch in ihr Leben aufzunehmen. Es ist kein Zweifel, daß heute noch die Wählenden in der überwältigenden Mehrzahl nicht der auf Wissen begründeten Überzeugung folgen, sondern unprüfbaren Illusionen und unwahrhaften Versprechungen;..."[6]. Unter den Bedingungen der wissenschaftlich-technischen Zivilisation müssen von den Bürgern Informationen verarbeitet werden, die immer vielschichtigere und umfangreichere Sachverhalte beschreiben: Partizipation in Staat und Wirtschaft müßte die Grundlagen eben jener freiheitlich-demokratischen Ordnung, als deren vorläufige Vollendung sie gilt, unterminieren, wenn sie nicht auf Information gründete, ohne die eigenes Denken leer und bewertendes Entscheiden verantwortungslos wäre. Freilich: niemand vermag mit gehöriger Sicherheit vorauszusagen, ob die Bürger ein ihrer Praxis gerecht werdendes umfassendes Informationsangebot auch wirklich nützen oder ob am Ende nicht kurzsichtige Gruppeninteressen, ideologischer Dogmatismus oder einfach Ignoranz die Oberhand behalten.
Wir wollen die bisherigen Überlegungen in einer ersten These knapp zusammenfassen:

These 1:

> Zur Lösung der komplexen Steuerungsprobleme der wissenschaftlichtechnischen Zivilisation ist die Existenz einer gesellschaftlichen Grundfunktion notwendig, die allen Entscheidungsträgern und allen mitbestimmenden Bürgern jene Informationen liefert, die allein kompetentes Mitdenken und verantwortliches Entscheiden möglich machen.

Zu der geforderten gesellschaftlichen Grundfunktion erheben sich mindestens folgende zwei Fragen: Wer informiert, und wie wird kompetent informiert? Sie zielen auf die informierende Institution sowie auf die Sicherung ihrer Kompetenz durch methodologische Regeln.
Bei der informierenden Institution wird fast jedermann zunächst an den Bildungsbereich sowie die Medien denken. In der Tat liefert der Bildungsbereich gewisse Basisinformationen. Presse, Hörfunk und Fernsehen, deren Unabhängigkeit von gesellschaftlichen Partialinteressen ebenso konstitutiv für die freiheitlich-demokratische Grundordnung ist, wie die Freiheit der Religion, Philosophie, Forschung und Lehre, Literatur, Kunst oder der persönlichen Meinung, tragen in weiten Bereichen des gesellschaftlichen Lebens zur Information der Öffentlichkeit bei. Die genannten Informationsproduzenten sind freilich spätestens dann überfordert, wenn für eine aktuelle Entscheidungssituation und für die verschiedenen, am Entscheidungsprozeß beteiligten Ebenen alle Informationen in ihrem gegenseitigen Zusammenhang bereitgestellt werden sollen; dabei müssen diese den komplexen Sachverhalt optimal approximieren und gleichzeitig den Bedürfnissen der verschiedenen Informationsempfänger soweit entgegenkommen,

daß sie die Informationen gemäß ihrer Beteiligung am Entscheidungsprozeß auch faktisch verarbeiten können.
Bisher existiert lediglich eine Institution, die komplexe Sachverhalte in einigen Bereichen der Wirklichkeit durch leistungsfähige, praxisrelevante Modelle approximieren kann: die Wissenschaft. Diese hat auf der Basis geschichtlich entstandener, empirisch erfolgreicher Theorien Modelle entwickelt, deren zahlreiche Anwendungen die physischen Bedingungen unserer heutigen Existenz und in deren Gefolge auch einen Großteil der relevanten Sozialstrukturen geschaffen haben. Information war stets Produkt und Rohstoff der Wissenschaft zugleich[7]. Dabei galt freilich nicht immer der Bezug zur gesellschaftlichen Praxis als das letztinstanzliche Rechtfertigungsprinzip der neuzeitlichen Wissenschaft, sondern vielmehr die theoretische Neugier[8]. Bis heute exisiert keine wirkliche Rückbindung des theoretischen Orientierungsinteresses an die methodische Lösung unserer anwachsenden praktischen Lebensprobleme, die nicht zuletzt erst deshalb entstanden, weil die Ergebnisse jenes Orientierungsinteresses zu Technologien mit unabsehbaren Konsequenzen führten. Die Isolierung der einzelnen Disziplinen, deren jede zu immer abstrakteren und spezielleren Fragestellungen vorstößt, bewirkt, daß gerade die größten wissenschaftlichen Erfolge die Gesamtgesellschaft am folgenreichsten bedrohen. Zählen wir einige wenige auf: Der erfolgreiche Kampf gegen die Krankheit entfesselte die Bevölkerungslawine der dritten Welt, die Freisetzung subatomarer Energien bedroht die physische Existenz der Menschheit, die Entzifferung des genetischen Codes mag eines Tages Genmanipulationen möglich machen, die Konzentration riesiger Datenmengen in maschinellen Direktzugriffsspeichern schafft Voraussetzungen zu einem eventuellen Mißbrauch jener Daten und macht andererseits Staat und Wirtschaft extrem verwundbar, wenn solche Zentren durch Terror oder militärische Angriffe lahmgelegt werden. Diese und andere Probleme lassen sich nicht fachwissenschaftlich lösen, sondern nur durch völlig neue, interdisziplinäre Forschungsansätze, die sich gegenwärtig erst in den Anfängen befinden. Eine adäquate Information von Entscheidungsträgern oder Bürgern ist derzeit ausgeschlossen, da die wissenschaftliche Kompetenz für fachgebietsüberschreitende Konsequenzen einzelwissenschaftlicher Forschungen noch fehlt. Damit ist die Wissenschaft in ihrem derzeitigen Zustand nicht in der Lage, die existentiell notwendige gesellschaftliche Grundfunktion der umfassenden öffentlichen Information zu übernehmen. Da andererseits keine andere gesellschaftliche Institution die notwendigen Voraussetzungen mit sich bringt, muß die Wissenschaft durch eine gewaltige gesellschaftliche Anstrengung soweit ausgebaut werden, daß sie neben der Grundlagenforschung die Aufgabe übernehmen kann, durch pragmatische Information zur Lösung der Steuerungskrise beizutragen, welche die weitere Entwicklung der wissenschaftlich-technischen Zivilisation und die Zukunft der freiheitlich-demokratischen Ordnung radikal in Frage stellt.

Schon im 17. Jahrhundert waren die Bemühungen einzelner Forscher – wie etwa von Leibniz –, die Absichten der Enzyklopädien und der moralischen Wochenschriften sowie die Dokumentationsaktivitäten der wissenschaftlichen Gesellschaften ein Zeichen der Kommunikationsgemeinschaft zwischen wissenschaftlicher und allgemeiner Öffentlichkeit. Die Probleme der Arbeitsteilung der sich herausbildenden bürgerlichen Gesellschaft und die Isolierung der Disziplinen voneinander wurden frühzeitig erkannt und zu lösen versucht. Im 19. Jahrhundert ist dieser Kommunikationszusammenhang zwischen wissenschaftlicher und allgemeiner Öffentlichkeit, der aufklärerischen Charakter hatte, zerfallen[8]. Erst heute wird die Verbindung zwischen Fachwissen und öffentlichem Informationsbedürfnis wieder sachte geknüpft, nicht von der Wissenschaft, sondern vom Staat: In ihrem Informations- und Dokumentationsprogramm, dem ersten großen und umfassend konzipierten Versuch eines industriell hochentwickelten Landes, der Öffentlichkeit das auf der Welt vorhandene Wissen uneingeschränkt zugänglich zu machen, hat die Bundesregierung die aufklärerische Tradition des 17. Jahrhunderts wieder aufgenommen[9]. Zur Bewältigung der umfangreichen Informationsprobleme unserer Zeit kann dies freilich nur ein winziger Schritt in die richtige Richtung sein.
Die Wissenschaft selbst hat die Kommunikation mit der Öffentlichkeit seit über einem Jahrhundert von sich kaum noch gesucht, auch wenn einzelne Forscher, gewissermaßen in Nebenarbeit, fachwissenschaftliche Entwicklungen einer breiten Öffentlichkeit vorstellten. Diese angesichts immer höherer Forschungsaufwendungen (1,3 % des Bruttosozialprodukts 1962, 2,4 % des Bruttosozialprodukts von 1975 für die öffentliche und die private Forschungsförderung) gegen ihre eigenen Interessen gerichtete Verhaltensweise der Wissenschaft hat mit zu der wachsenden Wissenschaftsfeindlichkeit der Öffentlichkeit beigetragen[4].
Wir formulieren eine zweite, zusammenfassende These:
These 2:

> Durch die Anwendung empirisch gut gestützter theoretischer Modelle auf praxisrelevante Teilsysteme der Wirklichkeit errang die neuzeitliche Wissenschaft unvergleichliche Erfolge; gerade diese Erfolge in den miteinander verknüpften, äußerst komplexen Teilsystemen bewirkten ein Informationsdefizit bezüglich der Steuerung des vom natürlichen Gleichgewicht weit entfernten, kaum erforschten Gesamtsystems; aufgrund ihrer Erfahrung ist dennoch nur die Wissenschaft in der Lage, Kern einer Institution zu werden, die durch die Konzeption umfassender, praxisrelevanter Funktionsmodelle dieses Informationsdefizit abbauen kann.

Soll also die Wissenschaft eine Institution zur umfassenden Information aller übrigen gesellschaftlichen Grundfunktionen werden? Dies könnte eine Antwort sein auf die von John D. Bernal schon 1939 gestellte Frage nach der gesellschaftlichen Funktion der Wissenschaft: „Nun, da die Wissenschaft sowohl in einer destruktiven wie in einer konstruktiven Rolle erscheint, muß ihre gesellschaftliche Funktion untersucht werden, weil sogar ihre Existenzberechtigung in Frage gestellt wird"[10]. Die Existenzberechtigung der Wissenschaft heute anzuzweifeln , wäre selbstmörderisch: Nur die Wissenschaft, als sich selbst organisierende, unabhängige Institution bringt wenigstens einen Teil der Voraussetzungen mit, um jene Probleme lösen zu können, die erst durch die Wissenschaft in die Welt gekommen sind und ohne deren Lösung die physische und soziale Existenz der Menschheit aufs äußerste bedroht wäre.

Wie läßt sich aber die institutionelle Unabhängigkeit der Wissenschaft vor gesellschaftlichen Partialinteressen sichern? Im gesellschaftlichen Rang vergleichbar mit der Wissenschaft ist nur die Justiz. Von deren Organisation könnte man für jene der Wissenschaft lernen. Damit eine Manipulation von Auskünften durch die Auskunft anfordernde Stelle vermieden wird, sollten durch interne Beschlüsse der zuständigen wissenschaftlichen Gremien vorab Einheiten geschaffen werden, die für bestimmte praxisrelevante Fragestellungen zuständig sind und nicht umgangen werden können. Alle in den Einheiten fest angestellten Wissenschaftler sind innerhalb des ihnen durch Zuständigkeit gewiesenen Rahmens in ihrer Forschung völlig frei. Sie können ohne ihren Willen nur durch ein öffentliches Gerichtsverfahren abberufen werden. Die Regierungen und Parlamente in Bund und Ländern sollten verpflichtet sein, vor der Verabschiedung von Gesetzesvorlagen und anderen Entscheidungen vergleichbarer Bedeutung Gutachten von den jeweils zuständigen Einheiten einzuholen; Verbände und Einzelpersonen haben dazu, bei nachgewiesenem berechtigten Interesse, das Recht. Auch für eventuell notwendige Obergutachten gilt es, vorab die Zuständigkeit zu regeln. Solange gewährleistet ist, daß alle den Einheiten fest angehörenden Wissenschaftler in ihren Forschungen und bei der Erstellung von Gutachten frei sind, ist die finanzielle Trägerschaft der wissenschaftlichen Einheiten zweitrangig; sowohl eine staatliche wie eine geeignete private Trägerschaft wäre denkbar, sofern neben einem festen Etat die Auskünfte und Gutachten einholenden Stellen angemessen an den entstehenden Kosten beteiligt werden (Von Verbänden und Privatpersonen dürften freilich keine prohibitiven Gebühren verlangt werden!).

Eine institutionelle Gliederung der Wissenschaft in die Bereiche Lehre (Ausbildung des wissenschaftlichen Nachwuchses), Grundlagenforschung (Konzeption und Erweiterung von Theorien) und Kommunikation (Entwicklung praxisrelevanter Modelle, aus denen alle einem Sachverhalt zuzuordnenden Informationen operational in ihrem gegenseitigen Zusammenhang gewonnen werden können) erscheint zweckmäßig. Die bestehenden Einheiten in Forschung und Lehre innerhalb und außerhalb der Universitäten wären geeignet einzuordnen. Großforschungszentren und industrienahe Entwicklungszentren sollten dem Staat oder der Wirtschaft zugewiesen werden: Interessenkonflikte, die den Wahrheitsgehalt möglicher Auskünfte und Gutachten reduzieren, wären sonst unvermeidlich. Wer sein Leben lang Reaktoren entwickelt, wird kaum geneigt sein, dieses

Lebenswerk aufgrund eines negativen Gutachtens in seiner Verwirklichung zu gefährden. Dagegen sollte es zulässig sein, beim Erstellen von Gutachten Spezialisten aus Staat und Wirtschaft beratend hinzuzuziehen, wobei freilich die volle Verantwortung bei den zuständigen Einheiten der Wissenschaft verbleiben muß. Der notwendige Kontakt der Wissenschaft mit der gesellschaftlichen Praxis könnte durch beratende Gremien, besetzt mit Vertretern bedeutender öffentlicher und privater Organisationen (etwa wie der Senat der Max-Planck-Gesellschaft, allerdings ohne dessen Vollmachten), hergestellt werden.

Laut Dobrow geht die Definition der Wissenschaft als ,,Unternehmen", das aus sich selbst organisierenden Einheiten besteht und als Hauptaufgabe die Lieferung von Informationen übernommen hat, auf den französischen Kybernetiker Louis Couffignal zurück[7]. Unsere Überlegungen sollen nur grob umreißen, wie die institutionelle Unabhängigkeit der Wissenschaft gesichert und potentielle Interessenkonflikte bei der Erstellung von Auskünften oder Gutachten weitgehend vermieden werden können. Wir fassen das Wesentliche in These 3 zusammen:

These 3:

> Die Wissenschaft organisiert sich selbst in Bereichen der Lehre, der Grundlagenforschung und der Kommunikation; spezielle Einheiten sind für die Entwicklung praxisrelevanter Modelle zuständig, mit deren Hilfe zusammenhängende Informationen weitgehend operational gewonnen und durch die zuständige Einheit in geeigneter Weise der Öffentlichkeit zugänglich gemacht werden können.

Welche methodologischen Regeln könnten nun den pragmatischen Informationscharakter der erteilten Auskünfte und erstellten Gutachten gewährleisten? Je unverbindlicher diese Regeln sind, desto eher werden sie unter dem Erwartungsdruck bestimmter Kreise der Öffentlichkeit zusammenbrechen: Wissenschaftler verfallen dann in die ,,klassische Intellektuellenrolle des Zeitgeistverstärkers"[4] und verfehlen ihre Informationsaufgabe.

Bisher haben wir Begriffe wie Information, Modell oder Theorie naiv gebraucht. Da es wenig sinnvoll ist, den Grundbegriff ,,Information" durch eine eigene sprachliche Definition einzuführen, wollen wir lediglich einige uns notwendig erscheinende Kriterien nennen, die erfüllt sein müssen, wenn eine Folge interpretierbarer Zeichen als Information gelten soll. Auf die Begriffe ,,Modell" und ,,Theorie" gehen wir anschließend näher ein. Das entscheidende Kriterium für unser Verständnis von ,,Information" ist: der Informationsempfänger trifft andere Entscheidungen, wenn er über für ihn bestimmte Informationen verfügt, als wenn ihm diese nicht vorliegen: Informationen sind für den Empfänger stets praxisrelevant.

Eine als potentielle Information anzusprechende Zeichenfolge muß für den Empfänger eindeutig interpretierbar, ihr Wahrheitsgehalt erkennbar sein. Eine potentielle Information wird zur Information, wenn sie für ihren Empfänger praxisrelevant ist. Wir benutzen den Informationsbegriff also im pragmatischen Sinn, der die Kommunikation einschließt. Zusammenhängende Informationen über die Wirklichkeit – mit logischen oder mathematischen Informationen wollen wir uns hier nicht befassen – beziehen sich stets auf ein Modell. Die Konstruktion eines Modells richtet sich sowohl nach den Eigenschaften des Modelloriginals – des Sachverhalts, der durch das Modell abgebildet werden soll – als auch nach dem informationellen Interesse des Modellbauers bzw. -benutzers. Jedes Modell isoliert Elemente der komplexen Wirklichkeit und macht sie dadurch interpretierbar.

Wir unterscheiden sprachliche und formale Modelle. Sprachliche Modelle werden umgangssprachlich oder mit Hilfe einer Fachterminologie beschrieben. Formale Modelle sind vollständig in einer quantitativen Sprache abgefaßt, lassen also nur Beschreibungen mit Hilfe von mathematischen Funktionen zu, oder werden durch eine algorithmische Sprache (ein Computerprogramm) dargestellt.

Formale Modelle sind entweder Ad-hoc-Modelle oder partiell-deduktive Modelle; die letzten beziehen sich stets auf eine bestimmte empirische Theorie, aus der sie unter speziellen Zusatzhypothesen, die der Modellbauer postuliert, abgeleitet werden können; Ad-hoc-Modelle können sich auf eine empirische Theorie beziehen, sie werden vom Modellbauer ad hoc konstruiert und lassen keine theoretische Ableitung zu. Da jedes partiell-deduktive Modell einen Sonderfall eines allgemeinen, die entsprechende Theorie konstituierenden Grundmodells ist, bestätigt jedes einzelne erfolgreiche partiell-deduktive Modell die Theorie insgesamt empirisch. Umgekehrt kann aus dem Scheitern eines speziellen partiell-deduktiven Modells nicht auf die Unbrauchbarkeit der ganzen Theorie geschlossen werden, da das Scheitern stets auf die nicht angemessen ausgewählten Zusatzhypothesen des jeweiligen Modellbauers zurückgeführt werden kann, solange der durch das Modell zu approximierende Sachverhalt innerhalb des Anwendungsbereichs der verwendeten Theorie liegt. Informationen, die aus partiell-deduktiven Modellen gewonnen werden können, besitzen den höchsten empirischen Gehalt. Wir werden deshalb unten auf diese Modelle und ihre zugehörigen Theorien näher eingehen.

Im Blick auf die Anwendungsbereiche potentieller Modelle unterscheiden wir institutionalisierte und nicht institutionalisierte empirische Systeme: die Vorgänge in den ersten spielen sich im Rahmen einer von Menschen vorgegebenen, durch soziale Machtverhältnisse herausgebildeten Ordnung ab, während bei nicht institutionalisierten empirischen Systemen keine von Menschen beeinflußbaren Ordnungsbeziehungen bestehen[11]. Soziale oder ökonomische Systeme sind z. B. dem ersten, physikalische oder biologische Systeme dem zweiten Anwendungsbereich zuzuordnen.

Ein Informationssystem im Sinne dieser Arbeit ist ein Gebilde, mit dessen Hilfe sich Modelle zur Beschreibung komplexer, praxisrelevanter Sachverhalte konstruieren, speichern und informationell auswerten lassen. Insbe-

sondere sind in ihm zu einer bestimmten historischen Zeit alle bisher bekannten, empirisch erfolgreichen Modelle gespeichert und einer informationellen Auswertung zugänglich, die sich auf einen vorgegebenen Anwendungsbereich beziehen.
Ein Informationssystem läßt sich gegenwärtig durch ein Mensch-Rechner-Dialogsystem am besten realisieren. Dabei verstehen wir unter einem Dialog eine Kommunikation zwischen Mensch und Rechner – an einer technisch dazu geeigneten Datenstation – mit abwechselnder Äußerung beider Partner. Im Dialog – geführt in einer geeigneten Dialogsprache[12] – erstellt der Modellbauer sein Modell oder wertet der Modellbenutzer dieses informationell aus. Der Dialog vermag maschinelle Fähigkeiten – wie hohe Speicherkapazität, hohe Verarbeitungsgeschwindigkeit und strenge Operationalität – und nur dem Menschen eigene – wie Kreativität, Entscheidungsfähigkeit, Erkennen auf heuristischer Basis und flexible Interpretationsmöglichkeiten – zu integrieren.
Bei einem Dialogsystem wählt der Benutzer seine Eingaben frei aus und das System reagiert darauf deterministisch. Beim Bau oder bei der Auswertung eines Modells im Dialog sind sowohl der Aufbau temporärer als auch die Verwendung permanenter Hintergrundinformationen wesentlich. Dokumentations- und Informationssysteme bilden ein Beispiel für ausschließliches Arbeiten mit Informationen, die bereits im System vorhanden sind oder ins System direkt eingegeben werden.
Das Dialogsystem beginnt mit einem Anfangszustand (etwa dem Zustand nach der Eröffnung des Dialogs an der Datenstation). Der Benutzer hat eine Reihe vorgegebener Eingabemöglichkeiten – Zeichen mit Worten über einem Alphabet –, die vom Zustand des Systems unabhängig sind. Auf jede Eingabe reagiert das System mit einer – dem Benutzer nicht sichtbaren – Veränderung seines Zustandes und mit einer sichtbaren – eventuell leeren – Ausgabe. Nach endlich vielen Ein- und Ausgaben schließt der Benutzer die „Sitzung", dem Benutzer liegt ein neu konstruiertes Modell oder die vollständige Auswertung eines bereits bestehenden vor: Es ist freilich genau so möglich, daß dem Benutzer die Neukonstruktion oder die Auswertung in der vorliegenden Sitzung nur unvollkommen oder gar nicht gelungen ist. Das Protokoll der Sitzung mit allen Ein- und Ausgaben kann der Benutzer speichern und somit bei einer späteren Sitzung alle seine Schritte rekonstruieren.
Die Dialogsprache bezieht sich nur auf die Ein-und die Ausgabe, nicht aber auf die interne Organisation des Systems. Ein semantisches Objekt in einer Dialogsprache zeichnet sich durch die Möglichkeit aus, es im Dialog zu erzeugen, es zu benennen, zu speichern oder zu löschen: jedes Modell ist ein spezielles semantisches Objekt. Eine Dialogeingabezeile bietet ein Beispiel für ein ausführbares Objekt.
Der tiefere Grund für die Realisierung eines Informationssystems durch ein Dialogsystem besteht darin, daß beim Bau oder bei der Auswertung eines

Modells Algorithmen eingesetzt werden können: ein Algorithmus ist die automatische Lösung eines Problems oder Teilproblems durch endlich viele maschinelle Zeichenverarbeitungsschritte, die in einem Programm niedergelegt sind. Die Aufbereitung eines Problems geht der algorithmischen Lösung voraus, die Lösungsaufbereitung folgt ihr: Beide Aufbereitungen sind nur auf der Basis einer geeigneten semantischen Interpretation möglich, die rascher durchgeführt werden, wenn im Dialog auf Versuchsergebnisse oder andere Hintergrundinformationen zurückgegriffen werden kann. Die eigentliche Zeichenverarbeitung durch den Rechner erfolgt ausschließlich auf der syntaktischen Ebene, solange der Benutzer nicht – vom System dazu aufgefordert oder aus eigenem Antrieb – in die Verarbeitungsphase eingreift. Die wichtigsten nichtalgorithmischen Tätigkeiten sind: Entscheidungen, Auswahl von Algorithmen, Entwicklung von Algorithmen, Problemvorbereitung und Problem- sowie Lösungsinterpretation, etwa auf der Grundlage einer speziellen empirischen Theorie.
Die Minimalforderung, die an ein informationelles Modell zu stellen ist, heißt logische Konsistenz. Deren Nachweis ist bei einem verbalen Modell eines komplexeren Sachverhalts praktisch nicht zu führen; bei mathematischen oder algorithmischen Modellen ist diese Forderung mit einem hohen Grad an Wahrscheinlichkeit erfüllt. Deshalb sind nur formale Modelle zur Gewinnung von Informationen über einen komplexen Gegenstand geeignet. Dieser – fast schon triviale – Sachverhalt wird von weiten Kreisen der zeitgenössischen Wissenschaft ignoriert.
Fassen wir wieder in einer These knapp zusammen:
These 4:

> Ein Informationssystem wird durch ein Mensch-Maschine-System realisiert, das im Dialog Hintergrundinformationen bereitstellt sowie erlaubt, im Dialog Modelle aufzubauen und auszuwerten; die Modelle approximieren praxisrelevante Sachverhalte, sie liefern zusammen mit den Hintergrundinformationen alle zu einer vorgegebenen historischen Zeit bekannten oder konstruierbaren Informationen über einen vorgegebenen Anwendungsbereich in ihrem gegenseitigen Zusammenhang.

Oben wurde bereits kurz ausgeführt, daß die für die Informationsgewinnung grundlegenden formalen Modelle entweder Ad-hoc-Modelle oder aber partiell-deduktive Modelle sind (wir schließen Modelle nichtempirischer Systeme aus unserer Untersuchung aus). Die große praktische Bedeutung der partiell-deduktiven Modelle liegt, wie bereits erwähnt, an ihrem hohen empirischen Gehalt: sie besitzen damit hohe technologische Relevanz und erlauben – für praktische Zwecke – sichere Prognosen. Die technologische bzw. die prognostische Relevanz von Ad-hoc-Modellen ist dagegen stark eingeschränkt. Die Gründe für diesen für die Informationspraxis so wesentlichen Unterschied sollen am Beispiel physikalischer bzw. ökonomischer Theorien skizziert werden. Dabei verwenden wir eine von *Sneed*[13] konzipierte und *Stegmüller*[14] [15] erweiterte begriffliche Apparatur.

Das Enggedruckte ist für das Verständnis des daran Anschließenden nicht unbedingt erforderlich.

Die mathematische Struktur einer physikalischen Theorie kann durch ein mengentheoretisches Prädikat beschrieben werden: z.B. läßt sich die Partikelmechanik in ihrer Newtonschen Fassung axiomatisieren, indem man das Prädikat „ist eine klassische Partikelmechanik" geeignet definiert. Der Inhalt des zur Axiomatisierung verwendeten Prädikats sei die mathematische Struktur S der zugeordneten physikalischen Theorie. Zu empirischen Behauptungen gelangt man durch Anwendung dieser Struktur auf spezielle physikalische Systeme.

In jeder physikalischen Theorie gibt es theoretische Variable und nicht theoretische, nur die letzten können theorieunabhängig gemessen werden. Z.B. sind in der Newtonschen Mechanik genau Masse und Kraft theoretische Variable. Alles, worauf die mathematische Struktur S anwendbar ist, heiße Modell von S. Streicht man diejenigen Funktionen in S heraus, welche sich in der Anwendung als theoretisch erweisen, dann heißen alle Gegenstände, auf die sich S mit seinen verbliebenen nichttheoretischen Variablen anwenden läßt, mögliche Partialmodelle Mpp von S. Fügt man die zunächst entfernten theoretischen Funktionen wieder hinzu, gewinnt man eine theoretische Ergänzung des möglichen Partialmodells zu einem möglichen Modell Mp von S. Betrachtet man nun nicht ein einzelnes physikalisches System a, sondern eine Menge {a} solcher physikalischer Systeme, die alle mögliche Partialmodelle sind, dann existiert eine solche theoretische Ergänzung {x} der Menge {a} zu Modellen Mp der mathematischen Struktur S, daß die in der Ergänzung benützten theoretischen Funktionen eine Klasse vorgegebener Nebenbedingungen erfüllen und daß außerdem gewisse echte Teilmengen von {a} zu Modellen bestimmter Verschärfungen der Struktur S ergänzbar sind (Ramsey-Darstellung). Der gesamte empirische Gehalt der physikalischen Theorie mit der mathematischen Struktur S wird mit dieser einen, unzerlegbaren Aussage wiedergegeben.

Beispiel: Die klassische Partikelmechanik hat verschiedene intendierte Anwendungen wie das Sonnensystem, das System Erde-Mond, die Pendel, die Wurfbewegungen etc.; die beiden Anwendungen Sonnensystem und dessen Teilsystem Erde-Mond werden durch die Nebenbedingung verknüpft, daß in beiden Anwendungen die Erdmasse die nämliche Größe besitzt; eine weitere Nebenbedingung beinhaltet die Aussage, daß die Masse eine extensive Größe ist; eine Verschärfung der mathematischen Struktur S ist im Falle des Sonnensystems oder des Systems Erde-Mond in der speziellen, durch das NewtonscheGravitationsgesetz gegebenen Abhängigkeit der theoretischen Variablen „Kraft" zu sehen.

Die logische Komponente einer physikalischen Theorie soll nun folgende Bestandteile haben: die Menge {Mp} der möglichen Modelle, die Menge {Mpp} der möglichen Partialmodelle (den Bereich intendierter Anwendungen), die Restriktionsfunktion r, welche jedem möglichen Modell Mp das entsprechende mögliche Partialmodell Mpp zuordnet, die Menge {M} der Modelle und die Menge {C} der Nebenbedingungen. Das geordnete Quintupel K = ({Mp}, {Mpp}, r, {M}, {C}) heißt Strukturkern der Theorie.

K läßt sich erweitern, indem man noch die Spezialgesetze angibt sowie mit Hilfe einer Entsprechungsrelation festlegt, welches spezielle Gesetz in welcher Anwendung gilt. Wir sprechen dann kurz von einer Erweiterung E des Strukturkers K oder einem erweiterten Kern E.

Die empirische Komponente einer physikalischen Theorie gewinnen wir folgendermaßen: Wir sehen in der Ramsey-Darstellung davon ab, daß echte Teilmengen von

{a}, der Menge von physikalischen Systemen, zu Modellen bestimmter Verschärfungen der Struktur S ergänzbar sind und ersetzen {a} durch eine Variable, wodurch aus der Ramsey-Darstellung eine Aussageform entsteht. Die Menge von physikalischen Systemen, welche diese Aussageform erfüllen, heiße Klasse {A} der möglichen intendierten Anwendungsmengen der Theorie; diese Klasse bildet gewissermaßen den empirischen Rahmen der durch den Strukturkern K festgelegten Theorie. Man kann zeigen, daß sich eine Funktion definieren läßt, die in Anwendung auf einen beliebigen Strukturkern K die Klasse {A} liefert. Entsprechend läßt sich eine im allgemeinen engere Klasse angeben, die dem erweiterten Strukturkern E zugeordnet ist: {A} ist entweder die Anwendung von K oder die – i.a. engere – von E. Es sei nun I eine Menge physikalischer Systeme, die Element von {A} ist. Existiert eine solche Menge I, dann nennen wir das geordnete Paar K, {A} eine physikalische Theorie. Der in der Ramsey-Darstellung enthaltene empirische Gehalt der Theorie gewinnt nun die einfache Form: I ist ein Element der Anwendung von E.
Die Menge I besteht bei einer bestimmten physikalischen Theorie mindestens aus der Menge I_0, der sogenannten „paradigmatischen Beispielmenge", die vom Schöpfer oder den Schöpfern der entsprechenden Theorie bei deren Konzeption eingeführt wurde. Ein Wissenschaftler, der mit Hilfe der Theorie K, {A} diese Menge erstmals echt erweitern will, wird den Strukturkern durch ein neues, von ihm hypothetisch vorgegebenes Spezialgesetz zu verschärfen suchen, indem er diese hypothetische Kernerweiterung auf ein physikalisches System anwendet, von dem er hofft, dieses würde I_0 zu I ergänzen mit I als Element der Anwendung von K. Gelingt ihm dies mit Hilfe des neuen partiell-deduktiven Modells M von S, das alle theoriebezogenen physikalischen Eigenschaften des neuen physikalischen Systems empirisch überprüfbar wiedergibt, dann bestätigt dieses neue Modell einmal zusätzlich die Gesamttheorie, zum andern alle jene Modelle, die durch Nebenbedingungen oder entsprechende Abhängigkeiten der theoretischen Variablen jetzt oder zukünftig mit diesem verknüpft sind. Scheitert der Wissenschaftler dagegen bei seinem Erweiterungsversuch, darf dies nicht notwendig der Theorie angelastet werden: eine geeignete hypothetische Kernerweiterung oder ein anderes Anwendungssystem könnten zukünftigen Erfolg versprechen. Selbst ein wiederholtes Scheitern dieses oder eines weiteren Wissenschaftlers bei Erweiterungsversuchen kann demnach die durch K, {A} und I_0 gegebene physikalische Theorie nicht falsifizieren. Während *Karl Popper*[16] die Aufgabe eines Wissenschaftlers darin sah, bisher bewährte Theorien zu falsifizieren, hatte erstmals der Wissenschaftshistoriker *Thomas Kuhn*[17] darauf hingewiesen, daß insbesondere physikalische Theorien keine Gebilde sind, die sich falsifizieren lassen. Daß trotz dieser zunächst erstaunlichen, oben einsichtig gewordenen Nichtfalsifizierbarkeit physikalischer Theorien ein echter wissenschaftlicher Fortschritt möglich ist, beruht auf der Tatsache, daß eine bestehende physikalische Theorie von einer neuen, empirisch leistungsfähigeren verdrägt werden kann, welche die verdrängte Theorie in einem genau nachzuweisenden Sinne als Grenzfall enthält. Eine solche verdrängte Theorie, die innerhalb ihres im Rahmen der verdrängenden Theorie genau umrissenen Anwendungsbereichs weiter zur Informationsgewinnung benützt werden kann und in der Praxis auch benützt wird, bezeichnet man gelegentlich auch als eine „abgeschlossene Theorie". Wir wollen auf die Einzelheiten dieser Theorieverdrängung, die im übrigen auch noch nicht völlig geklärt sind, hier nicht näher eingehen, sondern auf die Literatur verweisen[15 18].

Man wird dieses am Beispiel der Physik bewährte *Sneed-Stegmüller*-Verfahren nicht unbedingt auf andere, etwa sozialwissenschaftliche Theorien

übertragen können und zwar dies nicht nur deshalb, weil diese Wissenschaften noch keine Theorien hervorgebracht haben, die den Reifegrad der großen physikalischen Theorien erreicht haben, sondern auch deshalb, weil die logische Struktur potentieller sozialwissenschaftlicher formaler Theorien möglicherweise anders ist als die der bekannten physikalischen Theorien. Entscheidend für die Frage der Informationsgewinnung ist vielmehr, daß alle aus einer empirisch erfolgreichen - gegenwärtigen oder zukünftigen – Theorie abzuleitenden Modelle eine gemeinsame Grundstruktur besitzen und derart miteinander gekoppelt sein müssen, daß jedes neue erfolgreich angewandte partiell-deduktive Modell gleichzeitig die Gesamttheorie und jene Spezialmodelle empirisch stützt, die mit dem neuen Modell verknüpft sind oder in Zukunft verknüpft werden könnten.
Wir gelangen damit zur
These 5:

> Partiell-deduktive Modelle lassen sich unter der Annahme spezieller Verschärfungen aus einer allen Modellen einer Theorie gemeinsamen formalen Grundstruktur ableiten; spezielle Unterklassen partiell-deduktiver Modelle einer Theorie sind dergestalt miteinander gekoppelt, daß jedes Spezialmodell einmal – im Falle seines empirischen Erfolgs – die Gesamttheorie bestätigt, zum anderen die mit diesem gekoppelten anderen Spezialmodelle; partiell-deduktive Modelle haben den höchsten empirischen Gehalt, sobald die Theorie durch die formale Grundstruktur und eine „paradigmatische Beispielmenge" (eine Klasse empirischer Systeme auf welche die Gesamtstruktur erfolgreich angewandt wurde) konstituiert ist.

Ehe wir kurz auf die Bildung ökonomischer Modelle eingehen, sei eine Bemerkung zu einem historischen Ad-hoc-Modell aus dem Bereich der Astronomie vorausgeschickt: Aus dem umfangreichen Beobachtungsmaterial von *Tycho Brahe* erriet *Johannes Kepler* die nach ihm benannten Gesetze der Planetenbewegung. Erst auf der Grundlage der Newtonschen Theorie konnte dieses Ad-hoc-Modell als partiell-deduktives Modell abgeleitet und interpretiert werden.

Ökonomische Systeme beschreiben Vorgänge, die sich im Rahmen einer von Menschen vorgegebenen Ordnung abspielen, wir nannten solche Objekte institutionalisierte Systeme. Mit solchen Systemen kann man weder experimentieren, noch lassen sie sich kontrolliert beobachten: Es gibt keine streng miteinander vergleichbaren Ausgangszustände für Wirtschaftsprozesse auf gesamtwirtschaftlicher Ebene; überdies treten durch vom Beobachter nicht zu kontrollierende Einflüsse während des Beobachtungsprozesses, etwa durch Maßnahmen der Wirtschafts- oder Finanzpolitik, durch Aktionen von Gewerkschaften oder durch die Verknüpfung der nationalen Wirtschaft mit dem Weltmarkt „Störungen" auf, welche die Bedeutung von ursprünglich möglicherweise vernachlässigten Variablen unvorhersehbar und sprunghaft steigen lassen. Es ist demnach äußerst schwierig, für ökonomische Systeme auch nur geeignete Ad-hoc-Modelle zu konstruieren: Man müßte zunächst eine große Zahl von potentiell wichtigen Variablen von Beginn der Beobachtung an mit registrieren – da sie während des Beobachtungsprozesses außerordentlich wichtig werden könnten –, was die zu erfassende Datenmenge in die Höhe treibt, zum anderen mögen, bedingt durch den unvorhersehbaren Gang der ökonomischen Ereignisse, erst während des Beobachtungsprozesses solche Variable Bedeutung erlangen, an deren Definition und vorsorgliche Erfassung zuvor niemand dachte. Die mit institutionellen Systemen notwendig verknüpften Beobachtungsschwierigkeiten, insbesondere die hohe Zahl vorsorglich zu registrierender Daten, erzwingen zur Datenauswertung alle Hilfsmittel, welche die zeitgenössischen Technik der Informationsverarbeitung anbietet; der Versuch, aus den beobachteten Daten Ad-hoc-Modelle zu „erraten", kann allenfalls dann gelingen, wenn die Wissenschaft angemessene Informationssysteme zum Bau und zur Auswertung potentieller Modelle entwickelt hat. Die zeitgenössische Wirtschaftswissenschaft kennt noch keine gesamtwirtschaftliche Theorie, welche die formale Struktur möglicher ökonomischer Modelle so vorgibt, daß spezielle Modelle aufgrund vom Modellbauer anzusetzender verschärfender Zusatzhypothesen und einschlägiger Kopplungsrelationen mit anderen Spezialmodellen aus der formalen Struktur abgeleitet werden könnten.

Beim Bau ökonomischer Ad-hoc-Modelle geht man gewöhnlich folgendermaßen vor[19]: Das Modell selbst wird durch Definitionsgleichungen und Gleichgewichtsbedingungen konstituiert. Die Zuordnung zur ökonomischen Realität geschieht durch Verhaltensgleichungen, technische Gleichungen und institutionelle Gleichungen. Die ersten enthalten hypothetische Annahmen über die Reaktionen einzelner oder mehrerer Wirtschaftssubjekte, wenn sich deren Daten oder Zielvariable ändern. In den technischen Gleichungen werden insbesondere die Produktionsfunktionen beschrieben, die den Zusammenhang zwischen dem Einsatz von Produktivleistungen und von diesen im Rahmen von Produktionsprozessen ausgebrachten Produkten darstellen. In institutionellen Gleichungen treten beispielsweise Steueraufkommensfunktionen auf, wobei das Steueraufkommen Funktion der jeweiligen Steuerbemessungsgrundlage ist.

Ökonomische, insbesondere ökonometrische Modelle werden in der Praxis für Wirtschaftsprognosen oder als wirtschaftspolitische Entscheidungsmodelle eingesetzt[20], durch welche anstehenden gesellschaftspolitischen Entscheidungen eine gewisse informationelle Basis verliehen werden soll. Der empirische Gehalt eines solchen Modells ist freilich noch bescheiden: „Maßgeschneiderte" Modelle – wie etwa das Bonner Modell V für die Bundesrepublik[21] – werden als Ad-hoc-Modelle nicht durch eine bereits anderweitig empirisch gestützte Gesamttheorie zusätzlich abgesichert. Solange man sich der darin begründeten begrenzten Sicherheit der aus dem Modell abzuleitenden empirischen Behauptungen bewußt ist, bieten solche Modelle die derzeit einzige Grundlage für eine rationale Wirtschaftspolitik; angesichts der hohen Komplexität des von der Politik zu steuernden gesamtwirtschaftlichen Systems, haben verbal formulierte Teilmodelle wirtschaftspolitischer Sachverhalte nur heuristischen Wert für die Konstruktion neuer Gesamtmodelle. Als Beitrag zur kontroversen Fragen der praktizierten Wirtschaftspolitik sind sie völlig wertlos, können sie doch nicht einmal die logische Konsistenz ihrer Teilmodelle mit genügender Sicherheit nachweisen. Wissenschaftstheoretisch ist die empirische Bestätigung einzelner prognostischer Behauptungen durch deren späteres Eintreffen irrelevant, solange diese weder aus einem logisch konsistenten Adhoc-Modell noch aus einer – derzeit leider noch nicht vorhandenen – empirisch gehaltvollen formalen Wirtschaftstheorie abgeleitet werden können. Aufgrund der stets offenen Entscheidungssituation im Bereich institutionalisierter Systeme dürfen adäquate ökonomische Modelle nicht durch geschlossene Algorithmen dargestellt werden. Sie müssen schon bei ihrer Konstruktion den nicht eliminierbaren „menschlichen Faktor" – z.B. Verhaltensweisen, Normen, Wertvorstellungen – geeignet eingebaut enthalten. Diese Forderung ist für im Dialog einsetzbare Modelle erfüllbar. Für das zugeordnete Informationssystem muß allerdings eine adäquate Dialogsprache zur Verfügung stehen. Deren Entwicklung und Fortschreibung ist eine interdisziplinäre Aufgabe von Wirtschaftswissenschaften, Kybernetiken, die ihre Erfahrung im Aufbau abstrakter systemtheoretischer Modelle[22] einbringen müssen, und Informatikern. Dabei wird man davon ausgehen müssen, daß eine solche Aufgabe um so unabweisbarer ist, je größere Datenmengen in die vorläufige Beschreibung eines empirischen Systems eingehen und je unentwickelter die formale empirische Theorie ist, auf deren Basis mögliche Modelle dieser empirischen Systeme erstellt werden sollen.

Die historiographische Beschreibung der geschichtlichen Entwicklung institutionalisierter Systeme, eine für die gegenwärtige und die zukünftige Orientierung unserer Gesellschaft unabweisbare Aufgabe, wird freilich kaum auf der Basis formaler Modelle möglich sein; eigenständige „historische Gesetze" gibt es nicht, diese sind vielmehr als Spezialfälle von ökonomischen oder soziologischen gesetzartigen Beziehungen aufzufassen[23]. Geschichtliche Deutungen haben demnach keinen informativen, sondern nur orientierenden Charakter, sie bilden gewissermaßen einen Teil des „Rohmaterials", das in die Konstruktion von praxisrelevanten Entscheidungsmodellen eingehen muß. Die Geschichtsschreibung ist dementsprechend im Zwischenfeld von Literatur und Wissenschaft einzuordnen: Sie setzt nicht nur wissenschaftliche Kompetenz voraus – d. h. die umfassende Kenntnis der einschlägigen ökonomischen, soziologischen und psychologischen Modelle mit empirischem Gehalt –, sondern auch ein nicht präzise zu erfassendes „Einfühlungsvermögen" – dem des Dichters verwandt –, durch das der Geschichtsschreiber sich in die einmalige historische Situation – ihr Weltbild, ihre Normen und Verhaltensweisen, ihre religiösen und philosophischen Wertvorstellungen – hineinzufinden vermag.

Wir fassen zusammen:

These 6:

> Formale, praxisrelevante Ad-hoc-Modelle – mit Hilfe einer adäquaten Dialogsprache logisch konsistent konstruiert und im Dialog unter Nutzung einschlägiger Hintergrundinformationen auswertbar – bilden das einzig verfügbare Hilfsmittel, gesellschaftliche Entscheidungen auf eine breitere Informationsbasis zu stellen, solange die mit weit höherem empirischen Gehalt ausgestatteten partiell-deduktiven Modelle mangels einer geeigneten empirisch gehaltvollen, formalen Theorie noch nicht gewonnen werden können.

Wir haben in dieser Arbeit die Wissenschaft als eine soziale Institution betrachtet, die – aus gesellschaftlicher Sicht – genau ein Ziel hat: Die Gewinnung einer optimalen Informationsbasis zur Aufklärung der Staatsbürger und zur Steuerung der gesellschaftlichen Entwicklung[24 25]. Wenngleich das Ziel wissenschaftlicher Arbeit somit letztlich pragmatisch ist, gilt dies nicht für alle zu diesem Ziel hinführenden Teilprozesse. Notwendige Voraussetzung für Informationssysteme mit optimalem empirischen Gehalt ist eine möglichst breite Auswahl formaler empirischer Theorien, auf deren Grundlage partiell-deduktive Modelle oder Teilmodelle für praxisrelevante Anwendungsbereiche konstruiert werden können. Die Konzeption solcher Theorien – einschließlich der Bestimmung der jeweiligen paradigmatischen Beispielsmengen – ist genau die Aufgabe des der Grundlagenforschung zugeordneten Bereichs der Wissenschaft. Es liegen keinerlei verläßliche empirische Anhaltspunkte dafür vor, daß die Entdeckung der *Newtonschen* Mechanik, der *Maxwellschen* Elektrodynamik oder der *Planckschen* Quantentheorie mit ihrem Ausbau durch *Einstein, Bohr, Schrödinger, Heisenberg* und *Dirac* jeweils hätte geplant werden können. Folglich müssen die im Bereich der Grundlagenforschung arbeitenden Wissenschaftler, nachdem sie ihre Kompetenz geeignet nachgewiesen haben, frei von engen finanziellen Restriktionen und erst recht frei von externen Steuerungsfunktionen aller Art sein; die Überwachung der strengen methodologischen Regeln obliegt der wissenschaftlichen Öffentlichkeit in allen Bereichen: denen der Grundlagenforschung, denen der wissenschaftlichen Ausbildung, denen der Kommunikation und denen der angewandten Forschung in den Forschungszentren des Staates oder der Industrie. Für wissenschaftliche Kritik darf es keine institutionellen Grenzen geben; die Kritik ist, solange auch sie sich streng an die methodologischen Regeln hält, die allein wissenschaftliche Kompetenz beanspruchen dürfen, einer der Motoren des wissenschaftlichen Fortschritts. Könige kennt nur die politische Geschichte, wissenschaftliche Kompetenz dagegen muß sich stets neu im Strom der Kritik bewähren.

Jener Bereich der Wissenschaft freilich, der sich mit der Beschaffung und Kommunikation einer optimalen Informationsbasis befaßt, hat sich an pragmatischen Kriterien zu orientieren. Mit Hilfe der von der Grundlagenforschung bereitgestellten möglichen Modelle und mit Hilfe der Begriffssysteme empirischer Theorien werden Informationssysteme konstruiert, die im Dialog immer neue partiell-deduktive oder Ad-hoc-Modelle zu entwickeln und auszuwerten gestatten. Diese Modelle müssen dann jene Informationen liefern, die für die gesellschaftliche Praxis im Zeitalter der wissenschaftlich-technischen Zivilisation relevant sind. Die Implementierung der einschlägigen, gesellschaftlichen Funktionen oder Teilfunktionen zuzuordnenden Informationssysteme bedeutet eine fortwährende interdisziplinäre Aufgabe. Zum Herzstück eines Informationssystems, der flexiblen, mächtigen Dialogsprache, haben neben den Fachwissenschaftlern und den Informatikern vor allem die Vertreter der mathematischen Systemtheorie Beiträge zu liefern; von ihnen müssen die Bausteine für potentielle Modelle stammen, die durch geeignete Operatoren oder Funktionen der Dialogsprache implementiert werden. Da Ad-hoc-Modelle (oder Funktionsmodelle) grundsätzlich einen geringeren empirischen Gehalt als partiell-deduktive Modelle haben, hat die mathematische Systemtheorie nur eine subsidiäre Aufgabe: Sie ermöglicht dann die Bereitstellung eines relativen Optimums von Informationen, wenn empirisch gehaltvolle formale Theorien (noch) fehlen.

Die kontroversen Diskussionen über die Finalisierung der Wissenschaft verlieren möglicherweise einen Teil ihrer Schärfe, wenn nur der pragmatische Information produzierende Teil der Wissenschaft einbezogen wird[26]. Versucht man den Inhalt unserer Überlegungen, die einen Diskussionsbeitrag zur Frage nach der gesellschaftlichen Funktion der Wissenschaft unter den spezifischen Bedingungen der wissenschaftlich-technischen Zivilisation liefern sollten, knapp und vergröbert zusammenzufassen, gelangt man zur folgenden Hauptthese:

These 7:

> Heute besteht die gesellschaftliche Funktion der Wissenschaft darin, institutionell frei von externer gesellschaftlicher Steuerung, durch Konstruktion und Auswertung praxisrelevanter informationeller Modelle eine – relativ zur historischen Zeit – optimale Informationsbasis für alle Entscheidungsträger und die mitbestimmende Öffentlichkeit zu liefern; die Wissenschaft erfüllt damit eine notwendige Bedingung für das physische Überleben der Menschheit und die Erhaltung bzw. Fortentwicklung der freiheitlich-demokratischen Gesellschaftsstruktur.

Literatur

1 *Stumpf*, Leben und Überleben, Stuttgart 1976

2 *H. Gruhl*, Ein Planet wird geplündert, Frankfurt am Main, 1975

3 *Die Zeit*, Nr. 3, S. 9, 7. Januar 1977

4 *H. Lübbe*, Legitimationskrise der Wissenschaft, IBM NACHRICHTEN 234, 1977

5 *W. Scheel*, BILD DER WISSENSCHAFT Nr. 3, März 1977

6 *K. Jaspers*, Die geistige Situation der Zeit, Berlin 1971

7 *G. Dobrow*, Wissenschaft: ihre Analyse und Prognose, Stuttgart 1974

8 *D. Strauch*, Wissenschaftliche Kommunikation und Industrialisierung, München 1976

[9] Programm der Bundesregierung zur Förderung der Information und Dokumentation (IuD -Programm) 1974-1977 – Der Bundesminister für Forschung und Technologie, Referat für Presse und Öffentlichkeitsarbeit, Bonn 1975
[10] *J. Bernal*, The Social Function of Science, London 1939
[11] *W. Stegmüller*, Hauptströmungen der Gegenwartsphilosophie, Stuttgart 1975
[12] *I. Kupka/N. Wilsing*, Dialogsprachen, Stuttgart 1975
[13] *J. Sneed*, The Logical Structure of Mathematical Physics 1971
[14] *W. Stegmüller*. Probleme und Resultate der Wissenschaftstheorie und Analytischen Philosophie, Band bii, Berlin-Heidelberg-New York 1973
[15] ders. Theoriendynamik und logisches Verständnis, in[18]
[16] *K. Popper*, Logik der Forschung, Tübingen 1973
[17] *T. Kuhn*, The Structure of Scientific Revolutions, Chicago 1970
[18] *W. Diederich*, Theorien der Wissenschaftsgeschichte, Frankfurt am Main 1974
[19] *A. Stobbe*, Gesamtwirtschaftliche Theorie, Berlin-Heidelberg-New York 1975
[20] *H. Galler*, Optimale Wirtschaftspolitik, Frankfurt am Main 1976
[21] *W. Krelle*, Erfahrungen mit einem ökonometrischen Prognosenmodell für die BRD, Meisenheim/Glan 1974
[22] *F. Pichler*, Mathematische Systemtheorie, Berlin-New York 1975
[23] *W. H. v. Wright*, zitiert nach W. Stegmüller[11]
[24] *H. Albert*, Aufklärung und Steuerung, Hamburger Jahrbuch für Wirtschafts- und Gesellschaftspolitik 17. Jg. (1972) S. 11–30
[25] ders. Konstruktion und Kritik, Hamburg 1972
[26] *G. Böhme, W. v. d. Daele, W. Krohn*, Die Finalisierung der Wissenschaft, in[18]

Ulf Niederwemmer

Programmskizze für eine innovationsorientierte Wissenschaftssoziologie

O. Vorbemerkung

Die Wissenschaft beginnt zum beliebten Untersuchungsgegenstand der Wissenschaft zu werden. Philosophen, Soziologen, Ökonomen, Psychologen und Vertreter nahezu aller anderen Disziplinen wenden sich in letzter Zeit gern und verstärkt diesem Gegenstand zu. Er wird aus disziplinärer Bescheidenheit reflektierend angegangen, mit empirischer Beflissenheit vermessen, beschrieben und registriert, mit politischer Unzufriedenheit kritisierend attackiert. Schließlich wurde jüngst für die Untersuchung der Entstehung, Entwicklung, Leistung und Steuerung der Wissenschaft eine neue Disziplin proklamiert, die „Wissenschaftsforschung".[1]
Das neuerliche Interesse an der Wissenschaft soll hier nicht vermessen und kartiert werden. Es werden keine Texte vorgeführt, annotiert oder kritisiert. Statt dessen wird eine Programmskizze für einen innovationsorientierten und systemaren Zugang zur Wissenschaft vorgestellt. Wissenschaft wird dabei als eine gesellschaftliche Veranstaltung unter anderen gesellschaftlichen Veranstaltungen aufgefaßt. Methodisch wird jene naive Vorstellung von der Einheit der Sozialwissenschaften zugrundegelegt, die sich jedem unmittelbar aufdrängt. der anwendungsorientiert (d.h. im Rahmen von Auftragsforschung, Beratung etc.) gesellschaftliche Problemfelder erforscht.

1. Problemstellung

Die Wissenschaft ist zu einem wesentlichen Bestandteil der kollektiven Lebensbewältigung aller modernen Gesellschaften geworden. Von ihren Ergebnissen werden die ideologischen Schemata der Sinngebung der Menschen ebenso grundlegend beeinflußt wie die technologischen Praktiken der materiellen Lebensbewältigung. Neben ihrem Einfluß auf Ideologie und Technologie bewirken wissenschaftliche Erkenntnisse einen charakteristischen Wandel der gesellschaftlichen Organisation. Die Methoden und Verfahren der politischen Steuerung und ihrer Legitimation werden mit wissenschaftlichen Erkenntnissen durchsetzt.
Bei solcher Reichweite ihrer Wirkungen wird die Wissenschaft als ein wesentlich treibendes Element in jedem Prozeß aufgefaßt, den Max Weber als universale Rationalisierung begreift. Sie ist eine entscheidende Komponente der Innovation jener modernen Lebensform, die von Europa ausgehend, universal zu werden tendiert. Sie kann nicht unabhängig von den Ge-

setzmäßigkeiten jener epochalen Wende zur technisch-wissenschaftlichen Zivilisation behandelt werden, die in ihrer welthistorischen Bedeutung nur dem Übergang vom Sammler- und Jägerdasein des Menschen zu Ackerbau und Sesshaftigkeit vergleichbar ist.

Die neue Form rationaler Lebenskultur ist durch die Auffassung gekennzeichnet, daß die Welt genügend Möglichkeiten bietet, ihr die Mittel menschlicher Bedürfnisbefriedigung abzugewinnen. Sie ist weitgehend ausgerichtet am Ideal aktiver Lebensbewältigung und hedonistischer Lebensbejahung. Sie entwickelte sich in der Epoche von ca. 1450 bis 1700. In dieser Epoche entstehen in nicht-zufälliger Gleichzeitigkeit mit der modernen Wissenschaft die Grundzüge der kapitalistischen Wirtschaft, die Ideen der Sozial- und Wohlstandsgesellschaft, die Rechtfertigung individuellen Glückstrebens und systematischer Neugier.

Dieser Zusammenhang der Entstehung und Entwicklung der Wissenschaft als eines Elementes der kulturellen Innovation einer neuen Lebensform kann hier nicht detailliert beschrieben werden. Die Grobstruktur dieses Zusammenhangs ist in Abbildung 1 dargestellt. Sie soll das Wirkungsgefüge der wesentlichen Komponenten menschlicher Lebensbewältigung schematisieren:

- Ideologie ersetzt beim Menschen durch ideelle Innovationen, insbesondere durch Entwürfe dessen, was das Leben sein soll, die genetisch fixierten Verhaltensprogramme der Tiere.
- Technologie ersetzt beim Menschen durch materielle Innovationen, insbesondere durch Gerätschaften, Apparate und Maschinen sowie durch die ihnen attachierten sozialen Regeln der Herstellung, des Gebrauchs und der Aneignung die genetisch fixierten Praktiken der tierischen Existenzsicherung.
- Organisation ersetzt beim Menschen durch politische Innovationen, insbesondere durch Arbeitsteilungs- und Schichtungsprinzipien, die genetisch vorgegebenen Kooperations- und Konfliktmuster der Tiere.

Die Erfindung und Einführung der Regeln systematischer Wissensgewinnung, ihre Abstützung in ersten Organisationen (Clubs, Akademien etc.) sowie ihre Übernahme bzw. Anerkennung durch Teile der traditionellen Interpretationseliten (u.a. an den protestantischen Universitäten) und aufstrebenden Funktionseliten (u.a. durch das aufstrebende Bürgertum) kann nur als ein Element jenes komplexen, kulturellen Innovationsprozesses begriffen werden, der schließlich zu dem geführt hat, was wir heute die „technisch-wissenschaftliche Zivilisation“ nennen.

Die Analyse dieses universalen Innovationsprozesses muß einer systemtheoretisch konzipierten Kultur-Anthropologie vorbehalten bleiben. Hierfür kann hier nicht einmal eine Programmskizze geliefert werden. Jedoch muß die Programmatik der Wissenschaftssoziologie auf diesen größeren Zusammenhang ausgerichtet sein. Wissenschaft muß als Element einer neuen Art der gesellschaftlichen Lebensbewältigung und kulturellen Lebensform begriffen werden.

Abbildung 1

EINFLUSSSTRUKTUR DER WISSENSCHAFT

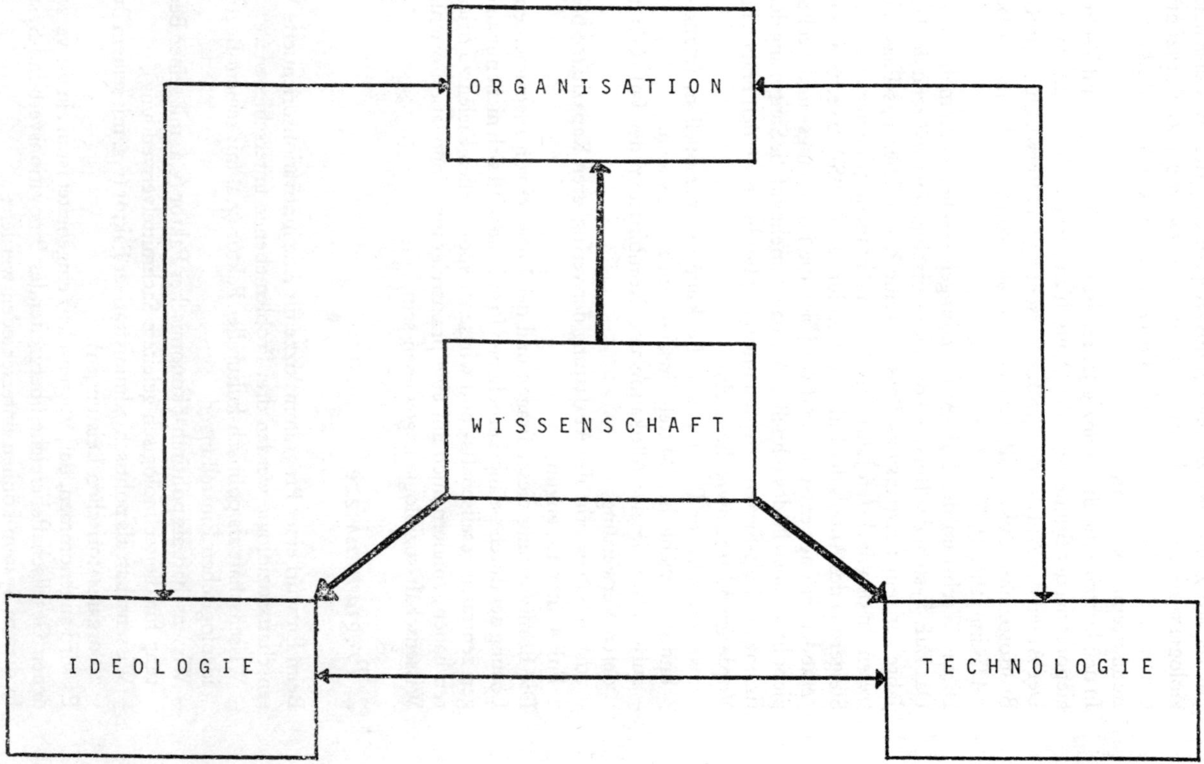

Für die Programmskizze einer innovationsorientierten Wissenschaftssoziologie wird eine Einschränkung auf den gegenwärtigen Zeithorizont vorgenommen und eine beispielhafte Orientierung an den Verhältnissen in der Bundesrepublik gewählt.
In den letzten zehn bis zwanzig Jahren ist das Forschungs- und Technologiepotential der Bundesrepublik Deutschland erheblich ausgebaut worden. Der Anteil der Aufwendungen für Forschung und Entwicklung (FuE) am Bruttosozialprodukt (BSP) vervierfachte sich von 0,6 % im Jahre 1955 auf 2,4 % im Jahre 1972.
Dieses Wachstum der FuE-Aufwendungen erscheint nunmehr beendet, Das FuE-System der Bundesrepublik Deutschland ist während der letzten Jahre aus seiner Expansions-Phase in seine Konsolidierungs-Phase eingetreten. In den nächsten Jahren ist daher nicht mehr mit einer wesentlichen Steigerung des Anteils der FuE-Aufwendungen am BSP zu rechnen. Dieser veränderten Lage entsprechend wird sich die Forschungs- und Technologiepolitik – anstelle des schnellen Ausbaus – mehr auf die Steigerung der Effizienz des FuE-Systems richten müssen. Hierdurch werden Fragen in den Vordergrund tretenwie die nach
- zweckgerichteter Planung und Lenkung des personellen, finanziellen und/oder sachlichen Mittel-Einsatzes im FuE-System,
- aufwandsminimaler Allokation und Kombinatiom der FuE-Güter bei deren Verwertung,
- ausbringungsoptimaler Auslastung der verfügbaren Kapazitäten bei der FuE-Güter-Erzeugung.

Die Beantwortung dieser Fragen und der Entwurf von Instrumenten zur Lösung der durch sie angesprochenen Probleme wird sich nicht nur an einigen zentralen gesellschafts- und wirtschaftspolitischen Zielen zu orientieren haben, sondern auch auf eine praxisrelevante, innovationsorientierte Wissenschaftssoziologie angewiesen sein.

2. *Programmskizze*

Beim Entwurf einer Programmskizze für eine innovationsorientierte Wissenschaftssoziologie werden drei Problemebenen unterschieden:
- Wissenschaft als politisch-kultureller Faktor (v.a. mit seinem Bezug zu ideologischen Einstellungen.
- Wissenschaft als politisch-ökonomischer Faktor (v.a. mit seiner Bedeutung für die technologisch geleitete Sachmittelverwendung),
- Wissenschaft als politisch-administrativer Faktor (v.a. mit seinem Bezug zu organisatorischen Leistungen).

Es wird angenommen, daß Wissenschaft eingebettet ist in ein die verschiedenen Gesellschaftsbereiche übergreifendes Innovationsverbund-System. In diesem System können unterschieden werden:
- die Systeme der FuE-Güter-Erzeugung, der FuE-Güter-Vermittlung und der FuE-Güter-Verwertung, die die *Arbeitseinheit* bilden, und

- die Politiken für Forschung und Technologie, Technologie-Vermittlung sowie Innovations-und Strukturförderung, die die *Steuerungseinheit* bilden.

Die Grobstruktur dieses Zusammenhangs ist in Abbildung 2 dargestellt. Die Strukturen und Funktionen der dargestellten gesellschaftlichen Leistungseinheiten des Innovationssystems sind für die Erreichung vorgegebener politischer, sozialer und wirtschaftlicher Ziele entscheidend. Sie können als dynamische Systeme aufgefaßt werden. Ihre Untereinheiten letzter Stufe bestehen aus intentional handelnden menschlichen Subjekten. Diese sind an Regeln des Sachgebrauchs (Geräte, Apparate, Maschinen), organisatorische Strukturen und soziale Normen gebunden. Hierdurch sind ihre Entscheidungs- und Handlungsspielräume eingegrenzt. Die regulatorischen Einschränkungen machen es möglich, von den menschlichen Individuen in erster Näherung abzusehen und – auf das Regulationspotential von Sachen, Organisationen und Normen abhebend – in Kategorie sozialer Verhältnisse das Wissenschaftssystem und seine gesellschaftliche Einbettung zu beschreiben.[2]

Für das Programm einer innovationsorientierten Wissenschaftssoziologie scheint es angebracht, als untersuchungsleitende Gesichtspunkte zu unterscheiden:

- eine makrosoziologische Betrachtung der Wissenschaft, die im Hinblick auf die Dynamik der genannten Leistungseinheiten (Arbeits- und Steuerungseinheit) als eine auf Organisationslehre hin orientierte Institutionenkunde (verhältnisorientierte) zu konzipieren ist,
- eine mikrosoziologische Betrachtung der Wissenschaft, die im Hinblick auf die Intentionalität der handelnden Einheiten als eine auf Organisationslehre hin orientierte Verhaltenskunde (beziehungsorientierte) zu konzipieren ist.[3]

Erst aus dem Wechselspiel dieser beiden untersuchungsleitenden Gesichtspunkte für eine innovationsorientierte Wissenschaftssoziologie können Prozesse der disziplinären Differenzierung, der Insititutionalisierung.der Vermittlung und Verwertung wissenschaftlicher Ergebnisse etc. angemessen behandelt werden.

Im folgenden werden diese Gesichtspunkte kurz erörtert, etwas weitergehend differenziert und beispielhaft verdeutlicht.

2.1. Makrosoziologie der Wissenschaft

Aufgabe der Makrosoziologie der Wissenschaft ist es, aus der Perspektive des gesellschaftlichen Gesamtsystems die Strukturen und Funktionen der Wissenschaft zu beschreiben, zu analysieren und zu erklären. Sie hebt ab auf Institutionen (d.h. auf Regeln des Sachumgangs, der politischen Kompetenz, der sozialen Anerkennung etc.). Sie ist nicht an sozialen Beziehungen orientiert, sondern an sozialen Verhältnissen.

ABBILDUNG 2

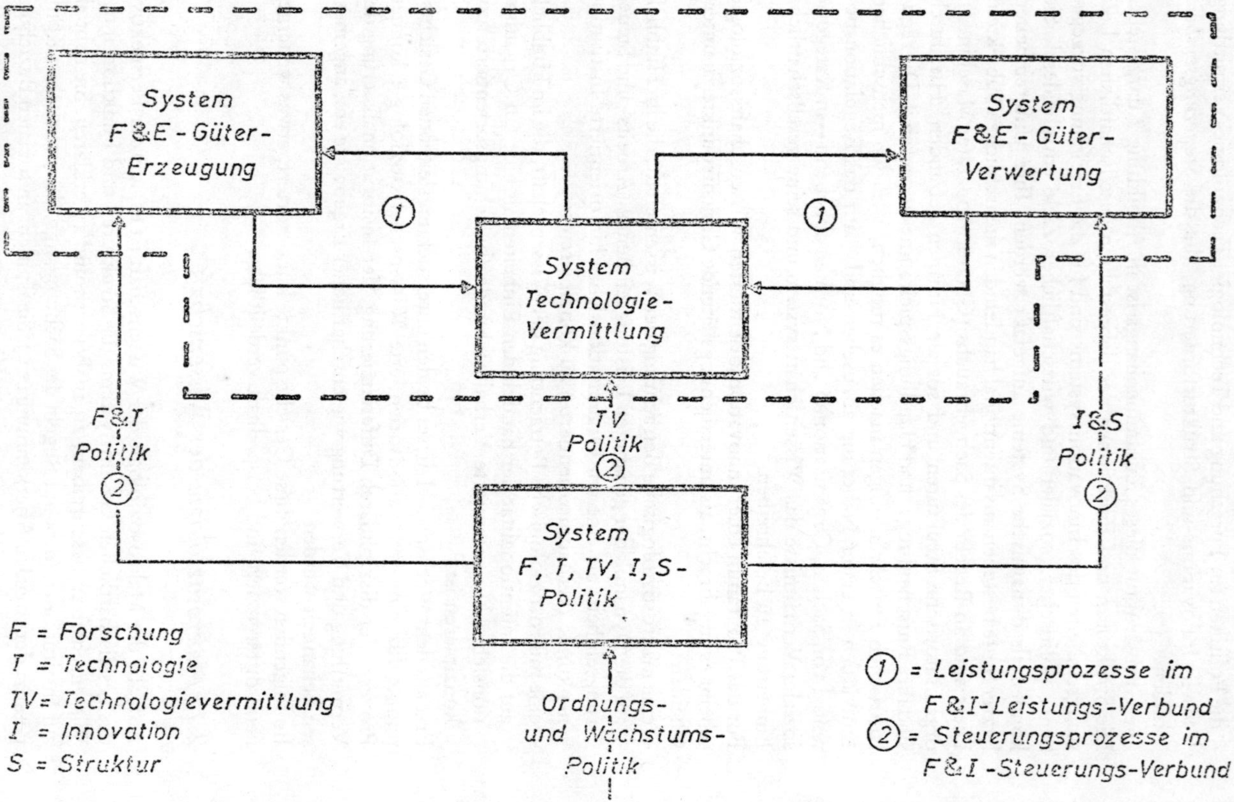
System
F&E - Güter-
Erzeugung
System
Technologie-
Vermittlung
System
F&E - Güter-
Verwertung
①
①
F&T
Politik
②
TV
Politik
②
I&S
Politik
②
System
F, T, TV, I, S-
Politik
Ordnungs-
und Wachstums-
Politik
F = Forschung
T = Technologie
TV= Technologievermittlung
I = Innovation
S = Struktur
① = Leistungsprozesse im
F&I-Leistungs-Verbund
② = Steuerungsprozesse im
F&I -Steuerungs-Verbund

Bei der Erklärung der Funktion und Veränderung von Strukturen werden Hypothesen vom Typ der historischen Erklärung gebraucht. Es stehen strukturale und funktionale Anpassungsleistungen der wissenschaftlichen Institutionen (sowohl die Arbeits- als auch die Steuerungsebene betreffend) an weitgehend kontigente Situationen zur Diskussion. Dabei haben beim makrosoziologischen Typ der historischen Erklärung alternative Strategien jene Rolle, die beim mikrosoziologischen Typ Motiven bzw. Intentionen zukommt. Diese Strategien werden einerseits als potentielle Elemente 'induktiven' Steuerungsverhaltens (Strategien, die aus der Arbeitseinheit der Wissenschaft heraus strukturierend wirksam werden können), andererseits als potentielle Elemente 'deduktiven' Steuerungsverhaltens (Strategien, die aus der Steuerungseinheit heraus strukturierend wirksam werden können) betrachtet.

Das Verbundsystem der Erzeugung, Vermittlung und Verwertung von FuE-Gütern hat eine sehr komplexe und hierarchisierte Struktur, die durch eine Pluralität von Institutionen

- der Steuerungs-Ebene (Bundesressorts, Kultusministerien, Unternehmen etc.) und
- der Arbeits-Ebene (Großforschungszentren, Ressortforschungseinrichtungen, Universitäten, Institute, Labors etc.)

ausgezeichnet ist.

Im folgenden werden die Steuerungs- und die Arbeitseinheit der Wissenschaft kurz separat abgehandelt.

2.1.1. Die Steuerungseinheit der Wissenschaft

Die Verteilung der Steuerungskompetenz auf verschiedene öffentliche und private Entscheidungsträger sowie nach verschiedenen Steuerungsbereichen nennen wir die ‚politische Struktur des Wissenschaftssystems'. Die durch die politische Struktur des Wissenschaftssystems bewirkten Ablaufmuster auf der Arbeitsebene nennen wir die ‚operative Struktur des Wissenschaftssystems'. Durch die politische Struktur des Wissenschaftssystems wird seine operative Struktur in einem vierfachen Sinne bestimmt:

(1) Die Träger der politischen Kompetenz steuern die Struktur der nachgeordneten bzw. zugeordneten Institutionen und über diese das Verhalten der Mitglieder dieser Institutionen (z.B. Unternehmensleitung → FuE Abteilung → wissenschaftlich-technische Mitarbeiter). In diesem Fall sprechen wir von ‚direkter Steuerung'.

(2) Die Träger der politischen Kompetenz verzichten zugunsten nachgeordneter Institutionen auf direkte Steuerung z.B. institutioneller Teilsysteme bzw. regulativer Verhaltensweisen einzelner. In diesem Fall sprechen wir von ‚delegierter Steuerung'. Bei dieser Art von Steuerung ist zu bedenken, daß eine längere, ungestörte Delegation von politischer Kompetenz

Autonomiebestrebungen der nachgeordneten Institutionen hervorrufen und zu Macht- bzw. Kompetenzübertragungen führen kann.
(3) Die Träger politischer Kompetenz sind, ein wenig überpointiert ausgedrückt, fast zufällige Einflußfaktoren in den Institutionen, Als solche können sie durch ihr eigenes Verhalten auf das Verhalten der gleichgeordneten Institutionen einwirken. In diesem Fall sprechen wir von ‚indirekter Steuerung'.
(4) Die gesellschaftliche Verteilung der politischen Kompetenz kann institutionell so verfügt sein, daß weder direkte, noch delegierte und/oder indirekte Steuerung zu angemessenen Steuerungsleistungen führt. In diesem Fall wird Konsensbildung und Kooperation zwischen – zumindest den wesentlichen – Beteiligten erzwungen. In diesem Fall sprechen wir von ‚gemischter Steuerung'.
Das historisch ausgebildete Wissenschaftssystem der Bundesrepublik Deutschland ist durch eine sehr komplexe politische Struktur und durch eine Vielzahl operativer Teilstrukturen gekennzeichnet. Die politische Struktur dieses Wissenschaftssystems kann hier nicht in allen Einzelheiten beschrieben werden.
Wesentlichstes Element der politischen Struktur sind die rechtlichen Normierungen. Über sie vollzieht sich vor allem der Einfluß des Staates auf das Wissenschaftsystem. Als die einflußreichsten rechtlichen Normierungen können genannt werden:

- Verfassungsnormen wie Art. 73,74,75, 91a und 91 b des Grundgesetzes der Bundesrepublik Deutschland vom 23. Mai 1949 (BGBl. I, S. 1), zuletzt geändert durch das Gesetz vom 15. Juli 1975 (BGBl. I, S. 1901), sowie einschlägige Normierungen der Verfassungen der Länder;
- Abkommen und Absprachen zwischen Bund und Ländern wie
  - Abkommen zwischen Bund und Ländern über die Errichtung eines Wissenschaftsrates sowie über dessen Geschäftsordnung;
  - Verwaltungsabkommen zwischen Bund und Ländern über die Errichtung einer gemeinsamen Kommission für Bildungsplanung;
  - Protokollnotizen zu diesem Verwaltungsabkommen;
  - Geschäftsordnung für die Bund-Länder-Kommission für Bildungsplanung und Forschungsförderung; Rahmenvereinbarung zwischen Bund und Ländern über die Förderung nach Artikel 91b GG;

  etc.;
- Abkommen und Staatsverträge zwischen den Ländern wie
  - Abkommen und über die Finanzierung neuer wissenschaftlicher Hochschulen;
  - Abkommen zwischen den Ländern der Bundesrepublik zur Vereinheitlichung auf dem Gebiet des Fachhochschulwesens;
  - Staatsvertrag über die Vergabe von Studienplätzen;

  etc.;
  - Hochschulrahmengesetz, Hochschulgesetze, Hochschulsatzungen, Satzungen, Geschäftsordnungen etc. anderer wissenschaftlicher Einrichtungen;

  etc.;

-- Gesetze, Vorschriften und Normen, die u.a. Lehre, Studium und das Prüfungswesen regeln. Hierunter fallen u.a.
-- Bundesgesetz über individuelle Förderung der Ausbildung (Bundesausbildungsförderungsgesetz (BAföG));
-- Verordnung über Zusatzleistungen in Härtefällen nach dem Bundesausbildungsförderungsgesetz;
-- Gesetz über die Förderung des wissenschaftlichen Nachwuchses an den Hochschulen (Graduiertenförderungsgesetz – GFG);
-- Verordnung über die Durchführung der Graduiertenförderung (Graduiertenförderungsverordnung – GFV);
-- die einschlägigen Gesetze der Länder, einschlägige Verordnungen und Ausführungsgesetze;
etc.;
- Gesetze, Vorschriften und Normen, die das Personal an wissenschaftlichen Einrichtungen betreffen wie z. B.
-- die einschlägigen beamtenrechtlichen Regelungen;
-- Regelung für die Besetzung von Hochschullehrerstellen und anderes wissenschaftliches Führungspersonal (z.B. für die Leitung von außeruniversitären FuE-Einrichtungen);
-- Regelung der Dienstverhältnisse wissenschaftlicher und nichtwissenschaftlicher Mitarbeiter in wissenschaftlichen Einrichtungen;
etc.;
-- Gesetze , Vorschriften und Normen, die den Haushalt der wissenschaftlichen Einrichtungen betreffen.
etc.

Zur Steuerungs-Einheit des Wissenschaftssystems der Bundesrepublik Deutschland sind des weiteren jene Einrichtungen zu rechnen, die durch Förderungsmaßnahmen auf die Entwicklung der Wissenschaft und ihrer Institutionen Einfluß nehmen wie z.B.
- Stiftung Volkswagenwerk;
- Stifterverband für die Deutsche Wissenschaft;
- Fritz-Thyssen-Stiftung, Reimers-Stiftung, Pfaff-Stiftung und sonstige Stiftungen;
- Arbeitsgemeinschaft Industrieller Forschungsvereinigungen;
- Deutsche Gesellschaft für Friedens- und Konfliktforschung;
- Fördergesellschaften von Forschungseinrichtungen wie z. B. Hochschulen und einer Vielzahl anderer Institutionen.

Den Forschungsförderungsorganisationen, Stiftungen und Forschungsvereinigungen kommt neben der unmittelbaren Förderung von Forschung und Entwicklung durch Bund, Länder, Gemeinden und Wirtschaft eine große Bedeutung zu. Dies gilt nicht nur wegen des insolvierten Finanzvolumens, sondern u. a. auch wegen der Pluralität von Organisationsmustern, Vergabeverfahren und Förderungskonzeptionen.
Als wesentliche, gesondert zu behandelte Forschungsförderungsorganisationen müssen noch genannt werden:
- Deutsche Forschungsgemeinschaft e.V. (DFG) mit 40 Hochschulen, 10 außeruniversitären Forschungseinrichtungen, 5 Akademien und 3 Wis-

senschaftsverbänden als Mitglieder. Sie konzentriert sich hauptsächlich auf die Hochschulforschung. Sie wird zu 50 % vom Bund und zu 50 % von den Ländern finanziert. Für die Sonderforschungsbereiche beträgt z. Zt. der Finanzierungsanteil des Bundes 66,6 %, der der Länder 33,3 %;
- Arbeitsgemeinschaft Industrieller Forschungsvereinigungen (AIF) mit der Aufgabe, die Gemeinschaftsforschung kleiner und mittlerer Unternehmen zu unterstützen. Zusätzlich zu den von ihren Mitgliedervereinigungen aufgebrachten Mitteln erhält sie Zuschüsse des Staates (ca. 46 % des Etats von 1976). Sie hat die Rechtsform eines eingetragenen Vereins und unterhält gegenwärtig 60 Institute.

Nicht nur über die Forschungsförderung, sondern auch über personen- bzw. anlaßgebundene (z. B. Reisen, Kongresse) Förderung durch einschlägige Institutionen wird die politische Struktur der Steuerungseinheit der Wissenschaft bestimmt. Für diesen Bereich sind u.a. zu nennen:
- Deutscher akademischer Austauschdienst (DAAD);
- Alexander-von-Humboldt-Stiftung;
- Konrad-Adenauer-Stiftung;
- Friedrich-Ebert-Stiftung;
- Cusanuswerk;
- Evangelisches Studienwerk.

Für die legislative Umsetzung von Steuerungsanforderungen stehen zur Verfügung:
- auf der Bundesebene
  - Bundestagsausschüsse Bildung und Wissenschaft, Forschung und Technologie;
  - Kabinettsausschüsse Bildung und Wissenschaft, Forschung und Technologie;
  - Beratender Ausschuß Bildung und Wissenschaft, mit Fachausschüssen und Ad-hoc-Ausschüssen, interministerieller Ausschuß;
  - Ausschuß des Bundesrates für Kulturfragen;
  - Bund-Länder-Kommission für Bildungsplanung, Wissenschaftsrat;
- auf der Länderebene
  - Parlamentsausschüsse für Kulturfragen;
  - ständige Kultusministerkonferenz.

Die politische Struktur des Wissenschaftssystems der Bundesrepublik Deutschland erscheint recht unübersichtlich. Dieser Anschein von Unübersichtlichkeit verweist auf einen Grad an Komplexität, der ein hohes Maß an Anpassungsfähigkeit gewährleistet. Die Leistungsfähigkeit der Steuerungseinheit des deutschen Wissenschaftssystems im Hinblick auf Flexibilität und Adaptivität wurde bisher nicht ausreichend untersucht. Aufgabe der Makrosoziologie der Wissenschaft wäre es, diese Untersuchungen ausgehend von einer einschlägigen Institutionenkunde und ausgerichtet auf eine Organisationslehre der Wissenschaftspolitik durchzuführen. Hierbei sind als wesentliche Funktionszusammenhänge zu berücksichtigen:
- Wissenschaft – Technologie – Produktion,

- Wissenschaft – Ideologie – Legitimation,
- Wissenschaft – Organisation – Politik.

2.1.2. Die Arbeitseinheit der Wissenschaft

Die wissenschaftliche Leistungserbringung bindet in der Bundesrepublik Deutschland rund 415.000 vollzeitlich beschäftigte Personen. Diese verteilen sich auf den öffentlichen und privaten Sektor des Wissenschaftssystems wie folgt:

Im öffentlichen Sektor des Wissenschaftssystems der Bundesrepublik Deutschland (Hochschulen, Großforschungseinrichtungen, MPG, FhG, staatliche Forschungsanstalten etc.) waren im Jahre 1972/73 (letzte diesbezügliche Erhebungsjahre) 215.400 Personen vollzeitlich beschäftigt. Davon entfielen auf wissenschaftlich-technisches Personal 83.100 und auf wissenschaftliches Personal 79.000 Personen. Von den insgesamt im Wissenschaftssystem der Bundesrepublik Deutschland vollzeitlich beschäftigten 414.700 Personen erfaßt der öffentliche Sektor 52 %. Die Anteile bei wissenschaftlich-technischem und bei wissenschaftlichem Personal belaufen sich auf 60 % und auf 74 %.

Im privaten Sektor des Wissenschafts-Systems der Bundesrepublik Deutschland (Unternehmensforschung und industrielle Gemeinschaftsforschung) waren im Jahr 1971 199.200 Personen vollzeitlich beschäftigt. Davon entfielen auf wissenschaftlich-technisches Personal 27.300 Personen. Von den insgesamt im Wissenschaftssystem vollzeitlich beschäftigten 414.700 Personen erfaßt damit die Unternehmensforschung und industrielle Gemeinschaftsforschung 48 %. Die Anteile der gewerblichen Wirtschaft bei wissenschaftlich-technischem Personal belaufen sich auf 40 % und bei wissenschaftlichem Personal auf 26 %.

Das Personal im privaten Sektor des Wissenschaftsystems kann aufgrund seiner Aufgabenstellung und seiner Ausbringungsleistung mit dem personellen FuE-Potential dieses Sektors gleichgesetzt werden.

Das Wissenschaftspotential im öffentlichen Sektor des Wissenschaftssystems kann nicht mit dessen FuE-Potential gleichgesetzt werden, wie es beim privaten Sektor möglich ist. Dies hat seinen Grund darin, daß

- die Hochschulen neben Forschung und Entwicklung primär Aufgaben der Lehre und Ausbildung (und in medizinischen Fakultäten zusätzlich der Krankenversorgung) wahrnehmen– und dies nach Hochschultyp (Gesamthochschule, Universität, Technische Hochschule, Pädagogische Hochschule, Kunsthochschule, Fachhochschule) in unterschiedlichem Verhältnis;
- die staatlich geförderten FuE-Einrichtungen außerhalb der Hochschulen neben Forschung und Entwicklung Aufgaben wie Prüfen,Messen,Normieren, Beraten, staatliche Verwaltung etc. wahrnehmen – und dies je

nach Einrichtungstyp (MpG, FhG, Großforschungseinrichtungen, staatliche Forschungsanstalten) in sehr unterschiedlichem Verhältnis.

Um die Arbeitseinheit des Wissenschaftssystems der Bundesrepublik angemessen zu erfassen, sind

- einerseits der Personal- und Finanzmitteleinsatz
  - nach Aktivitäten und Disziplinen, bezogen auf die Wissenschaftseinrichtungen, zu differenzieren,
  - im Hinblick auf die Verteilung über die Bundesrepublik zu regionalisieren,
- andererseits die Wissenschaftseinrichtungen
  - auf die Struktur ihrer Leitung und Organisation (Zielfindung, Planung, Lenkung, Kontrolle etc.) zu untersuchen,
  - nach Organisationstyp im Hinblick auf die Art der geforderten Leistungserbringung zu überprüfen.

Erste Ansätze zu diesen Themenkomplexen liegen vor. So wurde z.B. auf der Grundlage von Untersuchungen des Instituts für Systemtechnik und Innovationsforschung in Karlsruhe eine Forschungslandkarte erstellt, die im „Bundesbericht Forschung V" des Bundesministers für Forschung und Technologie (1975, S. 123 ff.) veröffentlicht ist. Außerdem wurde das Problem von Organisation und Effizienz der Leistungserbringung u.a. unter dem Titel ‚Ökonomie der Hochschule' thematisiert.[4]

Diese Ansätze können hier nicht weiter verfolgt werden. Abschließend sollen die politische und die operative Struktur des Wissenschaftssystems der Bundesrepublik Deutschland schematisiert in Abbildung 3 dargestellt werden. Die Desiderate für eine Makrosoziologie der Wissenschaft können unschwer auf der Grundlage der bisherigen Erörterungen formuliert werden.

2.2. *Mikrosoziologie der Wissenschaft*

Aufgabe der Mikrosoziologie der Wissenschaft ist es, aus der Perspektive des individuellen Verhaltens von Wissenschaftlern die Strukturen und Funktionen wissenschaftlicher Institutionen zu beschreiben, zu analysieren und zu erklären. Sie hebt ab auf Einstellungsmuster. Sie ist an sozialen Beziehungen orientiert, muß aber die sozialen Verhältnisse als Randbedingungen des individuellen Verhaltens in Rechnung stellen.

Auch bei der Mikrosoziologie der Wissenschaft werden vornehmlich Hypothesen vom historischen Typ der Erklärung gebraucht. Diese Hypothesen beziehen sich vornehmlich auf Motive und Intentionen der Verhaltenssubjekte.

Ausgehend von den gesellschaftlichen Funktionen der Wissenschaft können – im Anschluß an makrosoziologische Überlegungen – zwei Hauptdimensionen der Mikrosoziologie unterschieden werden, wenn man übereinkommt, daß Motivationsfragen bei der Erklärung von Verhalten eine

Abbildung 3

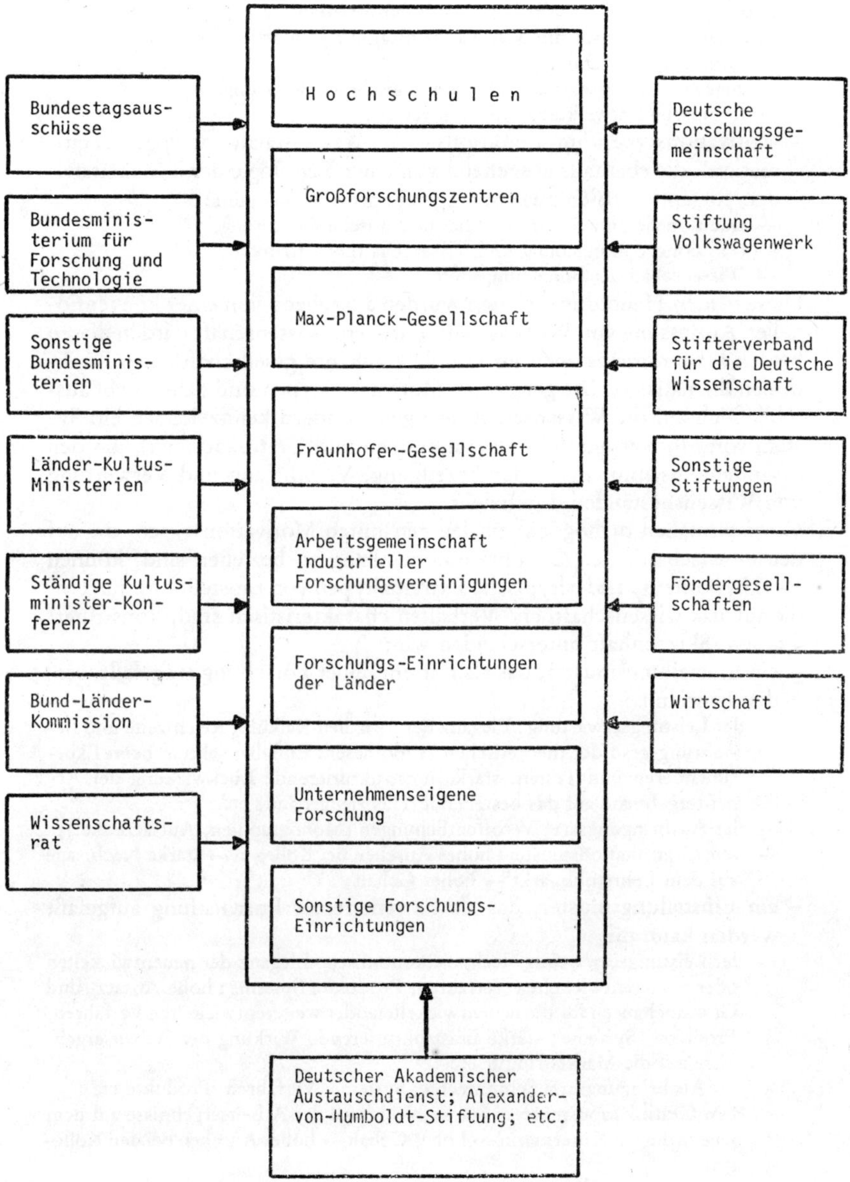
Bundestagsausschüsse
Bundesministerium für Forschung und Technologie
Sonstige Bundesministerien
Länder-Kultus-Ministerien
Ständige Kultusminister-Konferenz
Bund-Länder-Kommission
Wissenschaftsrat
Hochschulen
Großforschungszentren
Max-Planck-Gesellschaft
Fraunhofer-Gesellschaft
Arbeitsgemeinschaft Industrieller Forschungsvereinigungen
Forschungs-Einrichtungen der Länder
Unternehmenseigene Forschung
Sonstige Forschungs-Einrichtungen
Deutsche Forschungsgemeinschaft
Stiftung Volkswagenwerk
Stifterverband für die Deutsche Wissenschaft
Sonstige Stiftungen
Fördergesellschaften
Wirtschaft
Deutscher Akademischer Austauschdienst; Alexander-von-Humboldt-Stiftung; etc.

wesentliche Rolle spielen. Diese beiden Hauptdimensionen können folgendermaßen skizziert werden:

– Motivationstypen im Funktionskreis ‚Wissenschaft-Technologie-Produktion' mit Untertypen, die, ausgehend von einer Typologie der Tätigkeitsfelder, folgendermaßen zusammengefaßt werden können:
  –– Grundlagenforschung,
  –– angewandte Forschung und technologische Entwicklung,
  –– technische Entwicklung und Innovation;
– Motivationstypen im Funktionskreis ‚Wissenschaft-Ideologie-Legitimation', die ebenfalls ausgehend von einer Typologie der Tätigkeitsfelder, folgendermaßen zusammengefaßt werden können:
  –– traditionelle Sinngebung und hermeneutische Anpassung,
  –– traditionelle Sinngebung und wissenschaftliche Kritik,
  –– Wissenschaft als Sinngebungshilfe.

Diese beiden Hauptdimensionen wurden ausgehend von einer konventionellen Auffassung von Wissenschaft umrissen. Wissenschaft wird in diesen beiden Hauptdimensionen im Hinblick auf ihre gesellschaftlichen Funktionen thematisiert. Die genannten Motivationstypen sind daher nicht ausschließlich auf die Wissenschaft bezogen, sondern kennzeichnen ein System von Motivationsanlässen (Sanktionen und Gratifikationen), das den gesamten Zusammenhang der Erzeugung, Vermittlung und Verwertung von Wissensbeständen durchzieht.

Gewissermaßen orthogonal zu den genannten Motivationstypen, die auf den gesellschaftlichen Gesamtzusammenhang zu beziehen sind, können zwei hypothetisch-idealtypische Extremaltypen von Einstellungsmustern, die für das wissenschaftliche Verhalten charakteristisch sind, konstruiert werden. Skizzenhaft unterscheiden wir:

– ein Einstellungsmuster, das als Extrem reiner Forschung aufgefaßt werden kann mit
  –– der Leistungserwartung: Eleganz der formalen Kalküle; Reichweite und Bewährungsgrad der theoretischen Hypothesen, Einfallsreichtum beim Experimentieren und Testen, starke umstrukturierende Rückwirkung der Arbeitsergebnisse auf das bestehende Theoriengebäude etc.;
  –– der Ausbringungsart: Veröffentlichungen (Monographien, Aufsätze etc.);
  –– dem Gratifikationsmuster: hohes Ansehen bei Kollegen → starke Nachfrage auf dem Lehrstuhlmarkt → hohes Gehalt;
– ein Einstellungsmuster, das als Extrem reiner Entwicklung aufgefaßt werden kann mit
  –– der Leistungserwartung: techno-ökonomische Eleganz der neuentwickelten oder weiterentwickelten Verfahren, Produkte, Systeme; hohe Absatz- und Gewinnchancen für die neuentwickelten oder weiterentwickelten Verfahren, Produkte, Systeme; starke umstrukturierende Wirkung der Arbeitsergebnisse auf die Marktstruktur etc.;
  –– der Ausbringungsart: Schutzrechte, Systeme, Verfahren, Produkte etc.;
  –– dem Gratifikationsmuster: Starke Nachfrage der Arbeitsergebnisse auf dem zugeordneten Gütermarkt → hohes Gehalt → hohes Ansehen bei den Kollegen.

Das erste Einstellungsmuster nennen wir ‚theoretische Systematisierung', das zweite ‚technische Konzeptualisierung'. Diese beiden Einstellungsmuster sind – zumindest teilweise – miteinander unverträglich. Sie führen wenn sie gleichzeitig zu Sozialisierung verwendet werden, zu Präferenz-Paradoxa. Gibt es keine intermediären Einstellungsmuster (d.h. auch keine intermediären Institutionen), die eine ausreichende Überlappung zwischen diesen Extremaltypen herstellen, dann werden Kommunikations- und Kooperationsprozesse behindert. Personen, die ohne institutionelle Abstützung im Bereich zwischen diesen Extremaltypen handeln müssen, werden eine Disposition zu kognitiver Dissonanz zeigen. Kognitive Dissonanz aufgrund widersprüchlicher Erwartungen der sozialen Umwelt dürfte Ursache des Mißerfolgs vieler Prozesse der innerwissenschaftlichen und überwissenschaftlichen Kooperation und Kommunikation sein.
Der Extremaltyp ‚theoretische Systematisierung' findet sich in reinster Ausprägung in den Fachdisziplinen, die einem fortlaufenden Prozeß der Differenzierung und Spezialisierung unterworfen sind. Aufgrund dieser fortgeschrittenen Differenzierung und Spezialisierung der Fachdisziplinen zeigen sich Tendenzen der disziplinären Abgrenzung, die nur durch intermediäre Einstellungsmuster und intermediäre Institutionen (Konzepte der fachübergreifenden Lehre, des projektbezogenen Arbeitens und der interdisziplinären Organisation der Forschung) überwunden werden können.
Der Extremaltyp ‚technische Konzeptualisierung' ist durch seinen starken Anwendungsbezug von vornherein eher auf Integration fachspezifischer Einzelinformationen angelegt. Neben technischen Gesichtspunkten – im Hinblick auf die Durchsetzung technischer Konzepte – immer schon ökonomische, soziologische und psychologische mitberücksichtigt werden. Technische Systeme, Verfahren und Produkte können nur unter Berücksichtigung ihrer Einbettung in übergeordnete technische Zusammenhänge und soziale Verwendungsbedingungen mit Erfolg entwickelt werden.
Aufgabe der Mikrosoziologie der Wissenschaft ist es, auf der Grundlage motivationspsychologischer Erkenntnisse eine Verhaltenskunde wissenschaftlichen Arbeitens zu entwickeln, die er ermöglicht, die Voraussetzungen einer verhaltensangemessenen Organisationslehre der Wissenschaft zu präzisieren. Das hier vorgestellte Konzept ist ausgesprochen grob und durch die Formulierung systemar konzipierter Forschungsprogramme weiter zu entwickeln. Diese Forschungsprogramme müssen, wenn sie dem Gegenstand gerecht werden wollen, psychologische, soziologische und ökonomische Gesichtspunkte integrieren. Bei dieser Forderung ist vorausgesetzt, daß als konstituierende Teile des Zielrahmens der langfristigen Wissenschaftspolitik angesehen werden können:

- Sicherung des Ausbaus und der Verbesserung der Leistungsfähigkeit und internationalen Wettbewerbsfähigkeit des nationalen Wirtschaftssystems,
- Sicherung der natürlichen Ressourcen (d.h. Sicherung des Rohstoffzuflusses, Verbesserung der Rohstoffausnutzung etc.),

- Erfüllung öffentlicher Aufgaben, wie des Ausbaus der Infrastruktur sowie der Verbesserung der Lebens- und Arbeitsverhältnisse unter den Bedingungen der entwickelten Industriegesellschaft,
- Sicherung des Ausbaus und der Verbesserung der wisssenschaftlichen und technologischen Leistungs- und Wettbewerbsfähigkeit.

3. Schlußbemerkungen

Die hier vorgetragene Programmskizze für eine innovationsorientierte Wissenschaftssoziologie ist grob und fragmentarisch. Sie ist orientiert an einem Modell der Gesellschaft, das die pragmatischen Probleme menschlicher Lebensbewältigung in den Vordergrund rückt. Die Gesamtgesellschaft wird dabei als ein System der Leistungserbringung aufgefaßt. Im Hinblick auf die Ausbringungsleistung des gesellschaftlichen Gesamtsystems, die unter der Maxime der größtmöglichsten Wohlfahrt der größtmöglichsten Zahl der Bürger zu beurteilen. ist, werden den einzelnen gesellschaftlichen Subsystemen Leistungserfordernisse vorgegeben.
Die weitgehende Freisetzung der Wissenchaft des 19. Jahrhunderts von gesellschaftlichen Ansprüchen wird als historische Durchgangsphase angesehen. Sie wird nur verständlich von der Idee des Kulturstaates her und unter Berücksichtigung des damals noch geringen Umfangs organisierter wissenchaftlicher Arbeit. Unter den Bedingungen des 20. Jahrhunderts ist der Umfang und die Bedeutung der Wissenschaft derart angewachsen, daß wissenschaftliches Arbeiten als Vorleistung für nahezu alle gesellschaftlichen Bereiche unabdingbar geworden ist. Sie ist damit in weiten Bereichen insbesondere der angewandten Forschung veränderten Bedingungen ihrer Durchführung und Organisation einerseits sowie der Beurteilung unter Kriterien wirtschaftlicher Effizienz und technisch-organisatorischer Effektivität andererseits unterworfen. Mit der vorgetragenen Programmskizze für eine innovationsorientierte Wissenschaftssoziologie sollte – zumindest programmatisch – diesen Veränderungen Rechnung getragen werden.

Anmerkungen

[1] Vgl. I. S. Spiegel-Rösing: Wissenschaftsentwicklung und Wissenschaftssteuerung – Einführung und Material zur Wissenschaftsforschung. Frankfurt 1973.

[2] Vgl. H. Linde: Sachdominanz in Sozialstrukturen. Tübingen 1972

[3] Soziale *Beziehungen* sind „(inter-)individuell begründete und/oder doch vom subjektiven Sinn der Beteiligten artikulierte Verbindungen oder Handlungsorientierungen..., während soziale *Verhältnisse* von vor- oder überindividuell gegebenen Regelungen (mit ihren Obligationen und Gratifikationen) dominiert werden, welche die Individuen, die in sie eintreten oder die ihnen durch Zuschreibung unterworfen sind, jeweils unter sie subsumierten Individuen häufig weit überdauern"; H. Linde, a.a.O.,S. 36f.

[4] Vgl. v. a. WIBERA-Projektgruppe Bolsenkötter: Ökonomie der Hochschule. Eine betriebswirtschaftliche Untersuchung. 3 Bde., Baden-Baden 1976.

Peter-Jörg Jansen

*Die Struktur systemtechnischer Arbeit**

O. Einleitung

Eine Gesellschaft ist ein äußerst komplexes probabilistisches System. Die Interkonnektivität der Elemente eines solchen Systems ist so groß, daß eine ins einzelne gehende Steuerung des Systems schwierig wird. Durch Kommunikation der Elemente untereinander bilden sich allerdings Verhaltensmuster, die ein Verarbeiten der Komplexität des Systems garantieren. Ist die Führungsgröße gegeben und akzeptiert, so ermöglichen diese Verhaltensmuster eine Selbstregelung des Systems. Durch den Aufbau geeigneter Steuerungsmechanismen kann ein solches System unter Ausnutzung seiner Selbstregelungsmechanismen häufig Ziele auch dann erreichen, wenn unvorhersehbare Störungen in der Struktur des Systems auftreten. In dem System ‚Gesellschaft' sind die Ziele jedoch selbst Gegenstand heftiger Debatten. Es kommt deshalb darauf an, wie die Erarbeitung der Zielsysteme, der Führungsgrößen, konzipiert ist.

Die kybernetische Betrachtungsweise und ebenso die unternehmerische, um die sich die Kybernetik nicht umsonst intensiv bemüht, sieht die Festlegung der Ziele weitgehend losgelöst vom System, das diese Ziele verwirklichen soll. Es gibt den gesonderten Bereich des ‚Managements', der Politik, deren Aufgabe es ist, Ziele zu setzen und für ausreichende Varietät des Systems zur Selbstregelung zu sorgen, damit so die Ziele auch bei Störungen erreicht werden können.

Andererseits zeigen heutige demokratisch legitimierte Regierungen eine wachsende Empfindlichkeit gegenüber der öffentlichen Meinung; weil zu vielerlei funktionieren muß und auch Unpopuläres durchgesetzt werden muß, steige das Loyalitätsbedürfnis des Staatsapparates (Offe 1970). Die zunehmende Komplexität der Vorgänge in unserer Gesellschaft führe jedoch zu einer zunehmenden Unverständlichkeit des von sachlichen Notwendigkeiten Diktierten und verringere demzufolge die Loyalität der Bürger, die durch weitere Erhöhung der Bedürfnisbefriedigung nicht mehr überspielt werden könne. Offe malt damit das Bild einer Loyalitätskrise:

* Diese Arbeit greift auf Teile der gleichnamigen Habilitationsschrift des Verfassers an der wirtschaftswissenschaftlichen Fakultät der Universität Karlsruhe im Jahre 1973 zurück (Bericht des Kernforschungszentrums Karlsruhe KFK-2066, November 1974). In diesem Zusammenhang möchte der Verfasser Herrn Prof. O. Moeschlin und Herrn Dipl.-Math. G. Friede für die vielfältige Unterstützung danken. Des weiteren schuldet der Verfasser Herrn Prof. G. Kortzfleisch für hilfreiche Kommentare bei der Gestaltung der vorliegenden Arbeit Dank.

der ‚technische Staat', von Schelsky als Gefahr aufgezeigt (Schelsky 1961), kommt nicht zum Tragen, er unterhöhlt sich selbst. Verstärkt durch die vermeintlich noch helfenden Loyalitäts-Stabilisierungsanstrengungen der Regierenden, nämlich durch „wohldosierte Partizipationsangebote" (Offe 1970, 169), zeichnet sich die Krise bereits ab: eine Politisierung und Radikalisierung in vielen Lebensbereichen veringert die verschiedenen Freiräume des Individuums (Schelsky 1973). Partizipationserfahrung als Lösungsansatz für das Loyalitätsdilemma erschiene nur erfolgversprechend, wenn den Bürgern jene politische Bildung jemals zuteil geworden wäre, die vor Radikalisierung schützt. Eine andere mögliche Lösung des Loyalitätsdilemmas ist die Suche nach einer „komplexitätsreduzierenden Totalerklärung" (Lübbe 1973, 104).

Dagegen geht die hier vorgelegte Arbeit davon aus, daß Loyalität dadurch erreicht werden könnte, daß die Entscheidungsmechanismen in unserer Gesellschaft durchsichtig gemacht werden und in den hierfür notwendigen Prozeduren klar unterschieden werden kann zwischen sachlichen Argumenten und Wertdispositionen. Wenn man davon ausgeht, „daß die Entscheidung nicht ein einmaliger punktueller Akt einer Person (oder eines abstimmenden Gremiums) ist, sondern, insofern es sich um einen komplexen Sachverhalt handelt, ein langer Prozeß, im Verlaufe dessen sich fortlaufend immer etwas entscheidet..." (Bahrdt 1964, 118), dann kann die Öffentlichkeit im Rahmen der heute bereits verfassungsrechtlich gegebenen Möglichkeiten kontrollierend und meinungsbildend einwirken. Es ist bisher noch nicht wirklich versucht worden, z.B. bei den für Wirtschaft und Gesellschaft so bedeutsamen Technologieentscheidungen an die Stelle informeller Verfahren (Berkemann 1973, 196) formelle, öffentlich einsichtige Verfahren und Begründungen zu setzen.

Es entsteht die Frage, ob nicht die gesetzgebende Gewalt unterstützt werden müßte durch einen Apparat, der die nötige Sachkompetenz enthält, wie auch eine ausreichende Kontinuität garantiert, der aber so strukturiert ist, daß es unmöglich ist, „daß sich die politische Entscheidung in informellen Verfahren vollzieht und durch Entschlüsse von unbekannten und damit unkontrollierbaren ‚Sachverständigen' und ‚Technokraten' materiell gestaltet werden" (a.a.O.). Berkemann fordert eine Demokratisierung der Beratungspraxis, eine gesetzliche Regelung für Sachverständigenräte, eine Durchsichtigkeit der Entscheidungsfindungsprozesse vor allem durch ein allgemein anerkanntes klares Prozedere (a.a.O. 193). Faktisch sind da und dort solche Tendenzen im Gange. Sie sind nur nicht problemgerecht eingebettet und strukturiert sowie zu wenig beachtet. Außerdem sind sie erst dabei, ihr eigenes Handwerkszeug und Selbstverständnis zu entwickeln. Dieses Handwerkszeug und Selbstverständnis mit aufzubauen, ist Anliegen der vorliegenden Arbeit.

Hiernach soll also das ‚Management' des Systems ebenso in Kommunikation mit dem System stehen, wie die Systemelemente unter sich. Das ‚Ma-

nagement' ist damit Element des Systems und es kommt deshalb auf die Implementation von Kommunikationsstrukturen an, die es ermöglichen, daß die Selbstregelung die Zielsetzung aus eigener Kraft einschließt.
Es ist hier sinnvoll, die Ziele politischer Aktivitäten im Sinne des von Kirsch (1970, 88) benutzten Begriffes der ‚Anspruchsniveaus' zu verstehen. Die Erfüllung bestimmter Anspruchsniveaus kann Optimierungsversuche ersetzen. Es ist dann auch am ehesten möglich, den ‚Suchaufwand' zu verringern und ‚heuritischen Programmen' zu folgen (a.a.O. 94). Die Interpretation des Zielsetzens als das Ermitteln von Anspruchsniveaus macht den ‚systemhaften' Charakter des Zielsetzens besonders deutlich. Anspruchsniveaus können nur vom System her bestimmt werden und wandeln sich mit dem Systemzustand.
Die Anspruchsniveaus können nicht von oben dekretiert werden. Möglicherweise können sie aber auch nur selten aktiv bestimmt werden, sie sind vielmehr oft selbst sich anpassende Randbedingungen im Prozeß konkreter Entscheidungen (a.a.O., 10). „Die Objektivität gesellschaftlicher Bedürfnislagen ergibt sich noch nicht aus der bloßen Summierung oder Korrelation subjektiver Bedürfnisempfindungen, sondern kann nur das Ergebnis eines öffentlich sich vollziehenden Reflexionsvorganges sein..." (Dreitzel 1970, 40). Eben dadurch bestimmen sich die Anspruchsniveaus. Dreitzel erläutert weiter, daß Politik einer Rationalisierung sehr wohl zugänglich sei (a.a.O., 46), diese aber anders aussehe, als es der technisch-wissenschaftliche Sachverhalt gewöhnt sei. Es sind Kommunikationsprobleme, die die notwendige Beratung der Politik für Wissenschaftler und Politiker so schwer machen. Dabei muß der Politiker lernen, „sein Orientierungsfeld auch unter den wechselnden Perspektiven der wissenschaftlichen Reflexion stabil zu halten, und das kann er nur dann, wenn er dessen Werthaftigkeit selbst zur Diskussion stellt und die resultierende Relativität erträgt" (a.a.O., 44). Es ist deshalb notwendig, Kommunikationsstrukturen zu schaffen, die es gestatten, auch diese Problematik vom System selbst lösen zu lassen. Wesentlich hierfür ist, daß der Dialog zwischen Wissenschaft, Politik, Öffentlichkeit und Wirtschaft strukturiert wird.
Kernpunkt ist deshalb die Erstellung eines einheitlichen Konzeptes systemtechnischer Arbeit im Hinblick auf die wissenschaftliche Beratung der Politik. Systemtechnisches Arbeiten wird erst möglich, wenn an Stelle des ‚Abblendens' in einer einzelwissenschaftlichen Analyse das ‚Aufblenden' für das Erkennen von größeren Zusammenhängen steht. Es geht um das Erkennen der ‚Einbettung' (Häfele u.a. 1971, 12) eines Problems oder Sachverhalts in ein komplexes System. Es kommt also vor allem auf die Strukturerfassung solcher Systeme an. Systemtechnik selbst ist als Prozeß Bestandteil eines solchen komplexen Systems mit komplizierter Struktur. Systemtechnisches Arbeiten formal zu erfassen, erleichtert die Frage nach den Bedingungen für dieses Arbeiten, um die erwähnten Resultate für die Beziehungen zwischen Wissenschaft und Politik zu erzielen.

Der Prozeß systemtechnischen Arbeitens wird in einer ganz bestimmten Reihenfolge konzipiert. Von Bedeutung sind aber für die Intentionen dieser Arbeit nicht einzelne dabei angedeutete organisatorische Formen oder die strenge Einhaltung der Reihenfolge der Prozesse, sondern vielmehr, daß alle Elemente des Prozesses auftreten und zur Wirkung kommen. Dabei unterbleibt auch eine formale Berücksichtigung der Rückkoppelungen. Sie würde die Durchsichtigkeit des Konzeptes wesentlich herabsetzen und damit die eigentliche Aussage für eine geeignete Strukturierung gesellschaftlich weittragender Entscheidungsprozesse schwächen. In der Abhandlung unterbleibt auch die Darlegung der verwaltungstechnischen und personellen Bedingungen für die Implementation des zu konzipierenden Entscheidungsprozesses.
Die folgende Erarbeitung der Struktur systemtechnischen Arbeitens wird mengentheoretische Grundbegriffe verwenden (Henn u.a. 1968). Sie dienen dazu, die Strukturelemente klar darstellen zu können. Sie dienen jedoch nicht dazu, ein neues mathematisches Gebäude aufzubauen. Mancher Vorschlag dieser Arbeit entzieht sich einer letzten logischen Begründbarkeit, eben weil Planung untrennbar mit politischen Aspekten verwoben ist. Vielleicht können aber die dargelegten Vorschläge als Fortschritt im pragmatischen Sinne akzeptiert werden.

1. Situationsklärung

Bei jeder Systemanalyse ist der Systemanalytiker zunächst damit beschäftigt, das zu analysierende System zu erfassen. Sein erkenntnisleitendes Interesse bestimmt dabei den Wirklichkeitsausschnitt, den er sich hierzu bewußt zu machen versucht. Die für diese Abhandlung gewählte Beschränkung auf Systemanalysen zur Unterstützung „technologie-"politischer Entscheidungen macht deutlich, um welche Art von Wirklichkeitsausschnitt es sich in den folgenden Überlegungen handeln soll: um den Ausschnitt, der für den Technologen relevant sein muß. Eine so spezifizierte Systemanalyse heißt auch Systemtechnik. Das erkenntnisleitende Interesse des „Systemtechnikers" ist, Problemfelder, die sich aus einer tatsächlichen oder antizipierten Technologieanwendung in Wirtschaft und Gesellschaft ergeben, rechtzeitig zu erkennen und Lösungswege aufzuzeigen.
Ein Beispiel für solche Technologieanwendung ist etwa der großtechnische Einsatz der Kernenergie. Systemtechnisches Interesse ist in diesem Fall darauf gerichtet, die Probleme und Konsequenzen des großtechnischen Einsatzes der Kernenergie zu antizipieren und geeignete Maßnahmen zu ihrer Bewältigung im technischen, wirtschaftlichen und gesellschaftlichen Bereich vorzuschlagen (Jansen/Zajonc 1975). Dieses Interesse deckt sich mit dem Interesse des Technologiepolitikers, der z.B. Kerntechnik als eine, Oberzielen verpflichtete Sektorpolitik im Rahmen von Wirtschaftspolitik

und Gesellschaftspolitik sieht. Die Struktur derartigen systemtechnischen Arbeitens ist der Gegenstand dieser Ausarbeitung.
Der Wirklichkeitsausschnitt, der sich aus diesem erkenntnisleitenden Interesse des Systemtechnikers, technologiepolitische Entscheidungen zu unterstützen, ergibt, stellt, verglichen mit der Komplexität der Wirklichkeit, eine Vergröberung dar. Es werden nur „relevante" Beziehungen zwischen „adäquat" definierten Strukturelementen betrachtet. Dafür aber kann die Breite der Zusammenhänge hervorgehoben werden, und es können die „Ressort"- bzw. „Fach"-übergreifenden Aspekte Betonung finden. Dabei wird deutlich, daß die systemanalytische Betrachtungsweise eines Wirklichkeitsausschnittes subjektiv sein muß, da sie von Subjekten vorgenommen wird, die zur Vereinfachung gezwungen sind und oft selbst von dem zu analysierenden Wirklichkeitsausschnitt irgendwie – sei es beruflich, familiär oder parteiprogrammatisch – betroffen sind.
Ist der betrachtete Wirklichkeitsausschnitt unter einem erkenntnisleitenden Interesse umfassend genug gewählt, und die angemessene Vergröberung seiner Struktur vorgenommen, so konstituieren die Elemente dieser Struktur und die jeweils relevanten Beziehungen zwischen ihnen das zu analysierende System. Entscheidend ist, das Wichtige vom Unwichtigen zu trennen im Hinblick auf die jeweils zu behandelnde Problematik. Meist umfaßt ein solches System Teile der technischen, der ökonomischen, der ökologischen und der sozialen Wirklichkeit. Da dieses System aus Elementen und Beziehungen besteht, und da Beziehungen wie Machteinfluß, Umwelt-schädigender Einfluß oder Herstellen, Transportieren, Konsumieren oder Informieren die Elemente des Systems und damit auch wieder die Beziehungen zwischen diesen verändern, ist es wichtig, auch die Dynamik des Systems zu erfassen und möglichst quantitativ abzubilden. Jedes mit Methoden der Systemanalyse anzugehende Problem, somit jedes der Systemforschung würdige System, verändert sich im Zeitablauf. Diese Änderungen können, wie Alterungsprozesse, biologisch bedingt sein, sie können, wie z.B. das Wirtschaftswachstum, in politischen Aktivitäten begründet sein, es kann sich um naturwissenschaftliche Phänomene, um demographische Fakten oder anderes handeln, wodurch die Dynamik verursacht ist. Der Systemtechniker versucht, in einem Modell, von den Elementen des Systems und den Beziehungen zwischen den Elementen des Systems ausgehend, die Dynamik nachzubilden.
Der Systemtechniker tastet nun dieses System mit Hilfe des Modells nach Schwachstellen ab. Zunächst kann er zur Beurteilung, ob es sich um Schwachstellen handelt, die Anforderungen verschiedener Personengruppen heranziehen. Es kann sich um bereits aufgetretene oder antizipierte Schwachstellen handeln. Der Systemtechniker wird dann jene Schwachstellen zum Problem erheben, von denen er glaubt, daß sie sich nicht in Ressort- bzw. Fach-spezifischer Tätigkeit lösen lassen, sondern nur Ressort- bzw. Fach-übergreifend, gewissermaßen interdisziplinär behandeln lassen.

Ob ein „Problem" lösbar ist, bzw. ob es sich zeigt, daß sich ein angenommenes Problem in dieser Form als nicht existent erweist, oder es kein bedeutungsvolles Problem darstellt, kann sich oft erst durch die Analyse zeigen. Die Tätigkeit des Systemtechnikers, ein System unter einem erkenntnisleitenden Interesse zu konstituieren, d.h. es hinreichend zu erkennen und beschreiben zu können – sowohl in der Struktur, als auch in seiner Dynamik – sowie die Tätigkeit der Problemdefinition nennen wir *Situationsklärung*.

Eine detaillierte Darstellung dieser Zusammenhänge, insbesondere der Komplexität dieser ersten Tätigkeitsphase unter den Aspekten einer wissenschaftlichen Beratung in gesellschaftspolitischen Fragen gibt der nachfolgende Versuch einer formalen Skizze der Situationsklärung.

1.1. Die Präzisierung des Systembegriffes

Jede Analyse zum Zwecke des Erkennens von Problemen, die zur Erarbeitung von Projekten zur Behebung der Probleme und zur Ermittlung der Projekt-Prioritäten führen soll, ist auf eine Gesamtheit ausgerichtet. Die Gesamtheit wird hier pauschal Gesellschaft genannt. Die Analyse kann in gleicher Art durchgeführt werden, wenn die Gesamtheit nicht so umfassend gewählt ist, also z.B. ein ‚Markt' aus der Sicht eines ‚Großunternehmens' analysiert wird. Die ‚Gesellschaft' wollen wir mathematisch nicht beschreiben. Für die Zwecke dieser Arbeit soll jedoch ein Bild der Gesellschaft konstruiert werden.

Es seien $E_\nu, \nu = 1, \ldots, 4$ endliche Mengen und es gelte

$$E_\nu \neq \phi, \nu = 1, \ldots, 4$$

$$E := \bigcup_{\nu=1}^{4} E_\nu$$

Wir stellen uns unter E_1 die Menge der Menschen vor, unter E_2 eine Menge von technischen Objekten, unter E_3 eine Menge von Objekten der Natur und unter E_4 eine Menge geistiger Objekte, wie beispielsweise Wertvorstellungen. Wertvorstellungen sind natürlich meist als Prädikate zu interpretieren und nicht als Objekte. Von Wertvorstellungen gehen aber ebenfalls oft Beziehungen aus, wie z. B. der Machteinfluß. Von daher ist es für unsere Belange nützlich, Wertvorstellungen wie Objekte zu behandeln. Diese Annahme ist im Rahmen des in dieser Arbeit aufzubauenden Konzeptes lediglich eine Nützlichkeitserwägung und bleibt ohne Folgen.

Wir nennen E Objektmenge. Es sei B eine weitere endliche Menge und f und g seien Abbildungen

$f : B \rightarrow E$

$g : B \rightarrow E$

Ist $b \in B$, dann heißt (b, f, g) eine Beziehung (in E), f (b) Anfangs-(Ausgangs-)punkt, g (b) Endpunkt der Beziehung, (B, f, g) eine Beziehungsmenge (in E).

Mit obigem B, f, g ist (E, B, f, g) ein Graph.

Es sei $J \neq \phi$ eine Indexmenge ($j \in J$), (B_j, f_j, g_j) eine Beziehungsmenge (in E), und $b_j \in B_j$. Dann nennen wir (b_j, f_j, g_j) eine Beziehung vom Typ j (in E).

Die Menge aller Beziehungen auf E,

$$\mathcal{B} := [\,(b_j, f_j, g_j) \mid b_j \in B_j, j \in J, f_j : B_j \to E, g_j : B_j \to E\,]$$

nennen wir Beziehungsmenge (zu E und J).

$(E, \mathcal{B})$ besteht also aus einem oder mehreren Graphen.

Wir stellen uns unter einer Beziehung (b_j, f_j, g_j) z.B. den Machteinfluß eines Objektes $f_j(b_j)$ auf ein Objekt $g_j(b_j)$ vor. Für andere $j \in J$ kann es sich um wirtschaftliche Beziehungen bestimmter Art oder um Kommunikationsmöglichkeiten handeln.

Für die weiteren Überlegungen sollen die Änderungen von $(E, \mathcal{B})$ im Laufe der Zeit berücksichtigt werden. E(t) sei die Objektmenge zur Zeit t und $\mathcal{B}(t)$ die Beziehungsmenge zur Zeit t. Es sei E_z eine nicht notwendig endliche Menge von Objektmengen und B_z eine nicht notwendig endliche Menge von Beziehungsmengen. F_1, F_2 seien Korrespondenzen, die jedem Punkt ihres Definitionsbereiches eine nichtleere Teilmenge des Bildraumes zuordnen, mit

$$F_1 : [\,(E(t), \mathcal{B}(t)) \mid t \in \mathbb{R}\,] \times \mathbb{R}^+ \to E_z$$

$$F_2 : [\,(E(t), \mathcal{B}(t)) \mid t \in \mathbb{R}\,] \times \mathbb{R}^+ \to B_z$$

Das Paar $(E(t+\delta), \mathcal{B}(t+\delta))$ heißt möglich im Zeitpunkt t für den Zeitpunkt $t+\delta$ $(\delta \geq 0)$ wenn gilt

1. $E(t+\delta) \in F_1((E(t), \mathcal{B}(t)), \delta) \subset E_z$
2. $\mathcal{B}(t+\delta) \in F_2((E(t), \mathcal{B}(t)), \delta) \subset B_z$
3. $\mathcal{B}(t+\delta)$ ist Beziehungsmenge zu $E(t+\delta)$

Mit $\Delta_{t,\delta}$

$$\Delta_{t,\delta} \subset F_1((E(t), \mathcal{B}(t)), \delta) \times F_2((E(t), \mathcal{B}(t)), \delta)$$

bezeichnen wir die Menge der möglichen Paare $(E(t+\delta), \mathcal{B}(t+\delta))$.

Wir stellen uns F_1 und F_2 als mögliche gesellschaftliche Prozesse vor und E_z bzw. B_z als die Menge aller möglichen, zukünftigen Gesellschaftserscheinungen:

$\bar{G} := (E(t), \mathcal{B}(t), F_1, F_2)$

heiße Gesellschaft zur Zeit t,

$G := (E(t), \mathcal{B}(t))$ heiße ein Gesellschaftszustand zur Zeit t.

In den folgenden Definitionen sind t und δ fest, so daß wir die Argumente t und δ häufig fortlassen.

Es sei $G = (E, \mathcal{B})$ ein Gesellschaftszustand mit den Beziehungsmengen (B_j, f_j, g_j), $j \in J$

Es gelte:

(1) $E' \subset E$

(2) $B_j' \subset B_j \; (j \in J)$

(3) $f_j' : B_j' \to E'$

$g_j' : B_j' \to E'$

(4) $f_j' (b_j) = f_j (b_j)$ für $b_j \in B_j'$

$g_j' (b_j) = g_j (b_j)$ für $b_j \in B_j'$

Dann heißt $G' := (E', \mathcal{B}')$ mit
$\mathcal{B}' := [(b_j, f_j', g_j') \mid b_j \in B_j', j \in J, f_j' : B_j' \to E', g_j' : B_j' \to E']$
ein Teilgraph von G und wir schreiben $G' \subset G$.

Der Übergang zu einem Teilgraph bedeutet die Auswahl einer Teilmenge der Ecken und Kanten des Graphen. Die Bedingung (2) insbesondere bedeutet eine Vergröberung der Struktur.

Eine Abbildung $u_o : [G] \to \mathcal{P}(G)$ heißt *Bewußtwerdungsprozeß*.
Wir zeichnen eine feste, endliche Anzahl von Bewußtwerdungsprozessen aus und bezeichnen im Folgenden nur noch diese mit u_o:
$L := [\ell \in \mathcal{P}(G) \mid$ es gibt einen Bewußtwerdungsprozeß u_o mit $u_o (G) = \ell]$
ℓ nennen wir einen bewußten Teilgraphen von G.

Daß erst der Bewußtwerdungsprozeß u_o auf eine Vorstellung L von der Gesellschaft führt, ist kein Widerspruch dazu, daß $\bar{G}$ bzw. der Gesellschaftszustand G bereits strukturiert wurden. G wurde zum Zwecke der Analyse rein formal strukturiert, also lediglich angegeben, welcher Art G ist. Die konkrete Erfassung der Gesellschaft erfolgt erst in u_o. Die ‚bewußte' Gesellschaft wird durch L dargestellt.

Die Zusammenfassung s einiger Elemente von L werde Systemelement genannt $(s \subset L)$.
Wir fassen nur Elemente von L zu Systemelementen zusammen, wenn wenigstens für einen Beziehungstyp $j \in J$ gilt

$$\frac{\sum_{\ell \in s} \operatorname{card} (\mathcal{B}_\ell)}{\sum_{\ell \in s} \operatorname{card} (E_\ell)} \gg \frac{\sum_{\ell \in L} \operatorname{card} (\mathcal{B}_\ell)}{\sum_{\ell \in L} \operatorname{card} (E_\ell)}$$

Man wird in der Regel dann Elemente von L zu einem Systemelement s zusammenfassen, wenn sie eng verflochten sind (z.B. umfaßt ein Systemelement ‚Zustand der Grundschulen' mehrere bewußte Teilgraphen des Gesellschaftszustandes G). Wieviel größer die linke Seite der Gleichung sein muß, ergibt sich aus dem empirischen Zusammenhang.

Die Zusammenfassung von Systemelementen s wiederum werde System S genannt. Wir nehmen an, daß für alle betrachteten Systeme S gilt
$S \neq \phi, [G] \notin S$

Man wird in der Regel dann systemelemente s zu Systemen S zusammenfassen, wenn unter einem wesentlichen Aspekt wichtige Beziehungen zwischen den Systemelementen $s \in S$ bestehen (Auswahl analog der Wahl von s). In diesem Sinne kann S z.B. das Bildungssystem beschreiben.

Die Bestimmung von S ist also eine Abbildung

$u_1 : [\, L \,] \rightarrow \mathcal{P}(\mathcal{P}(L))$

Diese Abbildung werde *Systemerkennungsprozeß* genannt.

Eine feste Anzahl von verschiedenen Systemen S aus L nennen wir Systemgesamtheit S^+

$S^+ := [\, S \subset \mathcal{P}(L) \mid$ es gibt einen Systemerkennungsprozeß u_1 mit $u_1(L) = S \,]$

Im Sinne einer allgemeinen Definition eines Systems (Ropohl, in diesem Band) könnte man sowohl ℓ, s, S und S^+ als System bezeichnen. In der Literatur ist deshalb oft von Systemumwelt, System und Subsystem die Rede, wobei es dann auf den Betrachtungsaspekt ankommt, was als System, Subsystem und Systemumwelt angesehen wird. Diese Überlegungen führen dann zum Aufbau einer 'Systemhierarchie' in der z.B. dem System der Rang n, der Systemumwelt der Rang n + 1 und dem Subsystem der Rang n-1 zugeordnet werden kann (Ropohl 1975). Sehen wir von unserer Interpretation von G als Gesellschaftszustand ab und betrachten G allgemein als Gesamtheit, dann ist es ebenfalls vom Betrachtungsaspekt, also davon, welchen Ausschnitt der Wirklichkeit wir G zuordnen, abhängig, welcher Ausschnitt der Wirklichkeit die Bezeichnung S erhält. Wir wollen aber von der expliziten Behandlung von Systemhierarchien absehen und genau für den Wirklichkeitsausschnitt, den S als Modell beschreibt, ,System' sagen; ferner wollen wir den Begriff Subsystem vermeiden, $s \in S$ also Systemelement nennen.

1.2. Die Problemerkennung

Es sei u_2^S Teilmenge der Diagonale von S x S.

u_2^S ist damit eine Relation.

Es sei $(s, s) \in u_2^S$, wenn man meint, s müßte verändert werden. Der Wunsch, s müßte sich verändern, ist meist mit Zielvorstellungen verknüpft. Auf die sicherlich notwendigen Rückverweise aus späteren Prozeßschritten auf u_0, u_1 oder u_2 wird hier nicht eingegangen. Es wird auch nicht explizit auf vorhandene Zielvorstellungen eingegangen, weil es dem Anliegen der Arbeit entspricht aufzuzeigen, wie (wenigstens in der Tendenz) eine möglichst Vorurteils-freie Erarbeitung nützlicher Ziele zustande kommen kann.

u_2^S heiße *Problemfindungsprozeß*, die Menge

$P_S := [\, s \mid [s,s] \in u_2^S \,]$ heiße Problemmenge.

Es ist $P_s \subset S$,

$P := \bigcup_{S \in S^+} P_S$ heißt Problemgesamtheit.

Den Problemfindungsprozeß auf S^+ beschreibe u_2, mit

$u_2 : S^+ \rightarrow S^+$,

$u_2 (S) = P_S$.

Die Bewußtwerdungsprozesse u_0, die Systemerkennungsprozesse u_1, und der Problemfindungsprozeß u_2 sind ihrer Art nach mit grundlegenden gesellschaftskritischen Analysen identisch. In der folgenden Notation soll zusammenfassend dargestellt werden, welche Erkenntnisschritte hierbei durchlaufen werden:

$$G \overset{u_0}{\rightsquigarrow} L \overset{u_1}{\rightsquigarrow} S^+ \overset{u_2}{\rightsquigarrow} P$$

Es sei „o" eine Operation, die angibt, daß die nachfolgende Tätigkeit auf der vorausgehenden aufbaut, dann heißt

$u = u_0 \circ u_1 \circ u_2$

Situationsklärung.

Diese erste Tätigkeitsphase des Systemtechnikers, die Situationsklärung u, ist keineswegs selbstverständlich im Alltag des Entscheidungsfindens. Diese Tätigkeit der Situationsklärung ist jedoch eine Voraussetzung jeder Problemlösungs-Unternehmung und damit Entscheidung. Ohne genaue Kenntnis der systemaren Zusammenhänge muß jede auf Unterstützung der Technologiepolitik ausgerichtete Beurteilung von Handlungsoptionen scheitern. Leider ist diese Tätigkeit der Situationsklärung mit ungeahnt großen Schwierigkeiten verbunden. Oft fehlen im Bereich der ökonomischen und sozialen Zusammenhänge die empirischen Befunde. Noch seltener sind einigermaßen gefestigte Theorien, die naturwissenschaftlichen Ansprüchen standhalten. Jeder Beschreibungsversuch ist also noch vorläufig. Situationsklärung im Sinne der Systembeschreibung ($u_0 \circ u_1$) ist also eine Tätigkeit des Systemtechnikers, die umfangreiche Geistesarbeit erfordert, aber wenig anerkannt wird. Situationsklärung im Sinne der Problemdefinition (u_2) gar führt häufig zu Verstimmungen, weil das Bemühen, Probleme rechtzeitig zu erkennen, manchmal Probleme vermuten läßt, die sich dann erfreulicherweise als leicht zu lösende Aufgaben erweisen; also im strengen Wortsinne keine Probleme sind. Oft jedoch fühlen sich viele Personen allein schon durch das Nennen eines Problems betroffen. Es sei am Rande bemerkt, daß in sozialwissenschaftlicher Literatur häufig die Situationsklärung u mit dem Begriff Systemanalyse belegt wird.

2. *Die Konsequenzenanalyse*

Zur Beseitigung von Problemen müssen Aktivitäten geplant werden. Dazu kann, mindestens begleitend, auch der Systemtechniker herangezogen werden. Dies muß aber nicht sein, wenn der Systemtechniker die Problemursachen erkannt hat, können Maßnahmen zur Beseitigung oft fachorientiert geplant werden. Je nach der Weite des vorgelagerten erkenntnisleitenden Interesses oder der Bösartigkeit des zu behandelnden Problems, oder weil man die Maßnahmen zur Beseitigung verschiedener Probleme zusammenfaßt und so einen Problemkomplex behandelt, kann man auch von einem *Projekt* sprechen. Dieses ist dann im allgemeinen interdisziplinär angelegt und macht die begleitende Systemanalyse notwendig. „Der Begriff Projekt ist hier also in seiner allgemeinen Definition als ein System zielgerichteter Prozesse zu verstehen, wodurch das zu Fördernde ‚anfaßbar' und hinsichtlich seiner Auswirkungen ‚bewertbar' wird. Außerdem wird eine ‚Bündelung' der Förderungsmaßnahmen in einem Zielkomplex ermöglicht. Der Begriff Projekt hat anderen, fast gleichwertigen Ausdrücken wie Vorhaben usw., die stärkere Zielorientiertheit voraus, eine Zielorientiertheit, die das Ende der Förderung mit dem Erreichen des Zieles impliziert. Projektförderung neigt also viel weniger dazu, zu Subventionen im negativen Sinne (etwas wird gefördert, weil es schon immer gefördert wurde) auszuarten" (Häfele u.a. 1971, 9). Die ‚Bündelung', ‚Anfaßbarkeit' und ‚Bewertbarkeit' technologischer Forschungs- und Entwicklungsvorhaben ist eine wesentliche Voraussetzung für eine ‚rationale Förderungspolitik'; denn dadurch soll erreicht werden:

> „daß Systemanalysen ermöglicht werden, die die Grundlage für die Bewertung der Vorhaben bilden, indem sie die Vorhaben in sich ordnen und klären und die Einbettung deutlich machen;
> daß die Wirkungen von Förderungsmaßnahmen in den Bereichen öffentlichen Interesses sichtbar werden;
> daß die notwendigen technologischen Entwicklungen für die Vorhaben stattfinden;
> daß eine straffe Koordinierung der Arbeiten und eine Erfolgskontrolle ermöglicht wird" (a.a.O., 12).

Einzelaktivität oder Aktivitätsbündel (Projekt) nennen wir im folgenden ‚Handlungsoption.' Da ‚Nicht-Handeln' auch eine Option ist und schon der Finanzierungsprobleme willen Handlungsoptionen untereinander konkurrieren oder von vornherein als Alternative angelegt sind, werden wir im Folgenden immer davon ausgehen, daß Handlungs-„Alternativen" möglich sind, für die es ein Präferenzurteil abzugeben gilt. Alternativen mögen sich dabei teilweise nur in einer einzigen Teil-Aktivität unterscheiden. Mehr noch als bei der Projekterarbeitung, wie wir die eben erläuterten Tätigkeiten nennen können, ist Systemtechnik notwendig bei der Folgenabschätzung der Handlungsalternativen. Eine Handlungsoption bewirkt in dem betrachteten System nicht nur die Veränderung jener Systemstrukturen, die uns als Problem auffielen und beseitigt werden sollten, sondern sie hat Nebenwirkungen, Folgen ungewünschter Art, die oft erst viel später auftreten. Außerdem gilt es, auch den Grad der Zielerreichung, also die Folgen gewünschter Art, laufend neu zu überprüfen und in Rechnung zu stellen (Projektbegleitung). Wir nennen die Analyseschritte der Projektbegleitung (gegebenenfalls Projekterarbeitung) und der Ermittlung der gewünschten und ungewünschten Folgen zusammenfassend *Konsequenzenanalyse*.

2.1. Die formale Bestimmung von Handlungsoptionen

Als zweite Tätigkeitsphase der Systemtechnik wird die Konsequenzenanalyse, auf der Symbolik der Situationsklärung aufbauend, im folgenden näher spezifiziert. Eine Änderung eines Systemelementes s in der Zeit δ kann sich nur im Rahmen der „möglichen" Veränderungen $\Delta_{t,\delta}$ vollziehen. Beschränkt man sich darüberhinaus auf die „bewußten" Realisierungsformen einer zukünftigen Gesellschaft, wie sie uns von der Problemgesamtheit P her deutlich wird, so haben wir eine Teilmenge $\Delta_P \subset \Delta_{t,\delta}$ von möglichen Realisierungsformen vor uns. Eine Veränderung sei ausgedrückt durch

$$s(t) \nrightarrow s(t+\delta) \text{ mit } s(t+\delta) \subset \Delta_P.$$

Wir nehmen dabei an, daß sich t auf den ‚heutigen' Zustand bezieht und δ eine feste, ‚vernünftige' Zeitspanne anspricht.

Es sei $\Delta_P \subset \Delta_{t,\delta}$, t, δ fest.

Eine Abbildung

$$h_i : \underset{S \epsilon S^+}{\subset} S \rightarrow \Delta_P$$

mit

$$h_j(s(t)) = s(t+\delta)$$

heißt Projekt oder Handlungsoption. Die Einschränkung von h_i auf ein Element

$$h_i \mid [s(t)], s(t) \epsilon S$$

heißt eine Aktivität des Projektes. Dabei ist $i \epsilon I$, wobei I eine nicht leere Indexmenge ist, die zur Unterscheidung der Projekte dient. Die Menge der Projekte bezeichnen wir mit H:

$$H := [h_i \mid h_i : \bigcup_{S \epsilon S^+} S \rightarrow \Delta_P, i \epsilon I]$$

Wir stellen uns vor, daß der Problemgesamtheit P damit durch eine Abbildung v_1, die wir *Projekterarbeitung* nennen, die Menge von Projekten H zugeordnet wird.

Wir definieren

$$v_1(P) = H.$$

Für die Teilmengen von P definieren wir entsprechend:

$$v_1^S(P_S) = H_S \text{ mit } H_S \subset H \text{ und } H_S = [h_i \mid h_i : S \rightarrow \Delta_P, i \epsilon I]$$

Es ist dann das Ziel des Entscheidungsprozesses, auf H eine Ordnung herzustellen, ‚Prioritäten zu setzen'.

Gegeben sei eine Menge von Handlungsoptionen H. Im weiteren wird unterstellt, daß card (H) ≥ 2 ist.

Es sei $(Q, \sqsupset)$ eine streng total geordnete Menge.

Eine Abbildung

$$a : H \rightarrow Q$$

heißt ein Entscheidungsprozeß.

Ein Entscheidungsprozeß erzeugt auf H eine vollständige Ordnung „$\gtrsim$", die wir auch Präferenzordnung nennen. Man setze für $h_1, h_2 \epsilon$ H:

$h_1 \succsim h_2 \Leftrightarrow [(a(h_1) \sqsupset a(h_2)) \vee (a(h_1) = a(h_2))]$

Die Ordnung ist genau dann streng, wenn a injektiv ist, denn dann gilt $a(h_1) = a(h_2) \Leftrightarrow h_1 = h_2$

Ist card $(a(H)) \geq 2$, so gibt es mindestens ein Element von H, das einem anderen vorgezogen wird, d.h.

$(\exists h_1, h_2 \in H) : (h_2 \succsim h_1 \wedge h_1 \not\succsim h_2)$

Es treten keine Präferenzzyklen auf, d.h.

$(\forall h_1, h_2, h_3 \in H) : [(h_3 \succsim h_2 \wedge h_2 \succsim h_1 \wedge h_1 \not\succsim h_2) \Rightarrow (h_3 \succsim h_1 \wedge h_1 \not\succsim h_3)]$

Es seien a ein Entscheidungsprozeß und $Q = (q_1, \ldots, q_n)$ eine endliche, streng total geordnete Menge

mit $q_i \sqsupset q_j$, $1 \leq i < j \leq n$. Dann heißt

$Q' = (q'_1, \ldots, q'_n)$ mit $q'_i = [h \in H \mid a(h) = q_i]$ ein Präferenztupel.

Im weiteren sei Q eine streng total geordnete Menge, die wir als gegeben betrachten $(Q \subset \mathbb{N})$.

2.2. Die Analyse der Folgen von Handlungsoptionen

Es sei h eine Handlungsoption (ein Projekt) aus der Menge H der Handlungsoptionen, die durch v_1 bestimmt wird.
Es sei $h \in H$ eine Handlungsoption mit $h(s(t)) = s(t + \delta)$.
Die Ausführung von h wird im allgemeinen nicht nur diejenigen Änderungen im Gesellschaftszustand G bewirken, die bei der Wahl von h gewünscht wurden, sondern auf einer größeren Teilmenge von G Änderungen induzieren.

Es sei also

$W_h := [w \mid w : G(t) \to G(t + \delta)$ ist eine Abbildung die mit $h(s(t)) = s(t + \delta)$ verträglich ist)

die Menge der Gesellschaftsveränderung, die bei der Durchführung von h möglich sind.

$A'_h \subset G$ sei der größte Teilgraph von G, für den (bei festem t und δ) gilt

$(\forall w_1, w_2 \in W_h) : (w_1 \mid A'_h = w_2 \mid A'_h)$.

$A_h := A'_h \setminus \bigcap_{h' \in H} A'_h$ heiße Einflußmenge (Ausgangsmenge) von h.

Es werden also die Elemente von G angesprochen, die speziell durch h einer Änderung unterzogen werden. D.h. jedes $w \in W_h$, angewandt auf G(t) bezeichnet einen anderen zukünftigen, möglichen Gesellschaftszustand $G(t + \delta)$. Wir wollen diese Gesellschaftszustände mit den Indices w und h unterscheiden: $G_{w,h}(t + \delta)$.
Es gilt $[G_{w,h}(t + \delta) \mid w \in W] \subset \Delta_P$. Für beliebige $w_1, w_2 \in W_h$ gilt, daß sich

$G_{w_1,h}(t+\delta)$ und $G_{w_2,h}(t+\delta)$ gegenseitig ausschließen. Der Teilgraph jeweils möglicher $G_{w,h}(t+\delta)$, der durch

$$\bigcap_{w \in W_h} G_{w,h}(t+\delta)$$

entsteht, enthält alle durch h hervorgerufenen Veränderungen, die unabhängig davon sind, welches $w \in W_h$ gewählt wird. Wir nennen diese Trends ‚autonom'. Der zugehörige Teilgraph in G(t) ist A'_h. Es gilt jetzt, den ‚autonomen Trends' unterliegenden Teilgraph aus A'_h herauszunehmen; dann erhalten wir den Teilgraphen, der Veränderungen durch h unterworfen ist. Den Teilgraphen von G, der ‚autonomen Trends' unterworfen ist, erfassen wir dadurch, daß wir nach dem Teilgraphen von G fragen, der bei jedem Projekt $h \in H$ in $G(t+\delta)$ zum selben Zustand führt. Dieser Teilgraph ist beschrieben durch $\bigcap_{h \in H} A'_h$

Dem Einwand, dadurch würden projektbedingte Veränderungen, die aber bei allen Projekten gleichartig auftreten, als ‚autonome Trends' nicht der Projektanalyse unterzogen, kann durch den Hinweis begegnet werden, daß bereits in der Situationsklärung u versucht wird, unter Einbeziehung der Entwicklungstendenzen der Gesellschaft für alle Entwicklungen, die zu nicht wünschbaren Zuständen führen, Probleme zu definieren und ferner in v_1 dann Projekte entworfen werden, die diese Probleme lösen. Was also in $\bigcap_{h \in H} A'_h$ angesprochen ist, unterliegt ‚H-autonomen' Trends, kann aber auf Grund der vorangegangenen Bemühungen als der Teilgraph angesehen werden, der die ‚autonomen Trends' in der Gesellschaft bezeichnet.

Wir beschränken eine Abbildung $w \in W_h$ auf $w \mid A_h$, also

$w \mid A_h : A_h(t) \rightarrow G(t+\delta)$

mit $w \mid A_h(a) = w(a)$

für $w \in W_h$ und $a \in A_h(t)$.

Wir nennen $w \mid A_h$ die Wirkungen der Handlungsoptionen $h \in H$ und verstehen unter

$w(A_h) = A_h(t+\delta) \subset G(t+\delta)$

eine Menge, die nicht nur die gewollten Veränderungen der Handlungsoption h aufzeigt, sondern auch ihre Nebenwirkungen.

Folgen können nur auf den bewußten Teilgraphen ℓ von G beobachtet werden. Es ist also w weiter zu beschränken auf die Elemente von A_h, die in mindestens einem $\ell \in L$ liegen:

$\bigcup_{\ell \in L} (A_h \cap \ell)$

Wir sprechen von Wirkungen, wenn $w \in W_h$ auf Teilmengen von $\bigcup_{\ell \in L} (A_h \cap \ell)$ eingeschränkt ist.

Die Bilder der Teilmengen von $\bigcup_{\ell \in L} (A_h \cap \ell)$ unter w heißen Folgen,

$$F_h := w\left(\bigcup_{\ell \in L} (A_h \cap \ell) \right)$$

ist die Menge aller bewußten Folgen der Handlungsoption $h \in H$.
Betrachten wir die Menge H der Handlungsoptionen, so setzen wir als Folgen von H an:

$$F := \bigcup_{h \in H} F_h.$$

F ist nach Konstruktion unabhängig von der Wahl der Funktion $w \in W$ und enthält alle bewußten Folgen der Handlungsoption $h \in H$.
Die Abbildung

$$v_2 : H \rightarrow F$$

$$v_2(h) = F_h$$

heiße *Wirkungsanalyse* oder Folgenanalyse.

Die Analyseschritte Bewußtwerdungsprozeß u_0, Systemerkennungsprozeß u_1 und Problemfindungsprozeß u_2 nannten wir Situationsklärung $u = u_0 \circ u_1 \circ u_2$. Einen anderen Charakter in der Interpretation haben die Analyseschritte Projekterarbeitung v_1 und Wirkungsanalyse v_2, in denen aus Sachkenntnis einerseits und einem ausreichenden Überblick andererseits, als Konsequenz aus der Problemerkennung in der Situationsklärung, Aktivitäten für Projekte, die Probleme lösen, konzipiert werden müssen und deren Folgen und Wirkungen (Nebenfolgen) analysiert werden müssen.

Es werde

$$v = v_1 \circ v_2$$

als *Konsequenzenanalyse* bezeichnet.

Die Konsequenzenanalyse beschreibt folgende Erkenntnisschritte:

$$P \xrightarrow{v_1} H \xrightarrow{v_2} F$$

Insgesamt haben wir bis jetzt folgende Begriffe miteinander verbunden:

$$G \xrightarrow{u} P \xrightarrow{v} F$$

Spezifisch für die Konsequenzanalyse ist die Notwendigkeit, das Detailwissen unterschiedlicher Disziplinen (Techniker, Chemiker, Biologen, Ökologen, Meteorologen usw.) zu integrieren. Für eine umfassende, Konsequenzenanalyse ist eine – wenn auch immer wieder Anstoß erregende – Vergröberung von Details erforderlich, um System-,,Zukünfte" im Blick zu halten und nicht der Suboptimierung von Teilsystemen anheimzufallen. Es sei am Rande bemerkt, daß der Konsequenzenanalyse v im ingenieurtechnischen Bereich häufig auch der Begriff Systems-Engineering zugeordnet wird.

3. *Der Bewertungsprozeß*

Wir gehen davon aus, daß das System erkannt und für Handlungsalternativen, die Probleme beseitigen sollen, positive wie negative Folgen bekannt seien. Die nächste Aufgabe des Systemtechnikers ist nun die Bewertung der Folgen bzw. – wie wir sehen werden – die Unterstützung der Bewertung.

Für die einzelnen Handlungsoptionen läuft dies auf eine (nicht nur monetär verstandene) Kosten/Nutzen-Analyse hinaus. Zur Beurteilung der Handlungsoptionen werden also deren Folgen herangezogen. Da die Folgen in voneinander verschiedenen Teilsystemen auftreten, benötigt man zur Beurteilung einen Satz von Beurteilungskriterien derart, daß für alle Folgen genau ein Beurteilungsaspekt zuständig ist. Dies erfordert nicht nur eine geeignete Aufgliederung von Beurteilungskriterien, sondern vor allem eine geeignete Aufgliederung der Folgen in der Konsequenzenanalyse.

Die Beurteilung erfolgt dann in zwei Schritten; diese sind

a) die Wertzuweisung zu jeweils all jenen Folgen, die, von einer Handlungsalternative stammend, nach einem Einzelkriterium beurteilt werden,
b) die Aggregation der so entstandenen „Einzelbewertungen" zu einem Gesamturteil.

Der zweite Schritt stellt ganz bestimmte Bedingungen an die Skalierungen im ersten Schritt. So erweist es sich als notwendig, für die Fixierung der Skalen in Schritt (a) allgemeinverbindliche, wenigstens innerhalb gewisser Oberaspekte wie Ökologie, Ökonomie etc. gegenseitig vergleichbare Normen bzgl. des Folgenausprägungs-/Folgeneinschätzungs-Zusammenhanges zu erarbeiten. Auch Schritt (b) erweist sich als so kompliziert, daß nur für Teilmengen innerhalb der Menge der Beurteilungskriterien (wir sagen: für je verschiedene Oberaspekte) die numerische Aggregation der Einzelbewertungen zu einem Bewertungs-Index erwartbar ist. Die eigentliche Prioritätenfestlegung muß anhand der Bewertungs-Indizes für Oberaspekte in einer politischen Diskussion erfolgen.

Wir nennen die Folge dieser Einzelschritte den *Bewertungsprozeß*. Da dieser Prozeß mehr als alle anderen systemtechnischen Arbeitsschritte subjektive Werturteile enthält, ja in der Aggregation die eigentliche, ‚politische' Abwägung erfolgt, kann diese Phase des Entscheidungsprozesses von der Systemtechnik lediglich methodisch sowie durch Faktenvermittlung unterstützt werden. Allenfalls sind die Konsequenzen verschiedener Wertordnungen simulativ vorführbar. Hilfsmittel zur Durchführung von Bewertungsprozessen sind Methoden aus der numerischen Taxonomie, der quantitativen Marktforschung, der Soziometrie, die alle auf statistischen und nutzentheoretischen Verfahren basieren. Ihre Anwendbarkeit ist noch begrenzt. Die Durchführung der Situationsklärung zur Konstituierung des Systems und der Problemdefinition, der Folgenanalyse zur Projekterarbeitung und -begleitung sowie der Bewertungsprozesse nennen wir *Systemanalyse*; steht die Systemanalyse im Zusammenhang mit der Unterstützung technologiepolitischer Entscheidungen, heißt sie auch *systemtechnisches Arbeiten*. Dabei ist iterativ vorzugehen, was hier nicht näher dargestellt werden soll. Da an mehreren Stellen systemtechnischen Arbeitens subjektive Elemente in die Systemanalyse eingehen, muß einerseits soweit wie möglich eine Quasi-Objektivierung durch Multidisziplinarität gesucht

werden, andererseits müssen die legitimierten Entscheidungsträger mit in den Analyseprozeß durch geeignete prozedurale und organisatorische Maßnahmen integriert werden.
Wir fahren nun mit der formalen Beschreibung fort.

3.1 Die Einzelbewertung

Betrachten wir $v_2 : H \rightarrow F$ als ersten Teil des Entscheidungsprozesses $a : H \rightarrow Q$, so fehlt noch eine Abbildung a' mit

$$a' : F \rightarrow Q$$

so daß dann $a = v_2 \circ a'$ gilt.

Wir haben durch Zwischenschaltung von v_2 den Vorteil, die Zuordnung der $h \in H$ zur streng total geordneten Menge Q an den Folgen von h, nämlich F_h, vornehmen zu können. Für den Entscheidungsprozeß ist dies bedeutungsvoll.

Es sei $K \subset E_4$ eine endliche Menge.
Die Abbildung
$y_1 : E_4 \rightarrow K$
heiße *Kriterienerarbeitung*.

Sie beschreibe die Tätigkeit, in der aus geistigen Objekten E_4 ein Satz von Beurteilungskriterien K erarbeitet wird.

Eine *Wirkungsklassifikation* ist eine Relation
$y_2 \subset F \times K$.

Es sei $f \in F$, $k \in K$. Wie üblich schreiben wir $f\, y_2\, k$ genau dann, wenn $(f, k) \in y_2$ gilt und sagen, daß f von k her beurteilt wird. Wir setzen voraus, daß
$(\forall f \in F)\ (\exists! k \in K) : (f, k) \in y_2$
Durch y_2 lassen sich Teilmengen von F bestimmen, die von einem $k \in K$ her beurteilt werden.
$F_k := [\, f \in F \mid f\, y_2\, k \,]$.

$F_{hk} := F_h \cap F_k,\ h \in H,\ k \in K$
ist dann die Menge der bewußten Folgen der Handlungsoption $h \in H$, die mit dem Kriterium $k \in K$ beurteilt werden.
Es sei $F'_k := [\, F_{hk} \mid h \in H \,]$
Es sei F^+_k eine nicht notwendig endliche Menge von allen möglichen Folgen ohne bereits konkreten Projektbezug, die eine Beurteilung durch ein Kriterium $k \in K$ erfahren würden:
$F^+_k := [\, f^+ \subset \Delta_{t,\delta} \mid f^+\, y_2\, k \,],\ k \in K$.
Es gilt $F_k \subset {F_k}^+,\ F'_k \subset \mathcal{P}({F_k}^+)$
Es sei $N_k \subset \mathcal{P}({F_k}^+),\ k \in K,$ eine endliche Menge. Die Abbildung
$z^k_o : E_4 \rightarrow N_k$

heißt *Normenfestlegung* für die Beurteilung der Folgen k.
Sie beschreibt eine Tätigkeit, in der aus geistigen Objekten E_4 ein Satz von Normen N_k erarbeitet wird.

Es sei N_k geordnet:

$N_k := [n_1, \ldots, n_c]$ mit $n_1 > \ldots > n_c$.

Q sei eine streng total geordnete Menge. Eine Abbildung

$z_1^k : \mathcal{P}(F_k^+) \to Q$

gibt eine Ordnung auf $\mathcal{P}(F_k^+)$ an.

Eine Einschränkung von z_1^k auf $F_k' \subset \mathcal{P}(F_k^+)$ nämlich $z_1^k \mid F_k'$ heiße *Einzelbewertung* bezüglich k, $k \in K$, wenn

$z_1^k(F_{hk}) = q_i \Leftrightarrow n_i \precsim F_{hk} \prec n_{i-1}$

mit $q_i = z_1^k(n_i)$, $q_i \in Q$

für $1 = 2, \ldots, c$

$q_i \sqsupset q_{i-1}$

$n_i \in N_k$

$F_{hk} \in F_k'$

und wenn $(q_1, q_{c+1} \in Q)$:

$z_1^k(F_{hk}) = q_1 \Leftrightarrow F_{hk} \succsim n_1, n_1 \in N_k$

$z_1^k(F_{hk}) = q_{c+1} \Leftrightarrow n_c \succ F_{hk}, q_{c+1} \sqsupset q_c$.

$z_1^k(N_k)$ bezeichnet Wert-Fixpunkte, denen F_k' zugeordnet wird. F_k' wird dadurch in Äquivalenzklassen zerlegt:

Es sei $A_i \subset F_k'$, $i = 1, \ldots, c + 1$,

Äquivalenzklasse in F_k'

$A_i := [F_{hk} \in F_k' \mid z_1^k(F_{hk}) = q_i]$.

z_1^k führt also eine Einzelbewertung der Handlungsoptionen unter Berücksichtigung eines Kriteriums durch.

Die Bilder von F_{hk} unter den z_1^k, $k \in K$, bezeichnen wir auch mit q_{hk}:

$q_{hk} := z_1^k(F_{hk})$

und ordnen sie in einer sogenannten Entscheidungstabelle Q^+:

$Q^+ := [q_{hk}]\ h \in H, k \in K$

Die Entscheidungstabelle Q^+ zeigt die relative Ordnung der $h \in H$ unter jeweils einem Beurteilungskriterium $k \in K$.

Zwischen den $k \in K$ besteht noch keine wertende Verbindung.

Es sei K_ℓ, $\ell = 1, 2, 3, \ldots$, eine Teilmenge von K und gelte als Oberaspekt von K. Die Indexmenge L, $\ell \in L$, diene zur Unterscheidung der Oberaspekte.

$K_\ell \subset K, \bigcup_\ell K_\ell = K$ und

$(\forall \ell_1, \ell_2 \in L, \ell_1 \neq \ell_2) : K_{\ell_1} \cap K_{\ell_2} = \emptyset$.

$[K_\ell \mid \ell \in L]$ ist damit eine Zerlegung von K.

Ist $K = [k_1, \ldots, k_n]$

so setzen wir

$z_1 := (z_1^{k_1}, \ldots, z_1^{k_n})$

und bezeichnen z_1 als Einzelbewegung,

ferner setzen wir

$z_0 := (z_0^{k_1}, \ldots, z_0^{k_n})$

und nennen z_0 Normenfestlegung, wenn

$z_1^{k_i}(N_{k_i}) = z_1^{k_j}(N_{k_j})$ für alle $k_i, k_j \in K_\ell$.

Dadurch wird bezüglich der zugeordneten Wertbestimmung die Vergleichbarkeit der Normensätze innerhalb gewisser Teilmengen K_ℓ von K angenommen. Dies muß also im Prozeß der Normenfestlegung z_0^k für die Bewertung der Folgen k berücksichtigt werden.

Es sei $N := \bigcup_{k \in K} N_k$

die Menge der Normen zum Kriteriensatz K.

Diese Festlegungen von Normen können für längere Zeit fixiert, in politischen Prozessen vorgenommen werden. Dadurch wird es dem Systemtechniker möglich, Folgen in ihrer wertmäßigen Beurteilung einzustufen, ohne selbst Wertungen vornehmen zu müssen.

3.2 Die Wertsynthese

Wir haben nun eine Abbildung (*Wirkungsanalyse*)

$v_2 : H \to F$,

die Normenfestlegung z_0

und die Einzelbewertung z_1 mit

$z_1(\mathcal{P}(F)) = Q^+$

eingeführt.

Es sei $Q_h := (q_{hk_1}, \ldots, q_{hk_n})$

die h. Zeile von Q^+ und

$Q^* := [Q_h \mid \in H]$.

Die uns zur Komposition des Entscheidungsprozesses a noch fehlende Abbildung

$z_2 : Q^* \to Q$

nennen wir *Wertsynthese*.

z_2 soll die zunächst auf das einzelne Kriterium $k \in K$ bezogenen Bewertungen eines $h \in H$ zusammenführen.

Es sei K die Menge der Beurteilungskriterien

$K := [k_j \mid j = 1, 2, 3, \ldots]$

mit der Zerlegung $[K_\ell \mid \ell = 1, 2, 3, \ldots]$.

K_ℓ gelte als Oberaspekt von K.

$Q_{h\ell}$ enthalte diejenigen Elemente der h. Zeile von Q^+, die von den Kriterien $k \in K_\ell$ beurteilt werden:

$Q_{h\ell} := [q_{hk} \in Q_h \mid k \in K_\ell]$.

Q sei eine streng total geordnete Menge, $(Q, \sqsupset)$. Dann nennen wir eine *Teilaggregation* die Abbildung

$z_{21} : [Q_{h\ell} \mid \ell \in L] \to Q$.

Wir nennen

$\tilde{q}_{i\ell} := z_{21} (Q_{h\ell})$

den K_ℓ – Index und

$\tilde{Q} := [\tilde{q}_{i\ell}]$

$i = 1, 2, 3, \ldots$

$\ell = 1, 2, 3, \ldots$.

Teilbewertungsschema.

Damit kann der Handlungsoption $h_i \in H$ unter dem Oberaspekt $K_\ell \subset K$ ein ordinaler Nutzwert $\tilde{q}_{i\ell}$ durch Aggregation der Einzelbewertungen $q_{h_j k}$, $k \in K_\ell$, zugeordnet werden. Auf der Basis der Definitionen von z_0 und z_1 kann z_{21} für eine Teilaggregation $\ell \in L$ ohne konkreten Bezug auf $h \in H$ mit Hilfe der Realisation von q_{hk} entsprechenden Normen im politischen Raum allgemeinverbindlich bestimmt werden.

Es sei $\tilde{Q}_h := (q_{i1}, q_{12}, \ldots)$

die i. Zeile von $\tilde{Q}$ und

$\bar{Q} := [\tilde{Q}_h \mid h \in H]$.

Es sei z_{22} ein politischer Prozeß, in dem auf der Basis der teilaggregierten Werturteile für Oberaspekte $K_\ell \subset K$, für alle $\ell, \ell = 1, 2, 3, \ldots$, eine Gesamtabwägung mit Prioritätsentscheid vorgenommen wird. Dabei gelte

$z_2 = z_{21} \circ z_{22}$

mit

$z_{22} : \bar{Q} \longrightarrow Q$.

Wir nennen z_{22} *Prioritätendiskussion.*

Wir gehen davon aus, daß die Prioritätendiskussion z_{22} in einem Kollektiv stattfinden soll und legen als Annahme zugrunde

1. Eine von den Ausprägungen der K_ϱ -Indizes, den $\check{q}_{i\varrho}$, unabhängige und über die Wertsynthese für alle $h_i \in H$ konstante Gewichtung der relativen Bedeutung von $K_\varrho, K_\varrho \subset K$, ist nicht zu erwarten.
2. Es muß jede Art von Prozedur vermieden werden, die der Tendenz nach eine Minderung der Einigungsmöglichkeit mit sich bringt.
3. Es fällt einem Individuum ebenso wie einem Kollektiv schwer, gleichzeitig zwischen mehr als zwei Alternativen und mehr als zwei Beurteilungskomplexen verantwortlich zu differenzieren.

Wir führen eben deshalb z_{22} in Form einer strukturierten Diskussion ein. Im Folgenden geben wir eine heuristische Unterstützung der Diskussion an.

Wir bilden folgende Unterschemata von $\check{Q}$:

Mij(i) sei das Unterschema von $\check{Q}$, das aus denElementen der Zeilen h_i und h_j besteht, für die gilt

$\check{q}_{i\varrho} \sqsupset \check{q}_{j\varrho}.\ K_\varrho \subset K.\ j > i$

Mij(j) entsprechend

$\check{q}_{j\varrho} \sqsupset \check{q}_{i\varrho}.\ K_\varrho \subset K.\ j > i$

(Mij entsprechend $(\check{q}_{i\varrho} \sqsupset \check{q}_{j\varrho}) \wedge (\check{q}_{j\varrho} \sqsupset \check{q}_{i\varrho})$
ist für den Entscheidungsprozeß unbedeutend)

Durch Vergleich der Inhalte von Mij(i) und Mij(j) werden folgende Teilpräferierungen für Optionenpaare h_i , h_j gefunden:

Wir setzen

$P_{ij} = 1$ für $h_i \succ h_j$

$P_{ij} = 0$ für $h_i \sim h_j$

$P_{ij} = -1$ für $h_j \succ h_i$

Mit Hilfe von

$\bar{P} = [P_{ij} \mid 1 \leq i.\ j \leq \text{card}(H)]$

konstruieren wir einen Digraphen

$N = (\bar{P}, H, a, b)$

wobei

$$a(P_{ij}) = \begin{cases} h_i \text{ falls } 0 \leq P_{ij} \leq 1 \\ h_j \text{ falls } P_{ij} = -1 \end{cases}$$

$$b(P_{ij}) = \begin{cases} h_i \text{ falls } P_{ij} = -1 \\ h_j \text{ falls } 0 \leq P_{ij} \leq 1 \end{cases}$$

gesetzt werden soll. Dabei sind wieder:
$\bar{P}$ die Menge der Pfeile
H die Menge der Ecken
a (P_{ij}) mit $P_{ij} \in \bar{P}$ heißt die Anfangsecke von P_{ij}
b (P_{ij}) heißt die Endecke.

Wir nennen diese Bestimmung des Digraphen N ‚dynamische Diskussion'.

In dem Graphen N ist also jeder Pfeil das Ergebnis einer Diskussion der Präferenz eines Paares von Handlungsoptionen. Durch die Beschränkung der jeweiligen Diskussionsrunde auf zwei Handlungsoptionen h_i und h_j und die Ordnung der Kriterien $K_\ell \subset K$ in solche, die in der Teilbewertung zu $h_i \succ h_j$ führten ((Mij(i)), und solche, die zu $h_j \succ h_i$ führten ((Mij(j)), läßt erwarten, daß die Diskussionsrunde zu reproduzierbaren Ergebnissen kommt. Dabei ist dann garantiert, daß durch die gleichzeitige Betrachtung aller Kriterien keine Neben-Optima als Lösung angesehen werden. Dies ist ein Vorgehen, das die Diskussion strukturiert und auch der Strategie eines guten Diskussionsleiters entspricht, um die Argumente zusammenzuhalten und auszudiskutieren.

Es sei N* der Kondensat des Graphen N, Präferenzgraph genannt.

Die Ecken von N* werden als Mengen $q_i', q_j', \ldots$ bezeichnet.
Die Indizierung der q_i' sei so, daß $(q_1', \ldots, q_n')$ der komplette Weg des Graphen N* ist.

N* läßt sich mit üblichen graphentheoretischen Methoden bestimmen. Nach H. Harary u.a. (1965, 66) ist N* zyklenfrei und ein vollständiger asymetrischer Digraph, der eine Quelle und eine Senke hat mit einem einzigen kompletten Weg. Eine Ecke von N* enthält jene $h_i, h_j, \ldots \in H$ als Elemente, die in N wechselseitig erreichbar sind. Es wurde davon ausgegangen, daß in q_i' mehrere $h \in H$ sein können. Dies wird in dem Teil z_{22} des Entscheidungsprozesses auf folgende Weise berücksichtigt: Nicht-Transitivität von Handlungsoptionen führt im Graphen N zu Zyklen. Die einem Zyklus angehörenden Handlungsoptionen werden, um eine Transitivität der Präferenz zu erreichen, als gleichwertig angesehen. Dem Auftreten von Zyklen braucht nicht eine Gleichbewertung von Handlungsoptionen bei der dynamischen Diskussion zugrunde zu liegen, sondern sie kann eine Folge der Unsicherheit in der Präferierung verschiedener Handlungsoptionen sein. Die Zuordnung von Handlungsoptionen eines Zyklus zum selben q_i' ist angemessen. Erscheint ein so entstandenes Q' nicht differenziert genug, muß darüber beraten werden, in welche Stufe des systemtechnischen Arbeits-Prozesses der Entscheidungsprozeß zurückzuverweisen ist.

Um der Forderung gerecht zu werden, daß die niedrigste Stufe in Q' Handlungsoptionen kennzeichnet, die auf keinen Fall durchgeführt werden sollen, prüfen wir, ob q'_n Projekte enthält, die nicht durchgeführt werden sollen. Ist das der Fall setzen wir für das Präferenztupel Q'

$$Q' = (q'_1, \ldots, q'_n)$$

Anderenfalls gelte $Q' = (q'_1, \ldots, q'_n, \phi)$. Die Elemente von Q' können wir wieder den Elementen von Q zuordnen und wir haben damit ein heuristisches Verfahren für die Wertsynthese z_{22} skizziert.
Wir haben $z_2 = z_{21} \circ z_{22}$ als Wertsynthese.
Fassen wir die Kriterienerarbeitung y_1 und die Wirkungsklassifikation y_2 zu

$$y = y_1 \circ y_2$$

zusammen und setzen wir für die Normenfestlegung z_0, die Einzelbewertung z_1 und die Wertsynthese z_2

$$z = z_0 \circ z_1 \circ z_2$$

so nennen wir die Verknüpfung aller dieser Teilschritte den *Bewertungsprozeß* a':

$$a' = y \circ z$$

Es sei vermerkt, daß der Bewertungsprozeß y o z, gegebenfalls unter Einschluß der Wirkungsanalyse v_2, auch Technology Assessment genannt wird, sofern es sich um technologiepolitische Entscheidungsprozesse handelt.
Dem Systemtechniker ist im Bewertungsprozeß – neben argumentativer Unterstützung der Normenfestlegung und Prioritätendiskussion durch Fakten – ein klarer Platz bei der Teilaggregation z_{21}, d.h. bei der Vorbereitung des politischen Entscheidungsprozesses, zugewiesen. Der Systemtechniker stellt selber weder gesellschaftliche Normen auf, noch fällt er Entscheidungen. Seine Aufgabe beschränkt sich vielmehr darauf, das für rationale Entscheidungen meist zu komplexe Material entscheidungsreif zu machen. Wichtig ist dabei, daß der Bewertungsprozeß offen ist, das heißt, daß kein durchgängiger mathematischer Kalkül die Entscheidung determiniert; der Bewertungsprozeß ist von Subjekten zu vollziehen und kann formal lediglich unterstützt werden. Die Verbesserung der Annahmen und die Hereinnahme weiterer nützlicher Elemente aus den existierenden Verfahren der Nutzenbestimmung und Entscheidungslehre stehen heute im Vordergrund systemtechnischer Methodenentwicklung.

4. Schlußbemerkungen

Einen Überblick über systemtechnisches Arbeiten gibt folgende Darstellung der Prozesse:

$$G \xrightarrow{v} P \xrightarrow{v_1} H \xrightarrow{v_2} F \xrightarrow{y o z_0 o z_1} Q^+ \xrightarrow{z_{21}} \mho \xrightarrow{z_{22}} Q'.$$

In diesem Schema bedeuten:
Konstellationen

G	=	Gesellschaftszustand (Menschen, natürliche, technische und geistige Objekte samt ihren wechselseitigen Beziehungen)
P	=	Problemgesamtheit
H	=	Menge der Projekte
F	=	Menge der erkennbaren Folgen aus H
Q^+	=	Entscheidungstabelle
$\tilde{Q}$	=	Teilbewertungsschema
Q'	=	Präferenztupel

Prozesse (als Überführung einer Konstellation in die andere)

u	=	Situationsklärung
v_1	=	Projekterarbeitung
v_2	=	Wirkungsanalyse
y	=	Kriterienerarbeitung und Wirkungsklassifikation
z_0	=	Normenfestlegung
z_1	=	Einzelbewertung
z_{21}	=	Teilaggregation
z_{22}	=	Prioritätendiskussion

Einer Gesamtheit G gegenübergestellt, resultiert also aus systemtechnischem Arbeiten ein Präferenztupel Q', das angibt, was vorrangig zu tun sei. Den einzelnen systemtechnischen Analyseschritten lassen sich Analyseteams gemäß folgenden Überlegungen zuordnen:

(a) Nachdenkekapazitäten

Es ist notwendig, ausdrücklich auch ohne aktuellen Anlaß zu analysieren, um Herausforderungen, auf die Antworten nötig sind, schon zu erkennen, wenn man noch plandend 'Ungewünschtes' vermeiden kann. Deshalb müssen Nachdenkekapazitäten geschaffen werden, die laufend die Situationsklärung durchführen. Wir bezeichnen entsprechende Analyseteams mit T_u. Ve. schiedene Fachdisziplinen haben notwendigerweise ein unterschiedliches Bild von der Gesellschaft. Damit L einen möglichst umfassenden Bereich von G abdeckt, müssen die Analyseteams T_u zur Situationsklärung interdisziplinär besetzt sein. Diese Forderung ließe sich durch die Existenz bestimmter Beziehungen zwischen den T_u als Teilmengen von E_1 präzisieren. Damit während der Zusammenarbeit nicht 'Team-Blindheit' dazu führt, daß wichtige Probleme übersehen werden, müssen mehrere T_u existieren, die in konstruktivem Wettstreit miteinander stehen.

(b) Systemanalyseteams

Die Konsequenzenanalysen v müssen meist unter starken zeitlichen Begrenzungen durchgeführt werden, weil 'Antworten' auf Probleme 'schnell' gegeben werden sollen. Diese Analysetätigkeit unterscheidet sich deshalb von der Arbeit der Situationsklärung, wo geradezu Zeitdruck vermieden werden muß, um die wesentlichen Zusammenhänge zu erkennen und keine Probleme zu übersehen. Deshalb ist es gerechtfertigt, daß die Projekterarbeitung und Wirkungsanalyse in besonders dafür vorgesehenen Teams durchgeführt werden. Wir bezeichnen diese Teams mit T_v. (In der Praxis werden diese Teams meist Systemanalyseteams genannt.) Es mag Arbeitsstrukturen geben, durch die Teams T_u und Teams T_v ohne Beeinträchtigung ihrer je spezifischen Aufgaben in einer Organisationseinheit zusammenarbeiten können, ja sogar personelle Verflechtungen nützlich sind. Wie bei T_u ist es aus denselben Gründen auch bei T_v wichtig, daß es konkurrierende Systemanalysegruppen gibt. Darüberhinaus sollten sie in Organisationen arbeiten, die ihnen Fachwissen vermitteln und eine langfristige Planung durch Überbrückung von Zeiten ohne Analyseaufträge ermöglichen.

(c) Beratungsausschuß

Von Nachdenkekapazitäten T_u erwartet man, daß sie Probleme umfassend sehen. Ein Systemanalyseteam T_v soll aus der Sicht verschiedener Fachdisziplinen die Zusammenhänge einer Handlungsoption ausweisen. Hierbei erkennt man, unter welchen Aspekten eine Handlungsoption zu beurteilen ist. Wir gehen davon aus, daß es mehrere Teams T_u und mehrere Teams T_v gibt. Mitglieder aus allen T_u und T_v ermöglichen besser als andere Gremien eine Interpretation der analytisch ermittelten Folgen, denn sie kennen die Hintergründe, die zu bestimmten Ausprägungen systemanalytischer Arbeit und deren Ergebnisse geführt haben und können durch gegenseitige Kritik dafür Sorge tragen, daß die Kriterienerarbeitung y_1, Wirkungsklassifikation y_2 und Einzelbewertung z_1 zu möglichst sachlichen Ergebnissen führen. In diesem Sinne finde $y = y_1 \circ y_2$ und ausdrücklich auch z_1 in einem Ausschuß statt, den wir T_y nennen. Wie schon sehr viel Aufmerksamkeit der Zusammensetzung von T_u und T_v gewidmet werden muß, so gilt das auch für die Auswahlmechanismen der Mitglieder für T_y. Es geht dabei weniger um möglichst ‚akzeptierte' Mitglieder der Gruppen T_u und T_v sondern um eine möglichst umfassende Berücksichtigung verschiedener Denkbereiche und Geisteshaltungen.

Damit der Überblick über die Sachverhalte erhalten bleibt, ist es außerordentlich wichtig, die Ergebnisse der bisherigen Analyseprozesse einfach und übersichtlich darzustellen. Dies geschehe außer in der Entscheidungstabelle Q^+ und dem Teilbewertungsschema $\tilde{Q}$ insbesondere in zyklenfreien Digraphen D^S, die die Ergebnisse der Analysen u_2^S, v_1, v_2 und y_2 übersichtlich darstellen. Es werden also folgende Zuordnungen aufgezeigt:

Welche Systemelemente $s \in S$ bedingen welche Probleme $p \in P$?

Welche Vorschläge von Handlungsoptionen $h \in H$ liegen für welche Probleme $p \in P$ vor?

Welche Folgen $f \in F$ sind Folgen der Handlungsoptionen $h \in H$?
Durch welche Kriterien $k \in K$ können diese Folgen $f \in F$ beurteilt werden?

Es geht also um die Darstellung der Zuordnungen, die symbolisch wie folgt skizziert seien:

$$S \overset{u_2^S}{\rightsquigarrow} P \overset{v_1}{\rightsquigarrow} H \overset{v_2}{\rightsquigarrow} F \overset{y_2}{\rightsquigarrow} K$$

Die überlagerte Darstellung der D^S für alle $S \in S^+$ führt dann zum Digraphen D. Auf dieser Basis unternimmt T_y die Einzelbewertung. Die Normenfestlegung z_{21} ist Sache staatlicher oder staatlich autorisierter Organe. Neben ausdrücklich Werturteilen müssen diese Fachwissen der verschiedensten Einzeldisziplinen mit verarbeiten; insbesondere fußen sie auf den Ergebnissen der Konsequenzenanalysen. Es ist deshalb nützlich, diese Organe von den Teams T_y beraten zu lassen. Die Teilaggregation z_{21} ist ausdrücklich wieder Aufgabe von Analyseteams unter der Verantwortung von T_y in enger Zusammenarbeit mit ‚politischen' Organen. Im Bereich der Großforschungseinrichtungen der Bundesrepublik Deutschland sind im Programmschwerpunkt Angewandte Systemanalyse Ansätze für ein T_y vorhanden; der Programmschwerpunkt greift auf die Analysegruppen der beteiligten Forschungseinrichtungen zurück.

(d) Das Entscheidungsgremium

Wir bezeichnen das Team, das die Wertsynthese z_{22} bzw. die dynamische Diskussion durchführt, mit T_z und nennen es Entscheidungsgremium (was nicht ausschließt, daß es sich aus politischer Sicht nur um ein Beratungsgremium handelt). In dem Team T_z sollen Repräsentanten der Gesellschaft die Prioritäten festlegen. Es soll hier die Frage nach der Ermittlung solcher Repräsentanten nicht näher untersucht werden. In Anlehnung an H. Lenk (1973, 18), der sagt „vielleicht wären gemischte Gutachtergremien aus Experten, Entscheidern, Exekutivvertretern und Generalisten zu empfehlen...", sollten mindestens die gesellschaftlichen Erfahrungsbereiche Wirtschaft, Verwaltung und Öffentlichkeit sowie die gesellschaftlichen Denkbereiche Naturwissenschaften, Sozialwissenschaften, Recht, Medizin u.a. vertreten sein. In jedem Falle die ‚politischen' Entscheidungsträger in T_z einzubeziehen hat einen großen Vorteil. Es kommt dann nämlich gar nicht so sehr darauf an, daß man sich auf Empfehlungen einigt, d.h. eine kollektive Entscheidung, vielmehr ermöglichen die Prioritätendiskussionen auf der Basis des breiten Analyse- und Informationshintergrundes eine Veränderung der Wertvorstellungen der Entscheidungsträger, die sie aller Vermutung nach entscheidungsreifer macht. Formelle Unterstützung der dynamischen Diskussion in T_z wird durch T_y gewährt.

Systemtechnik ist damit ein umfassendes Planungsverfahren, das bei gesellschaftsrelevanten Entwicklungen insbesondere technologischen und technischen Charakters vor allem für die öffentliche Hand von Nutzen ist. Die Systemtechnik ist – wir wir hoffentlich zeigen konnten – ein Planungsverfahren, das trotz noch vorhandener Mängel heute schon dazu beitragen kann und beitragen muß, komplexe Entscheidungsprozesse, deren Ergebnisse weitreichende Folgen haben, zu unterstützen und durchsichtiger zu gestalten. Solche Entscheidungsprozesse sind vielfach Politikern vorbehalten und werden deshalb weithin als sogenannte politische Prozesse gesehen, in denen persönliches Machtstreben, agitatorisches Talent , und die Kunst, den Kompromiß zu finden, ausschlaggebend sind. Für den Bereich der Technologiepolitik ist dies jedoch nicht ausreichend, denn hier müssen heute schon Maßnahmen eingeleitet werden, von denen auch die längerfristige Zukunft abhängt. Hierzu nicht alle verfügbare Intelligenz, und zur Unterstützung dieser Intelligenz nicht alle vorhandenen Denkhilfen einzusetzen, wäre verantwortungslos. Gefährlich wäre geradezu, die so gewinnbare prozedurale Transparenz und organisatorisch unterstützte Kontrolle technologie-politischer Prozesse nicht zur Verbesserung und Erhaltung der Loyalität der Bürger unserer Gesellschaft zu nutzen. Dabei ist die Systemtechnik natürlich kein Allheilmittel gegen Fehldispositionen und Kontroversen, aber sie ist das z.Zt. beste Mittel, das es dagegen gibt. Dieses Mittel, also die Systemtechnik, einzusetzen, und erst recht, dieses Mittel weiterzuentwickeln, dazu bedarf es der Fähigkeiten, wirkliche von Scheinproblemen zu unterscheiden, Wichtiges vom Unwichtigen zu trennen und schließlich nicht mit unpassenden Wertordnungen Vorentscheidungen festzulegen.

Literatur

Bardt, H. P. (1964): Die Wissenschaftliche Entscheidung. In: Wissenschaftssoziologie ad hoc. Bertelsmann Universitätsverlag, 1971, S. 116ff.

Berkemann, H. (1973) Technokratie und verfassungsrechtliche Prinzipien. In: H. Lenk (Hrg.) S. 193ff.

Dreitzel, H. P. (1970): Rationales Handeln und politische Orientierung. In: C. Koch (Hrg.) S. 14ff.

Häfele, W., u.a. (1971 a): Ein methodologischer Beitrag zur Beurteilung von technologischen Forschungs- und Entwicklungsvorhaben unter dem Aspekt ihrer Förderung durch die öffentliche Hand.
Schriftenreihe Bundesministerium für Bildung und Wissenschaft, Forschungsplanung 6, Bonn 1971

Harary , H., Norman, R., Cartwright, D. (1965) : Structural Models : An Introduction to the Theory of Directed Graphs. New York u.a. : (Wiley) 1965

Henn, R., Künzi, H. (1968) : Einführung in die Unternehmensforschung. Heidelberg-Berlin-New-York. 1968, Band I und II

Jansen, P., H. Zajonc: Systemtechnik als Handlungswissenschaft. In Ropohl 1975, S. 313–328

Kirsch, W. (1970) : Entscheidungsprozesse, Band I : Verhaltenswissenschaftliche Ansätze der Entscheidungstheorie. Wiesbaden 1970

Lenk, H. (1973) : Technokratie als gesellschaftliches Klischee. In : H. Lenk (Hrg.) S. 9ff,

Lübbe, H. (1973) : Bemerkungen zur aktuellen Technokratie-Diskussion. In : H. Lenk (Hrg.), S. 94ff.

Koch, C., Senghaas, D. (Hrg.) (1970) : Texte zur Technokratiediskussion, Frankfurt 1970

Offe, C (1970) : Das politische Dilemma der Technokratie In : C. Koch (Hrg.) S. 156ff.

Ropohl, G. (1974, zit. n. Manuskript): Einführung in die allgemeine Systemtheorie. In diesem Band, S. 9–49

ders. (1975) (Hrg.) : Systemtechnik – Grundlagen und Anwendung. München 1975

Schelsky, H. (1961) : Der Mensch in der wissenschaftlichen Zivilisation. In: Auf der Suche nach Wirklichkeit. Düsseldorf / Köln. 1965, S. 439ff.

der. (1973) : Mehr Demokratie oder mehr Freiheit ? Frankfurter Allgemeine Zeitung, 20. Jan. 1973, S.7

Koch, C., Senghaas, D. (Hrg.) (1970) : Texte zur Technokratiediskussion. Frankfurt : 1970

Lenk, H. (Hrg.) (1973) : Technokratie als Ideologie : Stuttgart u.a. 1973

Hartmut Bossel

Computermodelle für die Plananalyse: Hierarchie, Zielorientierung, Szenarien

O. Überblick

Computermodelle sind Darstellungen der Realität: wie jede andere Darstellung sind sie vom Objekt, von Blickwinkel und Einstellung, von Vorkenntnis, Fertigkeit, Werkzeug, Darstellungs- und Zweckinteressen des Erstellers her bestimmt. So gibt es auch hier Propagandapamphlete, Karikaturen, Skizzen, abstrakte und realistische Gemälde- und Landkarten.
Unser Interesse gilt hier den „Landkarten" unter den Computermodellen: ausgewählten und strukturierten Informationen über einen Ausschnitt aus der Realität, die zu Zwecken der Orientierung und Planung auf einem bestimmten Abstraktheits- und Aggregationsniveau (Maßstab) gesammelt und dargestellt wurden. Heutige Computermodelle gleichen dabei oft noch den Weltkarten früherer Jahrhunderte: neben gut vermessenen Gebieten gibt es Landstriche, über die nur bruchstückhafte Information vorliegt, und weiße Flecken, die zur Abrundung des Gesamtbildes nicht selten mit den phantastischsten Fabeltieren dekoriert werden.
Die Landkartenanalogie ist natürlich unvollständig, da sie die zeitliche Dynamik der Landschaftsveränderung in Vergangenheit, Gegenwart und Zukunft nicht erfaßt, auf die es bei der Plananalyse wesentlich ankommt. Dennoch sind die Hauptaufgaben von Landkarte und Computermodell als Instrumente zur Plananalyse die gleichen: Orientierung und Planung. In beiden Fällen sind der konkrete Anwendungszweck und die Ausgangssituation bei der Erstellung nicht im einzelnen bekannt.
Das Computermodell als Instrument der Plananalyse muß orientiert sein

1. an der *Problematik*, zu deren Bearbeitung es geschaffen wird;
2. *am Ausschnitt aus dem Realsystem*, der abgebildet werden, und an der *Aufgabe*, die das Modell erfüllen soll.

Die Wahl des Ausschnitts wird stark beeinflußt durch

3. *Wissenstand*, *Blickwinkel* und *Methodik*.

Damit ergibt sich schließlich

4. der *Modellansatz*.

In diesem Beitrag gilt unser Interesse in erster Linie solchen Instrumenten der Plananalyse, die zur Bearbeitung nationaler und internationaler Langfristprobleme des soziotechnischen Systems eingesetzt werden können. Es zeigt sich, daß diese Aufgabenstellung mehr oder weniger zwangsläufig auf den Mesarović und Pestel gewählten Ansatz zu führen scheint [1] (womit die konkrete Ausführung des Ansatzes natürlich noch nicht festliegt). Damit interessiert schließlich auch

5. die *Implementierung des Modellansatzes*.

Wir wenden uns hier diesen Punkten einzeln zu. Als Implementierungsbeispiel soll der Stand des Mesarović-Pestelschen Weltmodell-Projekts im Jahre 1976 kurz umrissen werden.

1. Problematik

Der Begriff ,,Problematik" soll hier im Sinne der ,,problematique" des Club of Rome [2] verwendet werden. Problematik bedeutet damit vor allem die Gesamtheit einer langfristigen gesellschaftlichen Entwicklung, deren Ausgang durchaus unsicher und potentiell gefährlich ist, d.h. Krisenpotential birgt. Beispiele sind die Problematik des Hungers, der Unter- und Überentwicklung, der Arbeitslosigkeit oder des Krieges.

Da der Problemkreis das zu wählende Instrument der Plananalyse wesentlich mit bestimmt, betrachten wir zunächst Charakteristika typischer betroffener Systeme. Wichtigste Kennzeichen sind: (a) Komplexität, (b) Dynamik, (c) Entscheidungseinheiten, (d) Offenheit, (e) Multidisziplinarität.

(a) Komplexität

Die Zahl der Systemelemente des Realsystems und ihrer funktionalen Verbindungen ist äußerst hoch; weiter sind gegenseitige Abhängigkeiten im allgemeinen komplex und selten linear. Das zu betrachtende Gesamtsystem besteht aus einer Vielzahl von Untersystemen und Entscheidungseinheiten, aus Flüssen und Beständen von Information, Materie, Energie und Organismen in ständig wechselnder Konfiguration. Eine Beschreibung wird erst durch die radikale Komplexitätsreduktion möglich, bei der es gilt, die für die Aufgabe wichtigen Zusammenhänge herauszudestillieren. Aus dieser Tatsache ergibt sich bereits die unumgängliche Subjektivität der Modellerstellung. Der Subjektivitätsgrad muß mit steigendem Komplexitätsgrad zwangsläufig ansteigen.

(b) Dynamik

Veränderungen der Zustandsgrößen, positive und negative Rückkopplungen, Trägheiten, Verzögerungen, Nichtlinearitäten, Stochastik und Entscheidungen führen zu komplexem dynamischen Verhalten, das bei Problemkreisen und Systemen der hier besprochenen Art nicht mehr intuitiv verläßlich überschaubar und verstehbar ist. Bei der Modellerstellung ergibt sich wieder die Schwierigkeit, wesentliche Einflüsse auf die Systemdynamik richtig zu erfassen.

(c) Entscheidungseinheiten

Wichtigstes Kennzeichen gesellschaftlicher Systeme ist die große Zahl von Entscheidungseinheiten, die zum Teil abhängig, zum Teil unabhängig voneinander das Geschehen zu beeinflussen vermögen. Jede Einheit verfügt über einen mehr oder weniger entwickelten Apparat zur Informationsverarbeitung mit dazugehörigen Erkennungs-, Bewertungs-, Problemlösungs-, Lern- und Verhaltensprogrammen und entsprechenden Informationsspeichern. Jede Einheit orientiert sich an eigenen Normen, Werten, Zielen und Zukunftsbewertungen. Notwendig ergeben sich daraus Konflikte zwischen Entscheidungseinheiten, die durch direkte oder indirekte Interaktion (über die gemeinsame Systemumgebung, z.B. Machtausübung) ausgetragen werden.

(d) Offenheit

Die Stochastik natürlicher Ereignisse und der Randbedingungen des Systems und das nur teilweise determinierte Verhalten individueller Entscheidungseinheiten führen dazu, daß die mögliche Bandbreite zukünftiger Entwicklungen einzelner Zustandsgrößen mit von der Gegenwart fortschreitendem Zeitabstand ständig zunimmt. Das Spektrum alternativer Zukünfte wird schnell unübersehbar; eine volle Simulation aller Möglichkeiten ist bei komplexen Systemen nicht realisierbar. Prinzipiell bleiben drei Möglichkeiten, um dennoch zu nützlichen Ergebnissen zu kommen:

- Monte-Carlo-Simulation (Variation der wichtigsten stochastischen Parameter über Zufallszahlen in einer großen Zahl von Läufen) und Feststellung von „Flußbetten". Bei komplexen Systemen wird eine außerordentlich hohe Zahl von Simulationsläufen notwendig, die sich wirtschaftlich nur mit Analog- oder Hybridrechnern bewältigen läßt.
- Das Modell wird durch Annahmen seines Erbauers über unsichere Ereignisse und Verhaltensweisen „geschlossen". Dieser Ansatz ist typisch für die überwiegende Mehrzahl von Simulationsmodellen; er ist ein Kernstück der Methode System Dynamics (siehe unter Anm. 16). Der Ansatz erscheint uns äußerst fragwürdig, täuscht er doch dem Benutzer ohne Warnung dort Sicherheit der Aussage vor, wo in Wirklichkeit nur Unsicherheit durch zweifelhafte Annahmen des Modellbauers ersetzt wurde. Unterschiedliche Szenarien werden durch Variation einer relativ kleinen Menge von Szenarienvariablen generiert.
- Es werden nur sichere Zusammenhänge und Parameter endogenisiert; unsichere Ereignisse und Verhaltensweisen werden nicht aufgenommen – das Modell bleibt „offen". Fehlende Parameter und Zusammenhänge müssen vom Benutzer eingegeben werden – das Programm leistet dabei Hilfestellung. Die Zahl der Eingabeparameter und der möglichen Szenarien ist bei diesem Ansatz wesentlich größer.

(e) Multidisziplinarität

Die für die Bearbeitung der Problematik erforderliche Systemdarstellung muß über eine Vielzahl von Wissenschaftsgebieten integrierend hinweggreifen und sich trotzdem der oft hochentwickelten Sprache und Methoden der individuellen Disziplin bedienen können.

Aus den Eigenschaften der Problematik und der zu untersuchenden Systeme ergeben sich damit erste *grundlegende Forderungen* an die Systemdarstellung:

- Der Ansatz muß Komplexitätsreduktion durch stufenweise Zerlegung in gekoppelte Teil- und Untersysteme gestatten.
- Die Darstellung des Teilsystems muß in der dafür angemessenen Sprache und Beschreibungsart erfolgen können.
- Der Ansatz muß die speziellen Charakteristiken von Handlungs- und Entscheidungssystemen (informationsverarbeitenden Systemen) berücksichtigen können.
- Richtige Darstellung der Interaktion zwischen Teilsystemen muß (im Prinzip) möglich sein.
- Der Offenheit der Zukunft (d.h. von Randbedingungen und Verhaltensweisen) ist Rechnung zu tragen.

2. *Aufgaben des Computermodells*

In Analogie zur Landkarte betrachten wir hier Computermodelle, deren Hauptaufgabe auf den Gebieten der Orientierung und Planung liegen. Diese Aufgaben lassen sich näher spezifizieren:
(a) Anpassung an Erkenntnisstand und Sprache des Modellbenutzers;
(b) Orientierung über den gegenwärtigen Stand und darüber, „wie es dazu kam";
(c) Orientierung über wahrscheinliche Entwicklungen der absehbaren Zukunft;
(d) Orientierung über dynamisches Verhalten und Handlungsalternativen und Möglichkeit der Plananalyse und Synthese.

(a) Benutzerfreundlichkeit

Von den aktuellen oder potentiellen Krisen der „Problematik" sind alle mehr oder weniger betroffen. Daraus ergibt sich normativ (im Rahmen der in vielen Ländern üblichen Bezugssysteme) die Forderung, dem Einzelnen die Orientierung und Teilnahme am Problemlösungsvorgang zu ermöglichen. Das bedeutet, daß Erstellung und Benutzung von Computermodellen nicht dem Experten vorbehalten bleiben dürfen. Diese Forderung ist durchaus nicht allgemein akzeptiert; es besteht die reale Gefahr, daß Computermodelle vor allem zum Werkzeug von Machteliten werden. Glücklicherweise schaffen der Computer selbst und die fortschreitende Entwicklung bei Software und Peripheriegeräten ständig bessere Bedingungen für die Anpassung von Computermodellen an Erkenntnistand und Sprache des Modellbenutzers. Computermodelle zur Planung und Orientierung sollten daher als Lehrprogramme ausgelegt sein, auf verschiedenen Komplexitätsstufen arbeiten können, an individuelle Fragestellungen anpaßbar sein (und deshalb viele Verzweigungsmöglichkeiten bieten), das Arbeiten in natürlicher Sprache oder allgemein bekannter Symbolsprache (Graphik) ohne Erlernen von Spezialsprachen ermöglichen und in Aufbau und Inhalt transparent und überprüfbar sein.

(b) Orientierung: gegenwärtiger Stand und historische Entwicklung

Das Computermodell sollte in übersichtlicher und benutzerfreundlicher Weise über den gegenwärtigen Zustand des abgebildeten Systems informieren können; es sollte darüber hinaus die historische Entwicklung weitgehend nachvollziehen können, um zu zeigen, ,,wie es dazu kam".

(c) Orientierung: Status-quo-Fortschreibung und ,,Standardszenario"

Als ,,Normallauf" sollte das Computermodell die bei Fortschreibung gegenwärtiger Tendenzen wahrscheinliche weitere Systementwicklung (möglichst mit Unsicherheitsbändern) projizieren können. Dieser Lauf dient als Bezugslauf für Plananalysen.

(d) Orientierung und Plananalyse: Dynamisches Verhalten und Handlungsalternativen

Wichtigste Funktion des Computermodells ist es, als Werkzeug zur Untersuchung alternativer Zukünfte zu dienen. Diese Untersuchung muß sowohl auf der Ebene des ,,freien Spielens" mit dem Modell, als auch auf der Ebene detaillierter und genauer Untersuchung möglich sein. Einerseits soll der Benutzer damit ein Gefühl für das dynamische Verhalten des Systems erhalten können, andererseits soll er genaue Untersuchungen über Handlungsalternativen anstellen können. Dieser Benutzermodus ist völlig analog zum Einsatz eines Flugsimulators.

Damit ergeben sich aus den Aufgaben der Orientierung und Planung *weitere grundlegende Forderungen* an die Systemdarstellung:

- Das Modell sollte benutzerfreundlich ohne Kenntnis einer Spezialsprache bearbeitbar sein; es sollte sich flexibel an Aufgabenstellung und Wissensstand des Benutzers anpassen können.

Das Modell sollte als Informationssystem über den heutigen und über vergangene Systemzustände einsetzbar sein.

- Das Modell muß das Durchspielen von Handlungsalternativen bei vom Benutzer vorgegebenen Randbedingungen (Szenarien) ermöglichen; es soll dem Benutzer beim Aufbau eines eigenen internen Denkmodells helfen.

3. *Wissensstand, Blickwinkel und Methodik*

Jedes Modell, ob formalisiert oder nicht, unterliegt Beschränkungen allein vom Erkenntnisstand des Erstellers her. Es ist gut, sich an diese triviale Feststellung von Zeit zu Zeit zu erinnern, da sich auch hieraus wichtige Forderungen für den Modellansatz ableiten lassen. Wir wollen uns hier kurz auseinandersetzen mit Beschränkungen, die sich ergeben aus Begrenzungen
(a) des Wissensstands;
(b) des Blickwinkels
(c) der Methodik.

(a) Wissenstand

Systemuntersuchungen im angesprochenen Problemkreis überstreichen zwangsläufig eine Vielzahl von Wissenschaftsgebieten mit sehr unterschiedlichem Erkenntnisstand, Denktraditionen und Sprachgebräuchen. Selbst eine umfassende systemanalytische Methode kann dabei Lücken und Unsicherheiten einzelner Fachgebiete nicht schließen; sie wird sie im Gegenteil oft erst aufdecken. Beispiele dafür gibt es zur Genüge, besonders im Zusammenhang mit der sytemanalytischen Beschreibung des Verhaltens gesellschaftlicher Systeme. Hier sind die Wissenslücken noch besonders groß. Die systemanalytische Methode kann dabei als Meta-Methode die Struktur für ganzheitliche Untersuchungen auf einzelnen Fachgebieten liefern. Wir verstehen hier mit der systemanalytischen Methode Ansätze im Sinne der mathematischen allgemeinen Systemtheorie.[3]

(b) Blickwinkel

Systemanalyse bedeutet bei komplexen Systemen immer Komplexitätsreduktion; die Auswahl relevanter Elemente und Relationen wird durch den Blickwinkel des Analysierenden bestimmt. Ein anderer Blickwinkel bedingt eine andere Auswahl, damit eine andere Systembeschreibung und andere Simulationsergebnisse. Offensichtlich bedeutet intersubjektive Einigkeit über den Blickwinkel noch nicht die Nichtexistenz anderer legitimer Betrachtungsweisen.

(c) Methodik

Die Methodik der Modellerstellung wird heute vorwiegend von den heutigen Betrachtungsweisen und Werkzeugen der Ingenieur- und Computerwissenschaften, der Mathematik, der Physik und der biologischen Kybernetik bestimmt. Dieser Ansatz ist sicher zu eng; so dürfte bei den hier angesprochenen Problemkreisen komplexer gesellschaftlicher Systeme z.B. der nichtnumerischen Konzeptverarbeitung, der Individualpsychologie, der Interaktion und den Konfliktprozessen erheblich mehr Bedeutung zukommen, als sich aus heutigen Modellansätzen ablesen läßt.

Aus den angesprochenen Beschränkungen von Wissensstand, vom Blickwinkel und von der Methodik her lassen sich wieder *weitere Forderungen* an die Systemdarstellung ableiten:

- Der Ansatz muß übergreifend, integrierend und umfassend sein, ohne bereits von Wissensstand, Blickwinkel und Methodik her verengt zu sein.
- Der Ansatz muß offen sein; d. h. er muß das Einfügen und die Verwendung neuer und andersartiger Erkenntnisse, Blickwinkel und Methodiken jederzeit gestatten.

4. Modellansatz

4.1. Zusammenfassung der Anforderungen

Wir fassen die Anforderungen an den Modellansatz, wie sie sich aus den Aufgaben der Orientierung und Plananalyse ergeben, hier unter den Gesichtspunkten des Gesamtansatzes, der Systembeschreibung und des Werkzeugs der Orientierung und Planung zusammen:

Anforderungen an den Gesamtansatz

(a) Umfassender Ansatz: allgemeingültiger Rahmen.
(b) Dekomposition: Möglichkeit der Zerlegung in überschaubare Teilmodelle.
(c) Offenheit des Ansatzes: Möglichkeit des Einbaus beliebiger Teilkonzepte.

Anforderungen an die Systembeschreibung

(d)Handlungs- und Entscheidungseinheiten: explizite Berücksichtigung von Entscheidungsvorgängen und Handlungen.
(e) Offenheit der Zukunft: Berücksichtigung der Stochastik von Randbedingungen und Handlungen.
(f) Interaktion: Berücksichtigung direkter und indirekter gegenseitiger Beeinflussung von Handlungssystemen.
(g) Sprachoffenheit: Möglichkeit der Darstellung in der jeweilig am besten angepaßten Sprache.

Anforderungen an das Planungswerkzeug

(h) Benutzerfreundlichkeit: Anpassung an Sprache , Kenntnisse und Problemstellung des Benutzers; Lehrfunktion.
(i) Orientierung: Auslegung als Informationsquelle und Orientierungshilfe.
(k) Plananalyse: Auslegung als flexibles Werkzeug der Plananalyse und Plansythese; Szenarienansatz.

4.2. Der Mesarović-Pestel-Ansatz

Der Mesarović-Pestel-Ansatz ist aus der hier besprochenen Fragestellung heraus konzipiert worden; es interessiert daher, inwieweit er die gestellten Anforderungen erfüllt. Es ist hier allerdings klar zu trennen zwischen dem allgemeinen *Ansatz* und seiner *Ausführung* im Rahmen der vielfältigen und ständig sich weiter entwickelnden Aktivitäten des Mesarović-Pestel-Weltmodellprojekts. Über den gegenwärtigen Stand der Implementierung soll weiter unten gesprochen werden. Die folgenden Ausführungen basieren auf den systemtheoretischen Grundlagen des Ansatzes [4], auf den Beschreibungen des Ansatzes für das Weltmodell [5], auf dem aus Einzelheiten der Implementierung ermittelbaren Ansatz [6], auf dem gegenwärtigen Stand der Implementierung [7] und auf dem Ansatz der mit dem Mesarović-Pestel-Projekts koordinierten Projekte. [8]

(a) Umfassender Ansatz

Der grundlegende Ansatz ist der der hierarchischen Mehrebenensysteme[9], der aus der aus der allgemeinen mathematischen Systemtheorie hervorgegangen ist. Wegen der Vielfalt seiner Erscheinungsformen läßt sich der Ansatz nicht kurz und knapp definieren; wir charakterisieren ihn hier durch einige wesentliche Merkmale:[10]

Vertikale Anordnung der Subsysteme in „Ebenen" („levels");

Handlungsvorrechte oder Eingriffsrechte der Subsysteme auf den höheren Schichten;

Abhängigkeit der Subsysteme auf den höheren Schichten von den Leistungen der unteren Schichten.

Mesarović u. a. unterscheiden drei Arten von Ebenen, die sich überlappen können (für alle gelten die erwähnten drei Merkmale): „Straten" („strata") unterschiedlicher Beschreibung oder Abstraktion ein und desselben Systems; „Schichten" („layers") von Komponenten unterschiedlicher Komplexität bei Entscheidungsprozessen; und „Stufen" („Echelons") bei Organisationen mit hierarchischen Entscheidungsprozessen.

Beispiele für *Straten*: Ein biologischer Organismus läßt sich – je nach Problemstellung und Erkenntnisinteresse – auf verschiedenen Straten darstellen: auf der atomaren, Molekularen, zellularen Ebene, auf der Organebene oder auf der Ebene des Gesamtorganismus. Jede dieser Darstellungen ist legitim und durch den Zweck der Darstellung bestimmt. So kann es erforderlich sein, ein- und dasselbe System gleichzeitig auf verschiedenen Straten abzubilden, und sein Funktionieren für den vorgegebenen Zweck richtig zu erfassen. Von diesem Ansatz wird im Mesarović-Pestel-Weltmodell vor allem bei der Darstellung des Wirtschaftssystems Gebrauch gemacht: Es findet sich hier ein „technologisches" Stratum, das die physikalischen Flüsse von Energien, Rohstoffen, Arbeit und Produkten beschreibt; darüber ein mikroökonomisches Stratum mit einer Input/Output-Beschreibung des Wirtschaftssystems in Geldwert; und darüber ein makroökono-

misches Stratum, das mit Produktionsfunktionen arbeitet.[11] Kennzeichen des Stratenansatzes ist, daß der Detaillierungsgrad der Darstellung beim Absteigen in der Hierarchie ansteigt; dagegen ist mit einem Ansteigen in der Hierarchie wachsendes Verständnis der Zusammenhänge verbunden.
Beispiele für *Schichten*: Komplexe Entscheidungsprobleme weisen eine hierarchische Schichtung auf: So bestimmen funktionale oder sozialisierte Grundbedürfnisse persönliche Werte, und, in Verbindung mit den Gegebenheiten des realen Systems, Ziele. Diese wiederum werden bei konkretemAnlaß und unter Beachtung der dann vorliegenden Gegebenheiten in konkreteHandlungsanweisungen übersetzt. Ähnliche Schichten lassen sich bei natürlichen und künstlichen Problemlösungsprozessen feststellen.[12]
Beispiel für *Stufen:* Die Organisationshierarchie eines Stahlwerks weist eine große Zahl von Stufen auf, die vom Produktionsprozeß selbst über die verschiedenen Untersysteme der Prozeßkontrolle zur täglichen Ablaufplanung und zur Langfristplanung und Unternehmensleitung führen.
Die Theorie der hierarchischen Mehrebenensystems läßt eine adäquate Beschreibung der für die hier angesprochene Problemstellung relevanten Systeme zu, ohne sie dabei in ein Prokrustes-Bett zu zwingen. Selbstverständlich ist auch die Interaktion ,,gleichberechtigter" hierarchischer Systeme im Ansatz inbegriffen.

(b) Dekomposition
Ein direktes Ergebnis des hierarchischen Mehrebenansatzes ist die Notwendigkeit der Dekomposition des Gesamtsystems in eine Vielzahl von Untersystemen, die im Rahmen der hierarchischen Struktur spezielle Aufgaben übernehmen und mit anderen unter-, über- oder nebengeordneten Untersystemen in Interaktion stehen. Dieser Systemaufbau entspricht genau dem Aufbau des zur Durchführung der Simulation erforderlichen Computerprogramms. Damit lassen sich die einzelnen Modellteile als Unterprogramme getrennt entwickeln, verifizieren und validieren.

(c) Offenheit des Ansatzes
Eine weitere Folge des hierarchischen Mehrebenenansatzes mit seiner Aufgliederung in Untersysteme ist die Möglichkeit, jedes Untersystem selbst auf beliebige, der Aufgabenstellung, dem Blickwinkel und dem Erkenntnisstand angepaßte Weise darzustellen, solange die Kompatibilität und Koppelfähigkeit mit anderen Subsystemen gewährleistet bleibt. Das bedeutet vor allem, daß Untersysteme mit den Konzepten der betroffenen Wissenschaftsgebiete beschrieben werden können und daß Wissenslücken auch zunächst durch Grobmodelle gefüllt werden können, die im Laufe der Modellentwicklung durch bessere ersetzt werden können, ohne daß von vornherein die gesamte Modellerstellung durch fehlende Information in Frage gestellt ist. Schließlich ergibt sich auch die Möglichkeit , Subsysteme sehr unterschiedlichen Aggregationsgrads an der gleichen Stelle einzusetzen, um die jeweils erforderliche Feinstruktur zu erhalten.

(d) Entscheidungs- und Handlungseinheiten

Ein fundamentaler Unterschied des Mesarović-Pestel-Ansatzes zu anderen Ansätzen ähnlicher Zielsetzung besteht in der expliziten Einbeziehung von Entscheidungsverhalten. Gesellschaftliche Systeme adaptieren sich in der Realität fortlaufend an eine sich ständig wandelnde Umwelt. Unter Beibehaltung elementarer Ziele können sie dabei sprunghaft den Verhaltensmodus ändern. Die routinemäßige Umwandlung eines vorgegebenen Stimulus in eine entsprechende Reaktion über eine vorher bestimmte Transformationsfunktion ist hierzu nicht ausreichend; die Entscheidungseinheit muß über eine Auswahl von Verhaltensmodi verfügen, einen Problemlösungsprozeß durchführen können und Konsequenzen von alternativem Verhalten anhand normativer Vorgaben bewerten können. Der Aufbau selbst einer einfachen Entscheidungseinheit wird relativ komplex. Grundsätzlich lassen sich für solche Einheiten drei hierarchische Schichten unterscheiden: eine obere Normenschicht, die die normativen Vorgaben bereithält und evtl. abändert, eine Entscheidungsschicht, die die informationsverarbeitenden Prozesse der Situationserkennung, Problemlösung, Alternativenbewertung und Entscheidung durchführen kann und schließlich eine untere Kausalschicht, das materielle Untersystem der Entscheidungseinheit, über dessen Effektoren die Entscheidung auf die Umwelt wirken kann.

(e) Offenheit der Zukunft

Wieder im Gegensatz zu anderen Ansätzen wird der prinzipiellen Unbestimmtheit zukünftiger Randbedingungen und Entscheidungen im Mesarović-Pestel-Ansatz durch das Szenario-Konzept explizit Rechnung getragen. Die oft übliche Endogenisierung unsicherer Systembedingungen oder Verhaltensweisen durch Verwendung von Information aus der Vergangenheit (wie bei ökonometrischen Modellen üblich) oder sogar durch Abschätzung plausibler Verhaltensfunktionen (wie in der Methode System Dynamics üblich) werden weitgehend abgelehnt. Stattdessen werden unsichere Annahmen über die Zukunft im Modell offengelassen und müssen vom Modellbenutzer im Rahmen von Szenarienzeitreihen vorgegeben werden; allerdings sehen alle Modelle Standardzeitreihen vor, so daß Simulationsläufe auch möglich sind, wenn der Benutzer keine eigenen Eingaben macht. Prinzipiell verlangen daher Modelle des Mesarović-Pestel-Ansatzes mehr exogene Eingaben und können über die Szenarien eine größere Verhaltensbandbreite projizieren; sie enthalten relativ weniger subjektive Vorstellungen des Modellbauers als andere Modellansätze. Sie erwarten dafür aktives Mitdenken und Mitarbeit des Modellbenutzers und müssen ihm zur Erleichterung seiner Arbeit Arbeitshilfen für die Bearbeitung im Dialog anbieten.

(f) Interaktion

Wesentliches Element des Mesarović-Pestel-Ansatzes ist die Interaktion zwischen Entscheidungseinheiten, zwischen Subsystemen und zwischen einzelnen größeren Teilsystemen des Gesamtsystems. Interaktionen zwischen Entscheidungseinheiten sind das Ergebnis von Entscheidungsprozessen; sie können in direkter oder indirekter Kontrolle (über die Umgebung) von Informations-, Materie-, Energieflüssen usw. bestehen (Austausch, Machtausübung usw.) zum Zwecke der gegenseitigen Beeinflussung, Behinderung oder Unterstützung.

(g) Sprachoffenheit

Während andere Modellansätze (z.B. die Methode System Dynamics) von vornherein an eine ganz bestimmte Betrachtungsweise, Systemdarstellung und Computersprache gebunden sind, unterliegt der Ansatz von Mesarović und Pestel keiner Beschränkung bei der Beschreibungsmethode. Für jede Teilaufgabe kann die jeweils günstigste Beschreibungsart gewählt werden. Im Rahmen des Ansatzes sind bisher fast alle Arten numerischer Beschreibung (dynamisch, statisch, deterministisch, stochastisch, linear, nichtlinear, kontinuierlich, diskret usw.) sowie eine nicht-numerische Beschreibung (Prädikatenkalkül) verwendet worden.

(h) Benutzerfreundlichkeit

Die Offenheit des hierarchischen Mehrebenenansatzes erlaubt auch die Einschaltung des Benutzers in den Simulationsablauf. Von dieser Möglichkeit wird vor allem Gebrauch gemacht, wenn der Benutzer die Funktion einer Entscheidungseinheit übernimmt. Für diese Arbeitsweise, aber auch für die Szenarienvorgabe, wie auch die Verwendung des Computermodells zur Orientierung, Plananalyse und Plansynthese, ist Benutzerfreundlichkeit Bedingung. Hier ist von den Mesarović-Pestel-Gruppen erhebliche Entwicklungsarbeit geleistet worden.

(i) Orientierung

Der hierarchische Mehrebenenansatz erleichtert auch bei komplexen Modellen die Erfüllung der Orientierungsaufgabe durch seine Übersichtlichkeit. Die Teilaufgaben der Orientierung verlangen eine benutzerfreundliche Auslegung der Peripherieprogramme des Computermodells. Die Orientierung muß möglich sein hinsichtlich

- des Aufbaus und der Bestandteile des Computermodells;
- der verwendeten Datenbasis (historische Werte, Anfangswerte der Simulation, angenommene Parameterzeitreihen für die zukünftige Entwicklung, soweit verwendet)
- des dynamischen Verhaltens unter vom Benutzer frei gewählten Bedingungen („Rumspielen" mit dem Modell, damit sich der Benutzer „ein Bild machen" kann „Bild = internes Modell von den dynamischen Systemeigenschaften)

– des zukünftigen Systemverhaltens unter ,,Standard"-Bedingungen (meist status-quo-Fortschreibung) und unter gezielten Steuereingriffen.

Da die Güte der Orientierungsmöglichkeiten über die Brauchbarkeit des Ansatzes zur Plananalyse entscheidet, widmet der Mesarović-Pestel-Ansatz der Bearbeitung dieses Aspekts breiten Raum.

(k) Plananalyse

Hauptaufgabe des Mesarović-Pestel-Ansatzes ist die Bereitstellung eines verläßlichen , flexiblen und benutzerfreundlichen Werkzeugs für die Plananalyse und Plansynthese. Neben den erwähnten Aufgaben benutzerfreundlicher Orientierung muß hier die flexible Auswahl von Strategieparametern (Menge und Quantifizierung), sowie das Durchprüfen entsprechender Strategieszenarien gewährleistet sein. Im Mesarović-Pestel-Ansatz kann die Plananalyse und Plansynthese dynamisch-iterativ erfolgen : Der Benutzer spezifiziert neben den Randbedingungsszenarien Strategieszenarien über einen von ihm gewählten Zeitschritt, betrachtet die erzielten Modellergebnisse und vergleicht sie mit seinen Zielvorstellungen. Sind die Ergebnisse zufriedenstellend, wiederholt er das Verfahren für einen neuen Zeitschritt. Sind sie es nicht, kann er an einen früheren Zeitpunkt zurückspringen, ein neues Strategieszenario entwerfen und wieder über einen vorgegebenen Zeitschritt durchtesten. Man beachte, daß dieses Verfahren dem Simon'schen Satisficing [13] entspricht, das auch in realen Entscheidungssystemen vorherrscht. Bei der Vielzahl der Strategieparameter, der außerordentlich hohen Zahl von Zustandsvariablen, der Offenheit der Randbedingungen und nichtspezifizierbarer Zielfunktionen ist Optimierung prinzipiell ausgeschlossen und kann bestenfalls zur Einschränkung des Suchraums und Vorauswahl von Strategien eingesetzt werden.

4.3. Kritik an anderen Modellansätzen

Es ist instruktiv, andere Modellansätze für den gleichen Problemkreis im Lichte der hier verwendeten Kriterien zu betrachten. Wir setzen uns hier mit den am häufigsten gewählten Ansätzen auseinander : makro-ökonometrischen Schätzverfahren, [14], mikro-ökonometrischen Input/Output-Verfahren[15] und der Methode System Dynamics.[16] Es sei erwähnt, daß alle Methoden zur Beschreibung von Systemebenen im hierarchischen Mehrebenenansatz dienen können und z. T. im Mesarović-Pestel-Weltmodell auch dazu dienen (s. unten). Sie können aber keinen adäquaten Rahmen zur Bearbeitung der hier angesprochenen Probleme abgeben – wie im folgenden gezeigt werden soll.

Bei *makro-ökonometrischen Schätzverfahren* werden zur Erklärung einer gegebenen Größe aus historischen Datenreihen statistisch signifikate Einflußgrößen ermittelt. Für diese Größen wird ein funktionaler Zusammenhang z. B. zur Erklärung von Konsumverhalten, postuliert ; die für die Beschreibung erforderlichen Parameter werden dann durch Anpassung des funktionalen Zusammenhangs an historische Zeitreihen mit hoher numerischer Genauigkeit geschätzt (z. B. Methode der kleinsten Quadrate). Eine größere Zahl solcher Relationen wird dann gekoppelt zur Erstellung eines makro-ökonomischen Modells verwendet.[17]

In *mikro-ökonometrischen Input/Output-Verfahren* wird die Verteilung der Leistungen (in Geldwert) eines Wirtschaftssektors auf andere Sektoren und Endverbraucher in einem Matrizenansatz untersucht. Die erforderlichen Daten entstammen der Wirtschaftsstatistik. Schwierigkeiten bereitet bei diesem Ansatz besonders die „Dynamisierung" der Koeffizienten der Verteilungsmatrize. Die durch wirtschaftlichen Strukturwandel bedingten laufenden, gekoppelten Veränderungen dieser Koeffizienten sind aus Zeitreihen der Vergangenheitsentwicklung allein nicht ermittelbar. Der Input/Output-Ansatz wird neuerdings auch für die Untersuchung anderer Ebenen des Wirtschaftsstratums eingesetzt (z.B. Energie, Rohstoffe, Arbeit).

Während ökonometrische Verfahren vor allem die Parameterbestimmung und statische Schätzverfahren betonen, gibt die *Methode System Dynamics* der Ermittlung der Systemstruktur und des dynamischen Verhaltens den Vorrang. Reale Systeme werden als Systeme gekoppelter nichtlinearer gewöhnlicher Differentialgleichungen abgebildet. Es werden bewußt auch solche Zusammenhänge in die Systembeschreibung aufgenommen, die vermutlich signifikant zum dynamischen Verhalten beitragen, aber nicht ohne weiteres quantifiziert werden können (weil entweder Datenreihen nicht vorliegen, oder nicht ohne weiteres, oder prinzipiell nicht beschafft werden können). Bei diesen Zusammenhängen handelt es sich sehr oft um Beschreibungen von Entscheidungsverhalten, das vom Modellbauer in sog. „policies" festgelegt wird; an diese Vorgehensweise knüpft sich die meiste Kritik an der Methode.

Die erwähnten Verfahren liefern keinen brauchbaren *Gesamtansatz*, der für den hier anstehenden Problemkreis übergreifende Gültigkeit hätte. Allerdings wird dieser Anspruch auch nur von der Methode System Dynamics gelegentlich erhoben. Man muß sich aber daran erinnern, daß hier Systeme durch gekoppelte Differentialgleichungen beschrieben werden – eine Beschreibungsart, die z. B. der Beschreibung kognitiver Prozesse bei der Entscheidungsfindung nicht angemessen ist und auch zur Darstellung vieler anderer Vorgänge nicht geeignet erscheint.

Die drei Ansätze sind als *Systembeschreibung* besonders zur Darstellung zielorientierten adaptiven Verhaltens schlecht geeignet: Bei den ökonometrischen Ansätzen wird lediglich in der Vergangenheit gezeigtes Verhalten reproduziert; bei der Methode System Dynamics kommt dazu noch die Intuition des Modellbauers über mögliches zukünftiges Verhalten. Im Gegensatz zum Mesarović-Pestel-Ansatz wird bei diesen Ansätzen der eigentliche, sich an elementaren normativen Sätzen orientierende informationsverarbeitende Entscheidungsprozeß, der in Wirklichkeit eine große Zahl

unterschiedliche Verhaltensmodi aktivieren kann, nur als vorprogrammierter Stimulus-Reaktions-Transformator verstanden. Im Zusammenhang damit wird der Offenheit der Zukunft durch weitgehende Endogenisierung von unsicherem Verhalten, aber auch von unsicheren Randbedingungen, nicht genügend Rechnung getragen; diese Modelle täuschen oft eine Zwangsläufigkeit der Entwicklung vor, die überhaupt nicht existiert. Man denke an Energiebedarfsprognosen oder generell an Wirtschaftsprognosen. Alle drei Ansätze limitieren sich selbst dadurch, daß sie von vornherein an eine eng umrissene mathematische Beschreibungsweise gebunden sind.
Der benutzerfreundliche Einsatz als *Planungswerkzeug* hängt vor allem von der Güte der Peripherieprogramme ab, die mit dem Modellansatz selbst wenig zu tun haben. Während der Mesarović-Pestel-Ansatz bewußt die Bearbeitung durch den Benutzer direkt anstrebt, sehen die anderen Ansätze vor allem die indirekte Bearbeitung vor: Der Benutzer übergibt seine Fragestellung an den Modellexperten, der dann einen entsprechenden Simulationslauf vorbereitet. Die iterativ-dynamische Arbeitsweise zur Strategieentwicklung ist nicht vorgesehen. Unter den Beschränkungen dieser Arbeitsweise leidet vor allem der Gesichtspunkt der Orientierung des Modellbenutzers und die Transparenz der Modellbenutzung.

5. *Implementierung des Modellansatzes*

5.1. Überblick

Es soll zum Abschluß eine Übersicht über den Stand (1976) der Implementierung des Modellansatzes von Mesarović und Pestel gegeben werden. Dabei ist zu beachten, daß es *das* Mesarović-Pestel Weltmodell nicht gibt. Was es gibt, sind eine Reihe von zum Teil sehr weit entwickelten Teilmodellen für Teilsysteme, die im Rahmen des hierarchischen Mehrebenenansatzes zur Bearbeitung spezieller Aufgaben zusammengekoppelt werden. Oft werden aber auch Teilmodelle für sich für die Orientierung und Plananalyse auf Teilgebieten eingesetzt. Wir fassen die Übersicht nach den bisherigen Arbeitsschwerpunkten zusammen.

- Entwicklung von Modellen des demo-ökonomischen Stratums, des technologischen Stratums und des Umweltstratums („*Kausalmodelle*", weil hier vor allem kausale oder pseudo-kausale Zusammenhänge verwendet werden, die Vorgänge im materiellen Bereich widerspiegeln);
- Entwicklung von *Modellen von Entscheidungsprozessen*, einschließlich der Simulation normativer Veränderungen;
- Entwicklung von Peripherieprogrammen für die benutzerfreundliche *interaktive Bearbeitung* im Dialog zwischen Mensch und Rechner;
- Kopplung von Einzelmodellen zu *integrierten Gesamtmodellen* zur Bearbeitung spezieller Probleme;
- Untersuchungen zu *systemanalytischen Problemen* des Ansatzes.

Für eine zusammenfassende Einführung in das Weltmodell-Projekt wird auf die populärwissenschaftliche Darstellung[18] bzw. die technischen Berichte[19] verwiesen. Die verschiedenen Modellteile wurden zunächst für eine 10-Regionen-Welt entwickelt; inzwischen ist für nationale Entscheidungsfindung eine starke Detaillierung auf nationaler Ebene vorgenommen worden.[20]

5.2. *Kausalmodelle*

Der Fragestellung des Projekts entsprechend hat sich die Entwicklung von Kausalmodellen an den Problemkomplexen Bevölkerungsentwicklung, Ernährung, Energie, Rohstoffe, Umweltbelastung und Strukturwandel (in Industrieländern) orientiert. Hierzu wurden Modelle entwickelt in den Kategorien

(a) Bevölkerung und Bildung
(b) Energie und Rohstoffe
(c) Wirtschaft
(d) Technologie (einschl. Landwirtschaft)
(e) Umwelt

(a) Bevölkerung und Bildung

Für jede der zehn Weltregionen, sowie für nationale Untersuchungen wird ein Bevölkerungsmodell mit 86 Altersklassen für jede der beiden Geschlechtsgruppen verwendet, dessen jeweilige Datenbasis auf der entsprechenden Bevölkerungsstatistik beruht. [21] An die Bevölkerungsmodelle können detaillierte Modelle des Bildungswesens gekoppelt werden, die die Bildungsqualifikationsverteilung der verschiedenen Altersgruppen wiedergeben. [22]

(b) Energie und Rohstoffe

Der Ressourcenbasis der Wirtschaft gelten eine größere Zahl von Untersuchungen: Energieressourcen und Ressourcenabbau,[23] Erdöl in der Weltwirtschaft,[24] Aluminium in der Weltwirtschaft.[25] Kupfer in der Weltwirtschaft.[26] Weitere Untersuchungen zur Ressourcenbasis sind in Bearbeitung (s.a. entsprechende Modelle unter ,,Technologie").

(c) Wirtschaft

Zur Darstellung des jeweiligen Wirtschaftssystems der Regionen und einzelner nationaler Volkswirtschaften und ihrer internationalen Verflechtung sind bisher eine Reihe von Modellen eingesetzt worden, die zum größten Teil auf üblichen ökonometrischen Ansätzen aufbauen. So wurden anfangs makro-ökonomische Produktionsfunktionen vom Cobb-Douglas-Typ verwendet.[27] Der Leontief'sche Input/Output-Ansatz wurde zur Darstellung der mikro-ökonomischen Ebene eingesetzt.[28] Die Kopplung nationaler und regionaler Volkswirtschaften erfolgt über Handelsmatrizen.[29] Der gegenwärtige Stand der integrierten Modelldarstellung des Wirtschaftssystems ergibt sich aus einem umfassenden Modell der Bundesrepublik

Deutschland, das wiederum in Modelle der europäischen Wirtschaftspartner und die Volkswirtschaften der neun verbleibenden Weltregionen eingebettet ist.[30] Der Wirtschaftsentwicklung werden durch die Bedarfsentwicklung Randbedingungen auferlegt; Untersuchungen der Bedarfsentwicklung haben deshalb besondere Bedeutung. Sie wurden durchgeführt für Energie auf der Basis von Wachstumsannahmen für die regionalen Volkswirtschaften.[31] Neuerdings wurden für die Bundesrepublik Deutschland detaillierte Untersuchungen unter Einschluß von Sättigungsbetrachtungen für einzelne Bedarfsformen für Energie und andere Produkte und Dienstleistungen unternommen.[32]

(d) Technologie

Die Leistungsfähigkeit des Wirtschaftsstratums wird bestimmt durch die Eigenschaften und Möglichkeiten des Technologiestratums, das die erforderlichen Güter und Dienstleistungen erstellen muß. In einem umfassenden Ansatz wird die sektorale Produktion auf die Umwandlung von Rohstoffen, Energie, Arbeit, Kapital und Vorleistungen in Endprodukte oder Vorleistungen zurückgeführt.[33] Für jedes sektorale Produkt bzw. jede sektorale Dienstleistung werden so die direkten und indirekten Inputs an Rohstoffen (10 Kategorien), Energie (6 Kategorien), Arbeit (4 Kategorien), Kapital (19 Kategorien) ermittelbar und für die Plananalyse und Plansynthese verfügbar. Speziellere Untersuchungen galten dem Energieversorgungssystem[34] und vor allem der Nahrungsmittelversorgung. Hier wurde ein umfangreiches mehrstratiges Modell erstellt, das zur ausführlichen Plananalyse eingesetzt wurde.[35]

(e) Umwelt

Durch die Kopplung spezifischer Emissionen an die verschiedenen Energieumwandlungsprozesse wurde die Umweltbelastung durch energiepolitische Alternativen untersucht. Weitere Modelluntersuchungen galten dem global-ökologischen Energiehaushalt und dem regional-ökologischen Wasserkreislauf.[36]

5.3. Modelle von Entscheidungsprozessen

Der hierarchische Mehrebenenansatz räumt Entscheidungseinheiten auf den verschiedenen Ebenen einen zentralen Platz ein. Im Mesarović-Pestel-Weltmodell werden zwei Wege für die Einbeziehung von Entscheidungsvorgängen beschritten:

(a) Der auf einer bestimmten Ebene erforderliche Entscheidungsvorgang wird nicht im Modell nachgebildet, sondern von einem menschlichen „Interaktor" übernommen, der mit dem Programm während des Simulationsverlaufs im Dialog steht;

(b) Der Entscheidungsvorgang mit seinen Komponenten der Zustandsanalyse und der Plansynthese wird im Modell selbst voll simuliert, wobei ein Rückbezug auf normative Vorgaben möglich sein muß.

(a) Interaktive Entscheidungsprozesse
Hier wird der Entscheidungsprozeß im allgemeinen schichtenweise vorstrukturiert (allgemeine Ziel- und Planungsschicht, Rahmenplanungsschicht, (Policyschicht), Strategieschicht, Maßnahmenschicht.[37] Der vom Rechner gesteuerte Dialog führt den Interaktor von allgemeinen Zielvorstellungen zur Entscheidung über spezielle Maßnahmen. Die Entscheidungen des Interaktors bestimmen als Steuerinputs den weiteren Ablauf der Simulation. Die Methode wurde, außerhalb des Weltmodellsprojekts, zuerst erfolgreich in umweltpolitischer Fragestellung eingesetzt.[38] Im Rahmen des Weltmodellprojekts wurde sie zur Bearbeitung energiewirtschaftlicher Entscheidungen[39] und zur Bearbeitung des Welternährungsmodells,[40] des Welterdölmodells[41] und des Energieversorgungsmodells[42] benutzt. Für die interaktive Bearbeitung wurden spezielle Peripherieprogramme erstellt (s. u.).

b) Simulierte Entscheidungsprozesse
Bei Modellen der Größenordnung des Mesarović-Pestel-Weltmodelle ist die Darstellung der Entscheidungsprozesse in den verschiedenen Entscheidungseinheiten auf den verschiedenen Ebenen aller Modellsektoren und Regionen durch einen menschlichen Interaktor oder mehrere Interaktoren allein organisatorisch nicht mehr möglich. Die Fragwürdigkeit der Darstellung von Entscheidungsprozessen durch mechanisch ablaufende vorprogrammierte Stimulus-Reaktions-Zusammenhänge wurde oben erwähnt. Es bleibt also als mögliche Alternative nur die Simulation des Entscheidungsvorgangs selbst. Ziel dieser Versuche kann nur sein, wahrscheinliche Entscheidungen realer Entscheidungseinheiten tendenziell richtig abzubilden; eine genaue Nachbildung von Entscheidungsvorgang und Entscheidungsergebnis ist nicht möglich und wird auch nicht angestrebt. In einem ersten erfolgreichen Versuch wurde in dem bestehenden interaktiven Programm zur Bearbeitung energiewirtschaftlicher Fragen[43] der menschliche Interaktor durch ein entsprechendes Programm ersetzt, das Entscheidungen unter Rückbezug auf übergeordnete Wertvorstellungen nach einem heuristischen Problemlösungsprozeß fällte.[44] Dieser erste Ansatz wurde inzwischen durch ein breiteres Konzept ersetzt, das insbesondere versucht, die Veränderung normativer Vorstellungen in den Griff zu bekommen.[45] Im Erdölweltmodell wurde ein „Maklermodell' (bidding-allocation scheme) erfolgreich zur Ermittlung der Preisentwicklung bei konkurrierenden Energieträgern eingesetzt.[46]

5.4. Benutzerfreundliche interaktive Bearbeitung
Beim Ansatz von Mesarović und Pestel setzen sowohl die Modellentwicklung, die interaktive Szenarientechnik der Bearbeitung, als auch die teilweise Übernahme von Entscheidungsfunktionen durch den Interaktor benutzerfreundliche Peripherienprogramme voraus. Diese Programme mußten erst entwickelt werden. Die Entwicklungsarbeit galt

(a) Programmen zur Vereinfachung der Modellerstellung und der Dateneingabe und Ergebnisausgabe;
(b) Programmen zur Erstellung benutzerfreundlicher Dialoge zwischen Mensch und Rechner.

(a) Modellerstellungsprogramme
Traditionell erfordert die Erstellung eines Computermodells einen hohen Programmieraufwand in einer Spezialsprache. Das eigentliche Modell – oft nur einige wenige Vektorgleichungen – stellt nur einen kleinen Teil des Programmteils dar. Modellerstellungsprogramme übernehmen die Programmierung weitgehend; der Modellbauer kann sich damit weit mehr der Modellkonzipierung, der Verifizierung und der Validierung widmen. Auch größere Modelländerungen, selbst völlige Neukonzipierung, können in kürzester Zeit implementiert werden. Im Rahmen des Mesarović-Pestel-Ansatzes wurde das Modellerstellungsprogramm MODEL BUILDER[47] entwickelt, das lediglich die Angabe der Kerngleichungen in FORTRAN sowie Angaben über Art der Eingaben und Ausgaben erfordert. Beim Modellerstellungsprogramm GRIPS[48] werden die Möglichkeiten der Lichtgriffelgraphik voll eingesetzt; hier erfolgt die ganze Modellerstellung im Dialog mit dem Rechner. Die Modellstruktur wird mit dem Lichtgriffel auf den Bildschirm gezeichnet; der Rechner generiert die entsprechenden Systemgleichungen und das gesamte Simulationsprogramm mit graphischen und gedruckten Ausgaben. Funktionale Zusammenhänge und Zeitreihen können ebenfalls mit dem Lichtgriffel auf den Bildschirm skizziert werden. Damit eignet sich dieses Modellerstellungsprogramm besonders gut zur Modellkonzipierung.Das Meta-Programm MODEL BUILDER wird auch zur interaktiven Szenarienbearbeitung eingesetzt. Der Benutzer muß hier einige einfache Befehle und Parameternamen kennen, mit deren Hilfe er dann die seinen Vorstellungen entsprechenden Randwert- und Strategieszenarien eingeben kann.

(b) Dialogerstellung
Der Entwurf und die Erstellung eines speziellen interaktiven Programms für die benutzerfreundliche Plananalyse sind außerordentlich arbeitsintensiv. Dieser Weg wurde bei der Entwicklung des Programms zur Plananalyse der Energieversorgung beschritten.[49] Da auch bei sehr verzweigt und individuell ausgelegten Dialogprogrammen gewisse elementare Schritte immer wiederkehren, wurden inzwischen im Rahmen des Mesarović-Pestel-Projekts auch Programme zur Erstellung von Dialogprogrammen entwickelt.[50] Diese Programme sind zur Erstellung von Dialogen in natürlicher Sprache geeignet; sie erfordern lediglich die Vorgabe des Abfragebaums und der Abfragetexte. Die Programme eignen sich sowohl für die benutzerorientierte Abfrage der Zeitreihen von Eingabeparametern (d. h. für die Eingabe von Randwert- und Strategieszenarien), wie auch für den

selektiven Zugriff zur Datenbasis zur Orientierung des Benutzers, und schließlich auch für die Auswahl der Ausgabeparameter durch den Benutzer.

5.5. Integrierte Gesamtmodelle

Die im Mesarović-Pestel-Weltmodellprojekt entwickelten Einzelmodelle sind zur Bearbeitung spezieller Probleme bisher in unterschiedlichen angepaßten Kombinationen eingesetzt worden. Hervorzuheben sind hier besonders die Anwendungen auf Fragen der Welternährung,[51] der Erdölversorgung[52] und auf technologiepolitische Fragestellung der Bundesrepublik Deutschland.[53]

5.6. Systemanalytische Grundlagenforschung

Die wissenschaftliche Basis des hierarchischen Mehrebenenansatzes wurde in zwei Büchern dargelegt.[54] Im Gegensatz zur dortigen abstrakt-mathematischen Betrachtungsweise befassen sich die weitaus meisten Arbeiten des Mesarović-Projekts mit angewandten Problemen der Modellerstellung. Einige theoretische Arbeiten wurden im Rahmen des Projekts durchgeführt, um die Modellerstellung berührende grundsätzliche Fragen zu klären. Zu erwähnen sind hier insbesondere Arbeiten zur Frage der Fehlerfortpflanzung über die Zeit,[55] zur Theorie des Modellansatzes als Instrument der Technik-Folgenabschätzung[56] zur statischen Absicherung der für die Modellerstellung notwendigen Dekomposition in Subsysteme,[57] sowie zur Systemorientierung und kognitiven Systemanalyse[58].

6. Schlußbetrachtung

Die systemanalytischen Werkzeuge der rechnergestützten Plananalyse befinden sich heute noch in einem frühen Entwicklungsstadium. Bisher Geleistetes ist meist noch der Experimentierphase zuzurechnen; weder ist es typisch für das, was dieses Werkzeug potentiell zu leisten vermag, noch dafür, wie es später einmal seine Aufgaben erfüllen wird. Viel hängt auch hier von der weiteren Entwicklung von Rechnern, Peripheriegeräten, Programmsprachen und Programmen ab. Wichtiger ist es jedoch, die Voraussetzung dafür zu schaffen, daß die weitere Entwicklung in einem offenen,pluralistischen Rahmen erfolgen kann, der ein breites Spektrum von Betrachtungsweisen erlaubt, ohne jedoch das Hauptziel aus den Augen zu verlieren: die Bereitstellung wissenschaftlich abgesicherter benutzerfreundlicher Instrumente der Orientierung und Plananalyse zur besseren Entscheidungsfindung bei Fragen der Entwicklung komplexer sozio-technischer Systeme.

Von der Aufgabenstellung her wurden hier eine Reihe von Forderungen an den Gesamtansatz, die Systemschreibung und die Erstellung eines Instru-

ments der Orientierung und Plananalyse abgeleitet. Diese Forderungen sind durch den Mehrebenenansatz erfüllbar. Die Implementierung des Ansatzes erfordert allerdings erhebliche Entwicklungsarbeit für die Erstellung von Teilmodellen und Peripherieprogrammen. Ein Teil dieser Arbeit ist im Rahmen des Mesarović-Pestel-Weltmodellprojekts bereits geleistet worden; hierüber wurde kurz berichtet. Ein anderer Teil befindet sich in der Entwicklung. Schließlich werden sich neue Entwicklungsaufgaben aus dem Einsatz des Instruments und aus neuen Problemstellungen ergeben.
Aufgabe der rechnergestützten Plananalyse kann nicht die automatisierte Entscheidung und die verplante Zukunft sein. Sie hat vielmehr eine Landkartenfunktion: ein Hilfsmittel für die bessere Orientierung und Plananalyse, das Katastrophen vermeiden hilft, Entscheidungsalternativen und ihre Konsequenzen besser zeigt, Denkhilfe gibt, aber keine Entscheidungen abnimmt.

Anmerkungen

[1] s. M.D. Mesarović, E. Pestel: Menschheit am Wendepunkt. Stuttgart, Deutsche Verlags-Anstalt, 1974.

[2] s. z. B. A. Pecchei und A. King in Mesarović und Pestel: Menschheit am Wendepunkt, a. a. O., S. 179 - 184.

[3] s. z. B. M. Mesarović und Y. Takahara: Foundations for the Mathematical Theory of General Systems; New York: Academic Press 1974.

[4] s. M. D. Mesarović, Y. Takahara, D. Macko: Theory of Hierarchical Multilevel Systems; New York: Academic Press, 1970. Auch: Mesarović und Takahara: Foundations for the Mathematical Theory of General Systems, a. a. O.

[5] s. M. Mesarović, E. Pestel: A Goal-Seeking and Regionalized Model für Analysis of Critical World Relationships – The Conceptual Foundation. Kybernetes, 1972. Auch: E. Pestel: Motivation, Objectives and Conceptual Foundation; und M. Mesarović: Methodology for Construction E. Pestel (eds.): Multilevel Computer Model of World Development System. Berichte SP-74-1 bis SP-74-6 (6 Bände), IIASA, Wien, April 1974.

[6] s. Die Einzelberichte in IIASA SP-74-1 bis 6, a. a. O., sowie die abschließenden Dokumentationen zum ursprünglichen Weltmodellprojekt: B. Aslani, B. Hughes, J. Richardson: The World Model, vol. I. Model Description, und M. Ghobadi, B. Hughes, M. Mesarović, B. Partovi, T. Shook: The World Model, vol. II: Model Use. Mesarović-Pestel World Model Project, Systems Research Center, Case Western-Reserve University, Cleveland, Ohio, Sept. 1975.

[7] s. z. B. Endberichte des Projekts ,,Anpassung des Mesarović-Pestel Weltmodells zur Anwendung auf forschungs- und technologierelevante Fragestellungen aus der Sicht der Bundesrepublik Deutschland" (BRD-Projekt). Institut für angewandte Systemforschung und Prognose (ISP), Hannover 1977. Auch: E. Pestel u. a.: Das Deutschland-Modell, Stuttgart, DVA 1978.

[8] s. z. B. die Beiträge von H. Bossel und E. Gruber in H. Bossel, S. Klaczko, N. Müller: Systems Theory for the Social Sciences. Basel :Birkhäuser 1976.

[9] s. M. D. Mesarović, Y. Takahara, D. Macko, a. a. O.

[10] s. M. D. Mesarović, Y. Takahara, D. Macko 1970, a. a. O., S. 34

[11] s. Z. B. Einzelberichte in IIASA SP-74-2 sowie Aslani, Hughes und Richardson a. a. O.; auch: Arbeitsberichte BRD-Projekt, a. a. O.

[12] s. z. B. A. Newell, H. A. Simon: Simulation of Human Thought. In: J. M. Dutton, W. H. Starbuck: Computer Simulation of Human Behavior, New York: Wiley 1971, S. 150 - 169.

[13] s. z. B. H. A. Simon: A Behavioral Model of Rational Choice. In: The Quarterly Journal of Economics, Vol. LXIX. Auch in: M. Alexis, Ch. Z. Wilson: Organizational Decision-Making. Englewood Cliffs, N. J.: Prentice-Hall 1967.

[14] s. z. B. R. Pfeiffer: Kybernetische Analyse ökonometrischer Makromodelle für die Bundesrepublik Deutschland. Tübingen: Institut für Angewandte Wirtschaftsforschung 1975.

[15] s. z. B. B. W. Leontief: Input-Output Economics. Fair Lawn, N. J.: Oxford University Press 1966.

[16] s. z. B. J. W. Forrester: Industrial Dynamics. Cambridge, Mass.: MIT Press 1961; J. W. Forrester: World Dynamics. Cambridge, Mass.: Wright-Allen Press 1971; D. H. Meadows u. a.: The Limits to Growth. New York: Universe Books 1972; D. L. Meadows u. a.: Dynamics of Growth in a Finite World. Cambridge, Mass.: Wright-Allen Press 1974; St. Rath-Nagel: Analyse von Entwicklungsmöglichkeiten in der Energiewirtschaft der Bundesrepublik Deutschland mit Hilfe eines Simulationsmodells. In: Bundesministerium für Forschung und Technologie: Einsatzmöglichkeiten neuer Energiesysteme. Bonn: BMFT 1975. 69 – 138.

[17] s. Pfeiffer, a. a. O.

[18] s. Mesarović und Pestel: Menschheit am Wendepunkt, a. a. O

[19] s. Mesarović und Pestel: IIASA Bericht 1974, a. a. O.,; Aslani u. a., a. a. O., Ghobadi: u. a., a. a. O.

[20] s. Arbeitsberichte des BRD-Projekts, a. a. O.

[21] s. K. H. Oehmen, W. Paul: Construction of Population Submodels; IIASA SP-74-3. a.a.O., S. B. 361 – 480, sowie H. H. Maier: Bevölkerungs- und Ausbildungsmodell für die Bundesrepublik Deutschland. Institut für Mechanik, Technische Universität Hannover, 1976.

[22] s. H. H. Maier, a. a. O.

[23] s. R. Bauerschmidt, R. Denton, H. H. Maier: Energy Reserves and Resources Submodel. In IIASA SP-74-4, a. a. O., S. B 691 – B 771. Auch: N. Chu, B. Hughes: Energy Demand Submodel; in IIASA SP-74-4, a. a. O., S. B 773 – B 832.

[24] s. B. Hughes: World Oil System Submodel; in IIASA SP-74-4, a. a. O., S. B 971 – B 1081.

[25] s. B. Hughes und A. Barsotti: Materials Model – Copper and Aluminium. Systems Research Center, Case Western Reserve University, Nov. 1975.

[26] s. Hughes und Barsotti, a. a. O.

[27] s. M. McCarthy, G. Shuttic: Cobb-Douglas Production Function for the World Model Project and a One Sector Growth Model Interpretation; in IIASA SP-74-2, a. a. O., S. B 37 - B 65. Auch : A. Erdilek u. a.: Computer Implementation of Macro-Ecconomic World Model; in IIASA SP-74-2, a. a. O., S. B 67 – B 224. Ein anderer makro-ökonomischer Ansatz findet sich in: W. Ströbele: Untersuchungen zum Wachstum der Weltwirtschaft mit Hilfe eines regionalisierten Weltmodells. Dissertation Technische Universität Hannover, 1975.

[28] s. T. Shook, W. Ströbele: Computer Implementation of Micro Economic World Model; in IIASA SP-74-2, a. a. O. , S. B 225 – B 360. Auch: Arbeitsberichte BRD-Projekt , a. a. O., besonders: W. Oest, W. Ströbele: Kapitalkoeffizienten in Land-

wirtschaft, industriellen und Dienstleistungssektoren in der Bundesrepublik Deutschland, Frankreich und Großbritannien.

[29] s. L. Klein, B. Hickman, M. Mesarović: Specification of Structure for a Macro-Economic World Model; in IIASA SP-74-2, a. a. O., S. B 5 – B 36. Auch: Dissertation Ströbele, a. a. O.

[30] s. P. Möller: Untersuchungen der Entwicklung des Außenhandels von 19 Wirtschaftssektoren der Bundesrepublik Deutschland mit den 13 Weltregionen des Mesarović-Pestel-Modells, Arbeitsbericht des BRD-Projekts, a. a. O., P. Möller: Untersuchung der Veränderung der Warenstruktur im Handel der Bundesrepublik mit Schwellenstaaten, Arbeitsbericht des BRD-Projekts, a. a. O., R. Dayal, P. Möller, W. Ströbele: Welthandelsprognosen mit verschiedenen Ansätzen, Arbeitsbericht des BRD-Projekts, a. a. O.

[31] s. Chu und Hughes, a. a. O.

[32] s. P. Möller: Untersuchung über mögliche Sättigungstendenzen des privaten Konsums für relevante Modellsektoren, Arbeitsbericht BRD-Projekt, a. a. O.

[33] s. R. Bauerschmidt, M. Gottwald: Technologisches Modell der Güter- und Dienstleistungsproduktion der Bundesrepublik Deutschland. Arbeitsbericht BRD-Projekt, a. a. O.

[34] s. H. Bossel: Energy Supply Submodel, IIASA SP-74-4, a. a. O., S. B 833 bis B 970. H. H. Maier: Ein Systemmodell zur Untersuchung alternativer Energiestrategien, Dissertation, Technische Universität Hannover, 1975.

[35] s. W. B. Clapham Jr. u. a.: Scenario Analysis of the World Food Situation 1975 – 2025; in IIASA SP –74-3, a. a. O., S. B 627 - B 685. Auch: W.B. Clapham, T. Shook, M.W. Warshaw: A Regionalized Food Model for the Global System; in IIASA SP-74-3, a. a. O., S. B 449; M. D. Mesarović u. a.: The Structural Description and Sensitivity Analysis of the Food Submodel; in IIASA SP-74-3, a. a. O., S. B 555 – B 625. J. M. Richardson: Demonstration and Use of the Food Submodel as a Planning and Decision Making Tool, in: M. Mesarović und E. Pestel: Report on the Demonstration of the Mesarović-Pestel- World Model for Members of the European Parliament, Institut für Mechanik, Hannover, 24. – 26. Feb. 1975. (European Parliament Report)

[36] s. M. Gottwald, R. Pestel: Environmental Impact Assessment ; in IIASA SP-74-5, a. a. O., S. B 1121 – B 1275. Der global-ökologische Energiehaushalt wurde untersucht in: R. P. Heyes, R. A. Jerdonek, A. B. Kuper: Global Energy Submodel; in IIASA SP-74-5, a. a. O., S. B 1083 – B 1119. Der regional-ökologische Wasserekreislauf wurde dargestellt in M. A. Cardenas, J.M. Huerta: Submodel of Global Water Cycle on a Regional Basis; in IIASA SP-74-5, a. a. O., S. B 1277 - B 1391.

[37] s. Mesarović und Pestel: Menschheit am Wendepunkt, a. a. O.; P. Gille u. a.: An Interactive Decision Stratum for the Multievel World Model; in IIASA Sp-74-6, a. a. O., S. C 219 – C 229; F. Rechenmann: Conversational Use of Multi-Layer Decision Models; in IIASA SP-74-6, a. a. O., S. C 231 – C 246.

[38] s. M. Mesarović u. a.: Multilevel Systems Model for Interactive Mode of Policy Analysis in Pollution Control. Interim Report 1973 und Final Report 1974, Systems Research Center. Case Western Reserve University, Cleveland , Ohio.

[39] s. P. Gille u. a.: An Interactive Decision Stratum für the Multilevel World Model; a. a. O.

[40] s. W. B. Clapham Jr. u. a.: Scenario Analysis of the World Food Situation 1975 – 2025; a. a. O.; J. M. Richardson: Demonstration and Use of the Food Submodel as a Planning and Decision-Making Tool, in European Parliament Report, a. a. O.

[41] s. B. Hughes : World Oil System Submodel ; a. a. O. ; B. Hughes, Scenario Analysis of Problems Involved in the Oil Crisis ; und B.Hughes : Introduction to the Structure of the World-Energy Model, beide in : European Parliament Report, a. a. O. Auch : M. Mesarović : An Introduction to the Multilevel, Regionalized World Model and Scenario Analysis for the Assessment of Long-Range Development Policies ; in : European Parliament Report, a. a. O.

[42] s. H. Bossel, R. V. Denton, P. v. d. Hijden, W. Hudetz, J. Klabbers : Energy Policy Assessment Using an Interactive Model Package. In : Proceedings of the Second UNESCO Seminar on Trends in Mathematical Modelling, Warschau 1974. Auch : H. Bossel u. a.: Dialogprogramm zur Entwicklung und Überprüfung von Langfristkonzepten für das Energieversorgungssystem und Anwendung auf die Bundesrepublik Deutschland. In Jül-Conf-75-15. Kernforschungsanlage Jülich, April 1975.

[43] s. P. Gille u. a.: An Interactive Decision Stratum for the Multilevel World Model ; a. a. O.

[44] s. H. Bossel und B. Hughes : Simulation of Value-Controlled Decision-Making : Approach and Prototyp ; in IIASA SP-74-6, a. a. O., S. C1 - C 115.

[45] s. H. Bossel : Information Processing, Cognitive Dissonance, and Basic Needs : The Modelling of Behavior. In : H. Bossel, S. Klaczko, N. Müller : Systems Theory in the Social Sciences ; Basel : Birkhäuser 1976.

[46] s. B. Hughes : A Cybernetic Energy Model Using a Bidding and Allocation Technique. Systems Research Center, Case Western Reserve University, Cleveland, Ohio, Sept. 1975.

[47] T. Shook : The Model Scenario Analysis Package ; in IIASA SP-74-6, a. a. O., S. C 283 - C 314 ; T. Shook : Using the Model Builder, in : Ghobadi u. a. : The World Model, vol. II : Model Use, a. a. O. Auch : H. Vogt : Handbuch für das Model Builder Programmpaket ; Institut für Mechanik, Technische Universität Hannover, 1975.

[48] s. W. Hudetz : Construction of Dynamic System Models Using Interactive Computer Graphics. In : H. Bossel (ed.): Concepts and Tools of Computer-Assisted Policy Analysis, Basel : Birkhäuser 1977.

[49] s. H. Bossel u. a.: Energy Policy Assessment Using an Interactive Model Package ; a. a. O.

[50] s. H. Bossel und M. Strobel : Matching Man and Model: The ‚Guide' System for Interactive Model Handling. In : H. Bossel (ed) : Computer-Assisted Policy Analysis, a. a. O.

[51] s. bs. W. B. Clapham Jr. u. a.: Scenario Analysis of the Food Situation 1975 – 2025, a. a. O. ; J. M. Richardson : Demonstration and Use of the Food Submodel as a Planning and Decision-Making Tool, European Parliament Report, a. a. O.; auch : Pt. 1 und Pt. 4 in Aslani u. a.: The World Model, vol. I, Model Description, a. a. O.

[52] s. B. Hughes : World Oil System Submodel, a. a. O.; Berichte von B. Hughes in European Parliament Report, a. a. O.; bes. Pt. 3 in Aslani u. a.: The World Model, vol. I. Model Description , a. a. O.

[53] s. Arbeitsberichte BRD-Projekt, a. a. O.

[54] s. M. Mesarović und Y. Takahara : Foundations for the Mathematical Theory of General Systems ; New York : Academic Press 1974 ; M. Mesarović, D. Macko, Y. Takahara : Theory of Hierarchical, Multilevel Systems. New York : Academic Press 1970. S. auch : J. Takahara : Coordination Principles for System Interactions ; in IIASA SP-74-6, a. a. O., S. D 1 - D 19.

[55] G. Blankenship : Statistical Analysis and Error Propagation in the World Economic Model ; in IIASA SP-74-6, a. a. O., S. D 21 - D 82.

[56] s. R. Pestel: Eine neue, umfassende Methodologie für die technologische Folgenabschätzung aufgrund der Theorie der hierarchischen Mehrebenensysteme. Dissertation TU Hannover 1973. Auch: M. Gottwald, R. Pestel: Environmental Impact Assessment; in IIASA SP-74-5, a. a. O.
[57] s. M. Gottwald: Ebenen-Dekomposition hierarchischer Systeme. Dissertation, TU Hannover 1975.
[58] s. H. Bossel (ed.): Concepts and Tools of Computer-Assisted Policy Analysis. Basel: Birkhauser 1977.

Steffen Harbordt

Probleme der Computersimulation

Dieser Beitrag behandelt drei Arten von Problemen der Computersimulation: methodische, wissenschaftstheoretische und gesellschaftspolitische Probleme, die sich bei bestimmten Anwendungen in der Praxis ergeben können. Zuvor soll aber kurz der Zusammenhang des Beitrags mit dem Generalthema dieses Buchs erläutert werden.

1. Was hat die Computersimulation mit der Systemtheorie zu tun?

Bei der Computersimulation, die aus der Verbindung von Modellmethode und Computeranwendung entstand, bedient man sich der systemtheoretischen Denk- und Betrachtungsweise, der „Systemanalyse". Der Untersuchungsgegenstand wird als System mit eindeutiger Systemgrenze definiert und in einem Modell abgebildet. Die Beziehungen zwischen den Systemelementen sowie zwischen dem System und seiner Umwelt werden als Beziehungen zwischen Modellvariablen ausgedrückt. Das Modell soll das Verhalten und möglichst auch die Struktur des realen Systems angemessen wiedergeben, so daß außer dem Systemverhalten auch die Beziehungen zwischen Systemverhalten und Systemstruktur am Modell untersucht werden können. Die Untersuchung kann sich ferner auf das Funktionieren von Teilsystemen und ihre Bedeutung für das System erstrecken. All das sind typische Ansätze und Fragestellungen der Systemtheorie. Eine derart angewandte Systemtheorie bringt aber zahlreiche Schwierigkeiten mit sich.

2. Methodische Probleme der Computersimulation

Die methodischen Probleme lassen sich verorten, wenn man die Hauptarbeitsphasen und -schritte der Simulation durchgeht. Ganz grob sind vier Phasen zu unterscheiden: die Modellkonstruktion, die Formalisierung und Lösung des Modells, der Modelltest und Experimente mit dem Modell.

2.1. Modellkonstruktion

Gegenstand der modellhaften Abbildung können sowohl wirkliche Systeme oder Prozesse (z. B. das System der Volkswirtschaft, einer Stadt oder eines Wahlkampfs) wie auch theoretische oder gedachte Systeme sein (z. B. eine bestimmte Objekttheorie oder ein geplantes, noch zu verwirklichendes System). Die Modellkonstruktion beginnt (wie bei jeder wissenschaftlichen Untersuchung) mit der Formulierung einer möglichst klaren Fragestellung: Unter welchen Aspekten und mit welcher Erkenntnisabsicht soll der Gegenstand modelliert werden? Da Modelle stets vereinfachende Abbildungen der Wirklichkeit sind, legt der Untersuchungsaspekt fest, was an dem realen System wesentlich ist und was zur Vereinfachung weggelassen werden kann. Danach richtet sich die Auswahl der Modellvariablen. Es macht offensichtlich einen Unterschied, ob zum Beispiel das System einer Großstadt unter dem Gesichtspunkt von Verkehrsfragen, Wohnungsfragen oder der Stadtentwicklungsplanung (die diese und zusätzliche Gesichtspunkte einschließt) untersucht werden soll.

Als nächstes sind die Beziehungen zwischen den Variablen zu bestimmen. Hierbei tritt in der Regel das erste Hauptptoblem auf: der Wissensmangel. Es fehlt an genügend ausgearbeiteten und präzisen Objekttheorien wie an gesicherten empirischen (statistischen) Daten. Aber anders als bei einer Systembeschreibung in der natürlichen Sprache, bei der man notfalls durch sprachliche und logische Ungenauigkeiten über solche Mängel hinweghuschen kann, muß diese Lücke gefüllt werden, wenn das Simulationsprojekt nicht aufgegeben werden soll. Man behilft sich mit ad-hoc-Annahmen, Schätzungen oder Vermutungen, die aber dem Außenstehenden angesichts der formalen Exaktheit des Simulationsmodells meist verborgen bleiben. Kein Wunder, wenn Simulationsmodelle und ihre Ergebnisse dann von Außenstehenden überschätzt werden.

Bei der Verknüpfung der Modellvariablen muß über die Systemgrenze und damit über exogene und endogene Variablen entschieden werden. In dem einfachen Beispiel in Abb. 1 sind die Variablen V_1, V_2 und V_3 „exogene" Variablen, d.h. solche, deren Werte nicht vom Modell ermittelt, sondern von außen eingegeben werden. Die Werte der Variablen V_4 bis V_9 werden innerhalb des Modells ermittelt, sie sind „endogen". Die Variablen V_1 bis V_3 und die Outputvariablen V_8 und V_9 bilden die Systemgrenze; durch ihren Input bzw. Output verbinden sie das System mit seiner Umwelt.[1]

Als nächster Arbeitsschritt folgt bei quantitativen Modellen[2] die quantitative Spezifizierung der Relationen. Sind die Variablen beispielsweise zunächst nur durch implizite Funktionen verknüpft:

$y = f(x_1, x_2)$, in Abb. 1 etwa $V_4 = f(V_1, V_3)$,

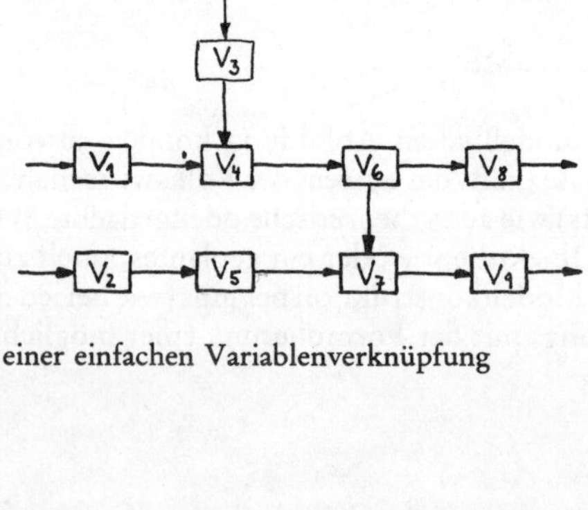

Abb. 1: Beispiel einer einfachen Variablenverknüpfung

so wären in der expliziten (angenommen linearen) Funktion
$y = a + bx_1 + cx_2$
die Werte des absoluten Glieds und der Koeffizienten zu bestimmen. Bei der Schätzung der Parameter tritt erneut und verschärft das Datenproblem auf.
Das Ergebnis der ersten Arbeitsphase ist ein Modell, das in mehreren Sprachen formuliert sein kann: in der natürlichen Sprache, grafisch und in einer mathematischen Sprache (z. B. als ein System von Gleichungen und evtl. Ungleichungen). Für den Übergang zur zweiten Phase wird das Modell in eine Programmiersprache übersetzt. Dies ist ein arbeitsökonomisch bedeutsamer Schritt, weil sich die weitere Arbeit an und mit dem Modell nun mit Computerhilfe vollzieht. Mit der Formalisierung des Modells – entweder bei der Programmierung oder schon vorher bei der Übersetzung in eine mathematische Sprache – verbindet sich zugleich die Kontrolle auf logische Vollständigkeit und Widerspruchsfreiheit.

2.2. Lösung des Modells

Die Lösung des Modells ist im wesentlichen die Aufgabe des Computers (Digitalrechner). „Lösung" bedeutet ganz allgemein: Die Maschine ermittelt aus den „Anfangswerten" der endogenen Variablen und den Inputwerten der exogenen Variablen durch logische und arithmetische Operationen die neuen Werte der endogenen Variablen und gibt sie für bestimmte Variablen (Outputvariablen) aus. Dieser Lösungsvorgang wird über mehrere Perioden oder „Durchläufe" wiederholt – wobei die ermittelten Werte einer Periode die Anfangswerte für die nachfolgende(n) Periode(n) bilden – so daß das Verhalten des Systems *im Zeitablauf* dargestellt wird. Diese dynamische Dasrtellung ist ein charakteristisches Merkmal und ein wesentlicher Vorzug der Computersimulation gegenüber anderen Modellverfahren wie gegenüber der Beschreibung in der natürlichen Sprache: Der im realen System ablaufende Prozeß wird vom Modell symbolisch *reproduziert* (nicht nur beschrieben); man sieht buchstäblich „das System in Aktion" [3]. Die entscheidende Frage ist natürlich, wie wirklichkeitsnah das geschieht. Um dies zu prüfen, wird das Modell in der nächsten Arbeitsphase auf seine empirische Gültigkeit getestet.

2.3. Modelltest

In der Regel vergleicht man den Modelloutput mit dem Output des realen Systems in der Vergangenheit. Ein Beispiel: In ein Modell der Volkswirtschaft werden die realen Werte der volkswirtschaftlichen Variablen für 1965 als Anfangswerte eingegeben. Daraus und aus den Werten etwaiger exogener Variablen erechnet das Modell in Jahres- oder vielleicht Vierteljahresperioden die Werte der Outputvariablen, sagen wir, bis 1970. Die Reihe dieser Werte vergleicht man mit den tatsächlichen. Sind die Abweichungen groß, muß das Modell Fehler enthalten und verbessert werden (vorausgesetzt, der Fehler steckt nicht in den eingegebenen Werten der exogenen Variablen). Was klar sein sollte: Erst wenn die *Wirklichkeitsnähe* „ausreichend" ist, hat es Sinn, zur letzten Arbeitsphase überzugehen, auf die das Ganze abzielt: auf Experimente mit dem Modell, die Experimente mit der Wirklichkeit ersetzen sollen. Bevor ich mich dieser Phase zuwende, müssen aber noch einige mit dem Modelltest verbundene Probleme skizziert werden.

Wenn man die methodologische Literatur zur Computersimulation durchsieht, macht man eine paradoxe Feststellung: Obwohl der Modelltest der entscheidende Schritt ist, der über den Wert der investierten und der weiteren Arbeit mit dem Modell entscheidet, wird er am dürftigsten abgehandelt. Die methodologische Reflexion des Gültigkeitstests steht in einem umgekehrten Verhältnis zu seiner Bedeutung. Diese Beobachtung bestätigt sich, wenn man sich Berichte über Simulationsstudien vornimmt. Wenn es um die Gültigkeit und deren Prüfung geht, werden sie in der Regel äußerst wortkarg, und der skeptische Leser muß daraus schließen, daß das Modell gar nicht ernsthaft getestet wurde.[4] Demgegenüber ist zu fordern, daß Berichte über Simulationsstudien ebenso gründlich darlegen, wie und mit welchem Ergebnis das Modell getestet worden ist, wie sie die Modellkonstruktion beschreiben. Und vom Leser oder Verwender solcher Berichte wäre zu hoffen, daß er sie nicht ernst nimmt, wenn diese Forderung nicht erfüllt ist.[5]

Ein zweites, methodologisches Problem betrifft die Homomorphie (d. h. Strukturähnlichkeit) zwischen Modell und abgebildetem System. Mit dem erwähnten Outputvergleich läßt sich nämlich nicht prüfen, ob die Modellstruktur der Struktur des realen Systems ähnlich ist. Er ist quasi ein asymetrischer Test: Outputdifferenzen zeigen zwar eine falsche Modellstruktur an, aber aus der Outputübereinstimmung kann man nicht auf Homomorphie schließen. Der Schluß von der Verhaltensähnlichkeit auf Strukturähnlichkeit ist unzulässig, weil ein und dasselbe Verhalten von unterschiedlichen Strukturen hervorgebracht werden kann.[6] Diesen wichtigen Satz der Systemtheorie kann man sich vielleicht an einem Alltagsbeispiel einsichtig machen. Wir gehen zum Arzt, weil unser Organismus in irgendeinem Bereich ein verändertes Verhalten zeigt (das wir „Krankheit" nennen). Aber dieses Verhalten kann auf unterschiedliche Veränderungen in der Struktur des Organismus, d. h. genaugenommen, auf verschiedene *mögliche* Strukturen zurückgehen (das Diagnoseproblem des Arztes).

Der Modelltest durch Outputvergleich ist das üblicherweise angewandte Verfahren. Das ist kein Malheur, wenn man ohnehin nur die Modellierung des Systemverhaltens vorhat. Aber oftmals geht es um Modelle der Systemstruktur, die man beschreiben, erforschen oder gar verändern will. Besonders in Fällen, wo die Beziehungen zwischen der Struktur und dem Verhalten eines Systems untersucht werden sollen, reicht der Outputvergleich als

Gültigkeitstest nicht aus. Dieses Problem wird in der methodologischen Literatur bisher kaum gesehen, geschweige denn gelöst. Die Erarbeitung von Verfahren zum Strukturtest ist deshalb eine wichtige Aufgabe.
Als drittes sei das Subjektivitätsproblem genannt. Wenn oben von „ausreichender" Wirklichkeitsnähe des Modells die Rede war, ergeben sich zwei Fragen: Wie wird die Wirklichkeitsnähe gemessen? Wann ist sie ausreichend? Die Wirklichkeitsnähe (in puncto Verhalten) kann auf drei Ebenen der Genauigkeit geprüft werden:
(a) Man schätzt ab, ob das Modellverhalten „plausibel" ist, d.h. man vergleicht es überschlägig und in Gedanken mit seiner Vorstellung vom Verhalten des realen Systems – etwa, wenn Daten darüber fehlen oder vorerst nicht herangezogen werden sollen.
(b) Man nimmt einen qualitativen Vergleich vor, der sich auf datenmäßig belegte typische Verläufe der Outputvariablen (wie Schwankungen, bezeichnende Trends usw.) bezieht.
(c) Man vergleicht die Outputreihen quantitativ mit Hilfe statistischer Verfahren.
In allen Fällen ist subjektives Ermessen im Spiel, allerdings in abnehmendem Maße. Aber selbst beim quantitativen Test ist die Auswahl des statistischen Verfahrens nicht ohne subjektive Beimischung. Das zeigt das folgende Beispiel (Abb.2):

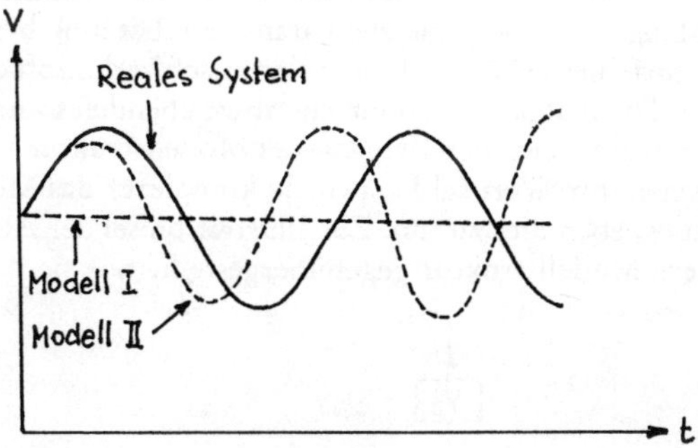

Abb.2 Wiedergabe einer Realvariablen in zwei verschiedenen Modellen[7]

Die Ouputvariable eines realen Systems wird durch die durchgehende Sinuskurve dargestellt. Das System wird von zwei verschiedenen Modellen abgebildet. Modell I reproduziert jene Variable als (gestrichelt gezeichnete) Gerade, Modell II als einen sinusförmigen Verlauf mit leicht zunehmenden Amplituden und einer etwas kürzeren Schwingungsperiode (gestrichelte Kurve). Welches Modell kommt der Wirklichkeit näher?

Die Antwort hängt davon ab, welchen Anspruch man an das Modell stellt und welches Vergleichskriterium man heranzieht. Soll das Modell dem numerischen Wert der realen Variablen möglichst nahe kommen, und wählt man als Kriterium der Annäherung den Mittelwert aus der Summe der quadratierten Abweichungen, so ist Modell I wirklichkeitsnäher. Jenes Fehlermaß ergibt für Modell I einen geringeren Wert, und auch der Maximalfehler ist hier kleiner. Soll das Modell dagegen den typischen Verlauf der realen Variablen wiedergeben, und wählt man als Kriterium, ob die Modellvariable ähnliche Schwingungen und Amplituden aufweist, so ist Modell II wirklichkeitsnäher.
Die Subjektivität spielt erst recht eine Rolle bei der Frage, ob die Wirklichkeitsnähe „ausreichend" ist. Welche Abweichungen zwischen Modellvariablen und realen Variablen läßt man gelten? Wo setzt man die Toleranzgrenzen? Das hängt wohl in erster Linie vom Ziel der Untersuchung ab. Ebenso wie sich die Auswahl der Variablen nach dem Untersuchungsaspekt und der Erkenntnisabsicht richtet, muß auch die Gültigkeit des Modells hiernach beurteilt werden. Nicht immer kommt es auf möglichst genaue numerische Werte an.
Zuletzt sei kurz auf das Komplexitätsproblem hingewiesen. Wenn die Outputdifferenzen die Toleranzgrenzen überschreiten, erhebt sich die Frage, wo der Fehler im Modell liegt. Welche Daten oder welche Relationen sind falsch? (Bei Datenfehlern: Sind die Werte der exogenen Variablen falsch, die Anfangswerte oder die zur Parameterschätzung benutzten Daten? Bei Strukturfehlern: Wo sind Variablen falsch verknüpft oder wo fehlen Variablen?) Die Aufgabe ist somit, die abweichenden Outputvariablen Schritt für Schritt auf diejenigen Bereiche der Modellstruktur zurückzuverfolgen, von denen ihre Werte abhängen. Je komplexer das Modell, um so schwieriger ist es, eben dies zu tun. Zur Illustration sei der Abb. 1 eine etwas komplexere Modellstruktur gegenübergestellt, wie sie Abb. 3 zeigt.

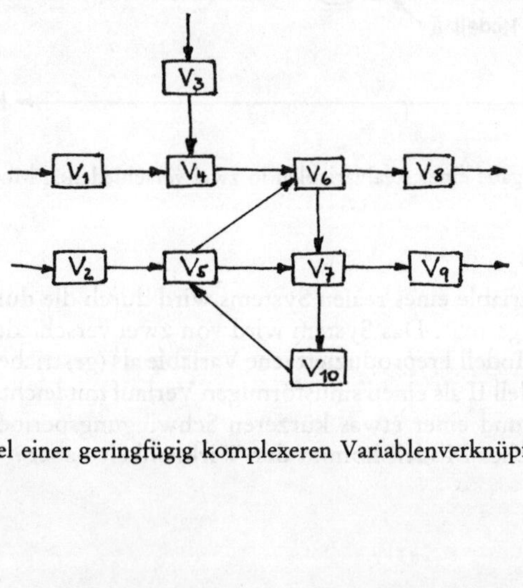

Abb.3.: Beispiel einer geringfügig komplexeren Variablenverknüpfung

Während die Werte von V_8 in Abb. 1 nur auf vier Variablen zurückgehen, sind es in Abb. 3 wegen der Rückkopplungsbeziehungen schon doppelt soviel. Stellt man sich nun Simulationsmodelle mit nicht nur 10, sondern 100, 200 oder mehr Variablen und mit zahlreichen Rückkopplungsbeziehungen vor, so bekommt man ein Gefühl dafür, wie die Fehlerbeseitigung mit zunehmender Modellkomplexität erschwert wird. Man hat bereits Simulationsmodelle konstruiert, die so komplex wurden, daß man sie nicht mehr vollständig analysieren konnte. Mit Hilfe des Computers kann man zwar weitaus komplexere Modelle handhaben als ohne dieses technische Hilfsmittel, aber der Modellkomplexität ist auch hier eine Obergrenze gesetzt, die sich spätestens beim Modelltest zeigt.

2.4. Modellexperimente

In der Experimentierphase wird untersucht, wie sich das Modell verhält, wenn die exogenen Variablen, die Modellstruktur, bestimmte Parameterwerte oder die Anfangswerte der endogenen Variablen verändert werden. Oder, aus der Sicht desjenigen formuliert, der aus den Modellexperimenten Anhaltspunkte für sein Verhalten gegenüber dem abgebildeten System gewinnen will:
(a) Was geschieht, wenn ich bestimmte „systemkonforme“ Maßnahmen ergreife (die sich über die exogenen Variablen auswirken)? In diesem Fall werden gegebene Handlungsalternativen auf ihre Konsequenzen untersucht.
(b) Was muß ich tun, um ein bestimmtes Systemverhalten oder einen bestimmten Systemzustand (der durch die Werte der Systemvariablen definiert ist) zu erreichen? Entweder: Welche Entscheidungsvariablen muß ich ändern, oder, falls das nicht genügt, welche Veränderungen der Systemstruktur muß ich vornehmen? In diesem Fall sind die Ziele gegeben und entsprechende Handlungen gesucht.
(c) Was geschieht voraussichtlich wenn ich gar nichts tue? Dies ist der Fall der handlungsunabhängigen Voraussage.
Für die Anlage solcher Experimente gibt es eine Reihe von Versuchsplänen, auf die hier nicht näher eingegangen werden kann.[8]

3. Wissenschaftstheoretische Probleme

3.1. Simulationsmodelle als „Kausalmodelle“

In der Simulationsliteratur wird nicht selten der Anspruch erhoben, Simulationsmodelle müßten „Kausalmodelle“ sein, d.h. Modelle, in denen die Relationen „Kausalbeziehungen“ wiedergeben. Müssen sie das? Man könnte sagen: Natürlich, ich will ja die Modellergebnisse auf die Wirklichkeit übertragen. Wenn ich im Modellexperiment gefunden habe, daß eine bestimmte Variablenveränderung zum gewünschten Ziel führt, will ich mich darauf verlassen können, daß die entsprechende Veränderung in der Wirklichkeit die gleiche Wirkung hat.

Aber was bedeuten ,,Wirkung", ,,Ursache", ,,verursachen"? Zur Definition dieser Begriffe bedarf es einer Theorie der Kausalität. Es gibt aber nicht nur eine, sondern zahlreiche Kausalitätstheorien. Da ich mich darauf nicht einlassen kann, wäre die Frage abzubrechen, kaum daß sie gestellt ist. Ich möchte jedoch einige Bemerkungen daran anknüpfen und zur Diskussion stellen.

In der Alltagssprache haben die Wörter ,,Ursache" und ,,Wirkung" einen Sinn, denn die Menschen handeln danach. Dieses ,,vorwissenschaftliche" Kausaldenken ist ein sehr brauchbares Hilfsmittel für die Modellkonstruktion. Es dient als Leitmuster, mit dessen Hilfe die jeweils abhängigen und unabhängigen Variablen ausgemacht werden. Mit unseren Vorstellungen von Kausalbeziehungen erfassen wir aber die Wirklichkeit meist nur unvollständig. Wir geben uns mit lückenhaften Kausalketten zufrieden. Das mag folgende Kausalbeziehung[9] verdeutlichen:

Diese ,,Kausalkette" wird jedem plausibel erscheinen. Dennoch fehlen gewisse Zwischenglieder. Richtiger wäre es, zu schreiben:

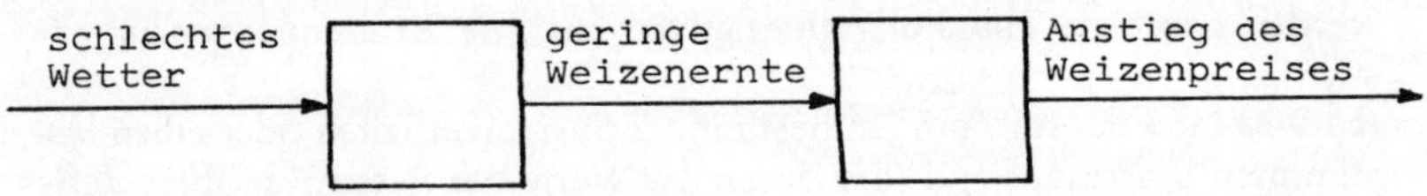

wobei die fehlenden kausalen Zwischenglieder durch eine black box angedeutet werden. Solche lückenhaften Kausalbeziehungen sind unter einem pragmatischen Gesichtspunkt, nämlich für die Orientierung unseres Handelns, oft völlig ausreichend; in ,,Kausalmodellen" jedoch sind sie unbefriedigend. Das trifft für viele Simulationsmodelle zu. Es ist aber nicht notwendig, daß die Modelle kausale Aussagen enthalten oder ergeben (,,Weil die Variable X verändert wird, ändert sich Y.") Zumindest in pragmatischer Sicht genügen konditionale Aussagen (,,Wenn Variable X verändert wird, dann ändert sich Variable Y.")

3.2. Zur Formalisierbarkeit von Wertaussagen

Ein wichtigeres Problem steckt in der Frage, ob Wertaussagen (Werturteile) in Simulationsmodelle eingehen und von ihnen ausgegeben werden können. Oder: Können Wertaussagen formalisiert, d. h. in eine formale Sprache übersetzt werden? Um den Hintergrund dieser Fragestellung zu erläu-

tern, ist kurz auf die Beziehung zwischen Computersimulation und sozialwissenschaftlicher Theoriebildung (und -anwendung) einzugehen.
Die Computersimulation ist ein geeignetes Instrument für die theoretische Arbeit. Das zeigt schon ein Blick auf die Vorteile der Formalisierung. Übersetzt man die Theorie eines bestimmten Gegenstandsbereichs in die formale Sprache eines Simulationsmodells, zeigen sich sehr schnell vorhandene Ungenauigkeiten, logische Widersprüche und Lücken. Es erweist sich, ob die Theorie ihren Gegenstand tatsächlich so gut erfaßt, daß das danach konstruierte Modell die realen Prozesse oder Systemzustände wirklichkeitsnah reproduziert – oder ob etwas ganz anderes herauskommt.
Nun muß man aber, wenn man die Brauchbarkeit der Computersimulation für die Theoriebildung erörtert, bedenken, daß es unterschiedliche Auffassungen von Theorie und Theoriebildung in den den Sozialwissenschaften gibt. Es wäre eine interessante (wenngleich etwas schablonenhaft gestellte) Frage, ob die Vertreter der Phänomenologie, des Neopositivismus, des kritischen Rationalismus oder des dialektischen und historischen Materialismus die Computersimulation gleich gut mit ihren wissenschaftstheoretischen Positionen vereinbaren können. Das soll hier nicht untersucht werden. Ich setze mich der Kürze halber über die unterschiedlichen Positionen hinweg und versuche, auf einer verallgemeinernden Ebene die Bedeutung der Computersimulation für die Theoriebildung abzuschätzen, indem ich sechs Funktionen der Theorie unterscheide und darnach frage, ob die Simulation etwas zur besseren Erfüllung dieser Funktionen beitragen kann.

(1) Die Theorie soll empirische Informationen zur Beschreibung ihres Gegenstandes enthalten (deskriptive Funktion). Hierfür kommt die Simulation wie gerufen: Im Simulationsmodell können dank der Speicherkapazität der Datenverarbeitungsanlagen Datenmengen wie nie zuvor mit der Theorie verbunden werden.
(2) Die Theorie soll den Bezugsrahmen für die Analyse und präzise Definition der verwendeten Begriffe abgeben (definitorische Funktion). Hierzu kann die Simulation ebenfalls einen Beitrag leisten; sie fördert die präzise (operationale) Definition der Variablen und die formal exakte Bestimmung der Relationen zwischen den Variablen.
(3) Die Theorie soll Aussagen zur Erklärung ihres Gegenstandes enthalten (Erklärungsfunktion). Wie schon erwähnt, zwingt die Formalisierung zu logisch vollständigen und widerspruchsfreien Aussagensystemen und kann damit insofern etwas zur Erfüllung dieser Funktion beitragen, als eine deduktive Struktur eine Bedingung der Erklärung ist.[10]
(4) Die Theorie soll Voraussagen ermöglichen (prognostische Funktion). Auch hierfür kann die Computersimulation – im Prinzip – gute Dienste leisten. Ein genügend wirklichkeitsnahes Modell vorausgesetzt (was bisher in den seltensten Fällen zutrifft), kann das Verhalten oder der Zustand eines Systems in die Zukunft „voraussimuliert" werden.

(5) Die Theorie soll Kriterien für die Bewertung und Kritik ihres Gegenstandes angeben und auf ihn anwenden (Bewertungs- und kritische Funktion – in den Sozialwissenschaften wohl am meisten umstritten). In diesem Punkt scheint die Computersimulation einen entscheidenden Mangel aufzuweisen; wir kommen gleich darauf zurück.
(6) Aus der Verbindung der drei vorigen Funktionen ergibt sich eine letzte: Die Theorie soll Anleitungen zur Gestaltung der sozialen Wirklichkeit geben (Funktion der Handlungsanleitung). Wie aus den Ausführungen über Modellexperimente ersichtlich, ist die Simulation ein vorzügliches Instrument zur Analyse von Ziel-Mittel-Beziehungen, wenn die Ziele und die dahinterstehenden Wertungen vorgegeben sind.

Während die Computersimulation somit in den meisten Hinsichten einen mehr oder minder gewichtigen Beitrag zur sozialwissenschaftlichen Theoriebildung leisten kann, scheint sie in einem zentralen Punkt zu versagen: bei der Bewertung und Kritik der von den Theorien oder Modellen erfaßten Wirklichkeit. Diese Vermutung bestätigt sich bei einer Analyse vorliegender sozialwissenschaftlicher Simulationsmodelle. Sie geben ihren Gegenstand z.T. zwar recht detailliert und komplex wieder, aber ohne jede kritische Stellungnahme – ganz gleich, ob es sich etwa um den Wohnungsmarkt einer Großstadt, die Preis- und Absatzpolitik eines Oligopolunternehmens oder eine Wahlkampagne handelt. Man muß also befürchten, daß unsere sozialwissenschaftlichen Theorien und Modelle mit zunehmender Verwendung der Computersimulation immer unkritischer und affirmativer, aber instrumentell immer effizienter werden. Der kritische Gehalt der Theorien (so vorhanden) fiele bei der Formalisierung unter den Tisch. Dies ist der Problemhintergrund für die Frage nach der Formalisierbarkeit von Wertaussagen.
Woran liegt es, wenn formalisierte Modelle keine wertenden und auch keine vorschreibenden Aussagen enthalten oder ausgeben? [11] Ein Modell der Volkswirtschaft kann beispielsweise eine wirtschaftliche Rezession voraussagen, aber es sagt nicht „Das wollen wir nicht, dagegen muß etwas getan werden“ oder „Das ist gar nicht so schlecht, dann können wir endlich die Gewerkschaften zügeln“. Die Bewertung kommt von außen hinzu. Muß das so sein?
Machen wir uns die Beziehungen zwischen dem Subjekt S, dem Objekt O und dem Modell M an einer vereinfachten Grafik klar (Abb.4).
Das Subjekt macht sich ein Modell von einem Objekt, das es in irgendeiner Weise beeinflussen, gestalten, kontrollieren will. (Beschreibung und Erforschung um ihrer selbst willen schließen wir hier aus.) Die Beziehung S – O ist also eine Beziehung des Verhaltens gegenüber O, die natürlich auch eine Bewertung von O einschließt oder voraussetzt. Das Modell, als Abbildung von O, drückt die Beziehungen zwischen den wesentlichen Elementen des Realsystems aus, aber nicht die Bewertungsbeziehung S – O (jedenfalls

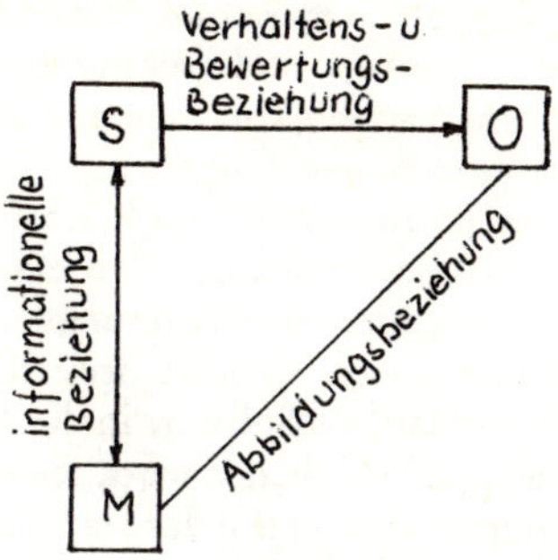

Abb.4: Die Beziehungen zwischen Subjekt, Objekt und Modell des Objekts[12]

nicht explizit). Die Beziehung zwischen S und M ist eine informationelle Beziehung. M liefert dem Subjekt Informationen über O, und zwar üblicherweise nur Faktenaussagen, keine Wertaussagen (da ja die Bewertungsbeziehung nicht ausdrücklich ins Modell aufgenommen wird).

Um einem Mißverständnis vorzubeugen: Selbstverständlich kann das Modell *versteckte* Wertungen enthalten, denn bei der Modellkonstruktion (wie auch bei Modellexperimenten) fließen sehr oft Bewertungen ein. Ob z. B. bestimmte Variablen in das Modell aufgenommen werden oder nicht (etwa Bodenenteignung in ein Stadtplanungsmodell), hängt davon ab, ob das für erwünscht oder unerwünscht, politische zeitgemäß oder inoppertun gehalten wird oder einfach von unbewußten Wertungen, die den „herrschenden" Werten und Anschauungen folgen. Nur, diese Bewertungen werden im Modell nicht ausgesprochen, sie erscheinen dort nicht als explizite Wertaussagen.

Offenbar käme man der Lösung des Problems näher, wenn das Modell das Objekt nicht isoliert vom Subjekt beschriebe, sondern auch dessen Bewertung des Objekts explizit einbezöge. Würde der Bewertungsvorgang in das Modell verlegt, müßte das Modell bewertende Aussagen über den Zustand oder das Verhalten des abgebildeten Systems machen können – was bei der in natürlicher Sprache geschriebenen Theorie ohne weiteres möglich ist und ja auch häufig geschieht. Wie das aussehen könnte, soll ein schlichtes Beispiel zeigen.

Der Satz „Die Stadt X ist eine schmutzige Stadt" kann als deskriptive Aussage verstanden werden, die sich auf eine Reihe von Beobachtungen bezieht: Papier, Abfälle, Hundedreck auf den Straßen, verräucherte und verwahrloste Hausfassaden usw. Der Satz ist aber zugleich eine wertende Aussage; der Zustand der Stadt wird an dem Wert „Sauberkeit" oder „saubere Städte" gemessen. Stellen wir uns nun ein Modell zur Stadtsanie-

rung vor, in das eine Variable aufgenommen wird, die den Zustand der Stadt zwischen den Polen „sauber" und „schmutzig" ausdrückt. Das Modell gibt ferner an, wie diese Variable von anderen Variablen abhängt, sagen wir, von der Anzahl der Hunde, den Ausgaben für Stadtreinigung, der Anzahl luftverschmutzender Betriebe oder von Renovierungsauflagen für die Hauseigentümer. Die „Sauberkeitsvariable" beeinflußt ihrerseits Variablen, zum Beispiel die Verteilung der Wohnungsstandorte verschiedener Bevölkerungsgruppen über verschiedene Stadtviertel. Zusätzlich wird ein bestimmter Sauberkeitsstandard als Sollwert in das Modell eingesetzt, mit dem die „Sauberkeitsvariable" verglichen wird, so daß eine Outputvariable des Modells besagen könnte: Auch nach der Stadtsanierung wird die Stadt (oder: werden die Stadtviertel A, B, C) – gemessen an dem Standard – immer noch zu schmutzig sein.
Der Bewertungsvorgang – der Vergleich eines Sachverhalts mit einem Wertmaßstab – ist also in einem formalisierten Modell möglich, und die daraus resultierenden Wertaussagen lassen sich in einer formalen Sprache ausdrücken. Das Modell kann, wenn der Modellkonstrukteur will, seinen Gegenstand kritisieren. Diese Folgerungen gelten zumindest für unser einfaches Beispiel. Die Frage, wie weit sie verallgemeinert werden können, soll hier als Anregung zu weiterführenden Überlegungen offen bleiben. Bei komplexeren Sachverhalten und komplizierteren Bewertungsvorgängen liegt der Fall sicher ungleich schwieriger. Man kann in einem ökonometrischen Modell den volkswirtschaftlichen Prozeß in der Bundesrepublik leidlich gut abbilden, aber es ist kaum vorstellbar, daß sich die grundlegende Kritik des Wirtschaftssystems (Kapitalismuskritik) in einem solchen Modell ausdrücken ließe. Für die umfassende Systemkritik – und zwar eine Kritik der System*struktur*, die eine ganz anders geartete Struktur zum Maßstab hat – ist die natürliche Sprache ungleich geeigneter. Die in natürlicher Sprache formulierte Theorie kann ihre kritische Funktion viel besser erfüllen als formalisierte Modelle (bzw. formaliseirte Theorien).[13] Der hier vorgeschlagene Modellansatz ändert nichts an der Berechtigung dieser Ausage. Daraus ergeben sich zwei Forderungen: (1) Soweit möglich, sollte man die Bewertung des modellierten Systems explizit in das Simulationsmodell hineinnehmen. (2) Darüber hinaus sollte man Simulationsmodelle in die Theorie des Gegenstandsbereichs einbetten, die Theorie als Metaebene benutzen, umd ihre Möglichkeiten der Bewertung und Kritik zu nutzen.

4. Gesellschaftspolitische Anwendungsprobleme der Computersimulation

Wer kann sich die Anwendung dieses aufwendigen Analyseverfahrens leisten? Wer verfügt über die nötige Computerkapazität und die erforderlichen Expertenstäbe? Gegenwärtig und in der überschaubaren Zukunft sind dies nur finanzkräftige Organisationen, in erster Linie Großunternehmen,

Militär und staatliche Bürokratien. Ob Großunternehmen dadurch Vorteile gegenüber mittleren und kleinen Unternehmen erlangen, soll hier ebensowenig interessieren wie die Verwendung für militärische Zwecke. Uns interessiert die Frage, welche gesellschaftspolitischen Auswirkungen zu erwarten sind, wenn sich die öffentlichen Verwaltungen in Bund, Ländern und großen Städten (evtl. auch in Gemeindeverbänden) die Computersimulation als Instrument der Analyse und Entscheidungshilfe in zunehmendem Maß zunutze machen.

Dabei ist ein zusätzlicher Gesichtspunkt zu berücksichtigen: der Aufbau von öffentlichen Planungs-Informations-Systemen (auf allen drei Ebenen), der geplant oder bereits in vollem Gang ist. Die Effizienz der Computersimulation wird dadurch enorm gesteigert werden. Ebenso wird die Macht der Staatsbürokratien durch die Verfügung über computerunterstützte Datenbanken und Informationsverarbeitungskapazität enorm zunehmen, und zwar sowohl im Vergleich zur Macht der Legislativ- und Kontrollinstanzen (Parlamente) wie im Verhältnis zu den von Verwaltungsentscheidungen betroffenen „Bürgern". Unsere Gesellschaft setzt sich jedoch aus Bürgern zusammen, die nicht in gleichem Maß Macht haben. Wirtschaftliche und politische Macht beruht u.a. auf der Verfügung über Produktionsmittel, auf dem Zusammenschluß in Organisationen und auf Information („Wissen ist Macht"). Macht wird im politischen System benutzt, um spezifische Interessen gegenüber Regierung, Verwaltung und Parlament durchzusetzen. Ein nach wie vor dominierender Interessenkonflikt in unserer Gesellschaft besteht zwischen Lohnarbeit und Kapital. Das zeigen die jüngsten gesellschaftspolitischen Auseinandersetzungen über Bodenrechtsänderungen, Mitbestimmung, Vermögensbildung oder Berufsausbildung. Ihr bisheriger Ausgang zeigt auch: Diejenigen, die über private Investitionen entscheiden, sitzen am längeren Hebel.

Wer kann der durch die Verfügung über Informationssysteme und Informationsverarbeitungskapazität wachsenden Macht der Verwaltung eine gleichwertige „Informationsmacht" entgegensetzen und damit eine Chancen der Interessendurchsetzung verbessern? Betrachten wir zunächst die lokale Ebene. Die vereinzelten Bürger, insbesondere die Lohnabhängigen, können das sicher nicht. Auch Bürgerinitiativen, deren Mitglieder nichts von formalen Sprachen, von Simulationsmodellen und von Informationsverarbeitungstechnik verstehen, die außerdem locker organisiert sind, haben keine nennenswerte Chance. Mit örtlichen Parteigliederungen, Stadtparlamenten oder auch mit Lokalzeitungen (die um ihre Existenz kämpfen) steht es nicht besser.

Das Gesagte gilt in dieser Form nur für Großstädte, von denen einige bereits erste Erfahrungen mit Informationssystemen und Simulationsmodellen gemacht haben. Für die anderen Städte und Gemeinden, die nicht über solche Instrumente gebieten, stellt sich ein analoges Problem in ihrem Verhältnis zur Landesregierung und deren Behörden.

Gehen wir sogleich zur Bundesebene bzw. zur ,,gesamtgesellschaftlichen" Ebene über, um zu den gleichen Fragen einige Vermutungen anzustellen. Für Großkonzerne, Industrie- und Arbeitgeberverbände dürften die Chancen der Interessendurchsetzung erheblich günstiger sein, weil sie sich eine ähnliche Informationsverarbeitungstechnik wie die Verwaltung leisten können. (Ungewiß allerdings ist gegenwärtig noch, in welchem Ausmaß sie Zugang zu den staatlichen Informationssystemen bekommen werden.) Dagegen denke man an die Verbraucherverbände. Während Großkonzerne ihre Markt- und Absatzstrategien mit Hilfe von Simulationsmodellen berechnen und optimieren und danach ihre Produktions- und Investitionspläne bestimmen können, ist die Vorstellung recht abwegig, die Verbraucherverbände könnten entsprechende Hilfsmittel zur Hand haben.
Welche Chancen haben die Parteien? Die ,,großen", SPD und CDU (CSU), wären vielleicht in der Lage, eine begrenzte ,,Informationsgegenmacht" aufzubauen, wobei die CDU (CSU) auf personelle und finanzielle Hilfe ihrer Freunde in der Wirtschaft rechnen könnte. Den ,,kleinen" dagegen, FDP, DKP und evtl. neuen Parteien, würden sehr wahrscheinlich die Voraussetzungen fehlen. Die gerade regierenden Parteien könnten überdies die Informationsmacht der Verwaltung nutzen.
Betrachten wir zum Schluß die Gewerkschaften. Ist es denkbar, daß Ministerien und Industrieverbände (bzw. Industrieinstitute) ihre eigenen komplexen Simulationsmodelle konstruieren – etwa zur Untersuchung von Fragen der Konjunkturpolitik oder der Vermögensbildungspolitik – und darauf fußend ihre Argumente austauschen, während die Gewerkschaften auf konventionelle Argumentationshinweisen beschränkt bleiben? Können sich die Gewerkschaften den Aufwand leisten, Informationssysteme und Simulationsmodelle für die wichtigsten gesellschaftspolitischen Fragen aufzubauen? Und, falls sie das könnten, werden sie es tun?
Zugegeben, diese Überlegungen laufen der Wirklichkeit nicht nur weit voraus, sie sind auch einigermaßen oberflächlich. Der Gesichtspunkt der Informationsmacht soll hier nicht dramatisiert werden; sie ist nur ein Machtfaktor unter mehreren. Aber es geht in diesem Abschnitt nicht um präzise Analysen, sondern darum, eine Diskussion über mögliche drohende Entwicklungen anzuregen. In diesem Sinn ist auch das folgende Fazit zu verstehen. Meine Ausführungen legen die Vision einer Gesellschaft nahe, in der die staatlichen Bürokratien, Großkonzerne und Industrieverbände aufgrund bzw. mit der zusätzlichen Hilfe ihrer Informationsmacht die wichtigsten gesellschaftspolitischen Entscheidungen bestimmen, während andere gesellschaftliche Kräfte an Einfluß verlieren. Diese Vision *muß* nicht Wirklichkeit werden, aber wer kann ausschließen, daß die Entwicklung in diese Richtung gehen wird? Akzeptiert man die Problemstellung, so ergibt sich die Aufgabe, nach geeigneten Gegenstrategien zu suchen.

Anmerkungen

[1] Zur genauen Definition der hier verwendeten Begriffe siehe meine Schrift ,,Computersimulation in den Sozialwissenschaften", Bd. 1, Reinbek (Rowolt Taschenbuch Verlag) 1974, S. 45f.

[2] Die Unterscheidung zwischen quantitativen und qualitativen Modellen wird in der genannten Arbeit (S. 25ff) erläutert.

[3] Renate Mayntz, Modellkonstruktion: Ansatz, Typen und Zweck, in: Formalisierte Modelle in der Soziologie, hg. v. R. Mayntz, Neuwied und Berlin (Luchterhand) 1967, S. 24.

[4] Beispielsweise bei den Modellen von J. W. Forrester (Urban Dynamics, Cambridge, Mass. (MIT Press) 1969 und World Dynamics, Cambridge, Mass. (Wright-Allen Press 1971) oder D. L. Meadows et al. (Die Grenzen des Wachstums, Stuttgart (DVA) 1972), wo dieser Schluß auch berechtigt ist.

[5] Eine ,,Prüfliste", die dem Außenstehenden helfen kann, sich ein Urteil über ein Simulationsmodell und seine Ergebnisse zu machen, erhält meine schon zitierte Arbeit ,,Computersimulation ...", Bd. 2, S. 233ff.

[6] Vgl. dazu etwa J. Klír und M. Valach, Cybernetic modelling, London und Prag (Iliffe Books and SNTL-Publishers of Technical Literature) 1967, S. 29f.

[7] Aus J. W. Forrester, Industrial Dynamics, Cambridge, Mass. (MIT Press) 1961, S. 126 übernommen.

[8] S. dazu ,,Computersimulation in den Sozialwissenschaften" Bd. 1, S. 210–230 sowie die dort angeführten Literatur.

[9] Sie ist übernommen aus H. A. Simon, Causal ordering and identifiability, in: Essays on the structure of social science models, hg. v. A. Ando, F. M. Fisher und H. A. Simon, Cambridge, Mass. (MIT Press) 1963, S. 5–31.

[10] Jedenfalls wenn die Erklärung als logisch-deduktive Beweisführung aufgefaßt wird. In den Sozialwissenschaften gibt es jedoch diverse Auffassungen der Erklärung, s. dazu etwa K.-D. Opp, Methodologie der Sozialwissenschaften, Einführung in Probleme ihrer Theorienbildung, Reinbek (Rowohlt Taschenbuch Verlag) 1970, S. 29ff.

[11] ,,Wertende Aussage" oder ,,Wertaussage" soll hier heißen: eine Aussage, die einen Gegenstand oder Sachverhalt anhand eines (meist nicht ausdrücklich angegebenen) Wertmaßstabs beurteilt, also ein Werturteil ausspricht.
,,Vorschreibende" oder ,,präskriptive Aussage" soll heißen: eine Aussage, die Handlungen, Einstellungen usw. vorschreibt oder verbietet, also imperativen Charakter hat.
Zum Beispiel ist die Aussage ,,Vor der gefährlichen Tendenz der Computersimulation, eher technokratische als demokratische Entwicklungen zu fördern, muß rechtzeitig gewarnt werden" sowohl wertend (,,gefährlich") als auch vorschreibend (,,muß gewarnt werden"). Da wir uns in diesem Abschnitt auf das hart umstrittene Feld der ,,Wertfreiheit" der Sozialwissenschaften begeben, sei auf ein 1974 erschienenes Buch verwiesen, das den Verlauf und den gegenwärtigen Stand der Debatte zusammenfaßt: U. Beck, Objektivität und Normativität – Die Theorie-Praxis-Debatte in der modernen deutschen und amerikanischen Soziologie, Reinbek (Rowohlt Taschenbuch Verlag) 1974.

[12] Leicht abgewandelt übernommen aus ,,Wörterbuch der Kybernetik", hg. v. G. Klaus, Frankfurt/M. und Hamburg (Fischer) 1969, S. 413.

[13] Dabei ist zu berücksichtigen, daß Wertungen in der natürlichen Sprache am häufigsten und leichtesten durch Adjektive und Adverbe ausgedrückt werden.

Christof Zangemeister

Zur Methodik systemanalytischer Zielplanung

Grundlagen und ein Beispiel aus dem Sozialbereich

1. Einführung in die Problematik der Zielplanung

Ziele sind Leitlinien rational begründeter Entscheidungen über die Durchführung von Handlungen. Infolgedessen ist es eine Grundaufgabe jeder systematischen Entscheidungsfindung – sei es in Wissenschaft, Wirtschaft, Politik oder Verwaltung – zunächst die verfolgten Ziele offenzulegen und als Maßstäbe zur Begründung und Erfolgskontrolle von Handlungen situationsbezogen zu operationalisieren. Dieser Aufgabe dient die Zielplanung im Rahmen eines systemtechnischen Planungsprozesses (vgl. Abb. 1).
In komplexen Problemfeldern – wie beispielsweise im Umweltschutz, im Bildungsbereich usw. – ist die Durchführung einer Zielplanung mit erheblichen praktischen Schwierigkeiten verbunden. Sowohl die übersichtliche Darstellung der situationsrelevanten Sach- und Wertzusammenhänge als auch die Erfassung und Integration multipersonaler Präferenzstrukturen bedürfen einer geeigneten Methodik.
Eine solche Methodik muß aus der Sicht der Praxis nicht nur theoretisch untermauert, sondern auch im Ansatz für den Anwender (Entscheidungsträger) plausibel und in der Durchführung operational sein. Dabei ist zu beachten, daß das Auffinden von Zielen im Kern ein kreativer Prozeß ist, der nur teilweise rational durchdrungen werden kann. Infolgedessen sollte eine wie auch immer im einzelnen ausgestaltete Zielplanungsmethodik als eine heuristische Methode der Entscheidungsfindung begriffen werden, der das „Prinzip der befriedigenden Lösung“ zugrunde liegt.
Im Gegensatz zum strengen „Optimierungsprinzip“ der klassischen Entscheidungstheorie, die oft von irrealen Anforderungen an die Informations- und Urteilskapazität des Entscheidungsträgers ausgeht, trägt dieses Prinzip stärker den realen Möglichkeiten konkreter Entscheidungsfindung Rechnung. Nach dem „Prinzip der befriedigenden Lösung“ strebt man an, auch in den nicht exakt lösbaren Problemsituationen – und diese sind ja in der Praxis eher die Regel als die Ausnahme – von nicht transparenten Globalentscheidungen wegzukommen. Dazu versucht man, eine der „Psycho-Logik“ des Menschen adäquate Logik der Entscheidungsfindung zu entwickeln und diese soweit zu formalisieren, daß der Entscheidungsträger auf der einen Seite zwar hinsichtlich seiner beschränkten Informationsverarbeitungskapazität weitgehen entlastet wird, auf der anderen Seite aber für

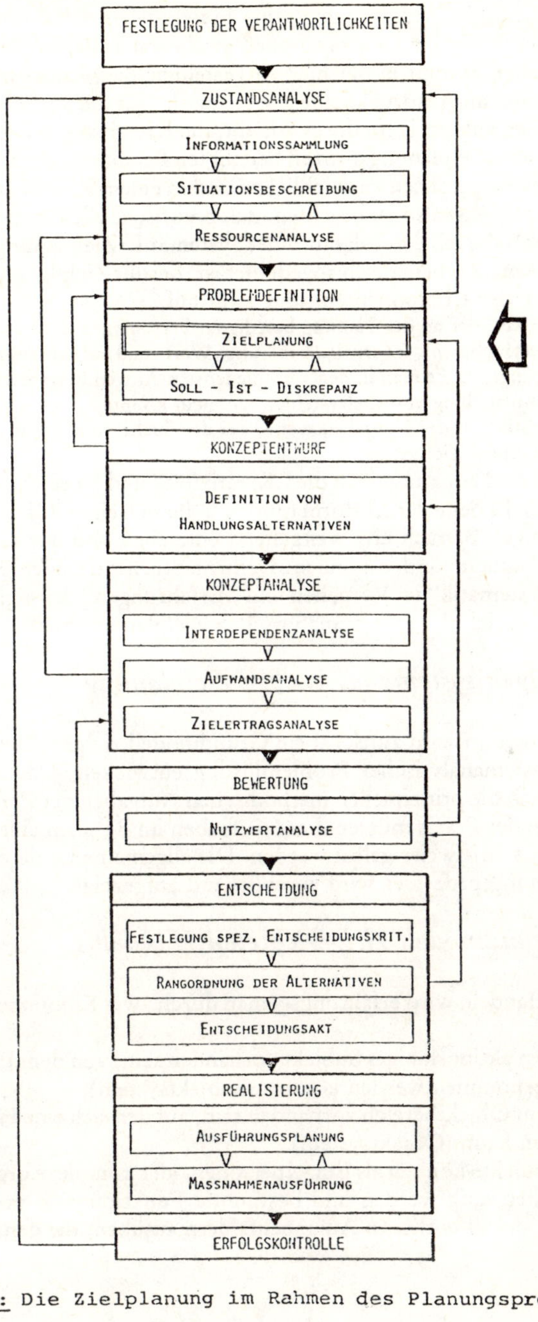

Abb. 1: Die Zielplanung im Rahmen des Planungsprozesses

ihn noch die Möglichkeit besteht, seine individuellen Erfahrungen und Wertungen direkt in den Lösungsprozeß einfließen zu lassen.
Dieses Bestreben kommt in der hier vorgestellten Zielplanungsmethodik vor allem darin zum Ausdruck, eine ,,Systematik" für die Suche und Ordnung von Zielen aufzuzeigen, die es erlaubt, die Kreativität und Erfahrungen der an einem Zielplanungsprozeß beteiligten Personen möglichst weitgehend situationsspezifisch zu erschließen und in einem Zielsystem darzustellen. So gesehen ist also zu beachten, daß praktische Zielplanung immer mehr umfaßt als die reine Befolgung einer Systematik (Zielplanungsmethodik). Wie in Abb. 2 schematisch angedeutet ist, beruht Zielplanung im wesentlichen auf vier Komponenten, und zwar auf

- der ,,Kreativität" der an der Planung beteiligten Personen,
- den jeweils verfügbaren ,,Informationen" über Wert- und Sachzusammenhänge,
- den ,,Erfahrungen", die man in den verschiedensten Anwendungsbereichen bisher bei der Aufstellung von Zielsystemen sammeln konnte,
- der ,,Systematik" in der Vorgehensweise, bei der Suche von Zielen und deren Ordnung zu einem Zielsystem.

Insbesondere sind es naturgemäß die ,,Kreativität" und zu einem wesentlichen Teil auch die Seite der ,,Informationen", die sich einer differenzierten allgemeingültigen Betrachtung weitgehend entziehen und nur situationsspezifisch behandelt werden können. Dementsprechend bilden die Komponenten ,,Systematik" im Vorgehen und ,,Erfahrungen" den eigentlichen Gegenstandsbereich der systemanalytischen Zielplanungsmethodik.

2. *Grundlagen systemanalytischer Zielplanung*

In diesem Abschnitt wird zunächst ein Grundmodell zielgerichteten Handelns und systemanalytischer Problemlösung entwickelt. Davon ausgehend lassen sich die prinzipiellen methodischen Aufgaben der Zielplanung abgrenzen. In der Praxis müssen diese Aufgaben im Rahmen eines iterativen Prozesses schrittweise gelöst werden. Die allgemeine Logik eines solchen Zielplanungsprozesses wird abschließend aufgezeigt.

2.1 *Ein Grundmodell zielgerichteten Handelns*

Praktisches Handeln wird erfahrungsgemäß durch zwei Komponenten begründet:

(a) Es muß ein aktionsfähiges Subjekt vorhanden sein, von dem Handlungen vorgenommen werden können (Subjektsystem).
(b) Es muß ein Objektbereich vorhanden sein, auf den sich eine Handlung erstrecken kann (Objektsystem).

Handlungssubjekte können als Einzelpersonen oder komplexe organisatorische Einheiten tätig werden und bestimmte Funktionen in privatwirtschaftlichen oder öffentlichen Aufgabenfeldern ausüben, die den Objekt-

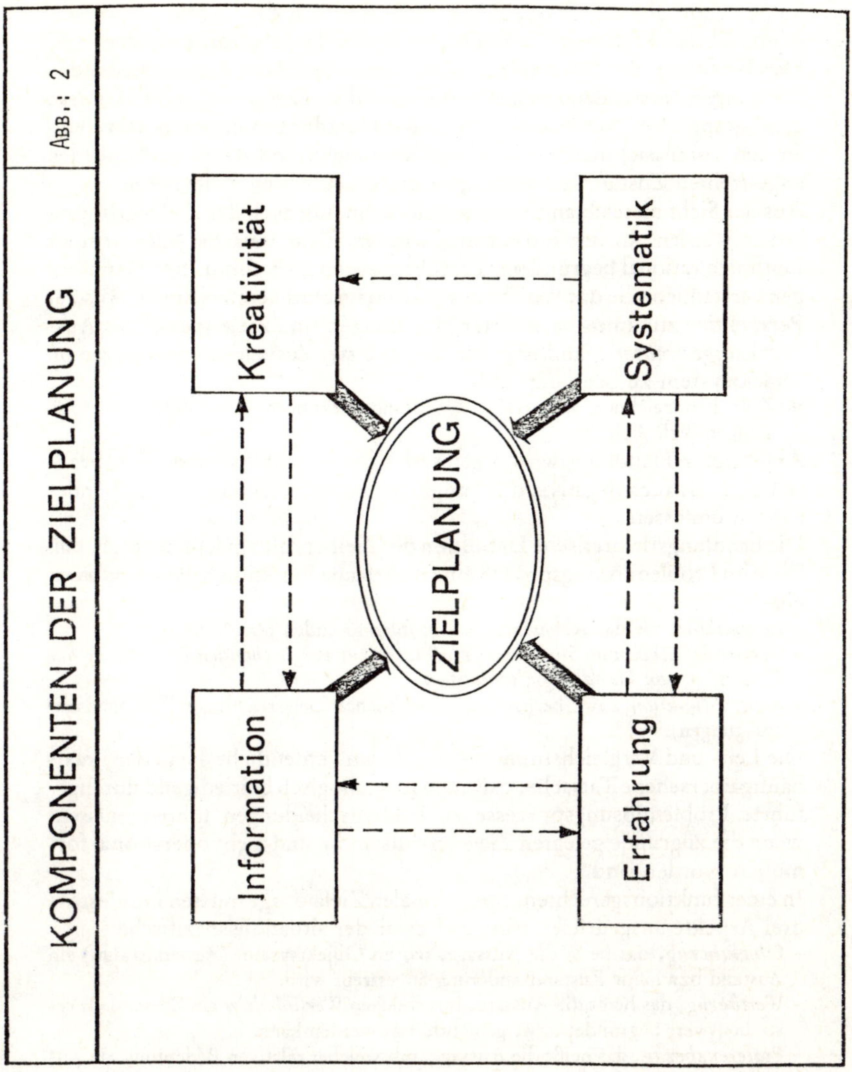
KOMPONENTEN DER ZIELPLANUNG
ABB.: 2
Kreativität
Systematik
ZIELPLANUNG
Information
Erfahrung

bereich ihrer Handlungen ausmachen. Konkret äußern sich solche Handlungen dadurch, daß das Subjektsystem aktiv auf das Objektsystem einwirkt, so daß in diesem Zustandsänderungen herbeigeführt werden.
Handeln kann also allgemein als Erzeugen von zustandsbeeinflussenden Wirkungen verstanden werden. Speziell soll von *zielgerichtetem Handeln* dann gesprochen werden, wenn sich die Handlungen des Subjektsystems an den voraussichtlichen Handlungswirkungen und damit verbundenen angestrebten Zustandsausprägungen im Objektsystem orientieren.
Aus der Sicht dieses Handlungsmodells kann nun auch der Zielbegriff präzisiert werden. In der Einführung wurden Ziele zunächst allgemein als Leitlinien rational begründeter Entscheidungen über zukünftige Handlungen verstanden, die das Wollen des Subjektsystems kennzeichnen. Aus der Perspektive zukünftig realisierter Handlungen sind Ziele speziell als Ausdruck *angestrebter* Handlungswirkungen bzw. Zustandsausprägungen im Objektsystem zu begreifen, d.h.:

- *Ziele* kennzeichnen angestrebte Handlungswirkungen bzw. Zustandsausprägungen (vgl. Abb. 3).

Angestrebte Handlungswirkungen sollen hier sowohl positive, d.h. beabsichtigte, als auch negative, d.h. möglichst zu vermeidende, Zustandsänderungen umfassen.
Die handlungstheoretische Definition des Zielbegriffes macht deutlich, daß Ziele im Problemlösungsprozeß eine mehrfache Funktion haben, und zwar eine

- *Leitfunktion* für das Aufsuchen von problemlösenden Handlungen
- *Vergleichsfunktion im Sinne eines Maßstabes zur vergleichenden Beurteilung der Zielerträge von Handlungsalternativen,*
- *Kontrollfunktion* zur Überprüfung tatsächlicher Zielerreichungen (Zustandsausprägungen).

Die Leit- und Vergleichsfunktion von Zielen verdeutlicht die in der Praxis häufig übersehene Tatsache, daß auch formallogisch befriedigend durchgeführte Problemlösungsprozesse zu Fehlentscheidungen führen müssen, wenn die zugrunde gelegten Ziele unvollständig und nicht operational formuliert worden sind.
In einer funktionsgerechten, operationalen Zielaussage müssen mindestens drei Aspekte ausgedrückt sein, und zwar der situationsspezifische

- *Objektbezug*, das heißt die Aussage, wo im Objektsystem (Zustandsraum) ein Zustand bzw. eine Zustandsänderung angestrebt wird,
- *Wertbezug*, das heißt die Aussage, mit welchen *Wertinhalten* ein Zustand als erstrebenswert begründet bzw. gerechtfertigt werden kann,
- *Präferenzbezug*, das heißt die Aussage, mit welcher relativen Bedeutung ein Zustand vom Entscheidungsträger aufgrund seiner Präferenzstruktur (subjektiv empfundene *Wertrelationen*) angestrebt wird.

In der Praxis können Zielaussagen durch Einbeziehung weiterer Aspekte konkretisiert werden, wie beispielsweise durch Angabe eines Zeitbezugs oder eines konkreten gewünschten Ausmaßes der angestrebten Hand-

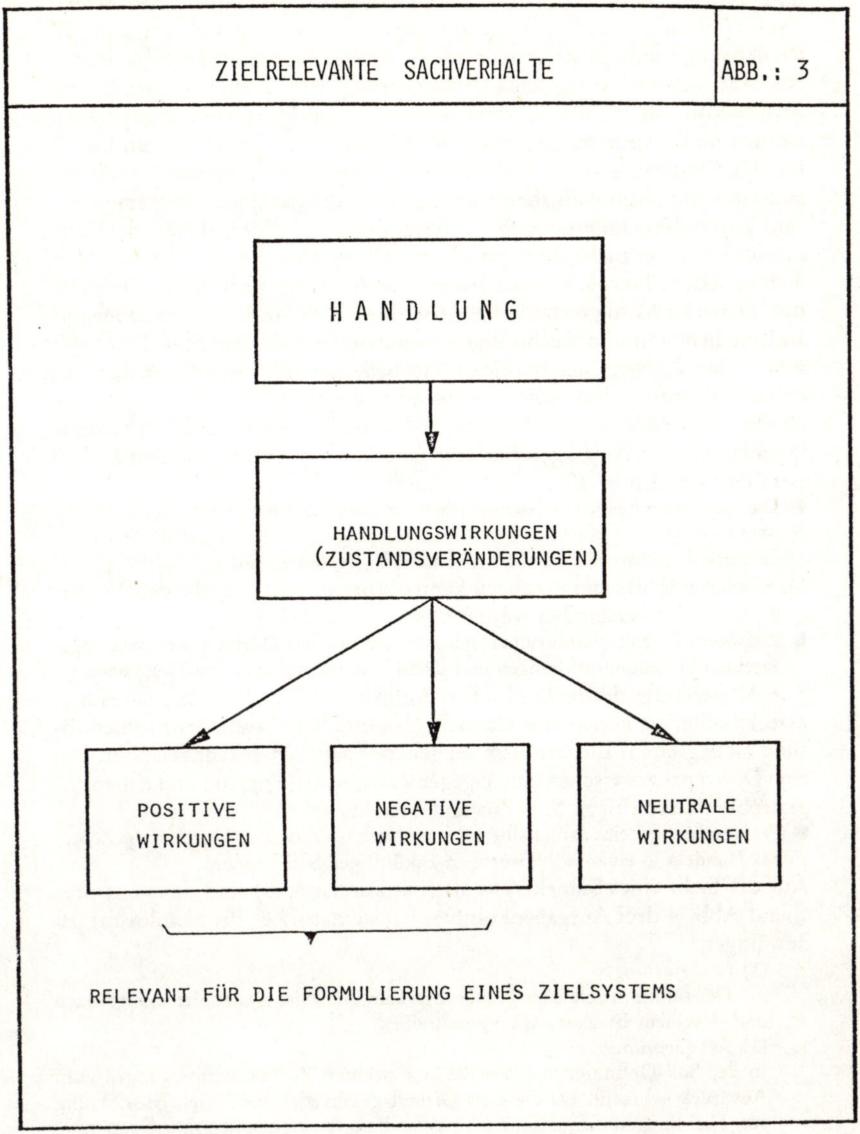
ZIELRELEVANTE SACHVERHALTE
ABB.: 3
HANDLUNG
HANDLUNGSWIRKUNGEN
(ZUSTANDSVERÄNDERUNGEN)
POSITIVE WIRKUNGEN
NEGATIVE WIRKUNGEN
NEUTRALE WIRKUNGEN
RELEVANT FÜR DIE FORMULIERUNG EINES ZIELSYSTEMS

lungswirkung (Zielertrag). Diesbezügliche Zieldimensionen sind jedoch erst im Rahmen operativer Maßnahmenplanungen von Bedeutung und sollen daher hier unberücksichtigt bleiben. Anders verhält es sich dagegen mit dem sachlich-technologischen Systembezug von Zielen aufgrund von Zweck-Mittel-Beziehungen, der ebenso wie der Präferenzbezug angegeben werden muß, wenn man es mit einer Mehrheit von Zielen zu tun hat.
Die Durchführung von Handlungen (Programmen, Projekten, Maßnahmen) in komplexen Aufgabenfeldern ist erfahrungsgemäß durch eine Vielzahl zustandsverändernder Wirkungen gekennzeichnet, denen der Entscheidungsträger nicht wertneutral gegenübersteht. Dementsprechend hat man es in der Praxis in solchen Situationen mit einer Vielfalt von Zielen zu tun. Dabei ist häufig festzustellen, daß diese Ziele nicht isoliert nebeneinanderstehen, sondern wechselseitig voneinander abhängig sind. Das heißt z.B.: Mehr Zielerfüllung bei einem Ziel bedeutet oft weniger bei einem anderen Ziel. Infolgedessen ist es notwendig, die Menge der im Einzelfall zu beachtenden Ziele entsprechend der für sie maßgebenden sachlich-technologischen und wertmäßigen Beziehungsstruktur geordnet in einem Zielsystem darzustellen.

- Das *Zielsystem* besteht aus der geordneten Menge aller handlungsrelevanten Zustandsmerkmale (-dimensionen), deren Ausprägungen der Entscheidungsträger in einer Problemsituation nicht wertneutral gegenübersteht.

Mit diesen Begriffsabgrenzungen kann die praktische Aufgabe der Zielplanung wie folgt verstanden werden:

- *Zielplanung* heißt: vorausschauendes, systematisches Durchdenken von angestrebten Handlungswirkungen und deren Darstellung in einem Zielsystem.

Zur Abgrenzung der methodischen Aufgaben der Zielplanung ist es nun zweckmäßig, zielgerichtetes Handeln als Grundlage rationaler Problemlösung zu begreifen. Ein Problem sei generell dadurch gekennzeichnet, daß eine Diskrepanz zwischen einem gegenwärtigen Ist-Zustand und einem angestrebten zukünftigen Soll-Zustand besteht.

- *Problemlösung* heißt dann: Überführung eines Ist-Zustandes durch zielgerichtetes Handeln in einen höherwertigen zukünftigen Soll-Zustand.

Aus der Sicht eines Subjektsystems (Funktionsträger) sind dazu entsprechend Abb. 4 drei Aufgabenkomplexe systematischer Problemlösung zu bewältigen:

(1) *Ist-Erfassung:*

Der funktionsrelevante Handlungsraum im Objektsystem ist abzugrenzen und in seinem Ist-Zustand zu beschreiben.

(2) *Soll-Definition:*

In der Soll-Definition werden die angestrebten Zustandsausprägungen zum Ausdruck gebracht. Da diese als Grundlage zur zielorientierten Ausrichtung von Handlungen dienen, müssen sie handlungsbezogen operationalisiert werden. In komplexen Problemfeldern ist es im Hinblick auf ein begrenztes Mittelpotential des Subjektsystems darüber hinaus notwendig auszusagen, in welchem relativen Ausmaß Zustandsänderungen bzw. Handlungswirkungen angestrebt werden sollen. Diese Aufgaben der Soll-Definition umfassen im weitesten Sinne die Aufgaben der Zielplanung.

GRUNDMODELL ZIELGERICHTETER PROBLEMLÖSUNG — ABB.: 4

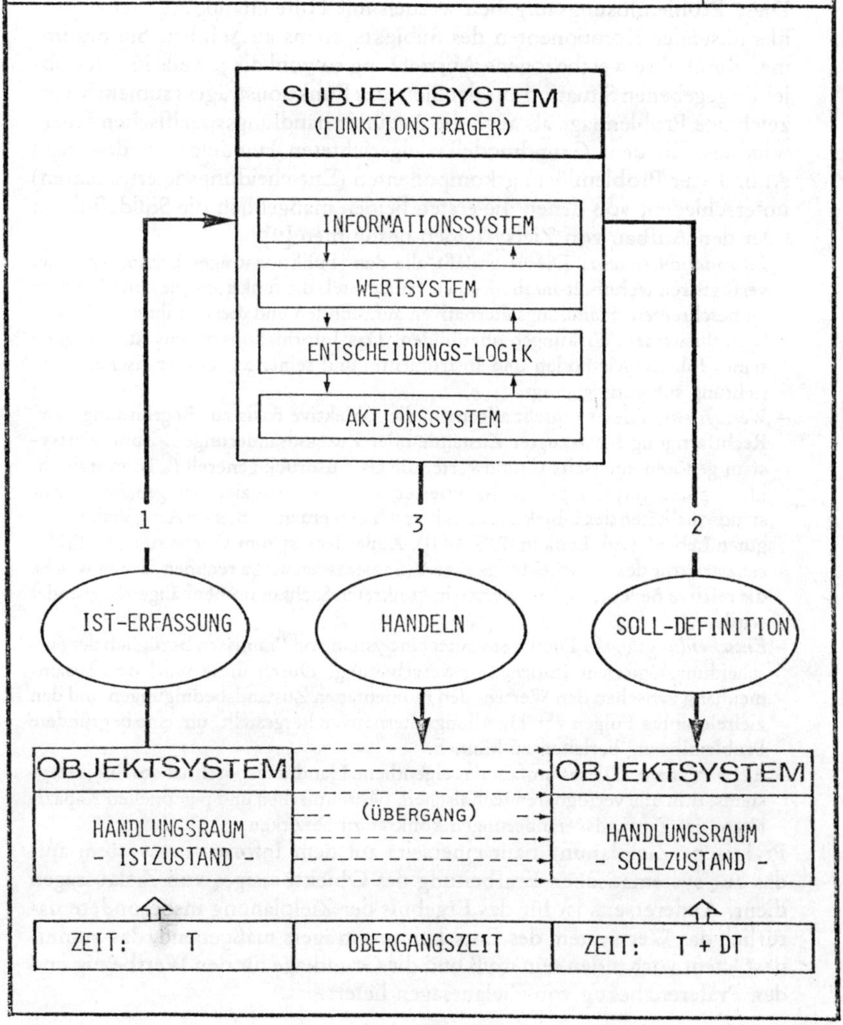

(3) *Handeln:*
Durch zielbezogenes Handeln wird schließlich der Ist-Zustand im Zeitablauf – gegebenenfalls unter Passieren von Übergangszuständen – in den Soll-Zustand überführt.

Diese Problemlösungsaufgaben werden mit Hilfe charakteristischer problemlösender Komponenten des Subjektsystems ausgeführt. Sie bestimmen durch ihre wertbezogene Ausrichtung sowohl die jeweils in einer objektiv gegebenen Situation aus der Sicht des Funktionsträgers subjektiv verzeichnete Problemlage als auch die Art ihrer handlungsspezifischen Überwindung. In dem Grundmodell zielgerichteten Handelns werden nach Abb. 4 vier Problemlösungskomponenten (Entscheidungsdeterminanten) unterschieden, von denen die ersten beiden maßgeblich die Solldefinition oder den Aufbau von Zielsystemen bestimmen [9].

- *Informationssystem:* Dieses umfaßt alle dem Funktionsträger bekannten bzw. verfügbaren technisch-methodischen Hilfsmittel, die funktionsrelevante Umwelt zu beschreiben, Handlungsalternativen aufzufinden und diese in ihren zustandsbeeinflussenden Wirkungen abzubilden. Das Informationssystem ist bezüglich seines Inhalts (Methoden und Instrumente) und seiner zweckspezifischen Ausrichtung subjektiv geprägt.
- *Wertsystem:* Dieses umfaßt allgemein die subjektive Basis zur Begründung bzw. Rechtfertigung bevorzugter Zustände oder Zustandsänderungen. Zum Wertsystem gehören einerseits Grundwerte, die als Ausdruck generell (z.B. moralisch, ideologisch, physiologisch) akzeptierter oder für unverzichtbar gehaltener Zustandsqualitäten des Objektsystems betrachtet werden, z.B. eine Art „Vision vom guten Leben" (vgl. Lenk in [7, S. 144]). Außerdem ist zum Wertsystem die Präferenzstruktur des Entscheidungsträgers (Subjektsystem) zu rechnen, durch welche die relative Bedeutung von Werten in konkreten Sachzusammenhängen begründet wird.
- *Entscheidungslogik:* Diese beinhaltet ein System von Prämissen bezüglich der entscheidungslogischen Informationsverarbeitung. Durch diese wird der Zusammenhang zwischen den Werten, den momentanen Zustandsbedingungen und den zielrelevanten Folgen von Handlungsalternativen hergestellt, um eine begründete Problemlösung herleiten zu können.
- *Aktionssystem:* Dieses umfaßt das eigentliche Handlungspotential des Subjektsystems, d.h. alle verfügbaren technischen, ökonomischen und personellen Kapazitäten, um Zustandsveränderungen konkret zu bewirken.

Praktische Zielplanung baut einerseits auf dem Informationssystem auf, das zur systematischen Erarbeitung des Objektbezuges von Zielaussagen dient. Andererseits ist für das Ergebnis der Zielplanung insbesondere natürlich das Wertsystem des Entscheidungsträgers maßgebend, das zumindest latent vorhanden sein muß und die Grundlage für den Wertbezug und den Präferenzbezug von Zielaussagen liefert.

2.2 Methodische Grundaufgaben der Zielplanung

Ausgehend von der handlungstheoretischen Definition des Zielbegriffes und der aufgezeigten Grundlogik systemanalytischer Problemlösung, können nun die methodischen Grundaufgaben der Zielplanung abgegrenzt werden.

Zusammenfassend gesehen ist die Aufgabe der Zielplanung die Soll-Definition. Die Problemlösungsfunktion einer operationalen Soll-Definition verlangt, daß ihre Zielaussagen objektbezogen, wertbezogen und präferenzbezogen sind. Dementsprechend müssen drei methodische Grundaufgaben der Zielplanung unterschieden werden, deren Lösung im Ergebnis ein konkretes Zielsystem definiert.

Grundaufgabe 1: Beschreibung des Objektbezuges von Zielaussagen in einem *Ziel-Maßnahmen-System.*

Der erforderliche „Objektbezug" von Zielaussagen wird durch Abgrenzung von Zielfeldern in einem Ziel-Maßnahmen-System definiert. Zielfelder beschreiben allgemein Zustandsräume. Speziell können sie als Handlungs-, Aufgaben- oder Problembereiche verstanden werden, in denen durch Handlungen Zustandsverbesserungen herbeigeführt werden sollen. Inhaltlich muß man bei der Definition eines Ziel-Maßnahmen-Systems vom Funktionszweck des Subjektsystems (Unternehmen, Ministerium, etc.) ausgehen und den relevanten Ausschnitt des Objektsystems (Zustandsraum) so aufspannen, daß ein unmittelbarer Bezug zwischen konkreten Handlungswirkungen und Zustandsveränderungen in Zielfeldern gedanklich hergestellt werden kann.

Praktisch läuft das darauf hinaus, daß ein Gesamtproblem funktionsbezogen soweit in Teilprobleme (Zielfelder) zerlegt wird, daß eine unmittelbare Beziehung zwischen Maßnahmen und deren Beitrag zur Lösung von Teilproblemen sichtbar wird. Dabei muß gewährleistet sein, daß die Problemstrukturierung unter Aufrechterhaltung des systembezogenen Lösungszusammenhanges von Teilproblemen erfolgt.

Grundaufgabe 2: Beschreibung des Wertbezuges von Zielaussagen in eine *Ziel-Wert-System.*

Durch normative Setzung ist auszusagen, von welchen Werten ein Zustand bzw. eine Zustandsänderung in einem Zielfeld begründet bzw. gerechtfertigt werden soll. Dazu müssen für jedes Zielfeld *Wertmaßstäbe* zur Beurteilung von Zustandsausprägungen angegeben werden. Diese Maßstäbe werden hier *Zielwertkriterien* genannt. Sie sind problembezogener Ausdruck des Wertsystems des Entscheidungsträgers und definierten zusammen ein situationsspezifisches Ziel-Wert-System.

Grundaufgabe 3: Beschreibung des Präferenzbezuges von Zielaussagen durch *Zielbewertung.*

Durch Zielbewertung wird die relative Bedeutung der Zielfelder im Hinblick auf ihr Wertrealisierungspotential ausgedrückt. Entsprechend der

Präferenzstruktur des Entscheidungsträgers sind dazu die Zielwertkriterien zu gewichten und die Zielfelder im Hinblick auf ihren relativen Wertrealisierungsbeitrag durch vergleichende Beurteilung einzustufen.

2.3 Der Zielplanungsprozeß

Die Durchführung der aufgezeigten Zielplanungsaufgaben erfolgt in der Praxis zweckmäßigerweise in einem zweifach strukturierten Zielplanungsprozeß. Dieser Prozeß ist einerseits gekennzeichnet durch *charakteristische Arbeitsschritte* einer iterativen Informationsgewinnung und entscheidungslogischen Informationsverarbeitung. Darüber hinaus sind übergeordnet *typische Phasen* der Zielplanung zu unterscheiden, die der funktionsspezifischen Arbeitsteilung in großen Organisationen Rechnung tragen.

2.3.1 Arbeitsschritte im Zielplanungsprozeß

In Abb. 5 ist der idealtypische Ablauf der charakteristischen Arbeitsschritte eines Zielplanungsprozesses dargestellt.
In *Schritt 1* des Zielplanungsprozesses erfolgt eine allgemeine Suche von Zielinformationen und die Formulierung von Zielaussagen. Dazu sind alle Zielvorstellungen, die zur Verbesserung der jeweils betrachteten Problemsituation beitragen könnten, zu sammeln (vgl. dazu Abb. 6). Diese Informationssammlung kann durch Auswertung von Veröffentlichungen und/oder Befragungen erfolgen. Dabei kann man sich spezieller Methoden bedienen wie z.B. der Methode des „Brainstorming“, der „Morphologie“, der „Delphi-Methode“ und des ‚Scenario-Writings“. Mit Hilfe solcher Methoden müssen alle verfügbaren Informationsquellen für die Suche und Formulierung von Zielfeldern und Zielwertkriterien ausgeschöpft werden.
Die Zusammenstellung der in diesem ersten Schritt des Zielplanungsprozesses gewonnenen Zielaussagen bildet den sogenannten *Zielkatalog*. Dieser Katalog ist noch ungeordnet, d.h. mögliche Beziehungen zwischen den Zielaussagen sind noch nicht beschrieben. Das wird z.B. dadurch deutlich, daß neben relativ weit gefaßten Globalzielen (Zielfeldern und Zielwerten) auch sehr detaillierte Einzelziele stehen dürfen. Sachlich sollte der Zielkatalog jedoch bereits das gesamte Zielspektrum umfassen, d.h. die Bereiche aller denkbaren Handlungswirkungen und Grundwerte müssen wenigstens durch grobe Aussagekategorien abgedeckt sein.
In den *Schritten 2, 3 und 4* werden dann, ausgehend vom Zielkatalog, nacheinander die drei methodischen Grundaufgaben der Zielplanung

- Aufstellung des Ziel-Maßnahmen-Systems (Objektbezug)
- Aufstellung des Ziel-Wert-Systems (Wertbezug)
- Zielbewertung (Präferenzbezug)

bearbeitet. Die dabei anzuwendenden Verfahren werden im Zusammenhang mit dem unter Absatz 3 behandelten Beispiel aufgezeigt.
Schließlich erfolgt in *Schritt 5* die Anwendung und Anpassung des Zielsy-

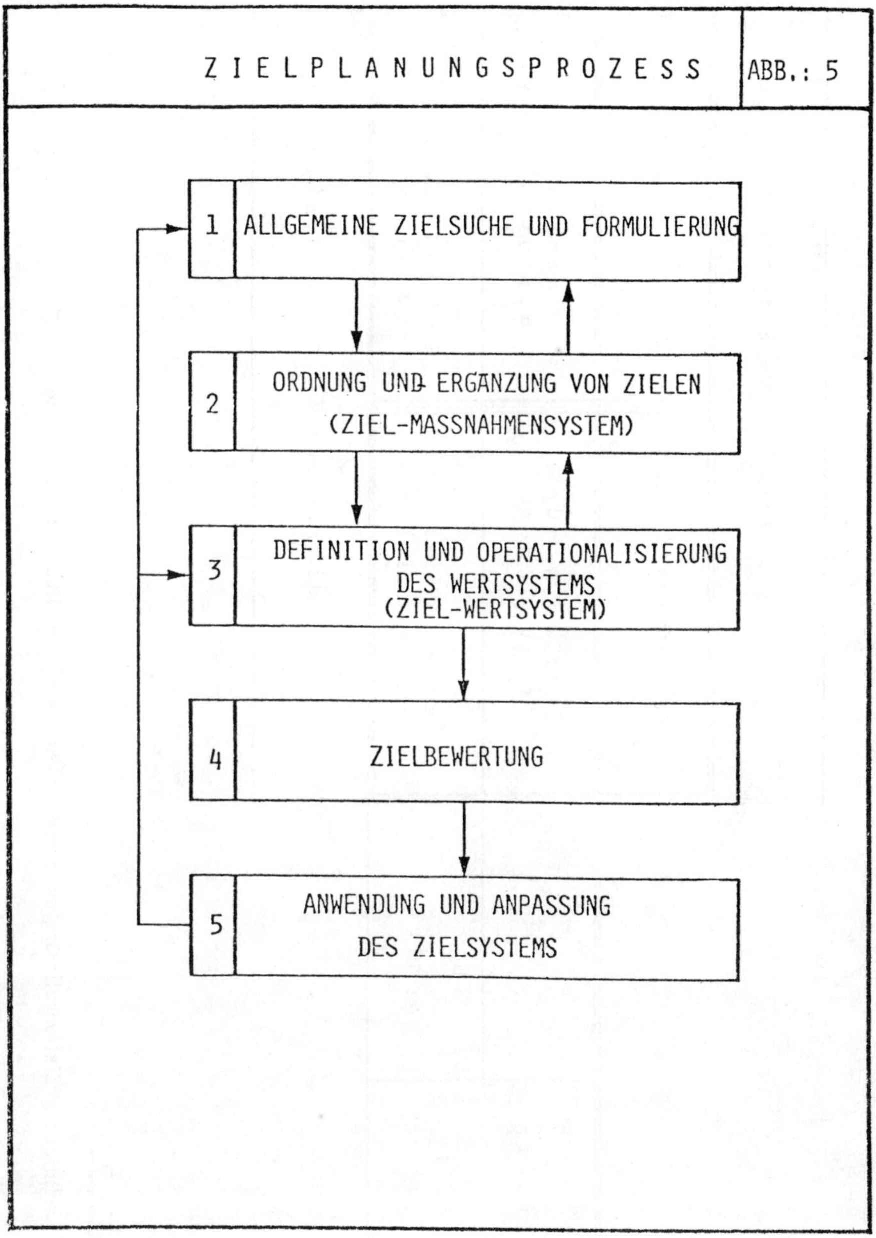
ZIELPLANUNGSPROZESS
ABB.: 5
1 ALLGEMEINE ZIELSUCHE UND FORMULIERUNG
2 ORDNUNG UND ERGÄNZUNG VON ZIELEN (ZIEL-MASSNAHMENSYSTEM)
3 DEFINITION UND OPERATIONALISIERUNG DES WERTSYSTEMS (ZIEL-WERTSYSTEM)
4 ZIELBEWERTUNG
5 ANWENDUNG UND ANPASSUNG DES ZIELSYSTEMS

		zu beurteilende Situation	
		gegenwärtiger Zustand	Zukunfts-Aussichten
Beur-teilung	gut	Befriedigendes ist zu sichern	Chancen sind auszuschöpfen
	schlecht	Fehlerhaftes ist zu verbessern	Bedrohungen sind abzuwenden
		Grundsätze zur Zielformulierung	

ABB. 6

Grundsätze zur Zielformulierung entsprechend der jeweiligen Situationseinschätzung stems. Die Anwendung des Zielsystems besteht generell darin, es als Maßstab für die Suche und Auswahl konkreter Handlungen (Maßnahmen, Projekte, Programme) zu verwenden. Eine Anpassung des Zielsystems ist dann erforderlich, wenn es im Zeitablauf wiederholt bei Planungsproblemen angewendet werden soll und inzwischen eingetretene Zustandsveränderungen in den Zielfeldern eine inhaltliche Überarbeitung oder eine neue Zielbewertung erforderlich machen.

2.3.2. Phasen im Zielplanungsprozeß

Die funktionsspezifische Arbeitsteilung in großen Organisationen macht es notwendig, daß konkrete Zielsysteme phasenweise erarbeitet werden.
In der *ersten Phase* einer Zielplanung wird der sogenannte Zielrahmen erarbeitet. Die Zielaussagen im Zielrahmen sind strategischer Art. Sie fallen in den Zuständigkeitsbereich der obersten Führungsebene einer Organisation und zeigen für alle Funktionsbereiche der Organisation in einer Gesamtschau sachliche und wertmäßige Programmleitlinien auf.

- Der *Zielrahmen* enthält alle allgemein auf die Wahrnehmung der Organisationsfunktionen bezogenen *strategischen* Ziele.

In der *zweiten Phase* der Zielplanung großer Organisationen werden für die wichtigsten Funktionsbereiche sogenannte *Zielprogramme* erarbeitet. In den Zielprogrammen erfolgt eine programm- oder projektbezogene sachliche und wertmäßige Konkretisierung der Zielaussagen des Zielrahmens. Die Formulierung von Zielprogrammen fällt primär in den Verantwortungsbereich der mittleren und unteren Führungsebenen einer Organisation. Zielprogramme werden gewöhnlich für einzelne Ressorts, Unternehmensabteilungen oder auch für komplexe ressortübergreifende Problemkomplexe (z.B. Umweltschutz) erstellt.

- Ein *Zielprogramm* enthält einerseits Ziele, welche die mit der Realisierung von Projekten angestrebte Erfüllung von Organisationsfunktionen betreffen, sowie andererseits Ziele, die sich auf die speziell gewünschten Eigenschaften und Leistungsspezifikationen der Projekte selbst beziehen.

Entsprechend dieser Phasenweisen Strukturierung eines Zielplanungsprozesses besteht ein konkretes Zielsystem einer Organisation aus einem Zielrahmen und einem oder mehreren Zielprogrammen (vgl. Abb. 7).

3. Beispiel einer Zielrahmenplanung im sozialen Bereich

In diesem Abschnitt soll das Vorgehen bei einer systemanalytischen Zielplanung am Beispiel einer Zielrahmenplanung dargestellt werden. Dabei ist hervorzuheben, daß die Inhalte dieses Beispiels natürlich keinen Anspruch auf Allgemeingültigkeit stellen können. Sie sind lediglich Ausdruck situationsspezifischer Erfahrungen und Wertungen der an dem Zielplanungs-

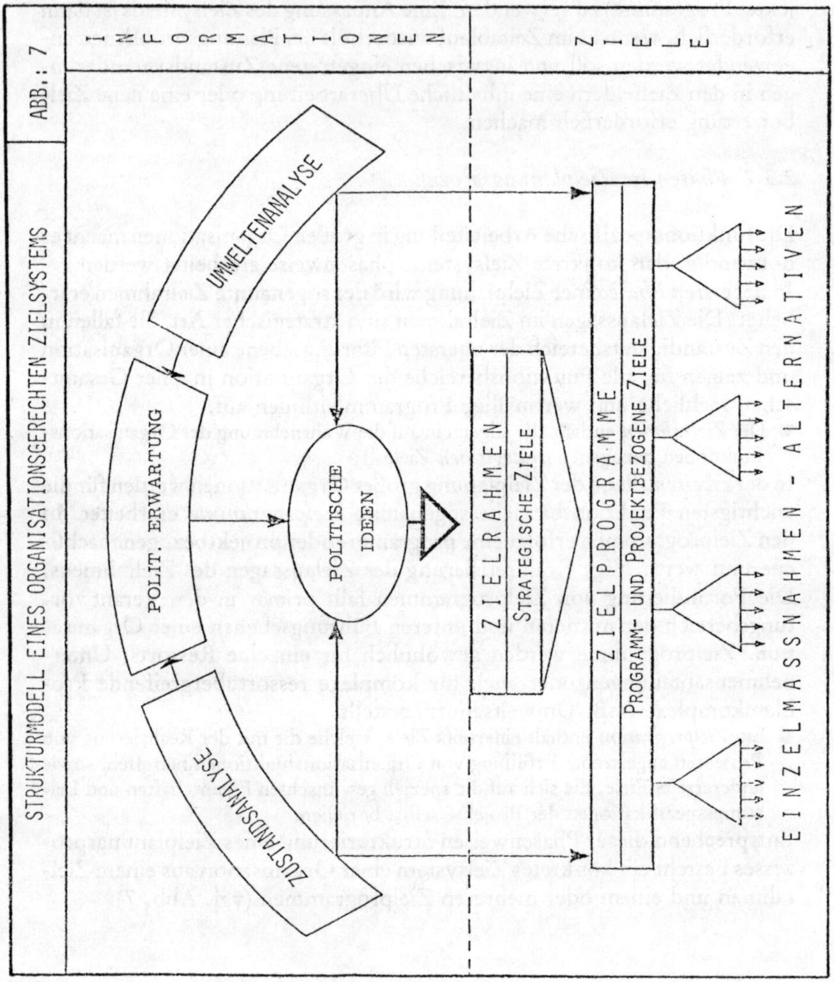
STRUKTURMODELL EINES ORGANISATIONSGERECHTEN ZIELSYSTEMS
ABB.: 7
INFORMATIONEN
ZIELE
UMWELTENANALYSE
POLIT. ERWARTUNG
ZUSTANDSANALYSE
POLITISCHE IDEEN
ZIELRAHMEN
STRATEGISCHE ZIELE
ZIELPROGRAMME
PROGRAMM- UND PROJEKTBEZOGENE ZIELE
EINZELMASSNAHMEN - ALTERNATIVEN

prozeß beteiligten Personen. Außerdem ist zu beachten, daß keineswegs alle beteiligten Personen der oben skizzierten Zielplanungsmethodik uneingeschränkt zustimmen konnten, da bisher erst relativ wenig Erfahrungen auf diesem Gebiet gesammelt werden konnten.
Dieses Beispiel wurde im Rahmen des Projektes IPEKS (Integriertes Planungs-, Entscheidungs- und Kontroll-System) erarbeitet, das die Landesregierung in Rheinland-Pfalz in Auftrag gegeben hatte. Dieses Beispiel wurde 1974 durchgeführt. An ihm waren zahlreiche Stellen des Auftraggebers und Mitarbeiter des Verfassers beteiligt [10].

3.1 Gesamtablauf einer politischen Zielrahmenplanung

Aus der Sicht einer Landesregierung kann ein Zielrahmen als analytische Basis zur Formulierung der Grundpolitik, z.B. in Form einer Regierungserklärung, angesehen werden. Im Zielrahmen sind politische Programmleitlinien zu formulieren, die aufzeigen,

- in welchen zentralen Aufgabenbereichen (Zielfeldern)
- welche gesellschaftlichen Werte (Zielwerte)
- mit welcher relativen Priorität zu verfolgen bzw. zu verwirklichen sind.

Die systematische Erarbeitung und Offenlegung des politisch Gewollten in einem Zielrahmen wird damit zur Grundlage für Transparenz nach außen und innen.
Transparenz nach außen ist als Voraussetzung für die Konsensfähigkeit von Politik und demokratischer politischer Mitwirkung anzusehen. Transparenz nach innen ist dagegen notwendige Voraussetzung für eine

- integrierte Fachplanung,
- effiziente, zielbezogene Nutzung von Ressourcen,
- zielbezogene Innovation und Kreativität bei der politischen Konzeption von Problemlösungen.

Einen Überblick über den Gesamtablauf der in diesem Fall durchgeführten politischen Zielrahmenplanung zeigt Abb. 8. In den Arbeitsschritten 1 bis 3 wurden im iterativen Vorgehen die gestaltungsbedürftigen Problemfelder identifiziert und die Zielfelder eines Ziel-Maßnahmen-Systems definiert. In den Schritten 4 und 5 erfolgte dann die Abgrenzung politischer Grundwerte und deren zielfeldbezogene Operationalisierung in einem Ziel-Wert-System. Danach wurden die bis dahin erarbeiteten Ergebnisse mit Experten aus den verschiedenen wissenschaftlichen und politischen Bereichen diskutiert und überarbeitet. In den Schritten 6 und 7 wurde dann anschließend die Zielbewertung von den verantwortlichen Stellen der Regierung vorgenommen. Das Ergebnis, das hier «Zielsystem A» genannt wurde, ist Ausdruck einer rein normativen politischen Wertung. Da praktische Politik konsensfähig sein muß, ist es notwendig, daß diese rein normative Wertung um die mit konkreten Problemlösungserwartungen verbundenen Wertungen der Bevölkerung ergänzt wird. Diese Bevölkerungserwartungen wurden in den Schritten 8 und 9 zielfeldbezogen erfaßt und in dem so-

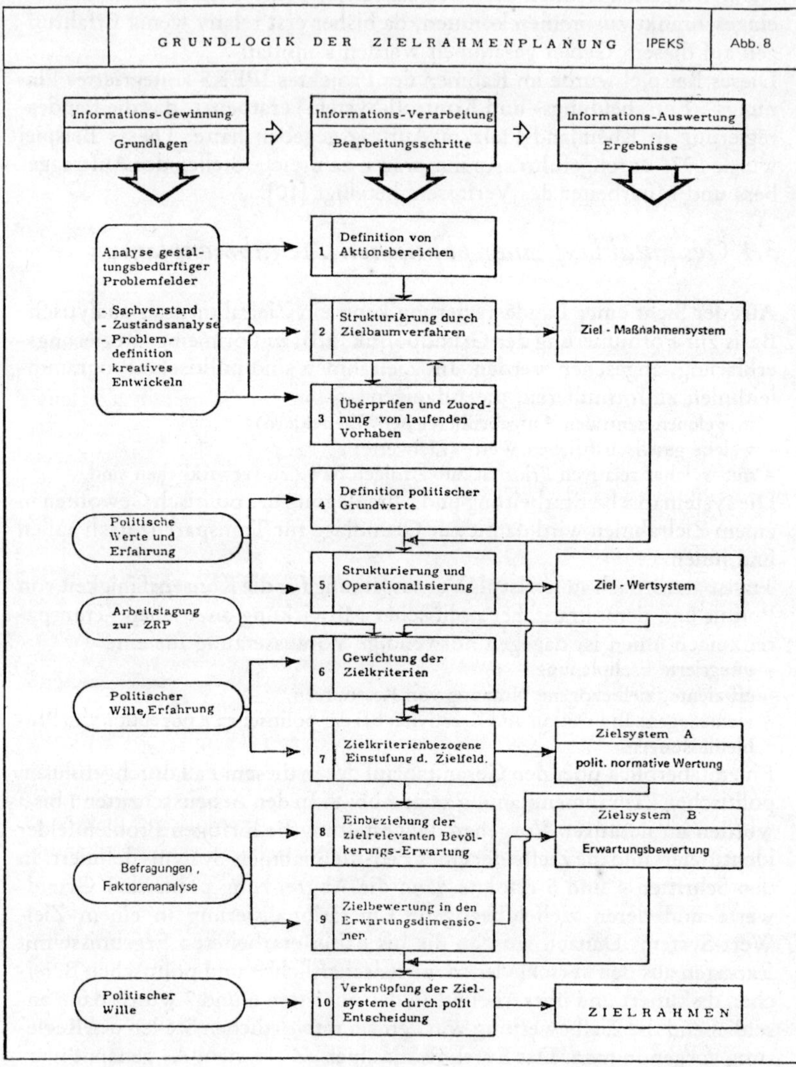
GRUNDLOGIK DER ZIELRAHMENPLANUNG
IPEKS
Abb. 8
Informations-Gewinnung
Grundlagen
Informations-Verarbeitung
Bearbeitungsschritte
Informations-Auswertung
Ergebnisse
Analyse gestaltungsbedürftiger Problemfelder
Sachverstand
- Zustandsanalyse
Problemdefinition
kreatives Entwickeln
1 Definition von Aktionsbereichen
2 Strukturierung durch Zielbaumverfahren
Ziel - Maßnahmensystem
3 Überprüfen und Zuordnung von laufenden Vorhaben
4 Definition politischer Grundwerte
Politische Werte und Erfahrung
5 Strukturierung und Operationalisierung
Ziel - Wertsystem
Arbeitstagung zur ZRP
6 Gewichtung der Zielkriterien
Politischer Wille, Erfahrung
7 Zielkriterienbezogene Einstufung d. Zielfeld.
Zielsystem A
polit. normative Wertung
8 Einbeziehung der zielrelevanten Bevölkerungs-Erwartung
Zielsystem B
Erwartungsbewertung
Befragungen, Faktorenanalyse
9 Zielbewertung in den Erwartungsdimensionen
Politischer Wille
10 Verknüpfung der Zielsysteme durch polit Entscheidung
ZIELRAHMEN

genannten „Zielsystem B" abgebildet. Schließlich erfolgte im Schritt 10 eine Verknüpfung der Zielsysteme A und B durch politisch-pragmatische Wertung. Das Ergebnis ist dann der Zielrahmen.
In den folgenden Abschnitten sollen nun die speziellen Vorgehensweisen bei der Erarbeitung des Ziel-Maßnahmen-Systems, des Ziel-Wert-Systems, der Zielbewertung und der Auswertung der Ergebnisse beispielhaft erläutert werden.

3.2 Formulierung des Ziel-Maßnahmen-Systems

Wie unter 2.2 ausgeführt wurde, wird im Ziel-Maßnahmen-System der sachliche Objektbezug von Zielaussagen durch Definition von Zielfeldern zum Ausdruck gebracht. Die Zielfelder zeigen hier auf, in welchen politischen Gestaltungsbereichen Verbesserungen durch Maßnahmen herbeigeführt werden sollen.
Ausgehend von den zunächst in einem Zielkatalog zu sammelnden Zielaussagen (vgl. unter 2.3) wird mit Hilfe des Zielbaumverfahrens eine Strukturierung der Aussagen nach sachorientierten Wirkungszusammenhängen vorgenommen (Schritte 1 bis 3 in Abb. 8).
Das Zielbaumverfahren besteht formal gesehen in einem mehrstufigen Definitionsprozeß. Ausgangspunkt dieses Prozesses ist eine globale Umschreibung des zu analysierenden Problemfeldes, das schrittweise unter sacheingrenzenden Gesichtspunkten soweit in Bereiche, Unterbereiche etc. zerlegt wird, bis ein unmittelbarer Bezug zwischen problemlösenden Einzelmaßnahmen und Teilproblemen hergestellt werden kann. Dabei verlangt die Logik der Untergliederung eines Problems in Teilprobleme, daß die Lösung der Teilprobleme definitionsgemäß zur vollständigen Lösung des Gesamtproblems führen. Mit anderen Worten steht die Lösung eines Teilproblems in *Mittel-Zweck-Beziehungen* zum vorgelagerten Ausgangsproblem.
Veranschaulicht man sich diesen Definitionsprozeß graphisch, dann entsteht die Struktur eines Baumes (vgl. Abb. 9). In diesem Baum stehen die Verzweigungsknoten stellvertretend für definierte Probleme und die gerichteten Verbindungen zwischen ihnen (Äste) zeigen stellvertretend für Mittel-Zweck-Beziehungen auf, wie die Lösungen von Teilproblemen zur Lösung übergeordneter Probleme führen. Die Überwindung der Problemlagen in den definierten Problembereichen wird im Sinne angestrebter Handlungswirkungen als *Ziel* verstanden. Dementsprechend können die Elemente des Baumes als Problem-, Handlungs- oder auch als Zielfelder interpretiert werden. Dabei ist zu beachten, daß die Lösung der auf einer Ebene definierten Teilprobleme Lösungsbeiträge zu mehreren Problemen auf der vorgelagerten Ebene liefern können. Graphisch kommt das darin zum Ausdruck, daß auf einer Ebene dieselben Elemente mehrfach auftreten können. Praktisch ist das gleichbedeutend mit einer *Vernetzung* des Bau-

MAKROSTRUKTUR EINES ZIEL-MASSNAHMENSYSTEMS ABB.: 9

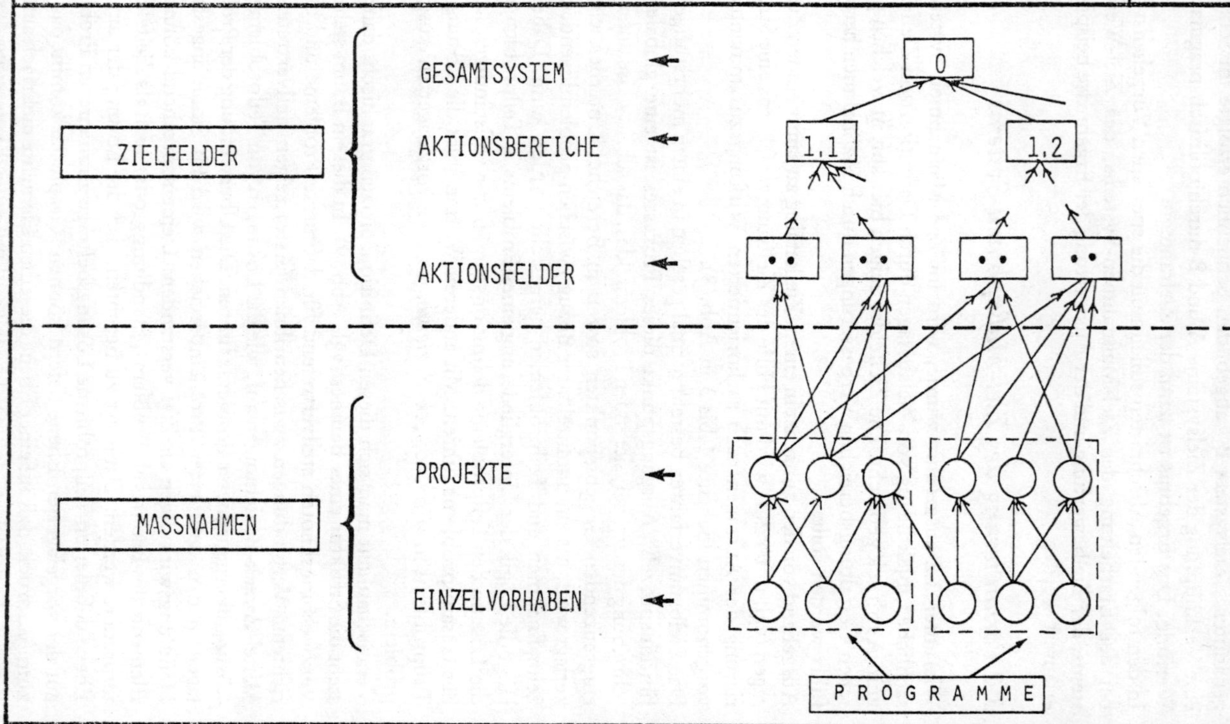

mes. Diese Vernetzung ist ein Ausdruck für die *Maßnahmeninterdependenz* der auf den vorgelagerten Ebenen definierten Problembereiche.
Die Zielfelder müssen soweit handlungsbezogen konkretisiert werden, daß auf der untersten Ebene des Zielbaumes alle diejenigen Maßnahmen angeordnet werden können, die einen nachweisbaren Beitrag zur Lösung der unmittelbar vorgelagerten Probleme in den Zielfeldern liefern können. Diese Ebene wird dementsprechend *Maßnahmenebene* genannt und der gesamte Zielbaum *Ziel-Maßnahmen-System.*
Die Definition eines Ziel-Maßnahmen-Systems in einem komplexen Problemfeld ist ein kreativer Vorgang, d.h., das gewonnene Ergebnis ist weder vollkommen eindeutig noch völlig wertfrei.
Es empfiehlt sich, hier sowohl deduktiv als auch induktiv vorzugehen. Zu Beginn der stufenweisen Problem- bzw. Zielfeldstrukturierung sollte man versuchen, sich ein Funktionsmodell des Subjektsystems (Regierung, Ministerium, Unternehmen o.ä.) im Problemfeld zu entwickeln, um auf diese Weise auf der ersten Zielbaumebene zu einer „plausiblen" Abgrenzung funktionscharakteristischer Subsysteme (Zielfelder) zu kommen. Diese können dann zunächst deduktiv weiter aufgefächert werden.
In diesem Fall wurden in Anlehnung an Parsons' Vier-Funktionen-Paradigma der sozio-ökonomischen und politisch-kulturellen Komplexität der Gesellschaft die folgenden vier Aktionsbereiche (Zielfelder der Zielbaumebene 1) unterschieden (vgl. Abb. 10):

(1) Wirtschaft,
(2) Kultur,
(3) Soziales,
(4) Staat und Verwaltung.

Diese Zielfelder der Ebene 1 wurden mit Hilfe des Zielbaumverfahrens über zwei weitere Ebenen inhaltlich aufgefächert, wobei Ressortzuständigkeiten grundsätzlich außer acht gelassen werden sollten. Insgesamt sind die Ebenen mit Zielfeldern wie folgt besetzt worden:

Ebene 0:		Gesamtsystem
Ebene 1:	4	Aktionsbereiche
Ebene 2:	20	Aktionsschwerpunkte
Ebene 3:	105	Aktionsfelder

Als Beispiel werden in Abb. 11 die Zielfelder des Aktionsbereiches „Soziales" gezeigt.
Die endgültige Festlegung von Zielfeldern ist gewöhnlich mit langwierigen, intensiven Diskussions- und Überprüfungsprozessen verbunden. Insbesondere muß natürlich sichergestellt sein, daß hier beispielsweise alle Aktivitäten der Regierung den Zielfeldern auf der untersten Ebene (Aktionsfeldern) in ihrem Wirkungsbezug zugeordnet werden können. Dabei sind Mehrfachzuordnungen aufgrund der Maßnahmeninterdependenz der Aktionsbereiche auf der Ebene 1 eher die Regel als die Ausnahme.

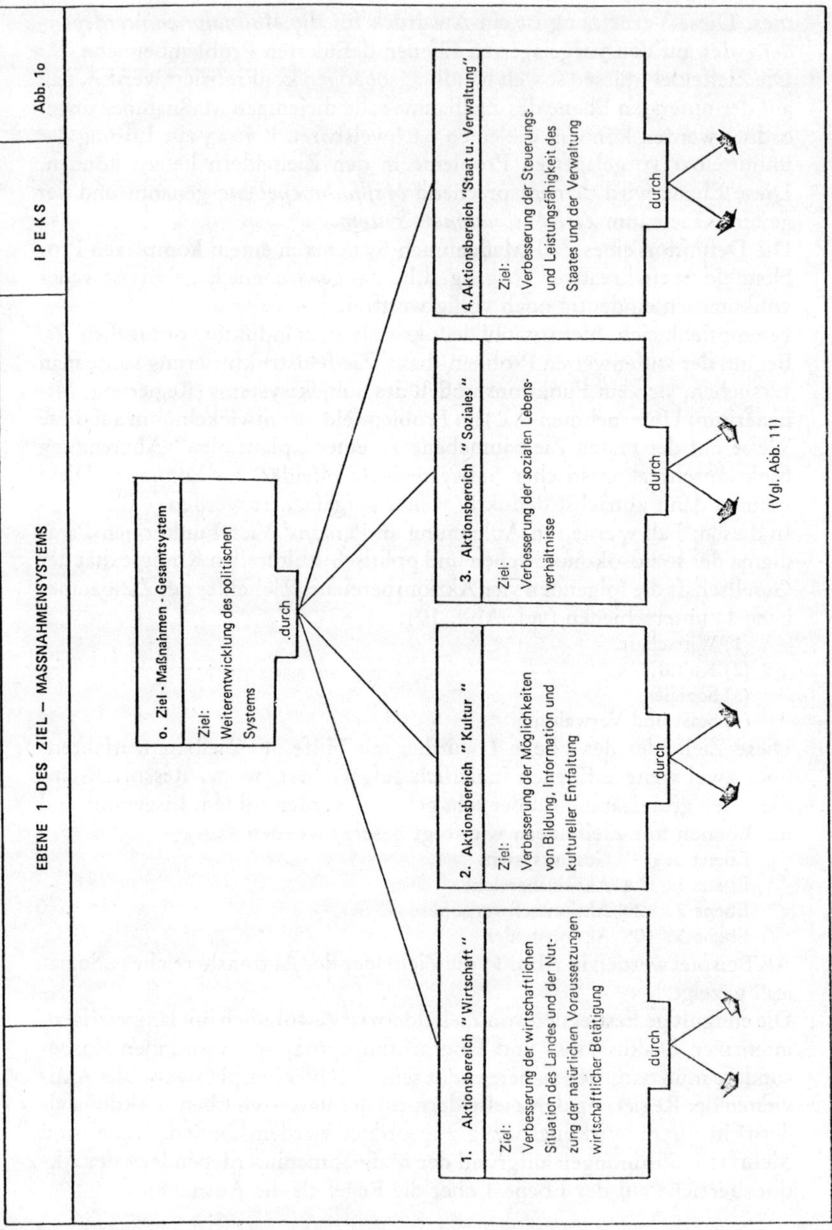
EBENE 1 DES ZIEL — MASSNAHMENSYSTEMS
I P E K S
Abb. 1o
o. Ziel - Maßnahmen - Gesamtsystem
Ziel:
Weiterentwicklung des politischen Systems
durch
1. Aktionsbereich "Wirtschaft"
Ziel:
Verbesserung der wirtschaftlichen Situation des Landes und der Nutzung der natürlichen Voraussetzungen wirtschaftlicher Betätigung
durch
2. Aktionsbereich "Kultur"
Ziel:
Verbesserung der Möglichkeiten von Bildung, Information und kultureller Entfaltung
durch
3. Aktionsbereich "Soziales"
Ziel:
Verbesserung der sozialen Lebensverhältnisse
durch
4. Aktionsbereich "Staat u. Verwaltung"
Ziel:
Verbesserung der Steuerungs- und Leistungsfähigkeit des Staates und der Verwaltung
durch
(Vgl. Abb. 11)

	ZIEL-MASSNAHMENSYSTEM: ZIELFELDER IM AKTIONSBEREICH SOZIALES	IPEKS Abb. 11

3. VERBESSERUNG DER SOZIALEN LEBENSVERHÄLTNISSE (Aktionsbereich Soziales)

3.1 Verbesserung der sozialen Sicherheit und des sozialen Ausgleichs

3.1.1 Sicherung der Existenzgrundlage durch Gewährleistung von Einkommen aus Arbeit

3.1.2 Verbesserung der kollektiven Vorsorge gegen Einkommensverlust (z.B. Arbeitslosigkeit, vorzeitige Erwerbsminderung, Krankheit, Unfall, Alter, Tod des Ernährers)

3.1.3 Verbesserung der Entschädigung und des sozialen Ausgleichs (z.B. Kriegsopferversorgung und -fürsorge, allgemeine Aufopferung, Impfschäden, Familienlastenausgleich, Ausbildungshilfen, Unterhaltssicherung, Wohngeld, Sozialhilfe)

3.1.4 Verbesserung der Bedingungen für eine breitere Eigentums- und Vermögensbildung

3.1.5 Gewährleistung einer leistungsgerechten und sozialgerechten Verteilung von Einkommen

3.2 Verbesserung der Arbeits- und Lebensbedingungen und des sozialen Zusammenlebens

3.2.1 Humanisierung der Arbeitswelt durch Verbesserung des gesundheitlichen, technischen und sozialen Arbeitsschutzes, Vermeidung von Über- und Unterforderung, Verbesserung der Arbeitsorganisation und der Arbeitsbedingungen sowie Teilhabe des Arbeitnehmers an den Entscheidungen des Unternehmens und im Betrieb

3.2.2 Gewährleistung menschenwürdigen und begegnungsfreundlichen Wohnens (Qualität der Wohnung, Gestaltung der soziokulturellen Umwelt)

3.2.3 Ausbau der sozialen Dienste (Beratung, Betreuung, Pflege für die Hilfe in Notfällen und zur personalen Entfaltung)

3.2.4 Verbesserung der Möglichkeiten zu privater sozialer Aktivität und Stärkung der Bereitschaft zur persönlichen Hilfeleistung

3.2.5 Verbesserung der Aufteilung von Arbeitszeit und Freizeit (Arbeitstag, Wochenende, Jahresurlaub, flexible Altersgrenze)

3.2.6 Förderung von Sport, Spiel- und Freizeitmöglichkeiten

ZIEL-MASSNAHMENSYSTEM: ZIELFELDER IM AKTIONSBEREICH SOZIALES	IPEKS Abb. 11 a

3.3 Verbesserung der sozialen Lage gesellschaftlicher Gruppen

3.3.1 Stärkung der wirtschaftlichen und sozialen Situation der Familie

3.3.2 Beseitigung der gesellschaftlichen und beruflichen Benachteiligung der Frau

3.3.3 Verbesserung von chancengerechten Entwicklungsmöglichkeiten für Kinder und Jugendliche (Kinderschutz, Jugendschutz, Pflegestellen, Adoption, Heimerziehung, vorschulische Erziehung, Erziehungsberatung, Erholung und Freizeit)

3.3.4 Verbesserung der Bedingungen zur selbständigen und unabhängigen Lebensgestaltung alter Menschen

3.3.5 Verbesserung der beruflichen, medizinischen und sozialen Rehabilitation behinderter Menschen

3.3.6 Soziale Teilhabe der ausländischen Arbeitnehmer und ihrer Familien

3.3.7 Verbesserung der Wiedereingliederung Straffälliger in Beruf und Gesellschaft

3.3.8 Soziale Eingliederung der Vertriebenen, Flüchtlinge, Heimkehrer

3.3.9 Eingliederung sozial desintegrierter Gruppen (z.B. Obdachlose, Drogenabhängige)

3.4 Ausbau des Gesundheitswesens

3.4.1 Verbesserung der Gesundheitsvor- und -fürsorge sowie der Gesundheitsförderung

3.4.2 Ausbau eines bedarfsgerecht gestuften Systems leistungsfähiger Krankenhäuser

3.4.3 Verbesserung der ambulanten Krankenversorgung

3.4.4 Überwachung von Herstellung und Umgang mit biologisch wirksamen Substanzen (z.B. Arzneimittel, Gifte, radioaktive Stoffe).

3.5 Sicherung und Verbesserung der natürlichen Lebensgrundlagen

3.5.1 Erhaltung eines leistungsfähigen Landschaftshaushaltes (Luft, Wasser, Boden, Tier- und Pflanzenwelt)

3.5.2 Schutz des Menschen vor Immissionen (Luftverunreinigen, Lärm, Erschütterungen und Strahlen)

3.5.3 Verbesserung der Qualität und des Schutzes der Lebensmittel und der Sicherheit der Bedarfsgegenstände

3.3 Formulierung des Ziel-Wert-Systems

Entsprechend der zweiten Grundaufgabe der Zielplanung muß durch Formulierung eines Ziel-Wert-Systems angegeben werden, mit welchen Werten im Sinne von Wertmaßstäben ein Zustand bzw. eine Zustandsänderung in einem Zielfeld begründet und gerechtfertigt werden soll. Diese Aufgabe wurde hier in den Schritten 4 und 5 der Abb. 8 durchgeführt. Zunächst stellt sich dabei die Frage nach einer allgemeinen politischen Wertbasis, d.h. die Frage nach „allgemeinverbindlichen»» Grundwerten, die möglichst unabhängig von ideologischen Gruppeninteressen sein sollten. Die damit verbundene Problematik kann aus der Sicht der Planungspraxis wohl nur unbefriedigend gelöst werden.
In jüngster Zeit ist wiederholt von Planern, Technologen und Politikern der Ruf nach neuen Werten als normative Grundlage vernünftigen Handelns laut geworden [6, S. 148 ff]. Nach Ozbekhan haben Planer und Technologen ihre Schuldigkeit getan, die Philosophen seien jetzt wieder an der Reihe [3, S. 47 ff]. Ihre Aufgabe muß darin gesehen werden, vorhandene ethische Modelle zu sichten, kritisch zu analysieren und zu variieren, um damit der Planungspraxis verschiedene Grundwertmodelle verfügbar zu machen. Wie Lenk [5, S. 107] hervorhebt, stellen sich die damit verbundenen Fragen an der „Nahtstelle zwischen Philosophie, Sprachwissenschaft und Sozialwissenschaft". „Empirische Beschreibung reicht zur Beantwortung ebensowenig wie der Aufweis logischer Möglichkeiten oder die Konstruktion von Korrektheitsmaßstäben allein." „Theoretische Erklärung, Modellkonstruktion, logische Prüfung, erfahrungswissenschaftliche Erhebung und Beschreibung müssen hier zusammenwirken." In dem hier angeführten Beispiel der Zielrahmenplanung mußte versucht werden, die vielfältigen Wertvorstellungen der verantwortlichen Politiker zunächst in wenigen Grundwertdimensionen zusammenzufassen. Dabei wurden folgende 5 Grundwerte abgegrenzt:

- Freiheit (personale Entscheidungsfreiheit),
- Solidarität (Sozialverpflichtung),
- Gleichheit (Chancengleichheit),
- Pluralität (Autonomie der Institutionen und Verbände),
- Effektivität (Steuerungsfähigkeit).

Es zeigte sich, daß alle geäußerten Wertaussagen der am Planungsprozeß Beteiligten diesen Grundwerten zugeordnet werden konnten. Ebenso wurde deutlich, daß die Grundwerte je nach inhaltlicher Interpretation in einer starken Wechselwirkung miteinander stehen und einer möglichst operationalen, inhaltlichen Definition bedürfen. Das heißt, die Grundwerte mußten aufgrund empirischer Untersuchungen semantisch interpretiert und im Hinblick auf das Ziel-Maßnahmen-System zielfeldbezogen operationalisiert werden. Das Ergebnis ist das Ziel-Wert-System, das in Abb. 12 zusammengefaßt dargestellt ist.

Die in diesem Fall für den sozialen Bereich definierten Werte, die als Maßstäbe (Zielwertkriterien) zur Beurteilung von Maßnahmen in den in Abb. 11 dargestellten Zielfeldern dienen sollen, sind in der Tabelle von Abb. 12 in der Spalte „Soziales" aufgeführt. Eine weitere zielfeldbezogene Konkretisierung dieser Zielwerte erfolgte im Zielplanungsprozeß später im Zusammenhang mit der Zielwertgewichtung.

3.4 Zielbewertung

Um zu politischen Prioritäten zu kommen, ist es notwendig, das Ziel-Maßnahmen-System mit dem Ziel-Wert-System zu verknüpfen. Diese Verknüpfung betrifft die dritte Grundaufgabe der Zielplanung. Sie erfolgt durch Zielbewertung.

Die Zielbewertung führt im Ergebnis zu relativen Nutzwerten (Prioritäten, Gewichten, Relevanzen) der Zielfelder, die quantitativer Ausdruck des Wertrealisierungspotentials im Zielfeld sind. Diese zu ermittelnden Nutzwerte der Zielfelder sind später im Planungsprozeß maßgebend für die Auswahl bzw. Kombination von Maßnahmen zu Projekten und Programmen. Entsprechend dem in Abb. 9 aufgezeigten prinzipiellen Wirkungszusammenhang zwischen Maßnahmen und Zielfeldern setzt sich der Nutzwert oder die relative Dringlichkeit einer Maßnahme zusammen aus ihren bewerteten Problemlösungsbeiträgen in den Zielfeldern. Diese werden umso höher bewertet, je größer die Nutzwerte der maßnahmenrelevanten Zielfelder sind.

Praktisch erfolgt die Zielbewertung dadurch, daß „Experten" die Zielfelder (im folgenden kurz „Ziele") miteinander vergleichen und ihnen quantitative Nutzwerte zuordnen. Je nach Art der Ziele kommen hier als Experten erfahrene Fachleute und/oder politisch verantwortliche Entscheidungsträger in Betracht. Zur Bewertung des hier beschriebenen Beispiels waren beide Expertengruppen notwendig, wobei auf den oberen Zielebenen die Politiker und auf den unteren Ebenen die Fachleute überwogen.

Die Zielbewertung wird durch die Baumstruktur des Ziel-Maßnahmen-Systems wesentlich erleichtert. Unter gedanklicher Beachtung des Systembezuges können die Nutzwerte der Ziele *stufenweise* bestimmt werden. Dabei brauchen jeweils nur die Ziele miteinander verglichen zu werden, die eine gemeinsame Zielgruppe (Verzweigung) im Zielbaum bilden, d.h., das komplexe Problem der gleichzeitigen Bewertung aller Ziele wird aufgespalten und dadurch wesentlich vereinfacht. Gleichzeitig hat man damit die Möglichkeit, die Bewertung problemspezifisch von den verschiedenartigsten Experten vornehmen zu lassen. Diese fachspezifischen Urteile zu Teilproblemen können dann später aufgrund des logischen Gesamtzusammenhanges im Zielbaum systematisch miteinander verknüpft werden.

Außer dieser strukturellen Aufspaltung des Bewertungsproblemes in Teil-

Grundwerte und operative Werte / Aktionsbereiche		ZIEL - WERTSYSTEM: Wirtschaft	Kultur	Soziales	IPEKS ABB.: 12 — Staat und Verwaltung
Freiheit (Personale Entscheidungsfreiheit)	Personale Wahlfreiheit Wahlmöglichkeiten (Alternativen) Vielfalt der Wortvorstellungen Transparenz Personale Autonomie Individuation	Freiheit wirtschaftlicher und beruflicher Tätigkeit (Konsum- und Investitionsfreiheit) Freizügigkeit, Vertragsfreiheit alternative Möglichkeiten wirtschaftlicher und beruflicher Tätigkeit Transparenz des Wirtschaftsgeschehens Privateigentum	Freiheit der Lehre, Wissenschaft und Forschung Kommunikationsfreiheit Freier Zugang zu alternativen Möglichkeiten von Wissen und Bildung Freiheit in kultureller Betätigung Transparenz der Bildungsmöglichkeiten	Freie Wahl sozialer Beziehungen Freie Lebensgestaltung Selbständigkeit Transparenz der sozialen Wirklichkeit (Leistungen, Dienste, Verpflichtungen) Wahrung der Privatsphäre im Sozialbereich	Politische Freiheit; Wahrung der freiheitlich demokratischen Ordnung Wahrung der verfassungsmäßigen Freiheitsrechte (Informationsfreiheit, Pressefreiheit, Meinungsfreiheit) Transparenz der Politik und der Verwaltung Personale Autonomie Wahrung der Privatspähre
Solidarität (Sozialverpflichtung)	Sozialbindung Leistungsverpflichtung Gemeinwohlverpflichtung Partnerschaft (Miteinander und Gegenseitigkeit)	Sozialbindung wirtschaftlicher Güter (Eigentum) Sozialbezogenes Wirtschaften (Verbraucherschutz, Sicherung der natürlichen Produktionsgrundlagen) Kooperation und Partnerschaft	Offenlegung von Wissen, Erkenntnissen und Forschungsergebnissen Bewußtmachen sozialer und politischer Probleme Erschließung von Bildungsmöglichkeiten und Kulturgütern Mitwirkung in den verschiedenen Organisationen und Institutionen des Bildungswesens	Gewährleistung sozialer Hilfen Miteinander/Gegenseitigkeit (Partnerschaft) Sozialer Ausgleich Mitmenschlichkeit Soziale Integration Erhaltung lebenswerter Umweltverhältnisse	Partizipation (Konsensbildung, Mitwirkung) Leistungsverpflichtung des Staates Pflichten des Bürgers gegenüber dem Staat und der Gesellschaft (Verhaltenspflicht und Leistungspflicht)
Gleichheit (Chancengleichheit)	Eröffnung von Zugangsmöglichkeiten (Ausgleich von Benachteiligungen, Vermeidung von Diskriminierungen) Gleichbehandlung Chancengerechtigkeit	Chancengleichheit für wirtschaftliche und berufliche Tätigkeiten, Starthilfen Leistungsgerechte Einkommensverteilung Wettbewerbsgleichheit	Chancengerechtigkeit Ausgleich von Bildungsdefiziten Erschließung des Begabungspotentials	Gleichwertige Lebensverhältnisse soziale Mobilität, Offenheit der Gesellschaft sozialgerechte Verteilung von Einkommen und Vermögen Angleichung der Lebenslage	Gleichberechtigung, Minderheitenschutz Gleichbehandlung Rechtsstaatlichkeit
Pluralität (Autonomie d. Institutionen u. Verbände)	Selbstverantwortung (Institutionen, Verbände und andere Gruppierungen) Selbstverwaltung	Tarifautonomie Dekonzentration Pluralität der Unternehmensformen und der wirtschaftlichen Institutionen (Kammern, Verbände, Unternehmensverfassung) Wahrung schutzwürdiger Interessen	Pluralität von Institutionen u. Verbände Pluralität der Ziele, Inhalte und Methoden Selbstverwaltung	Institutionelle Pluralität der Träger sozialer Leistungen und Dienste Autonomie sozialer Gruppen und Einrichtungen	Vielfalt der Entscheidungsträger (Staat, Körperschaften, Verbände) Selbstverwaltung Pluralität der Herrschaftsträger (Gewaltenteilung, föderativer Aufbau, Vielfalt der Parteien) Dekonzentration Dezentralisation
Effektivität (Steuerungsfähigkeit)	Wirksamkeit, Funktionsfähigkeit Zweckmäßigkeit Systemverbesserung Entscheidungs- und Planungsfähigkeit (Flexibilität)	Gewährleistung des wirtschaftlichen Prozesses (Wachstum) wirtschaftliche Produktivität Erhaltung und Weiterentwicklung der natürlichen Ressourcen Innovation im Wirtschaftsprozeß	Weiterentwicklung des Bildungssystems, Bildungsplanung Produktives Denken/Kreativität Weiterentwicklung des Wissensstandes Innovation im Bildungswesen	Weiterentwicklung der sozialen Integrationsfähigkeit des einzelnen und der Gruppen Verbesserung des Systems sozialer Leistungen	Stabilität und Kontinuität des politischen Prozesses; Entscheidungs- und Planungsfreiheit des Staates und der Verwaltung (Flexibilität) Gewährleistung der Ordnung in Staat und Gesellschaft Innovation (Reform, Rationalisierung, Anwendung neuer Technologien u.Erkenntniss

bewertungen je Zielverzweigung im Ziel-Maßnahmen-System erfolgt eine weitere Aufspaltung dadurch, daß die Bewertungsaussagen getrennt für jede der fünf Grundwertdimensionen erfaßt werden (mehrdimensionale Zielbewertung). Dadurch wird die gesamte Bewertungsaufgabe praktisch wesentlich erleichtert. Je Zielverzweigung sind dann grundsätzlich zwei Bewertungsschritte durchzuführen (vgl. dazu Abb. 13).

(a) *Gewichtung* der Zielwertkriterien (operationalisierte Grundwerte im Zielfeld) z.B. durch Vergabe von 100 Prozentpunkten im Oberzielfeld (Verzweigungsknoten). Die Gewichtung bringt die Wertstruktur im Zielfeld zum Ausdruck, und zwar je nach Bewertungsperspektive, z.B. als
Ist-Wert-Verteilung oder
Soll-Wert-Verteilung;
(b) *Einstufung* der vom Oberzielfeld abgehenden Teilzielfelder bezüglich ihrer relativen Wertrealisierungsbeiträge je Zielwertkriterium durch Benotung (vgl. als Beispiel Abb. 14).

Der Gesamtzusammenhang dieser mehrstufigen Bewertungslogik zeigt Abb. 15. Von den Experten ist auf jeder Ebene des Ziel-Maßnahmen-Systems für jede Verzweigung eine sogenannte *Bewertungsmatrix* auszufüllen. In einer solchen Matrix stehen die „Noten", die ein Experte den zu vergleichenden Zielfeldern einer Zielbaumverzweigung unter Beachtung eines speziellen Zielwertkriteriums im Hinblick auf die Erreichung der angestrebten Zustandsverbesserung im direkt übergeordneten Oberziel zuordnet.
Die von den einzelnen Elementen des Ziel-Maßnahmen-Systems erzielten Noten werden entsprechend der relativen Bedeutung der für die Einstufung maßgebenden Zielwertkriterien gewichtet und zum „Knotennutzwert" zusammengefaßt. Dieser ist ein Ausdruck für die relative Dringlichkeit, mit der wertrealisierende Maßnahmen im Zielfeld durchgeführt werden sollten, um die auf der unmittelbar vorgelagerten Ebene im Oberzielfeld angestrebte Zustandsverbesserung zu erreichen.
Der Gesamtnutzwert eines Zielfeldes, bezogen auf das Gesamtziel (Spitze des Zielbaumes), ergibt sich dann aus der Multiplikation des Knotennutzwertes mit den Knotennutzwerten aller vorgelagerten Zielfelder, die auf demselben Ast des Zielbaumes liegen (vgl. Abb. 13).

3.5 Zur Auswertung eines bewerteten Zielsystems

Das bewertete Zielsystem liefert in zahlenmäßiger Darstellung zunächst folgende Aussagetypen (vgl. Abb. 16):

Nutzwerte: Durch die Nutzwerte wird die relative Bedeutung der einzelnen Zielfelder bezogen auf 1.0 für die jeweils vorgelagerten Oberziele (je Grundwert und insgesamt) ausgedrückt, dabei bedeuten:
N_0: = Nutzwert bzgl. Gesamtsystem Ebene 0
N_1: = Nutzwert bzgl. Oberziel auf Ebene 1 (Aktionsbereich)
N_2: = Nutzwert bzgl. Oberziel auf Ebene 2 (Aktionsschwerpunkte)

PRINZIP DER GEWICHTUNG, EINSTUFUNG UND NUTZWERTBERECHNUNG (RELEVANZBAUPRINZIP) — Abb. 13

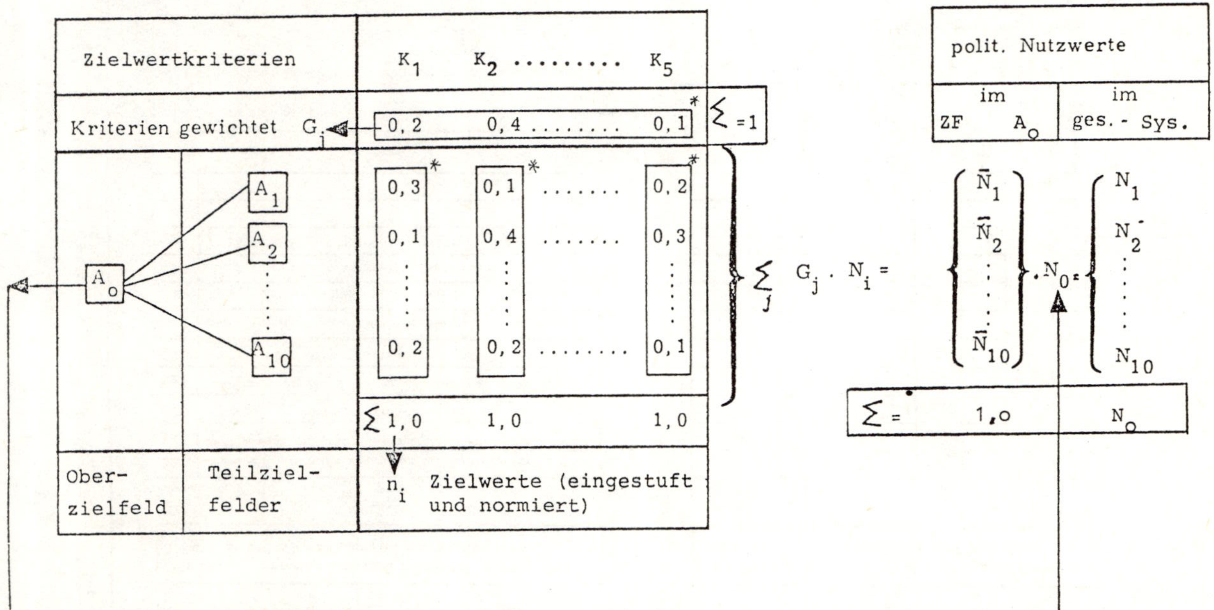

N_o = rel. polit. Nutzwert des Oberzielfeldes im Gesamtsystem

*) Die eingerahmten Zahlen stellen Wertaussagen von "Experten" dar. die jeweils auf 1,0 bezogen normiert wurden.

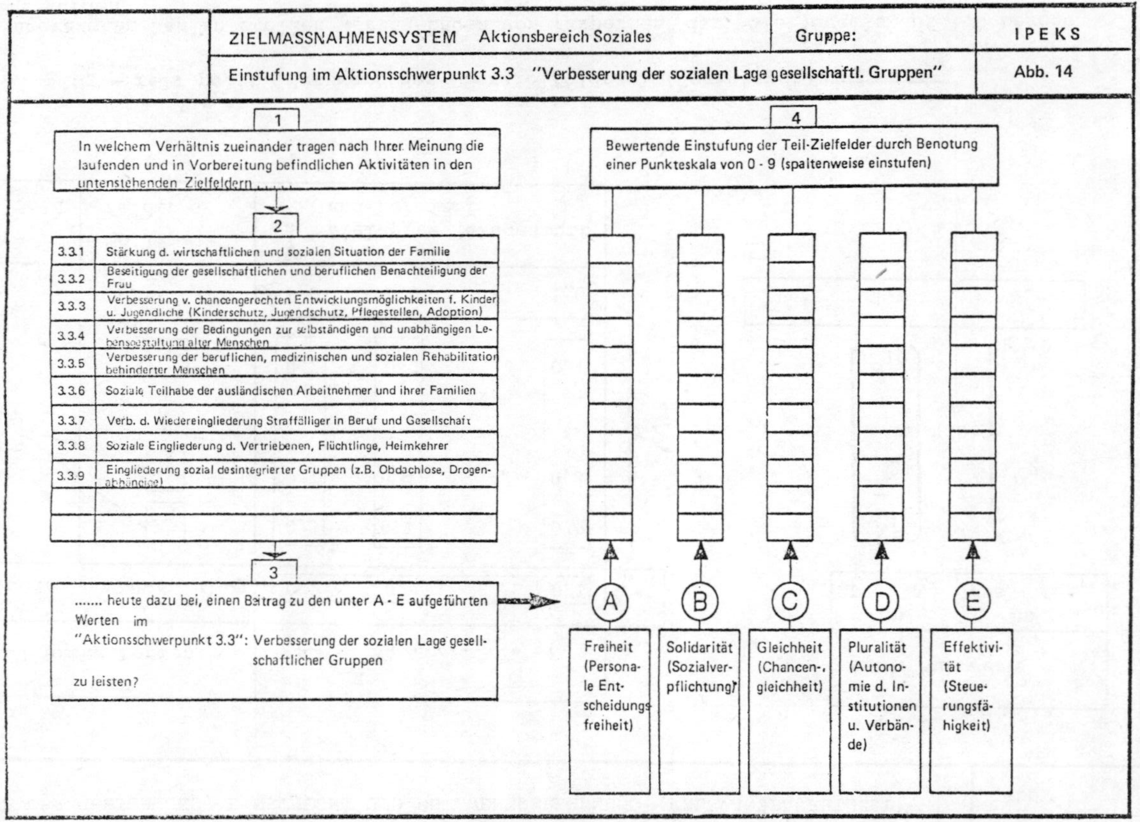
ZIELMASSNAHMENSYSTEM Aktionsbereich Soziales
Gruppe:
I P E K S
Einstufung im Aktionsschwerpunkt 3.3 "Verbesserung der sozialen Lage gesellschaftl. Gruppen"
Abb. 14
1
In welchem Verhältnis zueinander tragen nach Ihrer Meinung die laufenden und in Vorbereitung befindlichen Aktivitäten in den untenstehenden Zielfeldern ......
2
3.3.1 Stärkung d. wirtschaftlichen und sozialen Situation der Familie
3.3.2 Beseitigung der gesellschaftlichen und beruflichen Benachteiligung der Frau
3.3.3 Verbesserung v. chancengerechten Entwicklungsmöglichkeiten f. Kinder u. Jugendliche (Kinderschutz, Jugendschutz, Pflegestellen, Adoption)
3.3.4 Verbesserung der Bedingungen zur selbständigen und unabhängigen Lebensgestaltung alter Menschen
3.3.5 Verbesserung der beruflichen, medizinischen und sozialen Rehabilitation behinderter Menschen
3.3.6 Soziale Teilhabe der ausländischen Arbeitnehmer und ihrer Familien
3.3.7 Verb. d. Wiedereingliederung Straffälliger in Beruf und Gesellschaft
3.3.8 Soziale Eingliederung d. Vertriebenen, Flüchtlinge, Heimkehrer
3.3.9 Eingliederung sozial desintegrierter Gruppen (z.B. Obdachlose, Drogenabhängige)
3
...... heute dazu bei, einen Beitrag zu den unter A - E aufgeführten Werten im
"Aktionsschwerpunkt 3.3": Verbesserung der sozialen Lage gesellschaftlicher Gruppen
zu leisten?
4
Bewertende Einstufung der Teil-Zielfelder durch Benotung einer Punkteskala von 0 - 9 (spaltenweise einstufen)
A
B
C
D
E
Freiheit (Personale Entscheidungsfreiheit)
Solidarität (Sozialverpflichtung)
Gleichheit (Chancen-, gleichheit)
Pluralität (Autonomie d. Institutionen u. Verbände)
Effektivität (Steuerungsfähigkeit)

ABB.: 15

DAS PRINZIP DER MEHRSTUFIGEN, MEHRDIMENSIONALEN ZIELBEWERTUNG

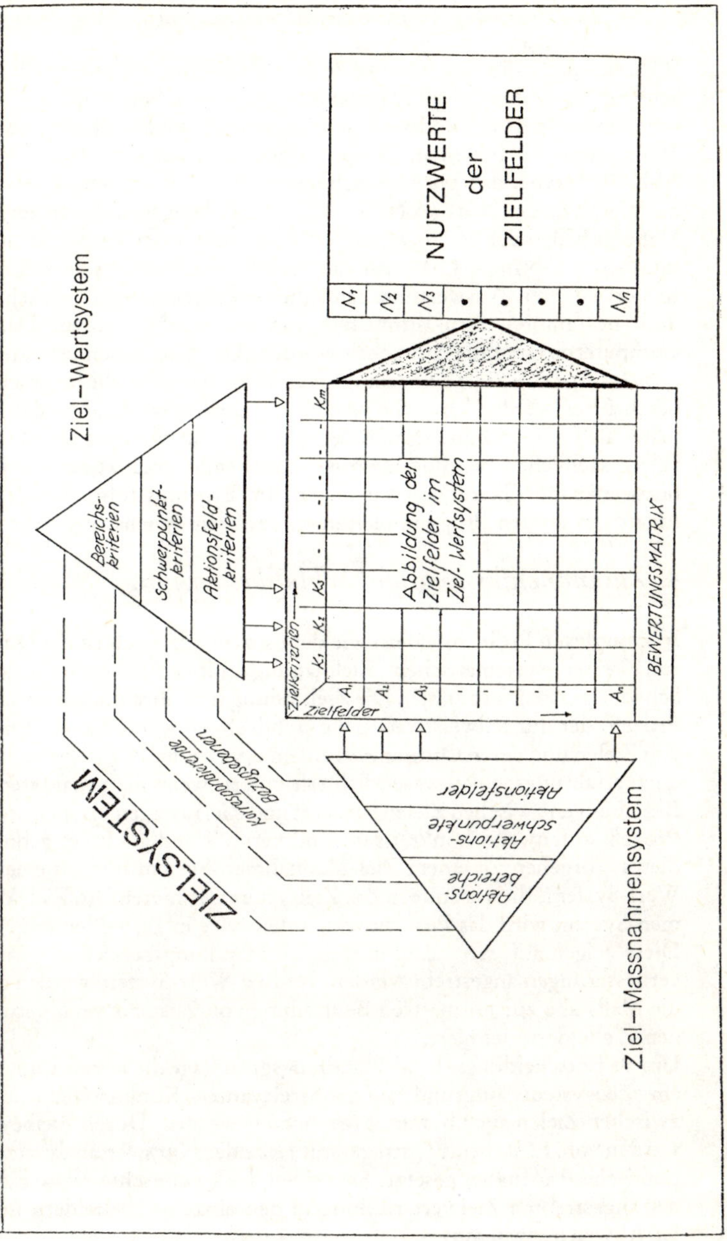

Soll-Ist-Abweichung: In jedem Zielfeld wird eine Soll-Ist-Abweichung ΔN_z in der Wertstruktur ausgewiesen.

Während die Höhe der Nutzwerte von Zielfeldern erkennen läßt, wo die Schwerpunkte der Politik insgesamt liegen sollen, zeigen die Soll-Ist-Abweichungen in den Grundwertdimensionen auf, wo die relativ größten Änderungsanliegen bestehen. Beispielsweise geht aus dem ersten Feld der Abb. 16 hervor, daß im Aktionsbereich „Soziales" in verstärktem Maße der Wert „Effektivität" ($\Delta N_z = +4{,}5$ %) und demgegenüber in geringerem Maße als bisher der Wert „Pluralität" (Autonomie der Verbände und Institutionen) ($\Delta N_z = - 8{,}0$ %) für die Politik bestimmend sein sollte.

In der weiteren Auswertung kann dieses Zahlenmaterial zunächst noch nach bestimmten Strukturmustern hin untersucht werden. Dazu sind Computerprogramme entwickelt worden. Die dann anschließende inhaltliche Interpretation ist eine sehr umfangreiche Aufgabe, die hier nicht näher beschrieben werden kann. Sie verlangt die qualitative Analyse des Zahlenmaterials vor dem Hintergrund der mit der Zielbewertung gleichzeitig erfaßten sachlichen Begründungszusammenhänge, ergänzt um die zielfeldbezogenen Bevölkerungserwartungen. Im Ergebnis führt diese Auswertung dann zu den Programmleitlinien des Zielrahmens (vgl. Abb. 17).

4. Zusammenfassung und Schlußbemerkung

In komplexen Problemfeldern wie dem sozialen Bereich ist die Durchführung einer systematischen Zielplanung mit erheblichen praktischen Schwierigkeiten verbunden. Die Zielfindung ist in ihrem Kern ein kreativer Prozeß, der nur teilweise rational durchdrungen werden kann. Die Suche von Zielen und deren Ordnung zu einem operationalen Zielsystem wird jedoch erfahrungsgemäß wesentlich erleichtert, wenn man charakteristische Beziehungen zwischen Zielen beachtet und Zielaussagen in einem iterativen Prozeß stufenweise konkretisiert und vervollständigt. Im Ergebnis führt dieses Vorgehen zu einem Ziel-Maßnahmen-System und zu einem Ziel-Wert-System, die zusammen das Zielsystem definieren. Im Ziel-Maßnahmen-System wird das Problemfeld stufenweise in Zielfelder aufgefächert. Diese zeigen auf, wo – d.h. in welchen Handlungsbereichen – Zustandsverbesserungen angestrebt werden. Im Ziel-Wert-System werden dagegen die Maßstäbe zur normativen Beurteilung von Zustandsveränderungen in den Zielfeldern definiert.

Um als Entscheidungs- bzw. Handlungsgrundlage dienen zu können, muß ein Zielsystem aufgrund aufwandsrelevanter Konkurrenzbeziehungen zwischen Zielen auch bewertet (gewichtet) werden. Durch Zielbewertung werden vom Entscheidungsträger mit Hilfe der Nutzwertanalysemethodik politische Prioritäten gesetzt. Sie zeigen das gewünschte relative Ausmaß der angestrebten Zielwerterfüllung in den einzelne Zielfeldern und Soll-Ist-Abweichungen auf.

	Auswertung der Bewertungsergebnisse 2. Runde Aktionsbereich Soziales – Aktionsschwerpunkte	IPEKS Abb. 16

3	Aktionsbereich Soziales					
Nutzwerte	Freiheit	Solidarität	Gleichheit	Pluralität	Effektivität	Summe	Klasse
N_0 - Gesamt	0,0628	0,0587	0,0515	0,0600	0,0271	0,2600	2
N_1 - Akt.-Ber.	0,2414	0,2256	0,1980	0,2308	0,1043	1,0000	
ΔN_z (Soll - Ist)	+,00360	+,02438	+,00203	–,08077	+,04576	2,410	$\Delta \bar{N}_z$ %

3.1	Verb. d. sozialen Sicherheit						
N_0 - Gesamt	0,0153	0,0155	0,0100	0,0132	0,0070	0,0610	1
N_1 - Akt.-Ber.	0,0587	0,0597	0,0385	0,0507	0,0268	0,2344	1
N_2 - Akt.-Sp.	0,2505	0,2549	0,1642	0,2160	0,1143	1,0000	
ΔN_z (Soll - Ist)	–,00054	–, 00489	–,01424	–,11604	+,13571	3,584	$\Delta \bar{N}_z$ %

3.2	Verb. d. Lebensbedingungen						
N_0 - Gesamt	0,0102	0,0121	0,0100	0,0132	0,0047	0,0501	2
N_1 - Akt.-Ber.	0,0392	0,0465	0,0385	0,0507	0,0179	0,1926	2
N_2 - Akt.-Sp.	0,2033	0,2412	0,1998	0,2629	0,0927	1,0000	
ΔN_z (Soll - Ist)	+,04668	–,04124	+,00016	–,11288	+,10728	3,355	$\Delta \bar{N}_z$ %

3.3	Verb. der sozial. Lage gesellsch. Gruppen						
N_0 - Gesamt	0,0119	0,0104	0,0086	0,0102	0,0054	0,0465	2
N_1 - Akt.-Ber.	0,0457	0,0398	0,0330	0,0394	0,0209	0,1788	3
N_2 - Akt.-Sp.	0,2556	0,2229	0,1847	0,2203	0,1166	1,0000	
ΔN_z (Soll - Ist)	–,00558	+,07714	+,01534	–,12031	+,03342	2,953	$\Delta \bar{N}_z$ %

3.4	Ausbau d. Gesundheitswesens						
N_0 - Gesamt	0,0136	0,0121	0,0129	0,0117	0,0062	0,0564	1
N_1 - Akt.- Ber.	0,0522	0,0465	0,0495	0, 0450	0,0238	0,2170	2
N_2 - Akt.-Sp.	0,2406	0,2141	0,2281	0,2047	0,1098	1,0000	
ΔN_z (Soll - Ist)	–,09056	–,01414	–,02812	–,00741	+,14024	3,401	$\Delta \bar{N}_z$ %

3.5	Sicherung u. Verb. natürl. Lebensgrundalgen						
N_0 - Gesamt	0,0119	0,0086	0,0100	0,0117	0,0039	0,0461	2
N_1 - Akt.-Ber.	0,0457	0,0332	0,0385	0,0450	0,0149	0,1773	3
N_2 - Akt.-Sp.	0,2577	0,1873	0,2171	0,2539	0,0840	1,0000	
ΔN_z (Soll - Ist)	–,05770	+,06272	–,06714	–,15388	+,21600	5,731	$\Delta \bar{N}_z$ %

AUSWERTUNGSSCHRITTE DER ZIELBEWERTUNG

ABB.: 17

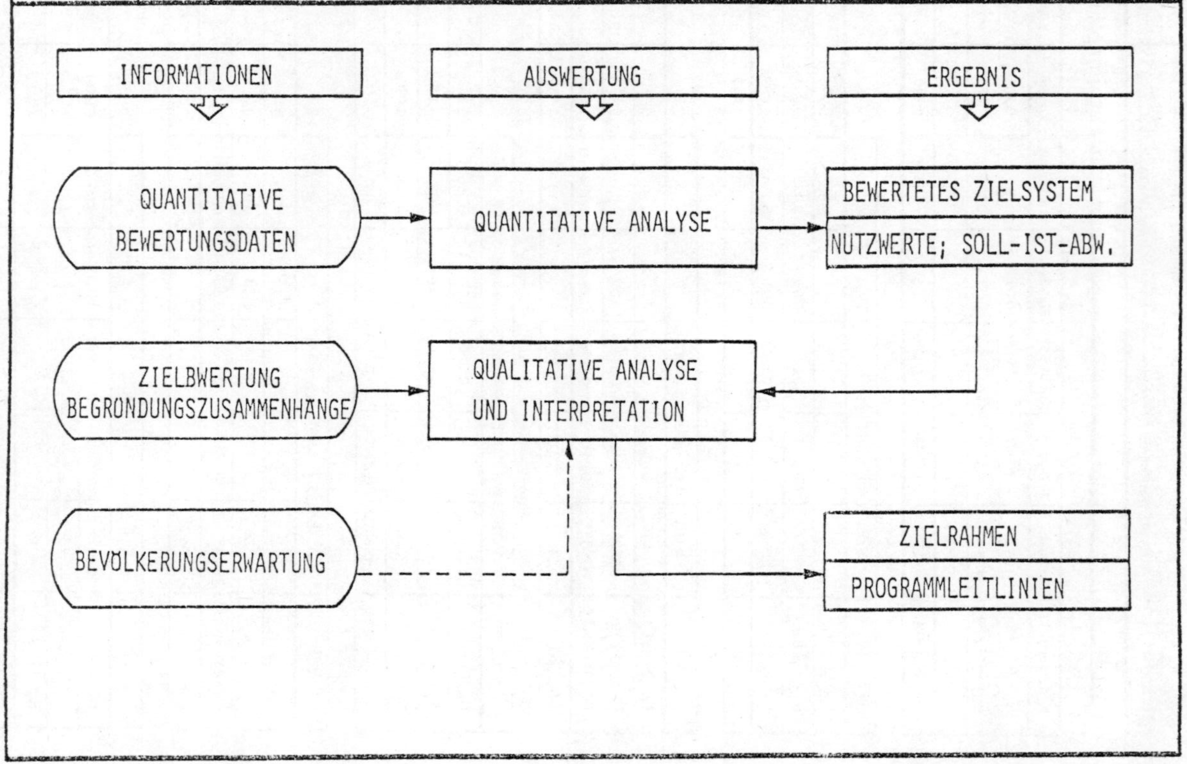

Die Prinzipien der Strukturierung und Bewertung eines Zielsystems wurden für den sozialen Bereich aus der Sicht einer politischen Gesamtplanung exemplarisch dargestellt. Ferner wurde angedeutet, wie ein Zielsystem als Grundlage für eine zielorientierte Programm- und Projektplanung ausgewertet werden kann.
Zur Durchführung der Zielplanung in komplexen Handlungsfeldern und zur transparenten Darstellung von Bewertungsergebnissen verschiedener Bewertergruppen sind computergestützte Programmsysteme entwickelt worden, welche die praktische Zielplanung wesentlich erleichtern.
Zusammenfassend gesehen ist das skizzierte systemtechnische Instrument der Zielplanung natürlich noch in vieler Hinsicht verbesserungs- und ergänzungsbedürftig. Unter Gesichtspunkten der Rationalität ist der Systemansatz jedoch ein sehr allgemeingültiges und erfolgversprechendes interdisziplinäres Problemlösungskonzept. Dieses stellt auch keineswegs – wie gelegentlich befürchtet wird – den untauglichen Versuch dar, Sachwissen und wissenschaftliche Methoden im technokratischen Sinne zur allein maßgebenden Grundlage praktischen Handelns erheben zu wollen. Vielmehr zielt systemtechnische Planungsmethodik ganz bewußt und pragmatisch darauf ab, dort, wo Problemsituationen konkretes Handeln erfordern, eine Brücke zwischen Theorie und Praxis zu schlagen. Dabei wird der Mensch als tragender Systembestandteil begriffen, den es gilt, mit allen seinen problemspezifischen Werthaltungen explizit und entscheidungslogisch begründet in die Problemanalyse einzubeziehen.
Im Hinblick auf die hier speziell erläuterte Ausgestaltung einer Zielplanung ist aus methodischer Sicht abschließend folgendes festzuhalten:

- Die systematisierte Analyse und Darstellung des komplexen Problemfeldes auf mehreren miteinander verknüpften Abstraktionsstufen im Zielbaum (Ziel-Maßnahmen-System) vermindert die Gefahr, Wesentliches zu vergessen und/oder dieselben Problemtatbestände aufgrund unterschiedlicher Formulierungen mehrfach und damit unbewußt mit zu großem Gewicht in der Planung zu berücksichtigen.
- Der Zielbaum bildet in Verbindung mit den für die einzelnen Ebenen des Baumes definierten Zielwertkriterien die Grundlage für eine systembezogene Bewertung von Maßnahmen, Projekten und Programmen, das heißt, unter Beachtung der Wirkungszusammenhänge ist es möglich, auf Erfahrung und spezielles Sachwissen gestützte Teilurteile gedanklich kontrolliert zu erfassen und nachvollziehbar entscheidungslogisch begründet zu Gesamtaussagen miteinander zu verknüpfen.
- Die Transparenz der stufenweisen Ergebnisverdichtung im Zielbaum ist Voraussetzung für eine gezielte Kommunikation sowohl zwischen den sachverständigen Experten der verschiedenen Fachrichtungen als auch insbesondere zwischen diesen und den politisch verantwortlichen Entscheidungsträgern. Gleichzeitig ist damit eine Grundlage für die sachgerechte Koordination der Arbeitsteilung in der operativen Planung und Durchführung geschaffen.
- Die für die Informationsverdichtung im Zielbaum maßgebende Logik ist programmierbar, so daß ohne große Schwierigkeiten auch für sehr umfangreiche Datenmengen, die für verschiedene Bewertergruppen erhoben werden, eine differen-

zierte, vergleichende Auswertung mit Hilfe der EDV möglich ist und Bewertungen in späteren Planungsperioden wieder relativ leicht aktualisiert werden können.

Gegenüber diesen grundsätzlichen Vorteilen des Verfahrens sind jedoch auch folgende Einschränkungen zu sehen:

- Die Konstruktion von Ziel-Maßnahmen-System und Ziel-Wert-System ist ein kreativer Vorgang, d.h. das gewonnene Ergebnis ist weder vollkommen eindeutig noch wertfrei. Voraussetzung ist daher, daß die im einzelnen zugrundegelegten Gliederungsprinzipien zu einer „plausiblen" und konsensfähigen Strukturierung von Zielfeldern und Zielwertkriterien führen.
- Der Zielbaum ist zwar eine Hilfe zur systematischen Erfassung von Wirkungsbeziehungen im betrachteten Problemfeld. Durch ihn können aber grundsätzlich keine an sich unbekannten Beziehungen sichtbar gemacht werden. Darüber hinaus werden indirekte Beziehungen zwischen den auf den einzelnen Ebenen abgegrenzten Problembereichen „nur" in erster Näherung durch Maßnahmeninterdependenzen berücksichtigt, was durch die stufenweise Vernetzung der Zielbaumebenen zum Ausdruck kommt. Allerdings führt das in der Ergebnisauswertung bereits zu sehr viel stärker realitätsbezogenen Informationen, als es mit herkömmlicheren Planungsansätzen möglich ist.
- Das mit dem Zielbaumverfahren und der Zielbewertung abgeleitete Ergebnis kann inhaltlich trotz aller Systematik natürlich nur das wiedergeben, was an speziellem Sachverstand und politischer Wertung von den an der Untersuchung Beteiligten in Erfahrung gebracht und damit in die Analyse einbezogen werden konnte.

Die zielbezogene Problemanalyse wird also grundsätzlich nicht etwa objektiv; vielmehr wird sie durch das Verfahren objektiviert, indem durch stufenweise Konkretisierung der problemimmanenten Bewertungsaussagen eine Reduktion der normativen Entscheidungskomponenten erfolgt und der Bereich der kognitiven Entscheidungstätigkeit systematisch erweitert wird.

Dieses Verfahren der Zielplanung und die darauf aufbauenden Problemlösungen können und wollen eine Entscheidung nicht ersetzen. Sie sind als Entscheidungshilfe zu betrachten, mit der komplexe Systemzusammenhänge unter Einbeziehung des verfügbaren Sachwissens und der Werthaltungen der verantwortlichen politischen Entscheidungsträger zu einer entscheidungsrelevanten Informationsgrundlage aufbereitet werden.

Literaturangaben

[1] Bundesminister für Bildung und Wissenschaft: Methoden der Prioritätenbestimmung II. Schriftenreihe Forschungsplanung 4, Bonn 1971

[2] *Jantsch, E.:* Technological Forecasting in Perspective. Paris 1970

[3] *Jantsch, E.* (Hrsg.): Perspectives of Planning. Paris 1969

[4] *Koelle, H.H.:* Zangemeister, C.: Zielplanung. Vorlesungsmanuskript, Brennpunkt Systemtechnik, TU Berlin 1973

[5] *Lenk, H.:* Erklärung, Prognose, Planung. Freiburg 1972

[6] *ders.:* Chancen praktischer Vernunft im systemtechnologischen Zeitalter in: Plädoyer für die Vernunft, Herderbücherei INITIATIVE I, S. 148 ff, München 1974
[7] *Moser, S.:* Huning, A. (Hrsg.): Werte und Wertordnungen in Technik und Gesellschaft. Düsseldorf 1975
[8] *Zangemeister, D.:* Nutzwertanalyse in der Systemtechnik. München 3. Auflage, München 1973 (Wittemannsche Buchhandlung)
[9] *ders.:* Werturteil und formalisierte Planungsprozesse. Zeitschrift für Organisation 42 (1973), S. 217 – 224 u. S. 292 – 298.
[10] *Rheinland-Pfalz, Planungsausschuß Regierung:* Zielrahmen der Landespolitik. Dokumentation in 3 Teilen. Mainz und Köln 1975 (bisher unveröffentlicht).

Karl W. Deutsch

Über die Lernfähigkeit politischer Systeme

1. Einleitung

Der vorliegende Beitrag beginnt mit einigen grundlegenden Begriffsbestimmungen für Systeme, Politik und Lernen, stellt dann einige strukturelle und prozessuale Aspekte von Dimensionen des Lernprozesses zusammen und schließt mit einem Überblick über Konflikt, Spezialisierung, Bürokratisierung, Innovationen und Restrukturierung als alternativen Gesamtmustern des sozialen und politischen Lernens im Großen.

2. Einige Begriffe und Definitionen

Ein *System* ist eine Menge von relativ stabilen und identifizierbaren Bestandteilen und Beziehungen zwischen diesen, die durch eine beobachtbar höhere Häufigkeit von Verbindungen oder Wechselwirkungen miteinander verknüpft sind als mit der Außenwelt und die eine deutlich größere Interdependenz aufweisen, derart, daß eine Änderung bei einem der Bestandteile eine voraussagbare Wirkung auf andere Bestandteile hat (Bertalanffy 1969; Buckley 1967).

Ein *politisches* System ist gekennzeichnet durch *Prozesse,* die das Zusammenspiel habitueller und erwarteter Zustimmung zu Befehlen, Regeln oder Entscheidungen einschließen, wobei eine gewisse Wahrscheinlichkeit besteht, das letztere durch Zwang oder andere, negative oder positive, Sanktionen gestützt werden, während die wesentlichen *Strukturen* dieses Systems bestimmte ineinander verflochtene – und manchmal einander überschneidende – soziale Rollen enthalten wie einerseits die des Befehlenden, des Vorgesetzten, des Gesetzgebers, des Entscheidungsträgers, des Ausführenden oder des Verwalters, und auf der anderen Seite die des Anspruchstellers, des Anhängers, des Klägers, des Fügsamen, des loyalen Bürgers oder gehorsamen Untertanen. Das politische System schließt daher nicht nur den Staatsapparat mit seiner zivilen und militärischen Personal- und Sachausstattung ein, sondern auch die übrige Bevölkerung, insofern deren Zustimmung oder Nichtzustimmung, deren Unterstützung oder Nichtunterstützung einen bedeutsamen Unterschied für das Ergebnis, insbesondere für die spätere Struktur und das spätere Verhalten des Systems, ausmachen (Parsons 1939; 1972; Deutsch 1954; 1963; 1974; Easton 1953; 1965).

Das *Lernverhalten* eines Systems besteht darin, daß es auf dieselbe Klasse von Inputs oder Reizen (Stimuli) eine neue Klasse von Outputs oder Reaktionen (Responses) liefert, die sich von der zuvor abgegebenen Klasse von

Reaktionen unterscheidet (Hilgard 1964; Hebb 1949). Lernreaktionen können sich vorwiegend in *Verhaltensweisen* äußern, sofern sie in unmittelbar beobachtbaren Änderungen des äußeren Output bestehen; sie können aber auch vorwiegend *kognitiver* Art sein, sofern sie in Änderungen der Gedächtnisinhalte bestehen, die innerhalb des Systems gespeichert sind und bei der internen Steuerung des extern beobachtbaren Verhaltens angewendet werden; schließlich kann kognitives und operatives Lernen in verschiedenen Formen miteinander kombiniert auftreten. So kann ein System neue Informationsmuster annehmen, die es befähigen, zuverlässige Verfahren der Unterscheidung oder Wiedererkennung durchzuführen, die es zuvor nicht hätte ausführen können.

Die *Lernfähigkeit* eines Systems kann dann unter prozessualem Gesichtspunkt definiert werden als das *Insgesamt möglicher neuer Verfahren*, die ein gegebenes System zu lernen fähig ist. Tatsächlich kann aber ein solches Insgesamt von Verfahren im voraus bestenfalls nur geschätzt werden; es könnte höchstens nach dem Lernereignis gemessen werden, und selbst dann wäre es nicht klar, ob das System wirklich das vollständige Ensemble aller möglichen Verfahren ausgeschöpft hat, die es zu lernen fähig gewesen wäre.

Jede annehmbare Schätzung dieses Insgesamts möglicher Verhaltensmuster würde darüber hinaus eine bestimmte nachweisbare Informationsgrundlage erfordern. Eine *strukturelle* Definition der Lernfähigkeit eines Systems bietet einen Zugang, um solch eine Informationsgrundlage zu finden. Vom strukturellen Gesichtspunkt aus kann die Lernfähigkeit eines Systems definiert werden als die Teilmenge derjenigen Strukturen und Ressourcen, die für den Wiedereinsatz für neue Verhaltensmuster in Reaktion auf eine gegebene Klasse von Reizen verfügbar sind. In einer Armee beispielsweise stellen diejenigen Truppen eine solche wiedereinsetzbare Ressource dar, die nicht in vorgerückten Stellungen gebunden sind, sondern vom Oberkommando als taktische Reserve für einen möglichen Einsatz zurückgehalten werden, um einen Durchbruch zu erzielen oder eine mögliche kritische Situation aufzuhalten. Der Anteil solcher Truppen und Ausrüstungen, die verhältnismäßig schnell verlegt und wieder eingesetzt werden können, mag dann als Indikator für die potentielle „Lernfähigkeit" dieser Armee dienen. Die flüssigen Mittel eines Wirtschaftsunternehmens, die für schnelle Überweisung und mögliche Neuinvestition verfügbar sind, sowie jene Manager und Angestellten einer öffentlichen oder privaten Organisation, die für den schnellen Aufbau neuer Einsatzgruppen verfügbar sind, sind andere Beispiele solcher wieder einsetzbaren Ressourcen, auf die sich zum großen Teil die Lernfähigkeit der betreffenden Systeme begründet (Deutsch 1963).

Aus dem Vorangegangenen sollte deutlich geworden sein, daß die Lernfähigkeit eines Systems nicht mit seiner *Gesamtleistung* identisch ist. Unter prozessualem Gesichtspunkt schließt die letztere viele Verhaltenszüge ein,

die entweder unveränderlich und repetitiv oder gar mehr oder weniger zufällig sind oder mit der Systemumgebung schwanken, wobei in keinem dieser Fälle eindeutig von Lernen gesprochen werden kann.
In struktureller Ausdrucksweise ist die Leistung eines selbststeuernden Systems – dies ist der Systemtyp, der uns hier am meisten interessiert – auch abhängig von der Anordnung und Kapazität seiner Kommunikationskanäle sowie seiner technischen und menschlichen Ausrüstung für Informationsaufnahme, -speicherung und -wiedergewinnung, für das Aussieben und die Auswahl von Nachrichten, für die Steuerung von Effektoren und für die umfassende Überwachung und Koordination. Nur ein Teil der Informationskanäle, der Speichereinrichtungen und der Rückkopplungsschleifen, die diesen Funktionen entsprechen, gehört zur strukturellen Lernfähigkeit des Systems, diejenigen nämlich, die von ihren gegenwärtigen strukturellen Zusammenhängen entbunden und für neue Struktur- und Funktionsmuster eingesetzt werden können. Indem man frühere und spätere Muster und Vorgänge dieser Art vergleicht, kann man den *Lernprozeß* eines Systems erforschen.
Der Begriff der *Struktur* wird nicht nur auf materielle Zeichen oder Informationsträger angewandt, welche die Kommunikationskanäle eines selbststeuernden Systems ausmachen. Er bezieht sich auch auf die *Information*, die in diesen Einrichtungen übertragen oder gespeichert wird, sowie auf die *Codes*, in deren Sprache diese Information angeordnet ist und in der sie verschlüsselt oder entschlüsselt werden kann. In allen diesen Informations- und Codierungsmustern dürften manche Elemente stabiler als andere sein, von größerer Dauerhaftigkeit, sowie schwieriger und aufwendiger zu verändern, so daß sie mit den übrigen Elementen in asymmetrischer Weise derart verbunden sind, daß kleine Änderungen in solchen Strukturelementen die Tendenz haben, größere Änderungen in anderen verhältnismäßig unstrukturierten oder weniger strukturierten Teilen zu zeitigen.
Wenn somit alle Strukturelemente relativ beständig gegen Veränderungen sind, neigen die *Beziehungen*, die sie zueinander und zu den nichtstrukturellen Elementen haben, dazu, leichter veränderlich zu sein; und dieser Umstand, wo immer er gegeben ist, schafft die Möglichkeit einer gewissen *kombinatorischen Vielfalt* und gewisser *struktureller Transformationen*, das heißt die Möglichkeit einer neuen Konfiguration, die zwar dieselben Strukturelemente, jedoch veränderte wechselseitige Beziehungen enthält.

Das Insgesamt all solcher neuen Anordnungen, die für eine Menge von Strukturelementen (einschließlich derjenigen Beziehungen, die sich wahrscheinlich nicht ändern) möglich ist, heißt *Transformationsgruppe*; und wenn man an eine Struktur in dem Sinne denkt, wie der Psychologe Jean Piaget die „strukturalistische" Betrachtungsweise des Anthropologen Claude Levi-Strauss deutet, dann sollte der Strukturbegriff immer auch die gesamte Menge der Transformationsgruppen einschließen, die daraus gebildet werden könnten (Piaget 1972).

3. Lernen auf der Ebene großer Systeme: Beispiele aus Gesellschaft und Politik

Wie diese theoretischen Erwägungen nahelegen, kann Lernen auf der Ebene des Individuums stattfinden, aber auch auf der Ebene kleiner Gruppen wie etwa der Kernfamilie, sowie auf der Ebene sehr großer Systeme, so zum Beispiel bei Nationalstaaten oder weltweiten Organisationen. Vielleicht ist es nützlich, einige konkrete Beispiele solcher Lernprozesse im Großen und ihrer Resultate in Erinnerung zu bringen.
Während der letzten 40 Jahre haben viele Regierungen und politischen Systeme der Welt gelernt, zahlreiche neue Maßnahmen zu ergreifen, die sie zuvor nicht beherrschten; sie haben einige alte Strukturen und Ressourcen in neuer Weise eingesetzt und neue erworben, etwa um leicht verfügbare neue strukturelle Kapazitäten zu schaffen, die ihnen früher gefehlt hatten.

Regierung und Bevölkerung der Vereinigten Staaten lernten während der letzten vier Jahrzehnte die Wasserressourcen ausgedehnter Flußlaufsysteme zu regulieren und auszuschöpfen; Systeme der sozialen Sicherheit und der Gesundheitsversorgung für das Alter zu schaffen; Tarifverhandlungen in der Industrie zu verbreiten; große Armeen, Flotten und Luftstreitkräfte zu rekrutieren und zu organisieren und Truppen in Afrika, in Italien, in der Normandie und in Okinawa einzusetzen; den Gebrauch der Kernenergie für kriegerische und friedliche Zwecke zu entwickeln; Raumfahrzeuge in den Weltraum zu schicken und Menschen auf dem Mond landen zu lassen; in beispiellosem Ausmaß die wissenschaftliche und technologische Forschung zu organisieren und zu fördern; durch das Düsenflugzeug und das Fernsehen neue Verkehrs- und Kommunikationsnetze zu entwickeln; sehr große Informationsmengen mit Hilfe der elektronischen Datenverarbeitung zu nutzen; die Kinderlähmung als Massenkrankheit durch kostenlose staatliche Impfaktionen zu beseitigen; durch Regierungsmaßnahmen und Massenbeeinflussung wenigstens einen Anfang zu machen, die Jahrhunderte alten Gewohnheiten der Rassen- und Geschlechterdiskriminierung abzubauen; sowie weiterführende Bildung einem Drittel bis der Hälfte aller jungen Menschen im Schulalter zugänglich zu machen.
In Verbindung mit diesen neuen Maßnahmen haben die Vereinigten Staaten neue politische, administrative und soziale Strukturen entwickelt, die noch zu Beginn der dreißiger Jahre fehlten oder nur in Ansätzen vorhanden waren. Dazu gehören: die Tennessee Valley Authority (TVA); die Gewerkschaftsgruppe American Formation of Labour-Congress of Industrial Organizations sowie die neuen staatlichen Behörden, die sich mit der Arbeitswelt beschäftigen; die Verwaltung für soziale Sicherheit (Social Security Administration); das Bundesministerium für Gesundheit, Bildung und Wohlfahrt; ein riesiger Militärapparat, dem das eine Verteidigungsministe-

rium vorsteht und der sichtbar durch das riesige Gebäude des Pentagon symbolisiert wird; die Atomenergiekommission und die Kernindustrie; die nationale Luft- und Raumfahrtbehörde (NASA) und die Behörde für fortschrittliche Forschungsprojekte sowie eine außerordentlich ausgedehnte Raumfahrtindustrie; die nationale Wissenschaftsstiftung und ein weiter Bereich öffentlicher und privater Forschungsinstitute und wissenschaftlichen Personals; das Verkehrsministerium, der Ausschuß für zivile Luftfahrt, ein ausgedehntes Netz öffentlich geförderter Flughäfen, Autobahnen und neuerdings auch Eisenbahnverbindungen durch die Amtrak Corporation; die Bundeskommunikationskommission, mehrere große private Fernsehprogramme und eine Unzahl lokaler Rundfunk- und Fernsehsender samt ihrer Ausstattung; eine große neue Computerindustrie; eine Unzahl öffentlicher Ämter und privater Organisationen, die dafür arbeiten, Diskriminierungen und Ungleichheiten in bezug auf Rasse und Geschlecht zu verringern; und eine weite Ausdehnung öffentlicher und privater Institutionen im Hochschulbereich.

Ähnliche Listen neuer Maßnahmen und Struktureinrichtungen könnten für die politischen Systeme der Sowjetunion, Chinas, vieler westeuropäischer Nationen und vieler Entwicklungsländer aufgezeigt werden. Nicht alle Ergebnisse solchen gesellschaftlichen, politischen und kulturellen Lernens sind für das Überleben oder die Stärke des politischen Systems oder für das Wohlergehen ihrer Bevölkerungen gut gewesen. Die ökonomischen Strukturen der Tabakindustrie und viele Werbeagenturen wuchsen, indem sie Millionen Männern und Frauen die Gewohnheit des Zigarettenrauchens beibrachten; heute, nach vielen Todesfällen durch Lungenkrebs, müssen Millionen versuchen, diese persönliche Angewohnheit wieder zu verlernen, und schließlich werden die strukturellen und institutionellen Erscheinungsformen der Zigarettenherstellung und Zigarettenwerbung eingeschränkt werden müssen.

Während desselben letzten halben Jahrhunderts haben viele Länder gelernt, große Militärapparate, stehende Heere und Anhäufungen von Kriegsgerät zu bilden, im Verein mit entsprechenden politischen Verhaltensweisen und Leitbildern. Der Ökonom und Sozialwissenschaftler Joseph A. Schumpeter hat behauptet, daß Staaten und Gesellschaften auf diese Weise lernen, sich in militaristischer und imperialistischer Form zu benehmen, indem sie soziale Klassen und Institutionen entwickeln, die, unmittelbar unter ihren Mitgliedern und mittelbar durch den Einfluß auf die Gesellschaft, in der sie vorherrschen, diese Verhaltenstypen lehren, belohnen und aufrecht erhalten. Daher kann nach Schumpeters Auffassung die Stärke und Dauerhaftigkeit imperialistischer Verhaltensmuster aus der Stärke und Durchsetzungskraft der kriegstreibenden sozialen Schichten und Institutionen vorausgesagt werden, die diese Verhaltensweisen innerhalb ihrer Gesellschaft bewahren und erneuern. Unter diesem Gesichtspunkt hielt Schumpeter zur Zeit des Ersten Weltkrieges das imperialistische

Deutschland und das imperialistische Japan, aufgrund ihrer Kombination mächtiger militäraristokratischer agrarischer Eliten mit starken modernen industriellen Möglichkeiten und Fähigkeiten, für Staaten, die höchstwahrscheinlich einer Fortsetzung imperialistischen Verhaltens verfallen würden, während er meinte, daß Großbritannien mit seinen viel größeren Kolonialbesitzungen, aber mit viel schwächeren militärisch-aristokratisch-agrarischen Interessengruppen in der Lage sein würde, viel leichter und schneller sein kolonialistisches und imperialistisches Verhalten aufzugeben (Schumpeter 1918; 1961; Deutsch 1957; 1974b).

4. Lernprozesse bei der Bildung sozialer Schichten und Klassen

Auf der Makroebene lernen Gesellschaften, wie wir gesehen haben, durch Veränderungen in der Anordnung der Kommunikationskanäle, der Kommunikationscodes, der Gedächtnisspeicher und Kulturen sowie durch Veränderungen in der Struktur ihrer Berufsrollen oder Laufbahnen und ihrer sozialen Klassen und Schichten. Aber auch ohne Veränderung in den Anordnungen dieser Strukturen kann eine Gesellschaft sich ändern, indem die Träger dieser Rollen und die Anwärter für diese Laufbahnen oder Ämter sich ändern.

Hier gibt es wieder zwei wesentliche Variablen. Individuen können einander mehr oder weniger schnell in einer bestimmten Aufgabe oder sozialen Rolle ablösen, so wie die Gäste eines Hotels einander in den Zimmern ablösen, ohne daß die Anordnung der Stockwerke und Zimmer sich ändern würde und ohne daß, verglichen mit dem Verhalten derer, die ein Zimmer zuvor bewohnten, in jedem Zimmer eine große Abweichung in ihrem Verhalten eintreten würde. So kann es Mitgliedern bestimmter Minderheiten oder Einkommensgruppen eines Tages gestattet werden, nach bestimmten Rollen zu streben, von denen sie zuvor ausgeschlossen waren, unter der stillschweigenden oder ausdrücklichen Bedingung freilich, daß sie den gleichen Anforderungen genügen und sich in der gleichen Weise verhalten wie jene, die zuvor zu diesen Beschäftigungen oder Chancen zugelassen waren. So mögen ein Unternehmer oder eine Universität lernen, schwarze oder arme Studenten bzw. Angestellte zuzulassen, die vorher ausgeschlossen waren, ohne jedoch frühere Lehrpläne und Prüfungsmethoden bzw. frühere Arbeitsanforderungen oder Methoden der Personalauswahl und der Beförderung in höhere Positionen aufzugeben.

Oft jedoch wird die Erfahrung zeigen, daß die Gesellschaft oder eine Organisation mehr lernen muß. Es kann sich herausstellen, daß die neuartigen Studenten einen etwas andersartigen Lehrplan oder etwas andere Erziehungsmethoden benötigen, die besser für ihre besonderen Bedürfnisse, Fähigkeiten und ihren derzeitigen Entwicklungsstand geeignet sind; und Unternehmer müssen vielleicht mutatis mutandis ähnliche Anpassungen vornehmen. So können frühere gesellschaftliche Lernschritte hinsichtlich der Rekrutierung spätere Lernschritte hinsichtlich der Rollenstruktur und des Rolleninhaltes erfordern.

Aber es gibt auch ein Lernen auf der Mikroebene, der Ebene der Individuen und kleinen Gruppen, das Folgen für die Makroebene haben kann. Wenn Menschen lernen, sich in ihren alten Rollen und Positionen neuartig zu verhalten, mag schließlich ein Punkt erreicht werden, wo diese alten Rollen und Positionen nicht mehr dieselben sind und sich der Charakter der Makrostruktur ändert.

Schließlich kann der Charakter der Makrostruktur Folgen auf der Mikroebene haben. Ein soziales, wirtschaftliches oder politisches System kann etwa wie eine riesige Lehrmaschine wirken, die vielen darin lebenden Menschen bestimmte Wahrnehmungs-, Gedächtnis- und Verhaltensmuster beibringt, indem es bestimmte Einstellungen und Handlungen belohnt, während es andere nicht belohnt oder gar bestraft. Unter solchen Bedingungen lernen die Menschen durch ihre eigenen Erfahrungen; und neue Forschungen legen die folgende Vermutung nahe: Wenn die Erfahrung einer Belohnung für eine bestimmte Form von Verhalten nicht mit Gewißheit auftritt, sondern nur mit einer Wahrscheinlichkeit, die anfangs hoch ist, aber dann in der Häufigkeit allmählich abnimmt, dann bilden Menschen ein *probabilistisches Verstärkungsschema* aus, das es wahrscheinlich macht, daß das verstärkte Verhalten recht hartnäckig beibehalten wird, auch wenn die Belohnungen dafür äußerst selten werden sollten (Skinner 1969).

Eine wahrscheinliche Voraussetzung für die Wirksamkeit eines solchen probabilistischen Verstärkungsschemas ist es, daß die Bedingungen, unter denen ein Verhalten belohnt wird, *konsonant* sein sollten, das heißt, daß sie widerspruchsfrei oder zumindest verträglich sein sollten, und daß verschiedene Arten belohnten Verhaltens ebenfalls miteinander verträglich sein sollten, so daß ein und dasselbe Verhalten nicht mit annähernd gleicher Häufigkeit das eine Mal belohnt und das andere Mal bestraft wird. Wo diese letztere Bedingung vorherrscht, sind die Wahrnehmungen und Lernerfahrungen des Individuums wahrscheinlich in hohem Maße *dissonant*. Forschungsergebnisse sprechen dafür, daß hohe Grade von *kognitiver Dissonanz* die Tendenz haben, Verwirrung, Passivität, Frustration und Angst zu erzeugen (Festinger 1962; Lazarsfeld 1948; Dollard u.a. 1940).

Wenn wir diese allgemeinen Prinzipien auf unsere Analyse der individuellen Lernprozesse bezüglich der Wahrnehmungen, der Einstellungen und der Verhaltensmuster in der Gesellschaft und der Politik im großen anwenden, so scheint es plausibel, daß in solchem Lernen durch probabilistische Folgen verstärkender Erfahrungen, die gleichermaßen vielfältig und konsonant sind, Menschen, die diese Erfahrungen machen, die Wahrnehmungen, Einstellungen und Verhaltensweisen sozialer *Klassen* erwerben. Im Gegensatz dazu tendieren dissonante oder unangemessen verstärkende Folgen von Erfahrungen dazu, lediglich die Einstellungen und Verhaltensmuster bloßer sozialer *Schichten* hervorzubringen, im Sinne der Verpflichtung auf ähnliche Positionen im gesellschaftlichen Statussystem.

Klassen neigen dazu, widerspruchsfreie und dauerhafte Vorstellungen individuellen und kollektiven Eigeninteresses zu entwickeln; Schichten tun dies nicht, oder doch viel weniger. Klassen neigen dazu, in politischen Fragen übereinstimmender, häufiger und energischer zu handeln, als Schichten es tun, deren Angehörige durch Unsicherheit, Interessengegensätze, häufige Spaltungen sowie durch schwankende und situationsabhängige Einstellungsänderungen behindert sind. (Zum Verhalten der Oberschicht und der oberen Mittelschicht vergl. in diesem Zusammenhang Verba/Nie 1973).

Meinungsführer bestärken diese Verhaltensmuster. Innerhalb von Klassen neigen sie dazu, die Übereinstimmung und den Klassencharakter zu erhöhen. Innerhalb von Schichten neigen sie eher dazu, gemeinsam mit ihren Anhängern zu schwanken.

Eine über die Generationen hinausreichende Stabilität, die jede Generation innerhalb derselben sozialen Stufe und Situation hält wie deren Eltern, fördert tendenziell die Bildung und Konsolidierung von Klassen. Die auf- oder abwärtsgerichtete soziale Mobilität von Generation zu Generation oder innerhalb der Lebenszeit eines Individuums hingegen tendiert dazu, das Klassenverhalten zu schwächen und die Bildung eher lose verbundener und vorübergehender Schichten zu begünstigen.

In vielen traditionellen Gesellschaften sind die meisten Individuen und Familien Mitglieder von Klassen, und nur eine Minorität gehört zu bloßen Schichten mit hoher vertikaler Mobilität und sehr verschiedenartigen Verbindungen über die Klassengrenzen hinweg. In sehr modernen und mobilen Gesellschaften gehört die Mehrheit den Schichten an und nur eine Minderheit den Klassen mit konsistenten verhaltensbestärkenden Erfahrungsmustern. Doch selbst da können die häufiger, beständiger und in größerer Übereinstimmung handelnden Klassen einen stärkeren Einfluß in der Politik ausüben.

Wo Klassenmuster vorherrschen, können sie über viele Regionen, Länder und Sprachen hin einander gleichen. Daher können selbst dort, wo das Leben der meisten Menschen besonders stark lokal begrenzt ist, wie im europäischen Mittelalter, jene wenigen, die weite Reisen machen, dennoch ähnliche soziale Situationen vorfinden, wohin sie auch kommen: Herren und Bauern, Priester und Bürger; und man erkennt, daß ähnliche gesellschaftliche Themen, zum Beispiel in der Ritterliteratur, über viele Volks- und Sprachgrenzen hinweg ihre Bedeutung haben.

Daher erscheinen manche traditionalen Gesellschaften wie jene des mittelalterlichen Europa gleichermaßen als ortsgebunden und als international, während Angehörige von Schichten allgemein und von hochgradig mobilen Gesellschaften insbesondere sehr anfällig gegen die Verführungen des Nationalismus sind.

Während des Prozesses der *sozialen Mobilisierung* können konsonante Klassenerfahrungen und dissonante Schichtenerfahrungen für lange Zeit nebeneinander bestehen und miteinander konkurrieren; das gleiche gilt für konkurrierende nationalistische und klassenorientierte politische Reaktionen (Deutsch 1966).

Reaktionen, die an der Arbeiterklasse orientiert sind, wie jene, die von den Chartisten im England der 1830er und 1840er Jahre und von den Marxisten im Europa des späten 19. und frühen 20. Jahrhunderts sowie in vielen Entwicklungsländern seitdem hervorgebracht und vorangetrieben wurden, stimmen am ehesten mit den Lebenserfahrungen der Industriearbeiter während der Übergangsphasen der Industrialisierung überein, als eine Klasse der Lohnarbeiter schon gebildet worden war, aber sich noch nicht in sich differenziert hatte. Während dieser Periode waren viele Arbeiter bereits industrielle Beschäftigungen eingegangen und hatten deren Zwänge erfahren, aber sie hatten noch nicht in nennenswerter Zahl innerhalb ihrer eigenen Familien die Möglichkeit erlebt, in andere soziale Schichten aufzusteigen, etwa durch Bildung, durch Angestelltenlaufbahnen, durch selbständige Berufstätigkeit oder den Erhalt von Renten oder Pensionen seitens sozialer Versorgungs- und Wohlfahrtssysteme.

5. Einige strukturelle Bedingungen für die Zunahme von Lernprozessen

Aus den bisher skizzierten theoretischen Überlegungen und aus der erwähnten Literatur kann man eine Art von Kriterienkatalog mit etwa einem Dutzend Bedingungen ableiten, die, falls verwirklicht, die Lernfähigkeit politischer Systeme verbessern dürften. Dieser Katalog ist vorläufig und unvollständig. Wahrscheinlich lassen sich weitere Bedingungen finden, die in dieselbe Richtung wirken.

Die aufgeführten Bedingungen müssen noch dem empirischen Test unterworfen werden. Sollte sich ihre Wirksamkeit bestätigen, so werden wir außerdem versuchen müssen, die *Elastizität* des Zusammenhangs jeder dieser Bedingungen mit einer bestimmten quantitativen Variablen zu messen, die den Lernprozeß selbst widerspiegelt: Bei welchen Veränderungen einer bestimmten Bedingung treten, gleichzeitig oder als Folge, wie große Änderungen im Lernprozeß auf? Und wie groß werden die eventuellen Wechselwirkungen von mehr oder weniger gleichzeitigen Änderungen in mehreren Bedingungen sein? Bisher kennen wir die Antworten auf diese Fragen nicht, und es wird eine beträchtliche Forschungsarbeit zu leisten sein, damit wir ihnen näher kommen.

Als ein Anfangsschritt auf diesem langen Weg sei hier der Katalog von Bedingungen aufgeführt, die wenigstens in irgendeiner Weise wirksam sein dürften.

(A) *Kognitive Dimension*

(1) *Identität und Orientierung:* Die erste Bedingung ist die Aufrechterhaltung von Identitäts- und Orientierungsfunktionen sowie entsprechender Subsysteme, die für die Ausführung dieser Funktionen eingesetzt sind. Die *Identität* betreffenden Informationen zirkulieren innerhalb des Systems; sie gründen sich auf abgerufene Gedächtnisinhalte bezüglich der früheren Beschaffenheit des Systems, verbunden mit aktueller Information vom internen Selbstkontrollsystem bzw. Bewußtsein, wie ähnlich die gegenwärtige Struktur und der gegenwärtige Zustand des Systems der früheren Systemverfassung ist und in welchem Ausmaß somit frühere Erfahrungen für das gegenwärtige System noch anwendbar sein dürften.
In ähnlicher Weise bezieht sich die *Orientierungs*funktion darauf, in der Vergangenheit gespeicherte Erinnerungen über die Beziehungen des Systems zu seiner äußeren Umgebung abzurufen, verbunden mit aktuellen Daten von den externen Systemrezeptoren über die gleichen Inhalte, damit das System darüber informiert wird, wo es sich früher befand, wo es heute steht und wohin es sich, im Sinne einer Extrapolation, bewegen kann. Solche Orientierungsinformation bietet dem System Kenntnisse darüber, in welchem Umfang früheres Wissen über seine Umgebungsbeziehungen noch gültig ist und welche eventuellen Veränderungen in der gegenwärtigen Situation berücksichtigt werden müssen.
Wenn ein System nicht wenigstens ein Minimum von Identität und Orientierung besäße, würde es von Augenblick zu Augenblick treiben. Es könnte frühere Erfahrungen und gespeicherte Zeitreihen nicht fruchtbar machen, da deren Anwendbarkeit unbekannt wäre, und es könnte, wenn überhaupt, nur wenig lernen.
Wie diese Gedankengänge gezeigt haben, sind Identität und Orientierung niemals absolut. Irgendetwas wird sich innerhalb des Systems ebenso wie in dessen Umgebung von einem Augenblick zum nächsten schon geändert haben. So gesehen hatte Heraklit recht, wenn er sagte, daß wir nicht zweimal in denselben Fluß steigen können. Für praktische Zwecke freilich sind die Proportionen und Wirkungen ausschlaggebend. Dann erscheint Identität als abhängig von dem Verhältnis zwischen Signal und Störung. Solange Nachrichten über unveränderte interne Strukturen und Prozesse gegenüber Nachrichten über innere Veränderungen in solchem Maße überwiegen, daß sie als Signale aufgenommen werden und daß die Nachrichten über innere Veränderungen als bloße Störungen interpretiert werden, solange dürfte objektive Identität, ebenso wie deren subjektive Wahrnehmung, vorherrschen. Wenn Nachrichten über innere Veränderungen überwiegen, so können diese zum Signal werden, und Nachrichten über Kontinuitäten mögen als Störung behandelt werden. Dann können Individuen und ganze Völker im Extremfall ihre Vergangenheit vergessen und sich in eine anscheinend völlig neue Zukunft treiben lassen oder stürzen.

Häufiger werden charakteristische Elemente von Identität und Orientierung neben größeren Elementen der Veränderung beibehalten. In solchen Fällen können Individuen und ganze Völker von sich sagen, sie seien „bekehrt" oder „wiedergeboren", und man könnte meinen, Staaten und Nationen hätten große Revolutionen durchgemacht, während sie noch jedesmal einen großen Teil ihrer ursprünglichen Identität beibehalten haben. Entsprechende Überlegungen gelten für das Orientierungsproblem. Wenn Nachrichten über Beständigkeit in unserer Umgebung vorherrschen, neigen wir zu dem Schluß, daß wir uns noch in derselben Situation befinden; wenn Nachrichten über Veränderungen überwiegen, können wir folgern, daß wir es nicht mehr sind. Es gibt jedoch eine Ausnahme. Üblicherweise ist die Systemumgebung soviel ausgedehnter als das System und die Veränderungsprozesse in Teilen jener Umgebung sind so viel größer und häufiger, daß wir, in Verbindung mit großen Umgebungsveränderungen, einen beträchtlichen Grad innerer Identität erkennen dürften; und vielleicht ist dies das handgreifliche Korrelat zu dem, was wir als unser Zeitgefühl bezeichnen.

(2) Lernmöglichkeiten werden für ein politisches System vergrößert, wenn es eine *große Anzahl und Vielfalt von Rezeptoren und Aufnahmekanälen* mit hoher Informationsverarbeitungskapazität besitzt, so daß es einen weiten Bereich an Information speichern, selektiv abrufen und neu kombinieren kann. Ferner geht das Lernen leichter vonstatten, wenn das System gut entwickelte Subsysteme für die Rückkopplung der Rezeptoren besitzt, um ein Suchverhalten einzuleiten und aufrechtzuerhalten.

Andere günstige Bedingungen für mögliche Lernprozesse eines Systems sind:

(3) der Besitz eines leistungsstarken und verzweigten *Gedächtnis*systems mit extensiver und intensiver Speicherkapazität, sowie mit hoher Abrufgeschwindigkeit und -genauigkeit;

(4) große *Gliederungs- und Kombinationsfähigkeiten* in bezug auf eingehende und gespeicherte Information, die mit geringen Grenzkosten arbeiten, so daß ein breites Spektrum möglicherweise bedeutsamer Kombinationen rasch und billig bereitgestellt werden kann;

(5) eine große Fähigkeit, *Probleme zu erkennen und zu definieren*, und zwar auf mehrere alternative Weisen, zusammen mit einer hoch entwickelten Fähigkeit, vielversprechende *Lösungsvorschläge* zu identifizieren und aus der großen Menge möglicher Kombinationen auszuwählen, um sie nachhaltiger und gründlicher weiter zu entwickeln;

(6) eine beträchtliche Fähigkeit, solche ausgewählten Lösungsentwürfe an der *Realität zu überprüfen*;

(7) das *Nichtvorhandensein ausgeprägter Schranken für freien Informationsfluß* innerhalb des gesamten politischen Systems und somit das Nichtvorhandensein spürbarer Verfahrensweisen und Institutionen der Geheimhaltung, der Zensur, der informellen Tabuierung oder der bewußten Ver-

schleierung und Täuschung. Eine gewisse Abschirmung der Kommunikationskanäle ist wesentlich, wenn Nachrichten nicht im Störrauschen untergehen sollen, aber lediglich insoweit, als die Informationsverbreitung zwischen wichtigen Eingangs- und Ausgangsstationen des Kanals nicht durch Beschränkungen verstümmelt wird. In Grenzfällen dürften sogar kleinere undichte Stellen im Informationskanal der Lernfähigkeit des Systems weniger schaden als weitreichende Geheimhaltung. Wenn man natürlich anderen Zielen als der Lernfähigkeit Priorität beimißt, können manchmal größere Elemente von Geheimhaltung innerhalb des Systems geduldet werden, aber auf lange Sicht wird das Überleben fast jeden politischen Systems von seiner Lernfähigkeit abhängen.

(B) *Dimension der Anwendung*

Kognitives Lernen wird nur geringe Wirkung haben, wenn es nicht schließlich beim Handeln, und das heißt gewöhnlich: bei beobachtbarem Verhalten, angewandt wird. Solche Anwendung des kognitiven Lernens auf operatives Lernen wird tendenziell durch die folgenden Eigenschaften des Systems erleichtert:
(8) einen hohen Grad von Fähigkeit und Bereitschaft zu besitzen, Ressourcen zur *praktischen Anwendung* dessen wiedereinzusetzen, was kognitiv gelernt wurde. Daraus folgt der Bedarf an
(9) ansehnlichen *disponiblen Ressourcen und Subsystemen*, die zu geringen Kosten für einen breiten Bereich von Möglichkeiten neu eingesetzt werden können. Solche Ressourcen, die nicht ungenutzt bleiben, sondern auf Abruf zum Wiedereinsatz für alternative Strukturen und Funktionen verfügbar sein müssen, implizieren *Einsatzreserven* in der militärischen Strategie wie in der Disposition von Arbeitskräften; Rohstoffläger; Liquiditätsreserven in öffentlichen und privaten Geschäfts- oder Finanzangelegenheiten; sowie eine *Überschußkapazität* in jedem Subsystem, etwa der Produktion, der Energieversorgung, der Bodennutzung, des Wohnungsbaues, des Verkehrs- und des Nachrichtenwesens.
Dies ist der Kern der Lernfähigkeit eines politischen, sozialen oder ökonomischen Systems: nämlich das Vorhandensein solcher auf Abruf verfügbaren Ressourcen, Komponenten und Subsysteme auf allen Systemebenen, von den Individuen über kleine oder mittelgroße Gemeinschaften, über große Regionen oder Sektoren bis hin zum Gesamtsystem.
Bis jetzt scheint es keine ausgereifte allgemeine Theorie für die optimale Gestaltung der Lernfähigkeit eines großen politischen, gesellschaftlichen oder wirtschaftlichen Systems zu geben. Es gibt jedoch einige partielle Theorien und Entwürfe, die bedeutsam sein dürften. Dazu gehören Begriffe wie das *Liquiditätspostulat* in der Ökonomie, die Reservekapazität in Technik und Industrie, die *optimale Redundanz* in der Kommunikationstheorie und der Theorie der Warteschlangen und die *Schadensverhütung* in

der industriellen Sicherheitstechnik, in der militärischen und zivilen Verteidigung und vielleicht auch in der biologischen Evolutionstheorie. Allen diesen spezielleren Begriffen ist das Merkmal gemeinsam, daß sie sich auf die Funktion und auf die Gestaltung relativ großer Systeme der einen oder anderen Art beziehen. Es scheint möglich, daß mit Hilfe der allgemeinen Systemtheorie aus diesen vorliegenden Elementen eine allgemeinere Theorie der Einsatzreserven und der Lernfähigkeit entwickelt werden kann.

(C) *Motivationale Dimension*

Theoretisches Wissen und greifbare Ressourcen können ungenutzt bleiben, wenn die *Motivation* fehlt, die psychische und soziale Motivation in Individuen ebenso wie die organisatorische Motivation in großen Bürokratien und ähnlichen öffentlichen oder privaten Organisationen. Eine Ausweitung von Lernprozessen wird daher durch Bedingungen begünstigt, welche die Motivation verstärken, vorhandene Lernfähigkeiten zu vergrößern und sie praktisch anzuwenden. Zu derartigen Bedingungen gehören:
(10) Ausgeprägte *probabilistische Verstärkungsfolgen* oder -schemata, damit Motivation und Bereitschaft zum kognitiven Lernen auf der Ebene der Individuen, der Gruppen, der Subsysteme und des gesamten politischen Systems aufrecht erhalten und vergrößert werden; unter diesem Gesichtspunkt ist weitreichende Neugierde eine wichtige Tugend der Individuen, Organisationen und Kulturen.
(11) Gleiches gilt für das Vorhandensein wirksamer probabilistischer Verstärkungsschemata, die dazu tendieren, auf einer bestimmten oder auf allen Systemebenen die Motivation und die Bereitschaft zur *Anwendung* kognitiver Lernerfolge für praktisches Verhalten aufrecht zu erhalten.
(12) Das Vorhandensein wirksamer Prozesse und Subsysteme innerhalb des politischen Systems, die, in ihrer Funktion ähnlich dem *Bewußtsein* und dem *Willen*, der *internen Kontrolle*, der Entscheidung und der *Auswertung von Informationen nach der Entscheidung* dienen und auf allen Systemebenen die Einsicht fördern, daß das Lernen und der *Wille zum Lernen* notwendig sind.

6. *Prozessuale Gesichtspunkte*

Es werden an dieser Stelle nur zwei Hauptprobleme behandelt, die beim Lernprozeß großer politischer Systeme auftreten. Es sind dies die Geschwindigkeit und die Fehlerlosigkeit des Lernens und deren Kosten sowie die Bedeutung von Konflikten als Aktiv- oder Passivposten in politischen Lernsituationen.
(1) *Die Geschwindigkeit und Fehlerlosigkeit des Lernens:* Wenn ein politisches System nicht gezwungen wäre, sich an äußere Veränderungen in seiner Umgebung sowie an innere Veränderungen bei seinen eigenen Bestand-

teilen anzupassen und wenn ihm seine eigene Lernfähigkeit die freie Wahl der Lerngeschwindigkeit erlaubte, dann könnte es sich die Auswahl derjenigen Lerngeschwindigkeit leisten, die ihm oder seinen wichtigsten Subsystemen und Komponenten am bequemsten wäre. Unter solchen Bedingungen könnte die bequemste Geschwindigkeit durchaus eine sehr langsame sein. Edmund Burke riet in seinen „*Reflections on the French Revolution*" den Staatsmännern seiner Zeit, in allen Angelegenheiten des Wandels, der Reform und der Erneuerung langsam und „mit unendlicher Vorsicht" vorzugehen.

Tatsächlich jedoch hat sich dieser Kurs, wie schon zu Burkes Zeiten, auch in der Gegenwart als nicht praktikabel erwiesen. Politische Systeme müssen sich dem externen und internen Wandel anpassen und können diesen nicht, oder jedenfalls nicht vollständig beeinflussen; und gerade die Geschwindigkeit dieser Veränderungen diktiert weithin die Geschwindigkeit des politischen und gesellschaftlichen Lernens, das erforderlich ist, um damit fertig zu werden, wenn nicht die Kosten einer Verzögerung unerschwinglich werden sollen.

Innerhalb der Grenzen einer gegebenen Lernfähigkeit jedoch dürfte eine größere Lerngeschwindigkeit mit größerer Häufigkeit und größerem Ausmaß der Fehler bezahlt werden müssen. Auch diese dürfte obere Grenzen haben, jenseits derer die Kosten von Fehlern unerträglich würden.

Politische und administrative Systeme müssen daher wohl bei ihren Reaktionen auf Veränderungen zwischen *Fehlerkosten* und *Verzögerungskosten* wählen. In unterentwickelten und primitiven Systemen, in denen die Ressourcen für die Schadensverhütung ebenso wie die Kosten für den Zeitaufwand gering sind, werden Fehler meist teurer sein als Verzögerungen, und oft ist die Langsamkeit von Stammespalavern und manchen politischen Prozeduren des europäischen Mittelalters konstatiert worden. Im Gegensatz dazu haben sich in der Neuzeit – seit 1500 bis 1940 – die verfügbaren Ressourcen der Schadensverhütung ebenso wie der Wert der Zeit tendenziell schneller vergrößert als der mögliche Schaden, den die meisten Fehler wahrscheinlich verursachen würden. Entsprechend wurde die Geschwindigkeit allmählich immer wichtiger; dies zeigt sich auf militärischen Bereich in Napoleons Feldzügen und in der deutschen und japanischen Taktik während der Frühphase des Zweiten Weltkrieges wie auch auf politischem Gebiet beim Aufstieg des Absolutismus im 17. und 18. Jahrhundert sowie seit den 20er und 30er Jahren dieses Jahrhunderts in der Ausbreitung von Diktaturen und nationalen Notstandsverordnungen und der Verlängerung von Ausnahmezuständen und der Einräumung entsprechender Machtbefugnisse an die Regierungsexekutive in vielen konstitutionell regierten Ländern. Die Betonung der Geschwindigkeit erreichte dann ihren Höhepunkt in den nuklearstrategischen Doktrinen der frühen 50er Jahre, welche die Überraschung, den „ersten Schlag" und „sofortige und massive Vergeltungen" betonten, wobei die Warn- und Reaktionszeiten vermutlich eher in Minuten und Stunden als in Tagen oder Wochen zu messen waren.

Seit den späten 50er und beginnenden 60er Jahren jedoch scheint sich dieser Trend umgekehrt zu haben. Die zerstörerische Kraft der nuklearen Waffen war ungeheuer geworden, hatte jede Möglichkeit hinter sich gelassen, den dadurch etwa angerichteten Schaden schnell zu beheben, und hatte damit auch die möglichen Kosten einer irrtümlichen Anwendung wachsen lassen.

Das strategische Denken verlegte sich auf Doktrinen des „zweiten Schlages" und zog die Risiken einer Fehlentscheidung, eines Systemversagens, einer Täuschung, einer Überreaktion und einer Provokation durch Dritte in Betracht. Die Fehlerkosten überwogen zunehmend wieder die Verzögerungskosten.

Etwas Ähnliches hat wohl im zivilen Bereich stattgefunden. Auch hier sind die durch eine größere politische Entscheidung ausgelösten Kräfte ungeheuer angewachsen, wenn man die Ressourcen in Betracht zieht, die verbraucht, umverteilt oder nicht hervorgebracht werden, und wenn man die Anzahl betroffener Menschen und Länder sowie das Gewicht und die Reichweite möglicher Konsequenzen berücksichtigt. Auch hier sind wichtige politische Entscheidungen, etwa über den Beitritt zu einem gemeinsamen Markt oder über die Anerkennung eines Mehrheitsstimmrechtes unter den beteiligten Regierungen, über die Vereinigung nationaler Streitkräfte oder nationaler Währungen, insbesondere seit den frühen 60er Jahren mit bemerkenswerter Langsamkeit vorangekommen. Und wo Entscheidungen nur langsam reifen, geht deren vollständige administrative und finanzielle Durchsetzung noch langsamer vonstatten. Die Verzögerungskosten eher in Kauf zu nehmen als die Fehlerkosten mag gegenwärtig in vielen Fällen kurzfristig eine vernünftige Strategie sein. Auf lange Sicht jedoch wird das nicht genügen. Selbst langsame und allmähliche Entscheidungen können sich als irrtümlich und kostspielig erweisen, wie viele Kritiker gegenüber dem Engagement der Vereinigten Staaten im Vietnam-Krieg immer wieder betont haben. Und die Geschwindigkeit und der Druck externer und interner Veränderungen, wie die Entkolonialisierung in der Politik einiger westeuropäischer Staaten nach 1945 oder wie Inflation und Depression als Herausforderungen der Wirtschaftspolitik, können den politischen Entscheidungsträgern und den von ihnen regierten Ländern die Risiken schnellen Lernens und schnellen Handelns aufzwingen.

Letzten Endes wird den Nationen und Regierungen der Erde nur dadurch, daß die Fähigkeiten kognitiven, strukturellen und operativen Lernens und Entscheidens wesentlich anwachsen, eine Chance bleiben, mit den Problemen fertig zu werden, die mit der Größe der Bevölkerung und mit der Komplexität und Empfindlichkeit der jetzt entwickelten Übergangstechnologien zusammenhängen. Bis die Lernfähigkeit derart angewachsen ist, werden Konflikte weiter die politischen Lernprozesse in den meisten Ländern kennzeichnen.

(2) *Konflikt als ein Aspekt des Lernprozesses:* Wenn ein politisches System eine Lernsituation durchläuft, nehmen die internen Konflikte wahrschein-

lich zu. Die Situationen, die Ziele und die Interessen der Individuen und Gruppen, aus denen sich das System zusammensetzt, dürften verschiedenartig sein und wenigstens teilweise in Widerspruch zueinander stehen. Der Lernprozeß mit seinen üblichen Phasen – Unzufriedenheit, Suche, kognitive Dissonanz und partielle kognitive Neuordnung, Umverteilung der Ressourcen und Verhaltensänderung – dürfte einen höchst unterschiedlichen Einfluß auf die verschiedenen Menschen, Gruppen und Subsysteme haben, die einen modernen Nationalstaat ausmachen. Manche werden gegen alle größeren Veränderungen opponieren; andere werden auf eine ganz bestimmte Art der Veränderung drängen, während wieder andere noch eine andere Veränderung fordern werden. Je umfassender und dringender der bevorstehende Wandel ist, der sich aus dem Lernprozeß ergeben wird, desto größer ist das Potential, Konflikte auszulösen.

Einmal ausgelöst, können sich solche Konflikte als Aktiv- oder Passivposten für den Lernprozeß erweisen. In vielen Situationen, besonders in der westlichen Kultur, tritt das Lernen in der Form eines *antagonistischen Prozesses* auf. Nehmen wir an, daß die kämpfenden Parteien diejenigen Informationen zusammentragen, die benötigt werden, damit eine kognitive Lösung und eine Verhaltensreaktion für das vorliegende Problem gefunden werden. Auf diese Weise kann der Konflikt als Instrument der Entdeckung dienen. In Gerichtsverfahren, in wissenschaftlichen Diskussionen, im Widerstreit der Meinungen in der Presse oder anderen Medien, im ökonomischen Wettbewerb auf dem Markt, im Kampf zwischen Planvorschlägen in den Zentralverwaltungswirtschaften und in der Konkurrenz unter politischen Parteien in den pluralistischen Demokratien erfüllt der Konflikt häufig diese problemklärende, Fragen auslösende, Information schaffende und manchmal sogar problemlösende Funktion. Vergessene und benachteiligte Gruppen, unterdrückte Minderheiten und abweichende Denker, alle benutzen die Zuspitzung des Konfliktes als eines ihrer Mittel, um die Aufmerksamkeit der Mehrheit oder der etablierten Regierung auf ihre zuvor vernachlässigten Forderungen und Bedürfnisse zu lenken.

Auf diese Weise können ein politisches System, seine Mitglieder und seine Führer lernen, unter den Bedingungen des Konflikts zu lernen. Schließlich kann sich der Konflikt dort, wo die Lektion gelernt worden ist, legen, wenn neue Wahrnehmungs- und Verhaltensmuster gefunden und angenommen worden sind, wenn die Parteien – wie Spieler in einem Spiel von der Art des „Prisoner's Dilemma" – entdeckt oder wiederentdeckt haben, was ihren Interessen gemeinsam ist, wenn die Verfassung der einen oder beider Parteien sich so geändert hat, daß der frühere Konflikt im Sinne der neuen Situation bedeutungslos geworden ist, oder wenn bedeutsame neue Informationen aus der Umgebung der streitenden Parteien oder sogar aus der Umgebung des größeren politischen Systems in den Konflikt eingebracht worden sind. Das System wird etwas gelernt haben, bis das Aufkommen eines neuen Konfliktes darauf verweist, daß es noch mehr zu lernen hat. Obwohl größere externe und interne Konflikte die Fähigkeiten des Systems übersteigen und dazu führen können, daß es gelähmt oder gespalten wird, können die meisten lebensfähigen politischen Systeme ein beträchtliches Ausmaß an Konflikten bewältigen und als Hilfsmittel des Lernens nutzen.

7. Einige Zukunftsaussichten

Nachdenkliche Sozialwissenschaftler von Max Weber bis Daniel Bell haben die Ansicht vertreten, daß die Zukunft die technisch hochentwickelten Gesellschaften zu immer größerer Spezialisierung, Differenzierung und Komplexität der Funktionen und zu immer stärker zentralisierter Bürokratisierung und Routinisierung in Politik und Machtausübung führen wird. Unsere Überlegungen zur Lernfähigkeit politischer Systeme legen einige Modifikationen dieser Zukunftsperspektive nahe. Es scheint die Erwartung realistischer, daß sich jede hochentwickelte Gesellschaft an äußere und innere Veränderungen anpassen muß, daß sie auch weiterhin durch Konflikte gekennzeichnet sein wird, daß sie, was vielleicht noch wichtiger ist, große Informationsmengen wird zu speichern und zu verarbeiten haben und daß sie dies auf assoziative und kombinative Weise bewerkstelligen wird. Als Ergebnis dieser Prozesse werden Lernen und Erneuerung im großen Umfang wahrscheinlich immer wieder auftreten.

Wenn sich die Ergebnisse solchen Lernens und solcher Erneuerung schnell anhäufen sollten, indem sie die früheren Gewohnheiten vieler Menschen veralten lassen, es jedoch schwer machen, neue Gewohnheiten schnell zu lernen, werden viele Menschen zum *imitativen Lernen* zurückkehren, indem sie nach einem charismatischen Führer suchen, den sie als Rollenvorbild nachahmen oder wenigstens als einen menschlichen Wegweiser für ihre eigene Neuorientierung akzeptieren können; so hielten sich viele Franzosen an Napoleon und neuerdings an Charles de Gaulle, viele Engländer an Winston Churchill, die Russen an Lenin und Stalin, die Inder an Gandhi und Nehru, die Chinesen an Mao Tse-tung und die Amerikaner an Georges Washington, Abraham Lincoln, Franklin D. Roosevelt und Dwight D. Eisenhower.

Solchen *charismatischen Phasen* politischer Herrschaft und schnellen umfassenden Änderungen in den Gewohnheiten folgt jedoch tendenziell ein *nichtcharismatisches Stadium*, in dem Routine, Bürokratie, farblose Führer und manchmal sogar Korruption die Vorherrschaft erlangen. So finden wir Grant nach Lincoln, Nixon nach Eisenhower, wenn auch einige Zeit später; Pompidou nach de Gaulle; Shastri nach Nehru. Aber auch diese repräsentieren lediglich Stadien des Prozesses, keine dauerhaften Verschiebungen zur Bürokratisierung und Routine. Da das Bedürfnis nach gesellschaftlichem Lernen und schnellem massiven Wandel der Gewohnheiten wieder wächst, wird damit auch die zeitlich begrenzte Nachfrage nach charismatischen Führern wieder entstehen und ein neuerliches Auf und Ab der emo-

tionalen Wellen auf der Oberfläche des gesellschaftlichen und politischen Systems charakterisieren.
Die wirklichen Veränderungen werden tiefer liegen. Neue Zwänge zur Veränderung werden neue Probleme erzeugen, während neu aufgenommene und neu kombinierte Informationen neue Lösungsentwürfe erzeugen werden, die als Ausgangsmaterial für die Auswahl, für die intensive Entwicklung und, nach weiterer Prüfung und Auslese, für die praktische Anwendung dienen. Auf diese Weise werden die Völker und die politischen Systeme fortfahren zu lernen, auch im „nachindustriellen" Zeitalter oder, besser, im Zeitalter der umfassenden Information. In dieser jetzt anbrechenden historischen Epoche ist die Fähigkeit der politischen Systeme zum Lernen, zur Erneuerung, zur Selbstverwandlung und zur Darstellung ihrer eigenen Identität entscheidend für ihr Überleben.

Literatur

Berelson, B., et al.: Voting. Chicago 1954.
Bertalanffy, L.v.: General Systems Theory. New York 1969.
Buckley, W.: Sociology and Modern Systems Theory. Englewood Cliffs, N.J. 1967.
ders., (Hrg): Modern Systems Research for the Behavioral Scientist. Chicago 1968.
Burke, E.: Reflections on the Revolution in France. (Hrg.: Thomas H. Mahoney) Indianapolis 1955.

Deutsch, K.W.: Nationalism and Social Communication. Cambridge 1953, 1966².
ders.: Joseph Schumpeter as a Social Scientist: Journal of Economic History
ders.: The Nerves of Government. New York 1963, 1966² (deutsch: Politische Kybernetik – Modelle und Perspektiven. Freiburg 1973³).
ders.: Politics and Government. Boston 1970, 1974².
ders.: On Theories of Imperialism. In: J. Kurth, S. Rosen (Hrg.): Testing Theories of Imperialism. Lexington/Mass. 1974.
Dollard, J., et al.: Frustration and Aggression. New Haven 1940.

Easton, D.: The Political System. New York 1953.
ders.: A Framework for Political Analysis. Englewood Cliffs, N.J. 1965.
ders.: The Political System: An Inquiry into the State of Political Science. New York 1971.

Festinger, L.: A Theory of Cognitive Dissonance. Stanford, Calif. 1957.

Hebb, D.O.: The Organisation of Behavior. New York 1949.
Hilgard, E.R.: Theories of Learning and Instruction. Chicago 1964.
Hilgard, E.R.: Bower, G.H., Gordon, H.: Theories of Learning.
New York 1948³.

Lazarsfeld, P.F.: The People's Choice: How the Voter Makes Up His Mind in a Presidential Campaign. New York 1948.

Miller, J.G.: Living Systems. In: Behavioral Science 1965. S. 193 ff., 337 ff., 380 ff.

Parsons, T.: The Social System. New York 1951.
ders.: Politics and the Social Structure. New York 1969.
Piaget, J.: Le Structuralisme. Paris 1972.

Schumpeter, J.A.: Imperialism and Social Classes. New York 1961.
Skinner, B.F.: Technology of Teaching. New York 1968.
ders.: Contingencies of Reinforcement. New York 1969 (deutsch: Die Funktion der Verstärkung in der Verhaltenswissenschaft. München 1974).

Verba, S., Nie, N.: Political Participation in America. New York 1973.

Ervin Laszlo

*Evolution und Invarianz in der Sicht der allgemeinen Systemtheorie**

1. Die Evolution von Komplexität

Das evolutionäre Denken ist kennzeichnend für eine Prozeßmetaphysik und für die neueren Theorien der empirischen Wissenschaften. Doch während die Prozeßmetaphysik die Evolution als einen kosmischen Prozeß ansah, der alle empirischen Phänomene in einem kontinuierlichen, wenn auch spezifisch differenzierten Ansatz umfaßt, entwickelten die modernen Erfahrungswissenschaften besondere Evolutionsgesetze, die sich nur innerhalb beschränkter Gebiete anwenden lassen. So gibt es ein Gesetz der Materieevolution im Universum, das in den Gleichungen der Astrophysik ausgedrückt wird; es gibt ein Gesetz der Evolution der Makrostruktur des Universums selbst, das sich auf astronomische Berechnungen stützt; man findet auch ein Gesetz der Evolution biologischer Einheiten – von Makromolekülen und Protozellen mit Replikationsfähigkeit bis hin zu komplexen und integrierten Vielzellenorganismen; es gibt andere Gesetze, die auf die Evolution von Ökosystemen anwendbar sind, wieder andere, die sich auf die sozio-kulturelle Entwicklung beziehen (die umstrittenen „Gesetze der Geschichte") und Gesetze oder Prinzipien der Entwicklung von Wissenschaft, Kunst und Religion. Die Einheitsanschauung eines ständigen Evolutionsprozesses wird, isoliert von den Hauptströmungen des wissenschaftlichen Denkens, nur von Metaphysikern aufrecht erhalten.

Doch mit dem Aufstieg der Systemwissenschaften kann nun die allgemeine Systemtheorie den Begriff eines ständigen, wenn auch intern hochdifferenzierten, evolutionären Prozesses auf einer wissenschaftlichen Grundlage bestätigend wieder aufnehmen. Ihr Evolutionsbegriff ist der Abkömmling zweier ursprünglich entgegengesetzter Gedankenströmungen in der Wissenschaft des 19. Jahrhunderts. Einer von ihnen war die Darwinsche Theorie der Entstehung der Arten; die andere bildeten die Formulierungen der Gesetze der Thermodynamik.

1862 behauptete Spencer, daß es ein grundlegendes Gesetz der Materie gebe, genannt das Gesetz der Krafterhaltung, aus dem folgt, daß nichts Homogenes als solches unverändert bestehen bleiben kann, wenn äußere Kräfte darauf einwirken, weil solche Kräfte verschiedene Teile des Systems

* Diese Arbeit wurde auf Englisch zuerst in General Systems Yearbook XIX (1974), 37–43, veröffentlicht und enthält den Anhang zum letzten Buch des Autors: A Strategy for the Future. The Systems Approach to World Order (New York: Braziller, 1974).

verschieden beeinflussen und daher eine interne Differenzierung in ihm verursachen. Jede Kraft tendiert so dazu, wachsende Vielfalt zu erzeugen. Der Kosmos entwickelt sich von einer unbestimmten und unzusammenhängenden Homogenität zu einer bestimmten und zusammenhängenden Inhomogenität, wobei immer bessere Dingeinheiten auftauchen. Evolution, sagte Spencer, kann nur in der Verwirklichung größter Vollkommenheit und vollständigsten Glücks enden.

Spencers *First Principles* erschienen drei Jahre nach der Publikation von Darwins *The Origin of Species* (1859): Beide betonten die fortschreitende Entwicklung, wobei Komplexität und Differenzierung allgemein mit Güte und Wert verbunden sind. Parallele Entwicklungen in der Physik jedoch traten ungefähr zur selben Zeit in den Vordergrund. Carnot entwickelte die Grundprinzipien dessen, was später als der zweite Hauptsatz der Thermodynamik bekannt wurde (1824); und William Thompson stellte diese in seiner Abhandlung ,,On the Universal Tendency in Nature to the Dissipation of Mechanical Energy" (1852) noch überzeugender dar. In Deutschland veröffentlichte Helmholtz seinen Aufsatz über die Erhaltung der Kraft[1] (1847); und 1865 führte Clausius den Begriff der Entropie ein. Ein Jahr später bot Boltzmann eine neue Formulierung des zweiten Hauptsatzes an, in dem dieser mit der Wahrscheinlichkeitstheorie und der statistischen Mechanik verbunden ist. Die Gewichtigkeit des Gesetzes schien unzweifelhaft. Und sein Kerngehalt war, daß statt aufbauender Entwicklung das Universum als ein Ganzes unausweichlich dem Ende zustrebt. Jeder Prozeß verbraucht Energie und macht diese unverfügbar für Arbeitsleistung.[2] Die Gesamttendenz der Evolution weist daher nicht in Richtung auf zunehmend differenzierte und komplexe Dingeinheiten, sondern auf fortschreitend desorganisierte, einfache und dem Zufall unterworfene Aggregate.

Die Wirkung des Auftretens der thermodynamischen Gesetze auf das Denken über die Evolution im Universum war einschneidend. Der optimistische Satz über die zur Vollkommenheit und zum Glück führende Evolution, der in der ersten Ausgabe von Spencers *First Principles* stand, fehlt in der 6. Auflage.

Trotz der Argumente der Physiker blieb es offensichtlich, daß wenigstens auf der Erdoberfläche viele Dingeinheiten ständig aufgebaut werden, statt dem Ende zuzustreben. Neuere Arbeiten in der Astrophysik zeigten, daß sogar im weiteren Kosmos im Verlauf der chemischen Entwicklung von Sternen und in interstellaren Prozessen, die mit Quasaren, Supernovae und mit der auf Schwerkraft beruhenden Kontraktion interstellaren Staubs zusammenhängen, ständig Materie aufgebaut wird. Die Wissenschaft hatte auf die Entwicklung der Thermodynamik irreversibler Prozesse im 20. Jahrhundert und auf deren Anwendung in der Astrophysik, Biophysik und Biochemie zu warten, um zu bemerken, daß es keinen Widerspruch zwischen den Gesetzen in manchen Bereichen und Erscheinungen des Universums gibt. Die Evolution, so stellte sich heraus, beutet Energieflüsse aus, die eine innere Stabilität in bestimmten hochspezifischen Konfigurationen besitzen. Sie findet statt in offenen Systemen mit Input und Output, während die Gesetze der Thermodynamik sich auf geschlossene Systeme beziehen. Daher kann das Universum als ein theoretisch geschlossenes System als Ganzes in Richtung auf Entropie und Gleichgewicht tendieren; nichtsdestoweniger können sich darin Enklaven bilden, falls genügend große Flüsse und geeignete energetische Bedingungen gegeben sind, die lokal und temporär diesen Trend umkehren. Es gibt keinen Konflikt mit dem zweiten Hauptsatz – aber man kann all dies auch nicht durch ihn erklären. Wir müssen weitere Gesetze des natürlichen Universums hinzufügen, bevor wir den zweiten Hauptsatz benutzen können, um die Evolution der Komplexität vorherzusagen.

Im großen und ganzen können wir die Natur solcher Gesetze gegenwärtig verstehen, selbst wenn wir noch keine quantitativen Formulierungen über die ersten Stufen ihres Funktionierens hinaus besitzen. Das Verständnis leitet sich von dem Begriff der „dissipativen Strukturen" (dissipative structures) her, der von Wissenschaftlern vorgeschlagen wurde, die auf dem Gebiet der Thermodynamik irreversibler Prozesse arbeiten (Prigogine, Katschalsky, Onsager, De Groot u.a.) und aus den von Jacob Bronowski gezogenen Schlußfolgerungen[3]. Dissipative Strukturen sind Systeme, die Energie im Verlauf ihrer Selbsterhaltung und Selbstorganisation verbrauchen. Komplexe Einheiten können nicht in der Natur entstehen, wenn es keinen Fluß gibt, der existierende Elemente in zufälligen Konfigurationen mischt. Wenn alle Konfigurationen gleiche innere Stabilität hätten, wäre die Wahrscheinlichkeit ihrer Erhaltung gleich und würde durch den zweiten Hauptsatz in seiner Boltzmannschen Formulierung beschrieben. Schließlich würden alle Konfigurationen zusammenbrechen und das durchschnittliche Anordnungsmuster würde sich als Bündel um den thermodynamischen Gleichgewichtszustand herum ausbilden. Aber es scheint, daß die Flüsse innere Stabilität in besonderen Konfigurationen haben. Z.B. bilden Protonen und Neutronen dauerhafte stabile Atomkerne. Sie können zu einem Gleichgewichtszustand durch Elektronenschalen gebracht werden, wobei sich stabile Atome ergeben. Ein Helium-Atom ist stabil, aber die Konfiguration, die von einer thermischen Kollision zwier Helium-Atome resultiert, ist es nicht. Die Struktur würde in etwa einer Millionstel Mikrosekunde aufgelöst. Aber wenn während dieser Zeit ein drittes Helium-Atom in die Konfiguration hineinkommt, ergibt sich eine stabile Struktur: der Kohlenstoffkern. Dies liefert ein einfaches physikalisches Beispiel für das Verständnis dessen, wie zunehmend komplexe Strukturen entstehen können durch zufällige Umordnungen von Komponenten, die sich im Flusse befinden. Atome bilden Moleküle und Kristalle, Makromoleküle sind aus einfacheren Molekülen und kristallinen Elementen zusammengesetzt; und die einfachsten Formen des Lebens sind aus relativ stabilen Konfigurationen von bereits gebildeten makromolekularen Aggregaten zusammengesetzt. Z.B. sind die grundlegenden Moleküle lebender Organismen, nämlich Thymin, Adenin, Cytosin und Guanin stabile Konfigurationen von Makromolekülen, die in ähnlich stabile Konfigurationen von Nukleinsäuren eingebaut sind. Nukleinsäuren codieren in wiederkehrenden Mustern den Aufbau organischer Phänotypen. Zellen sind stabile Konfigurationen als selbständige Einheiten mit der Fähigkeit der Selbsterhaltung (Metabolismus) und Kontinuität (Reproduktion). Aber sie können wiederum in komplexe Vielzellenorganismen strukturiert werden, die die grundlegenden Eigenschaften des Lebens auf der ihnen eigenen Stufe der Organisation besitzen. Wir können den Prozeß noch weiter führen und entdecken, daß selbständige Populationen Verknüpfungen von relativ stabilen Arten in zwischenartlichen Strukturen finden, die als Ökosysteme bekannt sind, und daß lokale Strukturen dieser Art in noch umfassenderen angeordnet sind, was zu dem Begriff der Ökosphäre als eines komplexen, wechselseitig determinierten Systems führt. Der Mensch ist ein System auf einer Stufe dieser Hierarchie mit immer neu auftauchenden Einheiten; seine Umgebung ist aus deren anderen Stufen zusammengesetzt.

Zwei allgemeine Bedingungen sind für den Aufbau von Systemen verantwortlich, ohne die Gültigkeit des zweiten Hauptsatzes zu tangieren. Die erste ist ein Energiefluß, der in einen sich entwickelnden Bereich als ganzen eintritt (in unserem Fall stammt der Fluß aus der Sonne); der zweite ist die natürliche Selektion, die durch Zufallsvariationen auf intern stabile Konfigurationen von Energieflüssen trifft und eine solche Konfiguration mit einer anderen in Wechselwirkung bringt. Wenn wir zugestehen, daß es wirkliche oder mögliche Konfigurationen von Energieflüssen im Universum gibt, die innerlich stabil sind, erhalten wir eine überzeugend scheinende Erklärung des Aufbaus von Komplexität. Der zweite Hauptsatz wird dann ein Evolutionsgesetz, wenn wir das Repertoire der Konfigurationen hinzunehmen, die eine gewisse Stabilität zeigen, wenn sie getroffen werden. Solche Konfigurationen verzerren die Statistik, auf die sich der zweite Hauptsatz gründet: Zufällige Schwankungen, erzeugt durch Energiewinde, werden im Durchschnitt kein thermodynamisches Gleichgewicht, sondern die stabile Konfiguration erzeugen. Daher erhalten wir einen neuen Durchschnittswert, der als Ausgangspunkt von Schwankungen dient, welche die Chance implizieren, daß weitere Stabilitätskonfigurationen getroffen werden, die aus existierenden stabilen Konfigurationen und ihren Komponenten bestehen. So können Atome sich zu Molekülen aufbauen, und Moleküle zu den Bausteinen des Lebens. Lebende Arten können in Ökosysteme eingebaut werden und Ökosysteme in das System der Ökosphäre.

Der neue systemtheoretische Begriff der Evolution gesteht dem zweiten Hauptsatz der Thermodynamik eine angemessene Beschreibung des wirklichen Universums nur zu, wenn dieser mit dem Begriff „verborgener" oder „potentieller" Stabilitätsschichten integriert ist, auf die Energieflüsse auftreffen können. Jedes System, das wir in der Natur antreffen, ist die Verwirklichung einer solchen Stabilitätsschicht (stratum of stability). Der Mensch, seine Organe und Körperzellen, die Moleküle in den Zellen und die Atome in den Molekülen sind hierbei eingeschlossen. Eingeschlossen sind alle natürlich gebildeten Systeme mit vielen organischen Teilen, z.B. die ökologischen Systeme. In diese Menge fallen auch einige Abarten von sozialen Systemen und das Weltsystem. Das Ergebnis der Evolution auf der Erde ist eine Hierarchie mit vielen Stufen, die Atome auf der einen Seite und großdimensionierte Systeme mit vielen Teilen auf der anderen Seite umfaßt. Die höheren Systeme sind aus integrierten Mengen der Systeme niederer Stufen zusammengesetzt. Systemhafte Wechselwirkung zwischen Systemen ergibt höhere systematische Einheiten; andere Typen von Wechselwirkungen erzeugen die Differenzierung und führen zur Artenbildung. Prozesse der Evolution beginnen in einem Zustand teilweise geordneter Chaos-Energieflüsse, die mit relativ stabilen Konfigurationen von Flüssen in Wechselwirkung treten. Ist eine Matrix solcher Ordnungstypen gegeben, so tendiert die Evolution zu höheren Stufen der Organisation in Strukturen größerer Komplexität. Störungen, die auf existierende Systeme einwirken, führen zum Verschmelzen einiger dynamischer Eigenschaften, zur Differenzierung anderer und ergeben die selektive Evolution von Systemen, die fortschreitend besser an ihre Umgebung angepaßt sind. Systeme entwickeln sich, indem schwächer verbundene Komponenten an bereits stärker verbundene angegliedert werden – wie z.B. Atome durch Elektronen in Molekülen verbunden sind, Moleküle in komplexen Polymeren und makromolekularen Strukturen; diese wiederum in Zelleneinheiten; Zellen in Geweben und Vielzellensystemen und Vielzellenindividuen in ökologischen und sozialen Systemen.

2. Systemhafte Invarianz

Die dissipativen Strukturen, die im Prozeß der Evolution in der Ökosphäre der Erde entstehen, zeigen grundlegende Struktur- und Funktionsinvarianzen trotz verschiedenartiger Erscheinungen und großer Verhaltensunterschiede. Die Invarianzen rühren von der gemeinsamen Lage und dem gemeinsamen Ursprung der Systeme her: es handelt sich um dynamische offene Systeme, die sich in einem Energiefluß erhalten, indem sie organisierte Energien verbrauchen und die dabei freigesetzten Energie ausnutzen, um den statistischen Tendenzen zur Energieniveauverminderung im physischen Universum entgegenzuarbeiten. Ob ein System relativ einfach, unmittelbar aus Atomen oder Molekülen zusammengesetzt ist oder hoch komplex aus vielen Bündeln geordneter Relationen unter ihrerseits schon komplexen Vielzellenorganismen gebildet ist, es muß den allgemein im Universum gültigen Bedingungen der Selbsterhaltung genügen. Die Weise, wie verschiedene Systeme dieses leisten, ist sehr unterschiedlich; und auf den ersten Blick scheint kein Vergleich zwischen ihnen möglich zu sein. Doch wenn wir uns ein Bild von den Struktureigentümlichkeiten und der Funktionsdynamik der verschiedenen manifesten Eigenschaften machen, finden wir, daß diese die Invarianzen zeigen, die mit der Systemhaftigkeit verbunden sind. Vier solche grundlegenden Systeminvarianzen werden hier erörtert; sie sind Grundfaktoren unseres Verständnisses von der Einheit, die der Phänomenvielfalt zugrunde liegt und die gegenwärtig auch neue Einsichten für unser Verständnis jenes höchst mannigfaltigen und komplexen Systems verspricht, nämlich des globalen Systems und des ihm eigenen Musters einer Weltordnung.

(1) *Ordnung und Nichtreduzierbarkeit.* ,,Ordnung" in einem System bezieht sich auf die Invarianz, die Zustandsänderungen zugrundeliegt und durch die die Systemstruktur festgestellt werden kann. Ein stabiles Atom zeigt Ordnung in dem Verhältnis seiner Elektronen zu seinem Kern; ein Sozialsystem zeigt diese in den Beziehungen seiner Mitglieder. Diese Beziehungen können wohl in Atomen als auch in Gesellschaften Veränderungen durchlaufen: Ein Wasserstoffatom kann nach Fusion und Abstrahlung einer Überschußenergie Teil eines Heliumatoms werden; ein unabhängiger Staat kann mit größeren politischen Einheiten föderativ zusammengeschlossen oder in sie einbezogen werden, wobei ein Strom von Emigranten oder Einwanderern angeregt werden kann oder nicht. Insofern als wir von einem System als von ,,etwas" sprechen können, das lang genug existiert, um identifiziert werden zu können und oft genug wieder auftaucht, um einen Namen zu haben, sprechen wir von einigen Ordnungselementen, die kennzeichnend für das System sind. Wir können von *dieser* Weltordnung oder von jener sprechen, aber soweit wir verschiedene Arten einer Weltordnung identifizieren können, sprechen wir von einem (realen oder vorgestellten) System, das unveränderliche Strukturmerkmale hat. Das Gegenteil von Ordnung ist Chaos und der vollständige Mangel an Bestimmtheit bei der Bildung einer Menge von Elementen. Das absolute Chaos ist ebenso wie die absolute Ordnung eine Abstraktion; reale Weltsysteme zeigen einen endlichen Ordnungsgrad, der sich zwischen einem Zustand minimaler Bestimmtheit und eines maximalen (aber nicht vollständigen) Chaos (das etwa durch die Bewegung von Molekülen in einem Gas dargestellt gedacht werden kann) und einem Zustand maximaler (aber nicht vollständiger) Bestimmtheit und eines minimalen Chaos (z.B.: dem Verhalten einer gut gebauten Maschine) erstreckt. Systeme sind nicht notwendigerweise desto ,,besser", je geordneter sie sind; es gibt keine Korrelation zwischen positiven Werturteilen und Ordnungsgraden. Der Begriff der Ordnung ist für unsere Zwecke wichtig als eine Möglichkeit, Systeme durch Bezugnahme auf ihre invarianten Strukturmerkmale, d.h. durch die Ordnung ihrer Teile zu identifizieren. Ein System, das einen niedrigen Grad von Bestimmtheit aufweist, wird dazu tendieren, eine schnelle Folge möglicherweise komplexer Zustandsänderungen zu durchlaufen, und bringt den Forscher in grö-

ßere Schwierigkeiten als eines, das hochdeterminiert ist und wenige oder einfache und daher gut vorhersagbare Zustandsänderungen erzeugt. Ein System jedoch, das aus vielen verhältnismäßig unbestimmten Systemen zusammengesetzt ist, wird selber nicht allein dadurch viel weniger bestimmt: Unbestimmtheitsgrade sind nicht einfach additiv. Tatsächlich ist jedes ganze System, das wir in der natürlichen Welt prüfen, wahrscheinlich als ein ganzes in signifikanter Weise bestimmter als die Summe der Bestimmtheiten seiner Teile. In anderen Worten: Ganze Systeme sind geordneter als die Summe der relativen Unordnungen ihrer Teile[4]. Wenn dies nicht der Fall wäre, würde die Evolution in der Tat zu einem zunehmenden Chaos führen. Indem System mit System in Wechselwirkung tritt und ein Supersystem bildet, würden individuelle Freiheitsgrade der Teile das ganze System zu einem chaotischen machen. In der wirklichen Welt jedoch können hoch unbestimmte Systeme gemeinsam Systeme mit geordneten Merkmalen bilden. Z.B. ist im organischen Körper ein konstanter chemischer Fluß komplexer Reaktionen zu finden, der nichtsdestoweniger einen vollständigen Organismus ergibt, der den Gesetzen der Physiologie gehorcht. Und in einem komplexen soziokulturellen System können Individuen ein großes Maß persönlicher Autonomie besitzen; dennoch zeugen die komplexen Muster ihrer Wechselbeziehungen eine vollständige Struktur, die durch die Prinzipien der Sozialwissenschaften erfaßt werden kann.

Dies führt uns zu dem Begriff der Nichtreduzierbarkeit. Dieser Begriff bezieht sich auf gewisse Eigenschaften eines ganzen Systems, die auf dieser Stufe spezifisch sind und nicht einfach aus der Addition der Eigenschaften seiner Teile entstehen. Die Ordnung eines gesamten Systems ist eine solche Eigenschaft; es gibt weitere, wie wir sehen werden. Indem wir jedoch behaupten, daß gewisse Eigenschaften ganzer Systeme nicht der Summe der Eigenschaften ihrer Teile gleich sind, wärmen wir keinen mystischen Glauben an das alte Sprichwort auf, daß „das Ganze mehr ist als die Summe seiner Teile". Tatsächlich kann mathematisch gezeigt werden, daß Ganzheiten etwas anderes sind als die einfache Summe der Eigenschaften und Funktionen ihrer Teile[5].

Betrachten wir bloß die folgenden Grundbegriffe. Komplexe von Teilen können auf drei verschiedene Weisen rechnerisch erfaßt werden[6]:

(a) indem man die *Anzahl* der Teile zählt;
(b) indem man die *Arten* berücksichtigt, zu denen die Teile gehören, und
(c) indem man die *Beziehungen* zwischen den Teilen betrachtet.

In den Fällen (a) und (b) kann der Komplex als die Summe der isoliert betrachteten Teile verstanden werden. In diesen Fällen hat die Komplexbildung *kumulative* Merkmale: Es genügt, die Eigenschaften der Teile aufzusummieren, um die Eigenschaften des ganzen zu erhalten. Solche Ganzheiten werden besser „Haufen" oder „Aggregate" genannt, da der Umstand, daß die Teile in ihnen verbunden sind, keinen Unterschied in bezug auf ihre Funktion ausmacht – d.h. die wechselseitigen Beziehungen der Teile be-

stimmen nicht qualitativ ihr Verhalten in der Zusammensetzung. Ein Haufen von Ziegelsteinen ist ein Beispiel. Aber man betrachte so etwas wie ein Atom, einen Organismus oder eine Gesellschaft: Die besonderen Beziehungen der Teile erzeugen Eigenschaften, die nicht in den Teilen vorhanden oder in bezug auf diese bedeutungslos sind. Beispiele reichen von Paulis Ausschließungsprinzip (das nichts über einzelne Elektronen aussagt) über homöostatische Selbstregulation (die bedeutungslos hinsichtlich einzelner Zellen und Organe ist) bis hin zur ausgleichenden Gerechtigkeit (die ebenfalls in bezug auf einzelne Mitglieder der Gesellschaft bedeutungslos ist). Jeder dieser Komplexe ist nicht eine bloße Anhäufung, sondern ein Ganzes, das etwas *anderes* ist als die Summe seiner Teile.
Die Mathematik nicht summativer Komplexe bezieht sich auf Systeme größter Unterschiedlichkeit einschließlich physikalischer, biologischer, sozialer und psychologischer Systeme. Diese Systeme bilden geordnete Ganze, in denen gesetzesgebundene Regelmäßigkeiten, die von wechselseitig abhängigen Elementen an den Tag gelegt werden, das funktionale Verhalten der Ganzheit bestimmen. Der Fehlschluß, ein ganzes Atom auf die Summe der Eigenschaften seiner Teile zurückzuführen, ist Atomphysikern wohl bekannt; der analoge Fehlschluß einer Reduktion des ganzen Organismus auf biochemische Reaktionen und physikalische Eigenschaften, die sich in besonderen Komponenten manifestieren, wird auch anerkannt; und gleiches gilt für den Fehlschluß, der darin besteht, daß man die Eigenschaften eines menschlichen Vielpersonensystems auf psychologische und physiologische Eigenschaften der teilnehmenden Mitglieder reduziert.
Die Nichtreduzierbarkeit der Eigenschaften sozialer Systeme, die aus menschlichen Wesen gebildet sind, ist von den Funktionalisten betont und von den meisten Sozialwissenschaftlern anerkannt worden, vielleicht mit Ausnahme einiger weniger radikaler Phänomenologen und Empiristen. Die ganzheitliche Natur der sozialen Phänomene wird im Studium des Gruppenverhaltens offensichtlich und durchläuft die ganze Skala sozialer Einheiten bis hinauf zur internationalen Ebene. Die reduktionistisch-mechanistische Vorstellung ist auf soziale Systeme nicht anzuwenden, da mechanistische Systeme sich in genau identischer Weise verhalten, wenn immer ihre Mitglieder getrennt und hernach wieder zusammengebracht werden, unabhängig von der Reihenfolge, in der die Trennung und Wiederzusammenführung stattfand. Aber es ist *nicht* der Fall, daß die Mitglieder sozialer Systeme niemals in signifikanter Weise durcheinander, sowie durch ihre eigene Vergangenheit, verändert würden und daß sie im Sinne ihrer bestimmten Funktion austauschbar wären. Darüber hinaus sind die kennzeichnenden Eigenschaften von Sozialsystemen nicht charakteristische Merkmale der individuellen Menschen, die an ihnen teilhaben, sondern sie entstehen aus deren Interaktionsketten. So ist es Unsinn, von „Regierung", „Gerechtigkeit", „ökonomischer Struktur", „dem Gesetzessystem", „der politischen Ordnung" usw. ausschließlich in Ausdrücken, die

sich auf Individuen beziehen, zu sprechen – außer vielleicht in einem losen, metaphorischen Sinne. Doch Individuen bilden in kollektiver Weise Systeme, auf die sich solche Begriffe natürlich anwenden lassen. Die Merkmale von Struktur und Funktion, aufgrund deren solche Begriffe auf soziale Systeme anwendbar sind und nicht auf ihre einzelnen Mitglieder, bilden nichtreduzierbare Eigenschaften sozialer Systeme. Sie sind ebensowenig reduzierbar wie die Eigenschaften von Organismen (z.B. Homöostase, Anpassung, zielorientiertes Verhalten usw.) und selbst die Eigenschaften von Atomen (wie etwa chemische Valenz).

(2) *Selbststabilisierung.* Systeme der realen Welt sind Störungen aus der Umgebung ausgesetzt, doch sie hängen von ihren Umgebungen ab, um die Energien zu erhalten, die für den Zusammenhalt ihrer Struktur benötigt werden. Funktionierende Systeme zeigen daher ein Repertoire selbststabilisierender Funktionen, mit deren Hilfe sie nichttödlichen Störungen entgegenwirken, die von ihrem Umgebungsmilieu erzeugt werden. Selbststabilisierung beinhaltet eine zeitweilige (erzwungene) Abweichung des Systems von seiner charaktersitischen Menge innerer Beziehungen, gekoppelt mit einer ausgesprochenen Tendenz, zu den kennzeichnenden Beziehungen zurückzukehren, wenn die Störung vorüber ist. Die charakteristischen Systemzustände sind seine Gleichgewichtszustände („steady-states"); diese sind nicht statische Zustände, sondern solche, die ein Gleichgewichtsniveau zwischen inneren Zwängen unter den Systemkomponenten und den von außen wirkenden Kräften darstellen.

Katchalsky und Curran haben gezeigt, daß Systeme, die durch fest vorgegebene innere Zwänge gekennzeichnet und uneingeschränkten Kräften aus der Umgebung ausgesetzt sind, dazu tendieren, gegenwirkende Kräfte zu erzeugen, die sie in die stabilen Zustände zurückbringen, da der Fluß, der durch die Störung erzeugt wird, dasselbe Vorzeichen hat wie die Störung selbst[7]. Daher wirkt der Fluß auf eine Veränderung der Störung hin und erlaubt dem System, in seinen Gleichgewichtszustand zurückzukehren. Wenn die Störungen verschwinden, wird das System wieder durch die Parameter seiner fest vorgegebenen Zwänge gekennzeichnet. Wenn sowohl die festvorgegebenen als auch die uneingeschränkten Einwirkungskräfte verschwinden, erreicht das System einen Zustand des thermodynamischen Gleichgewichts - es wird eher ein Haufen als ein dynamisch geordnetes Ganzes.

Im Gleichgewichtszustand sind die Systeme vom energetischen Gesichtspunkt aus gesehen besonders ökonomisch, da sie den geringsten Betrag freier Energie verlieren. (Ein noch ökonomischerer Zustand ist der Zustand des thermodynamischen Gleichgewichts; in diesem Zustand jedoch sind Systeme keine geordneten Ganzheiten mehr.) Eine minimale Entropieerzeugung charakterisiert die komplexen Systeme, die wir „lebende" nennen, welche den Prozeß des thermodynamischen Zerfalls während ihrer Lebenszeit verlangsamen und in einer Folge von zeitabhängigen Gleichge-

wichtszuständen verbleiben, die durch typische Zwangsbeschränkungen gekennzeichnet sind, welche die artspezifische Organisation des Individuums ausmachen. Solche Systeme besitzen regulative Mechanismen, die den Gleichgewichtszustand erhalten und den Organismus in seine ungestörte Ausgangslage zurückbringen, und zwar auf eine Weise, die der Wirkung einer Rückstellkraft ähnelt, die bei jeder Auslenkung eines physikalischen Systems aus einem stationären Zustand ins Spiel kommt. Insofern als sowohl physikalische als auch biologische Systeme sich in Gleichgewichtszuständen erhalten, die durch die Parameter ihrer internen Kräfte gekennzeichnet sind, ist Leben als ein kybernetischer Prozeß einem physikalischen System analog, das, nach unserer Definition, dadurch beschrieben werden kann, daß es mit der Dynamik der Selbststabilisierung ausgestattet ist.
Selbststabilisierung tritt in verhältnismäßig mechanistischen Systemen aufgrund einer stereotypen Funktionsleistung ein und durch synergetische, simultane wechselseitige Regelung der Teile in den meisten anderen Systemarten. Das Paradigma stereotypisierter Selbststabilisierung ist der Mechanismus der negativen Rückkopplung, der aus den Gliedern: Sensor, Effektor, Vergleichsglied und Regler besteht, wobei zwischen diesen Gliedern ein einseitig gerichteter Kreisfluß abläuft. Die genaue Beschaffenheit der kausalen Dynamiken, die für synergetische gleichzeitige Regulationen der Teile in einem nicht-mechanistischen System verantwortlich sind, ist nicht völlig bekannt, aber jüngere Untersuchungen weisen darauf hin, daß statt atomistischer Kausalketten eher stetige Felder darin verwickelt sind und daß jenes Phänomen eine Rolle spielen kann, das als induktive Resonanz bekannt ist[8].

In den meisten Arten natürlicher Systeme sind relativ stereotypisierte Mechanismen der negativen Rückkopplung und verhältnismäßig spontane und ganzheitlich und gleichzeitig wirkende Selbstregulationen miteinander verflochten, obwohl eine Funktionsweise weitaus wichtiger sein kann als die andere. Bei der Regulation der Zellaktivität einfacherer Organismenarten (denen ein entwickeltes Nervensystem fehlt) kann z.B. eine Resonanz, die durch ein biochemisches Abblocken oder Einrasten der Oszillatoren erzeugt wird, der Hauptmechanismus der Selbstregulation sein, während in formell organisierten menschlichen Gesellschaften die institutionell ausgeführte negativ rückgekoppelte Regelung aller relevanten Inputs und Outputs (Herstellung und Verschrottung von Produkten, Nachfrage und Entscheidungen, Energiequellen und -verbrauch usw.) der entscheidende Kontroll- und Stabilitätsfaktor ist.

Systeme stabilisieren sich um dynamische Gleichgewichtszustände herum, indem sie eine Vielfalt von Mechanismen und Prozessen benutzen, deren Möglichkeiten durch die Beschaffenheit ihrer Komponenten und die Stufe ihrer Integration innerhalb des systemhaften Ganzen bestimmt sind. Unabhängig davon jedoch, welcher Prozeß oder Mechanismus für die Ausführung der stabilisierenden Funktionen ausgenutzt wird, können wir feststellen, daß von Systemen auf allen grundlegenden Stufen der Organisation Selbststabilisierung wirksam bewerkstelligt wird. Auf der überorganischen Stufe wird sie durch Systeme manifestiert, die über- oder intra-artspezifisch sind. Die meisten Ökosysteme sind inter-artspezifisch, während Sozialsysteme Intra-artspezifisch sind. Intra-artspezifische Systeme treten bei verschiedenen Arten auf, aber die komplexen Formen findet man bei höheren Säugetieren. Die kompliziertesten und anspruchsvollsten sozialen Systeme werden von unserer Gattung erzeugt; diese zeichnen sich durch Elemente sui generis, nämlich denen der Sprache und Kultur aus. Ungeachtet der Unterschiede jedoch sind alle solche Systeme zeitbeständig, und soweit ihre strukturellen Merkmale sich trotz Veränderungen in ihrer Umgebung nicht ändern, zeigen sie in der einen oder anderen Form die Dynamik der Selbststabilisierung im Gleichgewichtszustand.

Funktionalistische Soziologen benutzen den Begriff des „Gleichgewichts", um die stabilen Zustände in soziokulturellen menschlichen Systemen zu definieren. (Hiermit bezeichnen sie jedoch nicht ein *thermodynamisches* Gleichgewicht.) Sie betrachten soziale Organisationen als offene Systeme mit selbstregulierenden Mechanismen, die die Gleichgewichtszustände des Systems innerhalb bestimmter Grenzen halten. Um zu überleben, hat das System Bedürfnisse, die durch seine Teile oder Komponenten befriedigt werden. Diese definieren ihre „Funktion". Nach Meinung der Funktionalisten sollte jeder Teil eines sozialen Systems aus der Sicht des Beitrages gedeutet und analysiert werden, den er für das Überleben und die Anpassung des ganzen Systems leistet.

Wegen seiner Betonung der Selbststabilisierung ist der Funktionalismus kritisiert worden, weil er zu einer konservativen Verzerrung führe: Wenn alle existierenden Institutionen zu den Überlebensbedürfnissen eines sozialen Systems beitragen, sind sie alle deswegen wertvoll. Ungeachtet der Berechtigung einer solchen Kritik (auf die zum Teil Anhänger der allgemeinen Systemtheorie geantwortet haben, indem sie soziale Systeme auch als Prozesse der Selbst*organisation* beschrieben haben) ist es klar, daß das Phänomen der Selbststabilisierung sowohl in sozialen als auch in biologischen Systemen realisiert wird und daß es sich im sozialen Bereich durch Mechanismen manifestiert, die etablierte Muster bewahren: Rituale, Sitten, Durchsetzung von Gesetzen, politischer Konservatismus, Traditionalismus usw.

(3) *Selbstorganisation.* Eine Anzahl verschiedener kybernetischer und Systemmodelle sind entwickelt worden, um das Phänomen der Selbstorganisation zu berücksichtigen[9]. Man muß jedoch fairerweise sagen, daß außer in den Fällen relativ einfacher Systeme (hauptsächlich künstlicher) die Prinzipien der Selbstorganisation im einzelnen noch nicht verstanden werden. Wie z.B. gerade die Information, die einen Genotyp kodiert, im Ablauf der phylogenetischen Evolution erzeugt wird, ist noch nicht zufriedenstellend erklärt. Dennoch wurden einige allgemeine Prinzipien deutlich. Erstens hat es jetzt den Anschein, daß Selbstorganisation notwendigerweise an ein of-

fenes System (oder an ein System, das mit einem anderen System verkoppelt ist) gebunden ist und niemals in einem isolierten System stattfinden kann. Zweitens setzt Selbstorganisation einige Inputs aus der Systemumgebung voraus, die das System auf irgendeine Weise beanspruchen oder stimulieren, d.h. den allgemeinen Effekt von Störungen haben. Wenn ein System jedoch eine lange und komplexe Folge von Störungen in seiner Entwicklungsgeschichte erfahren hat, kann es zufällige oder residuale innovative Tätigkeit entwickeln (so wie Mutationen in einem Gen oder spontane Innovationen in einer Kultur), die Populationen von Systemen in verschiedenartige auftrennen (diversifizieren) und sie an einen weiten Bereich möglicher Störungen aus der Umgebung angepaßt halten. Drittens versteht man jetzt, daß Selbstorganisation in Systemen auftritt, die vielfältige Gleichgewichtszustände oder, was dasselbe in anderen Worten bedeutet, verschiedene Stufen möglicher Stabilität aufweisen. Entsprechend diesen allgemeinen Prinzipien kann Selbstorganisation erklärt werden aus dem allgemeinen Entwicklungsprinzip von Schwankungen, die entweder durch Energieflüsse in einem Milieu erzeugt werden, die auf Systeme einwirken, oder durch spontane Aktivität der Systeme selbst, welche zufällige Abweichungen von Zuständen induzieren, von denen einige die Stabilitätsniveaus erschüttern. Dieses Prinzip macht die Selbstorganisation zu einem nicht zufälligen, aber auch nicht teleologischen Prozeß, der vom Wechselspiel von zufälligen Zustandsschwankungen und bestimmten Stufen möglicher Stabilität beherrscht ist. Es berücksichtigt die kennzeichnenden Grundsätze der Selbstorganisation: Offenheit der Systeme, störende Umgebungseinflüsse oder selbstinduzierte Abweichungen und vielfache Stufen möglicher Stabilität.

Der Umstand, daß Selbstorganisation in einem System auftritt, steht nicht im Konflikt mit den Gesetzen der Thermodynamik, wie schon vorher behauptet wurde. Er kann sogar in der Sprache der Thermodynamik irreversibler Prozesse ausgedrückt werden[10]. Daher ist nichts mysteriös oder übernatürlich an der Tatsache systemhafter Selbstorganisation, selbst wenn deren Funktionieren in komplexen Realsystemen noch nicht angemessen verstanden wird. Sie ist eine Systemeigenschaft, die erlaubt, daß Systempopulationen sich entwickeln und eine reiche Vielfalt von Phänomenen in der Welt erschaffen. Ohne sich selbst organisierende Systeme hätte sich das Universum noch nicht über seine chemischen Elemente hinaus entwickelt; und selbst der Aufbau der Elemente ist ein Beispiel fortschreitender Selbstorganisation auf der tiefst gelegenen physikalischen Stufe[11].

Der besondere Mechanismus, in dem sich Selbstorganisation ausdrückt, variiert selbst mit dem Niveau der Komplexität und der Entwicklungsgeschichte der Systeme. In biologischen Systemen ist der Hauptmechanismus der Selbstorganisation die Genmutation, verbunden mit einer in der Umgebung wirkenden Selektion, die auf den Phenotyp wirkt. In soziokulturellen Systemen tritt Selbstorganisation durch innovative Änderungen ein, die

durch die Mitglieder einer Gesellschaft eingeführt werden, entweder um besser mit internen oder äußeren Störungen fertig zu werden oder ihren Einfluß über das übrige Sozialsystem oder über seine soziale oder natürliche Umgebung auszudehnen. Die Entwicklung neuer Technologien – sowohl von Hardware als auch Software-Technologien – erfordert eine veränderte Sozialstruktur, die besser als vorhergehende Strukturen dafür geeignet ist, neue Beziehungen zwischen System und Umgebung zu beherrschen. Gefahren für die Sicherheit oder Identität eines Sozialsystems lösen in gleicher Weise eine defensive Umorganisation der Strukturen und Funktionen aus. Die soziokulturelle Entwicklung tritt ein wegen der Fähigkeit funktionierender Sozialsysteme, auf Herausforderungen von außen und innere Innovationen durch Selbstorganisation zu antworten, ebenso, wie die biologische Evolution möglich gemacht wird durch die Fähigkeit des Genotyps, in der Anpassung vorteilhafte Mutationen zu durchlaufen.
Unabhängig von den lokalen Mechanismen, die für die Prozesse verantwortlich sind, können wir sagen, daß Selbstorganisation im allgemeinen Systeme zu einem Zustand größerer Negentropie hinführt und daß Selbststabilisierung sie im schon zuvor existierenden Organisationsniveau und -zustand erhält. Wenn die Systeme einige residuale Innovationsfähigkeit besitzen oder wenn Störungen in ihrer Umgebung kontinuierlich auf sie einwirken, überleben Systeme nicht nur, sondern entwickeln sich. Die Evolution der Systeme kann dann aufgefaßt werden als eine Folge von parallelen oder unregelmäßig sich abwechselnden Stabilisierungen um die Parameter ihrer bestehenden festgelegten Kräfte herum (welche die Gleichgewichtszustände definieren) und als Umorganisation der festgelegten Kräfte, zur wachsenden Anpassung an Veränderungen in der inneren oder äußeren Umgebung des Systems.
(4) *Hierarchisierung.* Immer wenn eine Menge selbststabilisierender und selbstorganisierender Systeme eine gemeinsame Umgebung haben, kristallisieren sich in ihren Entwicklungsmustern bestimmte Ketten wechselseitiger Anpassungen heraus. Einige Arten von Systemen können spezialisierte Funktionen innerhalb kooperativer Beziehungsnetze ausbilden. Das Netz, das durch wechselseitig angepaßte Funktionen ausgebildet wird, kann in ähnlicher Weise die Verwirklichung eines möglichen Stabilitätsniveaus, wenn auch auf einer übergeordneten Stufe, darstellen und als ein eigenes System aufgefaßt werden. Solch ein System kann auf seinem eigenen übergeordneten Niveau mit anderen Systemen in Wechselwirkung treten und durch die evolutionäre Herauskristallisierung eigener wechselseitiger Anpassungen noch höherstufige Supersysteme bilden. Systeme auf jeder Stufe können die allgemeinen Eigenschaften von Ordnung, Nichtreduzierbarkeit, homöostatischer Selbststabilisierung und evolutionärer Selbstorganisation aufweisen. Der Entwicklungshöhepunkt jeder solchen Hierarchie ist selbst ein System, das alle anderen Systeme als Subsysteme enthält.
Die evolutionäre Entwicklung schreitet in hierarchischer Weise voran und

kann mit Bezug auf Simons Berechnungen eindeutig verstanden werden[12]. Diese zeigen, daß ein System, das von unabhängigen stabilen Subsystemen gebildet ist, Störungen in einem wesentlich höheren Grade widerstehen kann als Systeme, die unmittelbar aus ihren Komponenten aufgebaut sind. Daher sind hierarchische Systeme in einer sich verändernden Umgebung stabiler, und es ist überaus wahrscheinlich, daß überlebende Realsysteme eine hierarchische Struktur besitzen. In der Tat weisen existierende Systeme im biologischen wie im sozialen Bereich eine solche Struktur auf. Welche lebenden Systeme wir auch immer analysieren, wir finden eine hierarchische Ordnung in absteigender Abstufung – von dem ganzen System bis hin zum niedrigsten Subsystem. Z.B. sind komplexe ganzheitliche Organismen zusammengesetzt aus größeren Teilen (z.B. Gliedmaßen) und Hauptorgansystemen (so wie dem Atmungssystem). Jedes dieser Systeme ist weiterhin zusammengesetzt aus verhältnismäßig stabilen Subsystemen. Glieder sind nicht unmittelbar aus ihrem Zellkontingent aufgebaut, sondern Zellgruppen bilden einheitliche Untergliedstrukturen wie z.B. ein Skelettelement oder ein Muskel. Diese wiederum bilden Gliedteile (wie z.B. Zehen), und alle solchen Teile vereint ergeben die Einheit Glied. Man kann weiter über die Zelle hinausgehen zu ihren Teilen; den Organellen, dem makromolekularen System, dem Makromolekül, den konstituierenden chemischen Molekülen und den Atomen selbst. Während die höheren Einheiten nicht außerhalb des Zusammenhangs des integrierten ganzheitlichen Organismus existieren können, können die niederen Einheiten dies. Ferner folgt die Gestaltbildung der Organismen den Wegen der Teileherstellung und Zusammensetzung, indem sie von dem Zusammenhang und der Integration der bereits gebildeten Untereinheiten profitiert.

Auch wenn wir ein Sozialsystem analysieren, finden wir, daß seine vielen Subsysteme verhältnismäßig stabile Anordnungen bilden. Politische Systeme z.B. sind aus grundlegenden institutionellen Strukturen mit ausgebildeten relativ stabilen Funktionen zusammengesetzt. Die Institutionen selbst sind in Geschäftsstellen und Abteilungen aufgeteilt – jede mit wohlunterschiedenen Verantwortlichkeiten und Ressourcen. Obwohl auch hier die höheren Substrukturen bezüglich ihrer Funktionsfähigkeit vom ganzen System abhängen mögen, sind bürokratische Einheiten niederer Stufe unabhängig davon stabil: Sie bleiben erhalten ungeachtet der Veränderungen an der Spitze. Hierarchische Organisation sichert Kontinuität und damit Stabilität in einem politischen System. Ähnliche Beobachtungen gelten mutatis mutandis für den ökonomischen, kulturellen, militärischen, industriellen, landwirtschaftlichen und andere Bereiche von soziokulturellen Systemen.

Daß die Entwicklung allgemein in hierarchischer Weise voranschreitet, erklärt manche sonst rätselhaften Phänomene. Es lehrt uns, daß in komplexen Systemen verschiedene Beschreibungen für verschiedene Stufen der Struktur und Funktion gelten. Z.B. erhalten wir verschiedene Beschreibungen, wenn wir uns auf das Organ, die Zelle, die Organelle, das Makromolekül und das Atom in einem Organismus konzentrieren. Wir erhalten auch verschiedene Beschreibungen, wenn wir ein ganzes politisches System, seine besonderen institutionellen Komponenten und seine spezialisierten Geschäftsstellen und Abteilungen untersuchen. Der hierarchische Charakter der Entwicklung lehrt uns auch, daß es größere Vielfalt von Struktur und Funktion auf den höheren Stufen gibt als auf den niederen. Die höheren Stufen sind aus vielen Systemen niedrigerer Stufen aufgebaut samt all deren Wechselbeziehungen. Neue Funktionen und Strukturen können auf diese Weise auf höheren Stufen auftauchen; und diese sind besondere Umformungen grundlegender Invarianzen, die man auf allen Stufen findet. Z.B. sind die Homöostase ebenso wie der ethische Konservatismus selbststabilisierende Funktionen in Systemen, aber sie drücken sich in qualitativ verschiedenen Formen aus. Revolutionäre Bewegungen und Mutationen sind beides Elemente in Prozessen der Selbstorganisation, die dem Test der natürlichen Selektion ausgesetzt sind: Aber auch sie nehmen sehr verschiedene äußerlich sichtbare Gestalten an. Die Eigenschaften, die auf aufeinanderfolgenden Stufen in hierarchischen Systemen auftauchen, sind nichtreduzierbare Umformungen von Systeminvarianzen, die auf allen Stufen gelten.

Schließlich lernen wir vor allem auch, daß größere Vielfalt auf höheren Stufen Hand in Hand geht mit kleineren Populationen. Es gibt weniger Zellen als Moleküle, weniger Organismen als Zellen und weniger Gesellschaften als Organismen. Schließlich gibt es nur ein globales Ökosystem, das zusammen mit seinen menschlichen Komponenten das Weltsystem bildet. Dieses Weltsystem ist gegenwärtig und in den kommenden Jahrzehnten der Gegenstand besonders engagierter Aufmerksamkeit.

Anmerkungen

[1] Es ist wichtig daran zu erinnern, daß Helmholtz noch den Begriff „Kraft" im Sinne von „Energie" benutzte.

[2] Die theoretischen Überlegungen, die über die experimentelle Datenbasis hinausgehen und zu den verschiedenen Formulierungen des zweiten Hauptsatzes führen, sind komplex und änderten sich während des 19. Jahrhunderts immer wieder. In ihrer allgemeinsten Form können sie in dem Argument zusammengefaßt werden, daß Versuche, Perpetuum-mobile-Maschinen zu bauen, notwendig scheitern, d.h. keine zyklische Wärmeenergiemaschine kann innere Energie (die Kraft, die fähig ist, ein adiabatisch geschlossenes System von einem Gleichgewichtszustand zu einem anderen überzuführen) aus einem System herausziehen und sie ohne Verlust beim Ausführen mechanischer Arbeit ausnutzen. (In anderen Worten, ohne kompensierende Änderungen kann Wärmeenergie nicht von einem kälteren zu einem heißeren Körper fließen; entsprechend Joules Berechnungen ist eine Einheit von Wärmeenergie äquivalent einer bestimmten Menge mechanischer Arbeit [z.B. 1 kcal ≙ 427 kpm]).

Für jeden Wechsel eines Systems von einem Gleichgewichtszustand zu einem anderen kann die Wärmeenergie dQ, die dadurch absorbiert wird, geschrieben werden als $dQ \leqslant TdS$, wobei die Gleichheit nur für einen reversiblen Prozeß gilt (T steht für absolute Temperatur und S für Entropie). Für einen natürlichen adiabatischen Prozeß, bei dem $dQ = O$ ist, wird dS daher positiv : die Entropie wächst. In jedem thermodynamischen (adiabatisch geschlossenen) System kann dS entweder konstant bleiben oder anwachsen ; es kann niemals abnehmen. Da maximale Entropie (im thermodynamischen Gleichgewicht) der Zustand höchster Wahrscheinlichkeit in Boltzmanns statistischer Mechanik ist und sie ein Zustand maximaler Unordnung oder Desorganisation ist, sind die weiteren philosophischen Konsequenzen der obigen einfachen Gleichung berechtigt.

[3] Vgl. T. Prigogine : Etude Thermodynamique des Phenomènes Irreversibles. Paris 1947; A. Katschalsky u. P.F. Curran: Nonequilibirum Thermodynamics in Biophysics. Cambridge, Mass. (Harvard University Press) 1965 ; A. Katschalsky : Thermodynamics of Flow and Biological Organization. Zygon Bd. 6 (2) 1971, S. 99 – 125 ; J. Bronowski : New Concepts in the Evolution of Complexity, Zygon Bd. 5 (1) 1970, S. 18 – 35.

[4] Dieser Satz wird ausgedrückt durch die Formel

$$V_S \leqslant (v_a + v_b + v_c \ldots v_n), \qquad (1)$$

wobei S das ganze System bezeichnet, a, b, c ... n die Teile und wobei v für den Grad ihrer Abweichungen von einem gegebenen Zustand steht, welches ein Maß für die Ordnung des Systems ergibt. (vgl. Paul A. Weiss : The Living System : Determinism Stratified, in A. Koestler u. J.R. Smythies (Hrg.) : Beyond Reductionism. London (Macmillan) 1969).

[5] Ein nicht-summativer Komplex indeterminierter Elemente kann so dargestellt werden :

$$\left.\begin{aligned} \frac{dQ_1}{dt} &= f_1 (Q_1, Q_2, \ldots Q_n) \\ \frac{dQ_2}{dt} &= f_2 (Q_1, Q_2, \ldots Q_n) \\ &\text{– – – – – – – – – – – –} \\ \frac{dQ_n}{dt} &= f_n (Q_1, Q_2, \ldots Q_n) \end{aligned}\right\} \qquad (2)$$

In diesem System gewöhnlicher, gleichzeitig geltender Differentialgleichungen ist die Veränderung jedes Betrags von Qi eine Funktion aller Qs und umgekehrt. Eine Gleichung, die eine Veränderung in einem Teil beschreibt, ist der Form nach verschieden von der Gleichung, die einem Wechsel im Ganzen beschreibt. Daher ist das Muster der Veränderung im ganzen Komplex unterschieden von (nicht reduzierbar auf) die Veränderungsmuster in irgendeinem seiner Teile. Indem man jedoch den Komplex in einer Taylor-Reihe entwickelt und annimmt, daß die Koeffizienten der Variablen Qj Null werden, wird er summativ : Der Wechsel in jedem Element bleibt unbeeinflußt durch dessen Beziehungen zur Veränderung in anderen Elementen, und die Summe der Veränderungen gleicht exakt der der Veränderungen im ganzen. (Solche Umformung eines nicht-summativen in einen summativen Komplex ist in Systemen der realen Welt nicht möglich, ohne das System zu „töten", d.h. die Dynamik, welche es aufrecht erhält, zu zerstören.) Vgl. L. von Bertalanffy : General Systems Theory. New York (George Braziller) 1968, Kap. 3.

[6] Vgl. Bertalanffy, aaO. ; S. 54 ff.

[7] A. Katschalsky – P.F. Curran : Nonequilibirum Thermodynamics in Biophysics (ann. 3), Kap. 16.

[8] Weiss zeigt, daß immer, wenn eine Menge von Komponenten in einem System von ihrem Standardablauf abweicht, der Rest automatisch seinen Ablauf so ändert, daß er der Verformung des Gesamtmusters entgegenwirkt. Aber wie wissen die Komponenten, was anderswo im System passiert und wie sie angemessen agieren sollen ? Da die Anzahl möglicher Abweichungen von einem idealen Standardablauf unendlich ist, ist die Anzahl der Korrekturreaktionen, die möglicherweise von jeder Komponenten erfordert werden, gleicherweise unendlich. Sie umfaßt außerdem die Anzahl der Untereinheiten, die bei der kollektiven Reaktion beteiligt sind. Wenn dieses Problem ohne Einschränkung behandelt wird, sagt Weiss, widersteht es offensichtlich einer Lösung allein unter Berücksichtigung des „Zusammenwirkens" atomistischer, freier und unabhängiger Komponenten. Stattdessen müssen wir zum Begriff *kontinuierlicher Mannigfaltigkeiten (field continua)* übergehen (The Basic Concept of Hierarchic Systems, in Paul A. Weiss u.a. : Hierarchically Organized Systems in Theory and Practice. New York (Hafner) 1971).

Obwohl das Problem der Stabilisierung um dynamisch stabile Gesamtkonfigurationen innerhalb komplexer Systeme noch nicht klar gelöst ist, kann eine mögliche Lösung in einer Extrapolation des Phänomens der induktiven Resonanz gefunden werden. Induktive Resonanz wurde im 17. Jahrhundert von Huygens entdeckt, als er beobachtete, daß zwei Uhren, deren Phasen leicht voneinander abwichen, solange sie an einer festen Wand angebracht waren, sich synchronisierten, wenn sie an ein und demselben dünnen Holzbrett befestigt wurden. Diese Entdeckung wurde ignoriert, bis Van der Pol sie 1922 als induktive Kopplung erklärte, die auf eine Resonanz von Vorgängen verschiedener Periode zurückgehen. Der Haupteffekt ist die Synchronisierung leicht abweichender Oszillatoren unter deren Wechselwirkung. Man fand, daß dieser Effekt auch in der Energieübertragung bei der Fotosynthese zwischen Chlorophyll a und b auftritt, bei der Synchronisierung des Aufblitzens der Glühwürmchen, bei der Wirkung eines elektrischen Schrittmachers auf das Herz und bei der Anpassung von Alpharhythmen auf stroboskopisches Aufblitzen, wie es durch das Auge wahrgenommen wird. Einige Forscher meinen heute, daß er grundlegend für die Selbstregulation komplexer biochemischer Systeme sei (vgl. Brian C. Goodwin : A Statistical Mechanics of Temporal Organization in Cells, in C.H. Waddington (Hrg) : Towards a Theoretical Biology. Chicago (Aldine) 1969, S. 141–63 ; A.S. Iberall, S. Cardon, A. Schindler, F. Yates u. D. Marsh : Progress Toward the Application of Systems Science Concepts to Biology. (Arlington, Va. : Army Research Office) 1972, S. 65–68).

[9] Vgl. z.B. Heinz von Foerster u. George W. Zopf (Hrg) : Principles of Self-Organization. New York (Pergamon) 1962. Siehe auch Norbert Wiener : Cybernetics. Cambridge, Mass. (MIT Press) 1961 : W. Ross Ashby : An Introduction to Cybernetics. New York (Barnes & Noble) 1956 und ders. : Design for a Brain. London (Chapman and Hall) 1952.

[10] Die Prigogine-Gleichung stellt fest, daß die Entropieänderung in einem System von den relativen Werten der Ausdrücke in der Gleichung $dS = dSe + dSi$ bestimmt wird, wobei dSi die Entropieänderung durch den Input bezeichnet und dSe die En-

tropie, welche durch irreversible Prozesse innerhalb des Systems erzeugt wird. Während dSe immer positiv ist, kann dSi positiv wie negativ sein. Wenn es negativ ist, ist die Dissipationsfunktion des Systems ($\Psi = dS/dt$) negativ, d.h. $\Psi < 0$. In diesem Fall vermindert das System seine Nettoentropie oder, was dasselbe bedeutet, es sammelt Information ($\Psi < o$) = (d info/dt > 0).

[11] Vgl. Ervin Laszlo: Introduction to Systems Philosophy. New York (Harper Torchbooks) 1973, S. 63–66.

[12] Herbert A. Simon: The Architecture of Complexity. Proceedings of the American Philosophical Sciety 1972, S. 467 ff.

Hans Lenk

Wissenschaftstheorie und Systemtheorie

Zehn Thesen zu Paradigma und Wissenschaftsprogramm des Systemansatzes

Wer Schlagworte bevorzugt, die doch oft ein Körnchen Wahrheit – wenn auch vergröbert – wiedergeben, könnte sagen: Wir leben in einer zunehmend von Systemzusammenhängen geprägten Welt, einer Welt der Systemverflechtungen. Das sogenannte technische Zeitalter scheint sich mehr und mehr zum informations- und systemtechnologischen Zeitalter zu wandeln.

Komplexe Systeme wurden zwar auch früher schon in Einzeldisziplinen der Wissenschaft untersucht – man denke etwa an die prototypischen Beispiele der Massenpunktsysteme in der Mechanik oder an die thermodynamischen Systeme –, doch finden sich überzeugende Argumente dafür, daß sich Systemaspekte in den letzten Jahrzehnten der wissenschaftlichen Entwicklung immer mehr in den Vordergrund schieben mußten. Die Komplexität der Problemverzahnungen in einer zunehmend von interdisziplinären und interarealen Wirkungsverflechtungen gekennzeichneten Welt sprengen die Problemerfassungs- und Problemlösungskapazität jeder Einzelwissenschaft wie auch jedes einzelnen Wissenschaftlers in so offensichtlichem Maße, daß eine systemhafte Integration der Perspektiven verschiedener Einzeldisziplinen und dementsprechend eine über die Fachgrenzen hinweggreifende projekt- und problemorientierte Zusammenarbeit der Experten nötig wurden.

Der Systemanalytiker wurde als der neue Prototyp eines wissenschaftlichen Generalisten kreiert, der strukturell gleichartige Probleme in verschiedenen Disziplinen und Bereichen mit gleichartigen, meist formalisierten Modellen zu bearbeiten in der Lage ist und Problemstellungen über Fächergrenzen hinaus auf relativ abstrakte Modelle abziehen und möglichst einer Lösung zuführen kann. Auswirkungen der Technisierung in der industriell geprägten Welt erweisen sich immer deutlicher als ein verwickeltes Geflecht von kulturellen, sozialen, politischen, ökonomischen, technischen, wissenschaftlichen, ökologischen, geographischen, klimatischen und biologischen Faktoren. Selbst Probleme der technischen Innovation – etwa der kostensparenden Herstellung, effizienten Ausnutzung und sozialen Verbreitung eines neuen Produktes – stellen sich unter Umständen zugleich als technische, soziale, ökonomische und politische dar und erfordern somit einen überdisziplinären Zugang. Bei Energieversorgungssystemen und Verkehrs- sowie Infrastrukturentwicklungsplanungen wird dies besonders deutlich. Dem nachdenklichen Bürger im industriellen Massenzeitalter drängt sich geradezu mit einer gewissen Dramatik auch der Systemcharakter der Probleme auf, die sich beim Verfolgen mancher zu schützender Grundwerte stellen, etwa lebensgünstiger Umweltbedingungen oder des Schutzes der Privatsphäre gegenüber möglichen bürokratisch-dirigistischen Zugriffen durch Managementinformationssysteme.

Systemperspektiven und die zu ihnen gehörigen überfachlichen Problemstellungen sowie die nötige interdisziplinäre Integration der Expertenbeiträge erweisen sich also als unerläßlich. Das ‚Systemdenken' wird und muß zweifellos umso mehr forciert und gefördert werden, als nur dieses in einer sich ständig schnell verkomplizierenden Welt, die auf eine planetarische Gesellschaft der Fernwirkungsverflechtungen zueilt, offenbar noch gangbare Wege zur Bewältigung der exponentiell wachsenden Problemkomplexität zu bieten scheint. Dieser Trend ist nicht zu bezweifeln und muß dementsprechend angesichts der gewandelten Situation, insbesondere der angewandten Wissenschaften, zu programmatischen Änderungen in der Zielsetzung und Verfahrensweise mancher Wissenschaften – aber auch der Wissenschaftstheorie – führen.

Die Dringlichkeit der Systemansätze läßt erwarten, daß gerade deren neue Methoden einer intensiven wissenschaftstheoretischen Analyse unterzogen worden seien. Leider ist genau das Gegenteil der Fall. Man muß konstatieren, daß bisher keine ernsthafte Untersuchung der systemtheoretischen Methoden und Ansätze von seiten der Wissenschaftstheorie stattgefunden hat. Ähnlich wie angesichts unorthodoxer, aber praktisch nötiger Methoden mancher Sozialwissenschaften harrt auch hier noch ein wichtiges Feld von schnell zunehmender wissenschaftlicher Bedeutsamkeit fast gänzlich der detaillierten wissenschaftstheoretische Durchdringung.

Der vorliegende Beitrag soll – zugegebenenermaßen, aber unvermeidlich – anhand einer noch skizzenhaften Übersicht über einige Grundbegriffe und Grundprobleme systemtheoretischer Ansätze Anknüpfungspunkte für die wissenschaftstheoretische Diskussion der Systemanalyse herausstellen, programmatische Thesen zu einer zu entwickelnden Epistemologie der Systemwissenschaft(en) entwickeln und stichpunktartig auf die methodisch und praktisch vorteilhaften Auswirkungen dieser wissenschaftstheoretischen Untersuchungen hinweisen.

Zunächst seien einige Bemerkungen zur abstrakt-axiomatischen Grundlegung einer Systemtheorie oder – traditionell gesprochen: „Zum Systembegriff" – formuliert.

Die Diskussion darüber, was alles System genannt werden kann, soll hier nur kurz berührt werden, da sie eher terminologischen Charakter hat und für praktische Aufgabenstellungen unfruchtbar bleibt.

Wenn ‚System' als Menge von Elementen (‚Objekten' oder ‚Teilen') definiert wird, zwischen denen (und deren Attributen) Wechselbeziehungen bestehen (v. Bertalanffy (in Kurzrock 1972, S. 18), auch: Klir, 1967, S. 24, Klaus 1969, II, S. 634, Hall/Fagen 1968, Rapoport 1972, vgl. a. Ropohl in diesem Band S. 14f), so bezeichnet dieser Begriff nichts weiter als den mathematischen Begriff der strukturierten Menge oder des Gebildes (Relativs). Eine so weite – obschon verbreitete – Definition ist zweifellos nicht zu empfehlen, da erstens ein schon etablierter allgemeiner Begriff wie der der strukturierten Menge (bzw. des Relativs) einfach wiederholt und die Einführung von etwas Neuem nur vorgespiegelt wird. Zweitens wäre die Systemtheorie mit der gesamten mengentheoretisch interpretierten Mathematik identisch – auch eine unangemessene Regelung, weil nichts Spezifisches für die mathematische Systemtheorie gegenüber der allgemeinen mathematischen Strukturtheorie übrigbliebe. Und drittens – eine wiederholt (etwa von Buck) vorgebrachte Kritik – gäbe es nichts, was nicht selbst ein System und Teil von Systemen wäre. Ein Begriff ohne Kontrast, ohne Möglichkeiten anzugeben, was nicht unter ihn fällt, ist nutzlos, weil allumfassend. Freilich muß diese Kritik eingeschränkt werden: Offensichtlich handelt es sich beim Systembegriff um einen *perspektivischen* Begriff. Nicht jeder Gegenstand ist ein Relativ (oder ein System), sondern fast jeder Gegenstand kann als solches analysiert, unter einem bestimmten Ansatz als System interpretiert werden. Das schließt ein, daß es andere Perspektiven gibt, die eine solche Analyse mit Hilfe des Systembegriffs – bzw. einen systemtheoretischen Ansatz – nicht erlauben. Der allumfassende Charakter existiert also nicht, wenn man auf den Perspektivismus achtet. Dieser hat weitreichende Konsequenzen für den Modellcharakter jeder Systemerfassung (s. u. S. 40 f.).

Aufgrund der genannten Kritik scheint es jedoch vorteilhaft, wenn man sich bei der mathematischen Formulierung des Systembegriffs und der Systemtheorie einschränkt. Nicht jede Relation auf abstrakten Mengen

$$R \subset X_1 \times X_2 \times \ldots \times X_n \times \ldots$$

(wobei das Symbol X_i beliebige Mengen und der Ausdruck rechts des Inklusionszeichens in üblicher Weise das direkte Produkt dieser Mengen bezeichnet) sollte die Grundentität der Systemtheorie bilden wie bei Mesarović, sondern eine disjunkte Teilklassenzuordnung (eine Klasseneinteilung oder Partition) – etwa (aber nicht notwendig auf *diese* Weise) in Inputs und Outputs – sollte zusätzlich eingeführt sein: Man hätte also die Ausgangsmengen nach (mindestens) zwei Indexmengen i_i und i_o disjunkt zu unterteilen[1]:

$$I = \underset{i}{X} \{x_i;\ i \in i_i\}$$

$$x_i \in X_j \qquad i, j, k = 1, \ldots, n, \ldots$$

$$O = \underset{k}{X} \{x_k;\ k \in i_o\}$$

Ein System S könnte dann verstanden werden als eine Teilrelation des direkten Produktes dieser Input- und Output-Menge

$$S \subset I \times O$$

oder – vielleicht – plastischer – als das Tripel (I, O, S).

Man hätte somit den Systembegriff im Sinne eines durch bestimmte Mengeneinteilungen spezifizierten Relativs – etwa als Input-Output-System – eingeführt.

Dasselbe könnte natürlich auch für den Begriff eines Umgebungssystems geleistet werden, da ersichtlich jedes mit einer Umgebung interagierende System ein Input-Output-System ist – und umgekehrt.
Zusätzlich zu einer Klasseneinteilung (Partition) der Grundmenge in X und Y kann man natürlich auch in leichter Abweichung von Mesarovićs Vorschlag z.B. eine Ergebnis- oder Prozeßfunktion (outcome or process function) E und eine Leistungsfunktion (performance-function) L annehmen:

$$E: \quad X \times M \longrightarrow Y$$
$$L: \quad M \times Y \longrightarrow W,$$

wenn eine ausgezeichnete Entscheidungsobjektmenge M und ein Wertgegenstand bzw. wertvoller Zustand (evtl. als Menge) W gegeben sind. Dann wäre ein zielorientiertes System S_{zi} zu definieren als

$$\bigwedge_{x \in X} \bigwedge_{y \in Y} [(x, y) \in S_{zi} \leftrightarrow \bigvee_{m_x \in M} \bigwedge_{m \in M} (L(m_x, E(x, m_x)) \geqslant L(m, E(x, m) \wedge y = E(x, m_x))$$

d.h., wenn die entsprechende Leistungsfunktion (bei Auswahl eines Entscheidungsobjektes unter Berücksichtigung von Nebenbedingungen der Prozeßfunktion) maximiert wird. Die Maximierung der Leistungsfunktion kann dann als Systemziel angesehen werden. (Selbstverständlich läßt sich die Leistungsfunktion auch so definieren, daß sie – wie bei Mesarović – minimiert wird.)
Während generell in einem Input-Output-System die Outputs den Inputs nur mehrdeutig zugeordnet zu sein brauchen, kann man durch Einführen des Zustandsbegriffs sekundär eine funktionale Eindeutigkeit erzeugen, ohne daß das System selbst notwendig zu einem deterministischen werden muß. Zugleich gewinnt man die Begriffe ‚Zeitsystem' und ‚dynamisches System'.
Durch Einführung einer Zeitfolge (meist irreführend „Zeitmenge" genannt)

$$(T, \leqslant, t_o)$$

(T: vollständiger Verband, t_o: minimales Element hinsichtlich der vollständigen Ordnung $\leqslant$ in T) läßt sich ein *allgemeines Zeitsystem* kennzeichnen. Und durch Angabe einer Zustandsrepräsentationsfunktion

$$r: Z \times I \times T \longrightarrow O \times T$$

und einer Zustandsübergangsfunktion

$$ü: Z \times I \times T \times T \longrightarrow Z$$

mit

$$\bigvee_z [r(z, x, t) = (y, t)] \leftrightarrow (x, y) \in S \qquad x \in I$$

und

$$r(ü(z, x, t, t'), x, t') = (y, t') \qquad y \in O$$

ist dann der Begriff eines *abstrakten dynamischen Systems* (Mesarović) zu gewinnen und der Satz zu erhalten, daß jedes allgemeine Zeitsystem als ein dynamisches System repräsentiert werden kann. Die Übergänge zu deterministischen oder probabilistischen, zu diskreten oder kontinuierlichen,

inputfreien oder outputfreien und anderen Systemarten sind nun wie üblich anzuschließen.
Hingewiesen werden sollte nur noch auf die Einführung des Feed-back-Systems mit einem Regler(teilsystem)(IR, OR, SR). Es wird definiert als das System (I,O,S), das durch Bildung eines Outputdurchschnitts

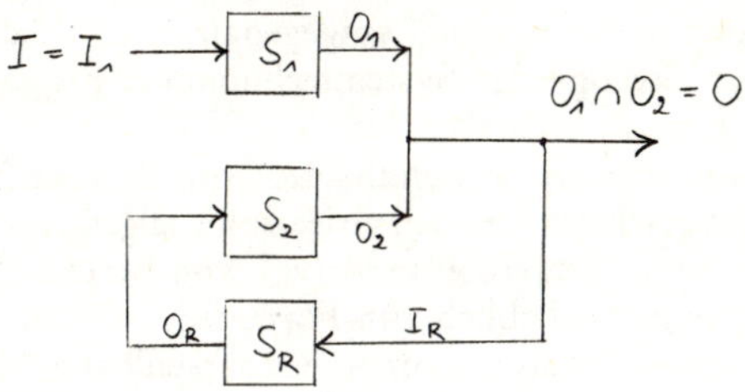

zustandekommt und durch

$$I =_{Df} I_1$$

$$O =_{Df} O_1 \cap O_2$$

$$S =_{Df} \{(x, y)\colon xS_1y \wedge y\,S_R \circ S_2 y\} \quad \begin{matrix} x \in I \\ y \in O \end{matrix}$$

definiert ist (wobei das Zeichen o die relationenlogische Verkettung $xA \circ By =_{Df} \bigvee_d (xAd \wedge dBy)$ bezeichnet).
Wissenschaftstheoretisch gesehen ist an diesem Vorgehen insgesamt zweierlei interessant: Erstens gelingt es, eine strukturtheoretisch allgemeine axiomatische Grundlegung einer mathematischen Systemtheorie zu geben und den Anschluß an übliche systemtheoretische Ansätze – besonders der dynamischen Systeme – zu gewinnen. Zweitens ist der hier entworfene – gegenüber den allgemeinsten Theorien mathematischer Relative spezialisierte – Ansatz trotz seiner Allgemeinheit nicht allumfassend und/oder unpräzise, sondern auf die Besonderheiten der Systemanalysen – insbesondere der dynamischen oder Input-Output-Systeme – zugeschnitten.
Offen bleibt an dieser Stelle freilich noch das auf der Basis der mathematischen Systemtheorie allein nicht zu lösende Problem der theoretischen und empirischen Interpretation des Kalküls. Offensichtlich ist bisher ja nicht eine Menge empirisch gehaltvoller Sätze gewonnen, sondern nur eine mathematische Darstellungssprache, die als Instrument bei der Entwicklung von Systemtheorien mit empirischem Gehalt dienen kann.
Im folgenden sei nun auf das Problem der Vielfalt der sogenannten Systemtheorien eingegangen – aus Raumgründen ein wenig summarisch.
Von Systemtheoretikern wird nicht nur die allgemeine Systemtheorie (von Bertalanffy z.B. in Klir, Hrsg., 1972 : 36 und in Laszlo 1972 : XIX, Laszlo (ebda. 298)) als ein oder gar *das* neue Paradigma der wissenschaftlichen Forschung dargestellt, sondern „die Systemtheorie" wird von einigen ihrer en-

gagierten Vertreter geradezu als der Zauberstab zur Lösung aller überdisziplinärer Systemprobleme präsentiert. Hier sind allerdings einige wissenschaftstheoretische Einschränkungen oder modifizierende Ergänzungen am Platze. Sie sind schon deshalb nötig, um überfliegende Hoffnungen auf *die* Methode der Systemtheorie und der Systemtechnik (als angewandter Systemtheorie) auf dem Boden des realistisch Erwartbaren zu halten und der nicht grundlosen Befürchtung entgegenzuwirken, daß eine Systemideologie oder gar Ideologie der ‚Systemtechnokratie' propagiert oder mehr oder minder unbewußt verbreitet wird.

Es gibt zweifellos nicht *die* Systemtheorie: von Bertalanffys, an biologischen Fließgleichgewichtssystemen orientierte allgemeine Systemtheorie offener Objekt- und Zustandssysteme (vgl. von Bertalanffy 1968) unterscheidet sich durchaus erheblich von Forresters instrumentaler Deutung von Simulationsmodellen als in Computern darstellbaren Mengen von Differenzengleichungen aus Zustands- bzw. Flußratengrößen, die je abwechselnd in (positiven oder negativen) Rückkopplungsschleifen vorkommen, durch problemadäquat gewählte Lösungsintervalle gepulst und, diesen entsprechend, ausgehend von plausibel gewählten Ausgangsdaten, in ihrem Werteverlauf „geplottet" werden (Forrester 1972). Auch zur modelltheoretisch-mathematischen Fassung der Theorie allgemeiner Systeme bei Mesarović oder Klir, in der dimensionslose Variable ohne besondere Interpretation in ihrem augenblicklichen oder permanenten Verhalten sowie in ihrem strukturellen Größenzusammenhang und -bereich und in ihrer Zustandsübergangsstruktur auf bestimmten vorgegebenen Auflösungsebenen untersucht werden (Klir 1969: 93,52), finden sich Unterschiede. Das gleiche gilt im Verhältnis zu Ashbys (1956) allgemeiner Theorie der Transformationssysteme oder zur Theorie der speziellen sequentiellen und der Input-Output-Systeme (vgl. z.B. Pichler 1975). Gegenüber diesen allgemeinsten systemtheoretischen Ansätzen weist die aus den Problemen der Nachrichten- und Regelungstechnik heraus entwickelte ingenieurwissenschaftliche „Systemtheorie" im engeren Sinne wiederum formale Eigentümlichkeiten spezieller, z.B. informations- und signaltheoretischer Art auf (vgl. z.B. Unbehauen 1969). Noch ausgeprägter stößt man auf Unterschiede im Vergleich mit den Theorien sozialer Systeme (Parsons 1957, Luhmann 1971, Gilles 1974, Tjaden, Hrsg., 1971, Greven 1974) und politischer Systeme (Deutsch 1969, 1966). Von *der* einen Systemtheorie zu sprechen, ist zweifellos Ausdruck eines dem Systemdenken natürlich eigenen Vereinheitlichungsstrebens, aber eines Wunschdenkens, das zum Teil unbemerkt die Namenswahl und das Image der Sammeldisziplin beeinflußte. *Die eine* Systemtheorie, wie sie der Ausdruck zu unterstellen scheint, gibt es jedenfalls (wenigstens bisher) nicht. Das bisher Erörterte sei als *These 1* zusammengefaßt:[2]

Systemtheoretische Ansätze ordnen sich nicht in eine einheitliche empirisch-wissenschaftliche Theorie, sondern stellen sich, wenigstens zur Zeit noch, als ein Sammelreservoir theoretisch und methodologisch unterschiedlicher, disziplinübergreifender, aber durch Projektbezogenheit verbundener Modellansätze dar. Sie folgen noch keinem einheitlichen systematischen, methodologischen und terminologischen Konzept.

Daraus ergibt sich die *Folgerung:* Die wissenschaftstheoretische Analyse systemwissenschaftlicher Ansätze muß stark intensiviert werden, da die methodologische Durchsicht am ehesten die Möglichkeiten der Koordination und Vereinheitlichung systemanalytischer Ansätze gewährleisten kann. Die praktischen Konsequenzen der wissenschaftstheoretischen Analyse werden damit bereits deutlich.

Einige Autoren, wie Klir (1969) und Orchard (in Klir 1972: 205 ff.) sind sich allerdings der Vielfalt bisheriger verschiedener, mit dem Abstraktionsniveau variierender Systemtheorien durchaus bewußt: Orchard (ebda. 206 ff.) unterscheidet beispielsweise:

1. disziplinorientierte spezielle Theorien über Systeme, die auf niedrigem Verallgemeinerungsniveau viel spezifischen Gehalt aufweisen und als *spezielle Systemtheorien* bezeichnet werden können;
2. *generalisierte Systemtheorien*, die ein oder mehrere Züge unterschiedlicher Systeme verschiedener Disziplinen verallgemeinern und vergleichend formal aufeinander beziehen;
3. *allgemeine Systemtheorien* (general-system-oriented system theories), die versuchen, alle grundlegenden systemhaften Züge aller Systeme zu erfassen und demgemäß auf alle (zumindest auf alle endlichen) Systeme anwendbar sind und allgemeinen strukturellen Gehalt sowie besonderen methodologischen Inhalt aufweisen;
4. *mathematische Theorien abstrakter Systeme*, die ohne besonderen Informationsgehalt auf dem höchsten formal abstrakten Verallgemeinerungsniveau nur Leitlinien angeben, aber keine anwendungsorientierte Methode erzeugen können.

Orchard führt noch „*Systemtheorien mit einigen Resultaten über allgemeine Systeme*" auf, die er ebenfalls zum Bereich der „general-system-oriented system theories" rechnet.

Diese nützliche Unterteilung, die sich im übrigen an Klir (1969) anschließt, muß allerdings noch weiter ergänzt werden, um gewissen Mißdeutungen und Verwechslungen von, wissenschaftstheoretisch gesehen, Theorien sehr unterschiedlichen Charakters und auch der Unterstellung einer Kontinuitätsbehauptung zu begegnen, die auch Klir (1969: 96) unterläuft, indem er meint, „viele Systemtheorien liegen irgendwo zwischen den beiden Grenzen" der inhaltsleeren abstrakt-algebraischen Systeme einerseits und der speziellen disziplinären Theorien über Systeme andererseits.

Dieses bei Klir verwendete Bild scheint zu unterstellen, daß es ein kontinuierliches Spektrum zwischen diesen beiden Extremtypen gibt, daß von der allgemeinsten gehaltleeren formalen Kalkülisierung ohne verschiedene qualitative und kriteriumsgebundene Veränderungen ein allmählicher

Übergang zu mehr inhaltlichen und disziplinorientierten Theorien möglich ist, daß sich aber grundsätzlich die Funktionen dieser Theorien auf verschiedenen Abstraktionsebenen ähneln, daß sie etwa alle – wenn auch mit verschiedenem Verallgemeinerungsgrad – Gesetzesbeziehungen von Systemen beschreiben (s.u.).

Hier muß nun allerdings eine differenzierende wissenschaftstheoretische Untersuchung einsetzen, die methodologisch und qualitativ unterschiedliche Funktionen von Theorien, von theoretischen Instrumenten (wie deskriptiven Begriffen) und von formalen Hilfsmitteln (wie etwa logischen und mathematischen Kalkülen) unterscheidet. Es gibt keinen kontinuierlichen Übergang zwischen einer gehaltvollen empirisch-wissenschaftlichen und einer bloß logisch-formalen Theorie. Während die erstere im wissenschaftstheoretischen Sinne Gesetzescharakter aufweisen muß, werden Kalküle der zweiten Art – solange sie rein mathematisch, also uninterpretiert, sind – nur als instrumentelle Regeln aufgefaßt werden können.

Bunge (1967, I: 502 ff.) unterscheidet zwischen *substantiven* Theorien, *instrumentalen* und *operativen* Theorien: Während die substantiven Theorien inhaltliche Gesetze mit Erfahrungsgehalt umfassen und gleichsam die inhaltliche Substanz, den Informationsgehalt beinhalten, der für erfahrungswissenschaftliche Erklärungen und Prognosen notwendig ist, enthalten die instrumentalen Theorien* nicht die erklärenden nomologischen Hypothesen, sondern die bei einer Erklärung bzw. Prognose aus praktischen Gründen vorerst undiskutiert vorausgesetzten theoretischen Voraussetzungen, die in den Aufbau der Meßinstrumente und der experimentellen Anordnung eingehen. Darüber hinaus – und das ist wichtig für den vorliegenden Zusammenhang – sind bei Bunge operative Theorien formale Regelkonstruktionen, Kalküle, Strukturzusammenhänge, die in ihrem Instrumentalcharakter eher sprachlichen Formen vergleichbar sind und nicht selbst nomologische Hypothesen mit Erfahrungsgehalt darstellen, obwohl sie zur Formulierung von Gesetzen unerläßlich sind. Sie müssen durch nomologische Hypothesen erst ergänzt, durch diese mit ‚Inhalt' gefüllt werden.

Viele der höchst nützlichen mathematischen Instrumentarien der Systemwissenschaften wie auch schon der traditionellen exakten Wissenschaften weisen diesen operativen Charakter auf: So sind etwa die Techniken der Entscheidungslogik, der mathematischen Spieltheorie, der linearen Programmierung, der Aussagen- und Prädikatenlogik, der Graphentheorie, der Wahrscheinlichkeitsanalyse über Ereigniskörpern usw. solche operativen „Theorien" (besser sollte man hier von „Kalkülen" sprechen statt von „Theorien"). Die meisten Ansätze, die als „Systemtheorie" präsentiert werden, sind in dieser Weise operative Modelle.

Als *These 2* sei daher formuliert:

Systemtheorie ist – wenigstens entsprechend ihren meisten, bisher vorgelegten Ansätzen – keine Theorie, d.h. keine substantive, nomologische Hypo-

thesen umfassende, erfahrungswissenschaftlich erklärende Theorie. Vielmehr stellt sie zumeist operative Modelle, Formalisierungs- oder Kalkülisierungsinstrumente bereit, die instrumentellen Charakter aufweisen zur Darstellung der erst zu liefernden inhaltlichen Modellaussagensysteme oder der empirisch-wissenschaftlichen Theorien und die somit der diesbezüglichen Ergänzung bedürfen.

Dies wird besonders deutlich etwa an Forresters *Principles of Systems* (1972): Hier werden nicht inhaltliche Modellhypothesen oder Gesetzesaussagen über Systeme entwickelt, sondern Behandlungstechniken, Darstellungstechniken, die die Systemanalyse im inhaltlichen Einzelfall erst ermöglichen. Es handelt sich also nicht um Theorien und Gesetze, sondern um Darstellungs- und Berechnungsprinzipien, also um formale Hilfsmittel, die die notwendigen Voraussetzungen zu einer computergerechten Verarbeitung bieten. Forresters systemtheoretisches Modell ist keine Theorie, sondern ein operatives Modell mit Instrumentalcharakter zur Behandlung von Problemen – ein Modell, das die inhaltliche Theorie eines entsprechenden Gegenstandsbereiches nicht ersetzen kann, wenn es um eine vollständige wissenschaftliche Erklärung geht, sondern diese Theorie zur Anwendung – implizit – erfordert. Forrester gibt keine substantive Theorie ausdrücklich an – diese versteckt sich in der Auswahl seiner Variablen und in der Struktur seiner Blockschaltbilder. Forresters Systemmethode kann aber, wenigstens vorläufig, als ein (auch bei sehr komplexen unübersichtlichen Systemen anwendbares) Prognoseinstrument dann Anwendung finden, wenn (eventuell noch) keine explizite detaillierte Theorie des überaus komplexen Systems vorliegt oder gar nicht umfassend formuliert werden kann.

Der Vorteil systemtheoretischer Ansätze liegt zum großen Teil gerade in diesem Instrumentalcharakter, in ihrer Anwendbarkeit auf noch nicht übersehbare komplexe Zusammenhänge, in ihrer Verwendbarkeit für wissenschaftlich noch nicht durch Gesetze und Erklärungsmöglichkeiten abgesicherte Prognosen und für hochkomplexe Probleme, die einer analytischen Lösung gar nicht zugänglich sind. Die Rolle der systemtheoretischen Ansätze ist in gewissem Sinne der praktischen Verwendung deskriptiv-statistischer Methoden vergleichbar, die auch bei Systemen fruchtbar angewendet werden können, die einer vollständigen gesetzesorientierten Analyse noch nicht oder prinzipiell nicht zugänglich sind. Manche Problembereiche systemhaften Zuschnitts sind eben so komplex, daß auf unabsehbare lange Zeit oder gar nie eine vollständige inhaltliche empirisch-wissenschaftliche Theorie zur Erfassung aller Einzelphänomene des jeweils betreffenden Bereichs vorliegen wird. Aus Gründen der Dringlichkeit von Prognosen und Problemlösungen kann man aber nicht noch Jahrhunderte auf die eventuelle vollständige, gesetzesartige Durchforschung des Bereiches warten, zumal man nicht sicher sein kann, ob hierzu überhaupt Erfassungsmöglichkeiten und Techniken entwickelt werden können, die den strikten

Standardanforderungen nomologischer Gesetzeswissenschaften genügen. Nicht nur in den Sozialwissenschaften, sondern eben auch in den interdisziplinär orientierten Systemwissenschaften hat es sich als nötig erwiesen, unorthodoxe Beschreibungs- und Prognosemethoden zu verwenden, die sich noch nicht völlig auf eine gesetzesanalytische Erfassung des entsprechenden Problembereiches stützen können. Die Dringlichkeit der Probleme und die unbestreitbaren Teilerfolge dieser unorthodoxen Methode sind unübersehbare Anlässe und Veranlassung, wenn auch noch keine wissenschaftstheoretische Rechtfertigung, für deren Verwendung.
Man darf allerdings nicht in das andere Extrem verfallen, sie nun völlig unkritisch und ohne jede wissenschaftstheoretische Durchleuchtung zu verwenden – gleichsam als vollwertigen Theorieersatz – oder sie gar unmittelbar als System neuartiger nomologischer Hypothesen zu deuten.
These 3: Die Konstruktionen systemtheoretischer Ansätze sind in den meisten Fällen nicht nur nicht nomologisch, sie umfassen keine Gesetze im naturwissenschaftlichen oder sozialwissenschaftlichen Sinne, sondern sie genügen auch sehr oft nicht den strikten Bestätigungs- und Prüfungskriterien, die an exakte empirische Gesetzeswissenschaften zu stellen sind.
So wurden z.B. von Forrester (1971) geschätzte Gewichtungsfaktoren etwa für die Bestimmung der Lebensqualität durch die vier Komponenten Nahrungsmittelangebot, materieller Lebensstandard, Bevölkerungsdichte (Ballungsgrad) und Verschmutzungsgrad in die Computermodelläufe eingegeben und diese Gewichtungsfaktoren wieder rückwirkend, aufgrund der Plausibilität der herauskommenden Resultate, nachträglich korrigiert. So ist es z.B. das Ergebnis eines solchen, keineswegs apriori einsichtigen und auch nicht empirisch-wissenschaftlich fundierten, subjektiven Abwägungsprozesses, wenn die Maßzahl der Lebensqualität beim völligen Schwinden des materiellen Lebensstandards nicht auf Null, sondern gerade auf ein Fünftel des Ausgangswertes von 1970 (= 1) absinkt. Mindestens ebenso schwierig sind die Zusammenhänge zwischen Lebensqualität und Verschmutzungsgrad irgendwie verläßlich zu quantifizieren.
Die Plausibilität diente bei diesen Einschätzungen gleichsam als Beurteilungskriterium für die Realistik der eingegebenen Randbedingungen – sowie zum Teil der angenommenen Flußratengleichungen. Bei unplausiblen Resultaten wurde rückwirkend entweder der Variationsbereich der Variablen oder der Zusammenhang der Variablen durch Einschieben und Veränderung von Verzögerungsgliedern oder unter Umständen durch Hinzunahme von Hilfsvariablen manipuliert.
Ein Karlsruher Systemanalytiker, der am Mesarović-Pestel-Projekt mitgearbeitet hat, kommentierte in einem Vortrag selbstironisch: „Man dreht so lange an den Knöpfen, bis einem etwas einfällt".
Dieses Ad-hoc-Verfahren hat natürlich nur heuristischen Wert. Als solches ist es nützlich, wenn es nicht unkritisch resultat- und zahlengläubig als bestätigte empirische Theorie genommen wird. Sind die Festsetzung oder

Annahme von Randbedingungen und die empirische Überprüfung des Modells prinzipiell nicht voneinander getrennte Prozesse, so kann natürlich – im strikt wissenschaftstheoretischen Sinne gesehen – von einer empirischen Bestätigung keine Rede sein: Die Festsetzung und schrittweise Korrektur des Modells anhand der Eingangswerte und Plausibilitätsbeurteilungen kann zwar zu einer fortschreitenden Angleichung an plausibel erscheinende Erwartungswerte und deren Variabilitätsspannen führen, kann aber natürlich keine strikte Theoriebildung und -prüfung ersetzen. Methodologisch und wissenschaftstheoretisch gesehen müßte man sonst, wollte man die sukzessive Adjustierung des Modells für eine empirisch-wissenschaftliche Validierung nehmen, von einem „teuflischen Regelkreis", einem Zirkel, sprechen, der keinen gesicherten oder irgendwie gestützten empirischen Gehalt erzeugt, sondern in erster Linie eben nur heuristische Bedeutung hat. Man darf nicht in den Fehler mancher Leser, aber auch mancher systemtheoretischer Autoren, verfallen und die Heuristik für eine gesicherte Theorie nehmen. Das Modellspiel ist flexibel, in der heuristischen Interaktion zwischen Wissenschaftler und Systemmodell schrittweise aufgebaut und schwebt gleichsam als fiktive Modellkonstruktion ohne strikte Gesetzeskraft über dem „Boden der Realität".

Die heuristische Flexibilität und Variabilität des Modells stellt zugleich seine methodologische Schwäche dar, obwohl wiederum bei Unterstellung geeigneter Kontinuitätshypothesen in dieser wissenschaftstheoretisch unorthodoxen heuristischen Ausrichtung gerade die Fruchtbarkeit und die Vielfalt der Anwendungsmöglichkeiten begründet sind, die die praktisch-inhaltliche Stärke der Systemanalyse ausmachen.

Intuitiv sind sich die meisten Systemanalytiker dieser Schwierigkeiten und dieses heuristischen Charakters durchaus bewußt (vgl. Mesarović-Pestel 1974: 39 f., 51–55), indem sie auf den Werkzeugcharakter des Modells, auf die Vereinfachungen und die subjektive Manipulation der Datenmengen und Größenbeziehungen sowie auf die „Interaktion" und den „Dialog" zwischen dem Systemanalytiker und dem Modell hinweisen[3]. Ein unterlegtes „Kausalmodell", das gesetzesartigen Zusammenhängen in der Naturwissenschaft, obwohl auch hier vereinfacht, entspricht, wird etwa bei Mesarović-Pestel überformt von einem durch Strategien und Plausibilitätsbetrachtungen mitbestimmten „Entscheidungsmodell", in das nicht nur Ziel- und Wertdeutungen und „Policy"-Entscheidungen eingehen, sondern auch Strategieerwägungen, methodologische Beurteilungen usw.

Die Szenariomethode, bei Mesarović und Pestel „interaktiv" zwischen Computer und Interaktor (dem Systemanalytiker und gegebenenfalls dem Entscheidungsträger) durchgeführt, ist keine wissenschaftliche Theoriebildung – und auch nicht die bloße Anwendung einer wissenschaftlichen Theorie zur Gewinnung eine Erklärung oder von Prognosen. Sondern „in der Szenario-Analyse wird eine Folge möglicher Entscheidungen und Ereignisse gewählt, welche die Eingangsgrößen" für das Computermodell „bestimmt" (ebda. S. 54).

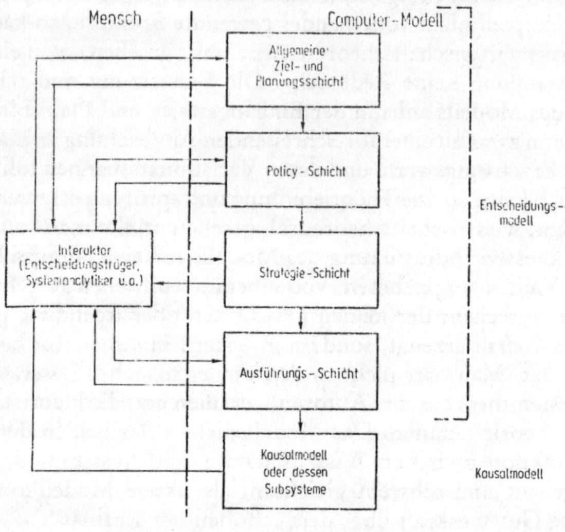

Der Zusammenhang von Entscheidungsmodell und Kausalmodell bei interaktiven Simulationen (Mesarović-Pestel 1974, S. 53).

Auf den beiden obersten Schichten, der „allgemeinen Ziel- und Planungsschicht" und der Policy-Schicht, befinden sich qualitative Antizipationen „zukünftiger Bedürfnisse und möglicher Ereignisse" (ebda. S. 52) sowie in der letzteren ebenfalls qualitative Formulierungen über allgemeine „Intentionen" und „Wünsche" des Entscheidungsträgers. Selbst in der darunterliegenden, spezifischeren Strategie-Schicht hat der Interaktor eine, wenn auch begründete, Wahl zu treffen, welche der ermittelten möglichen Maßnahmen aufgrund der projektierten künftigen Zielzustände bzw. der konstatierten Entscheidungsträgerintentionen und der Kenntnis vorhergehender Situationsläufe ausgewählt werden sollen für die Berechnung der Eingabegrößen für das sogenannte Kausal-Modell.
In allen oberen Schichten dieses sogenannten „Entscheidungsmodells" wird deutlich, wie stark Abschätzungen, Vorentscheidungen, Vereinfachungen, normative Festlegungen, Wertungen die Auswahl der Rechnerläufe mit beeinflussen.
Bezüglich der Versuche, die Subjektivität dieser Entscheidungen und Beurteilungen durch argumentative und methodische Verfahren herabzudrükken, eine kontrollierte Intersubjektivität, soweit möglich, einzuführen durch methodische Unterstützung der Bewertungsprozesse, sei auf Jansens *Die Struktur systemtechnischer Arbeit* (s.o. S. 99ff) und auf Zangemeisters

Methodik systemanalytischer Zielplanung (s.o.S. 166) verwiesen. Durch Einfügung eines allgemein etwa vom Entscheidungsträger festgelegten Anspruchsniveaus und eines Schwellwertgrades für Merkmalsausprägungen „wird es dem Systemtechniker möglich, Folgen in ihrer wertmäßigen Beurteilung zu quantifizieren, ohne selbst Wertungen vornehmen zu müssen" (Jansen, unveröffentlicht). Die anscheinend gegebene Subjektivität wird ersetzt durch legitimierte Allgemeinzielentscheidung nach Diskussion bzw. Aggregation individueller Beurteilungen und durch geregelte intersubjektiv kontrollierbare Ausspezifizierung auf Einzelalternativen bzw. Merkmalskombinationen. Der anwendungsorientierte Systemanalytiker, „der Systemtechniker stellt weder gesellschaftliche Normen auf, noch fällt er Entscheidungen. Er macht aber das meist für rationale Entscheidungen zu komplexe Material entscheidungsreif" (Jansen, ebda.).
Bei Mesarovićs und Pestels Dialogverfahren trifft noch die zusätzliche, wissenschaftstheoretisch besonders diffizil zu beurteilende Schwierigkeit hinzu, daß die Eingangsgrößen dem Rechner sukzessive eingegeben werden und daß nach jeder Eingabe vom Interaktor (einem Planungsstabsmitglied, Entscheider o.ä.) „stets die Folgen des vorangegangenen Schrittes" bewertet werden (aaO. S. 54).
In dieser Ineinanderschachtelung von Alternativenausarbeitung und ständig eingeschobenen Bewertungen läßt sich natürlich prinzipiell die Bewertungsphase nicht mehr von der Alternativenerarbeitungsphase abtrennen.

These 4: Das im Dialogverfahren erarbeitete Szenario gibt nicht nur keine absoluten Prognosen, nicht einmal generelle bedingte Projektionen, sondern nur durch ständig intermittierende Bewertungseingriffe bedingte Projektionen. Ein unabhängiges Prüfungsverfahren für die verwendeten substantiell-theoretischen Hypothesen kann nicht herangezogen werden.
Allenfalls kann bei späterem Eintritt der Projektionsbedingungen durch Vergleich der bedingten Modellprognosen mit den realen Sachverhalten des zum simulierten Modell gehörigen Urbildes eine unabhängige Ex-post-Generalbestätigung erfolgen – oder eine Art „Falsifikation" (wobei dann zu fragen wäre, welche Teile des Modells jeweils zu modifizieren sind).
Es ist jedenfalls – wissenschaftstheoretisch gesehen – fehlerhaft, wenn manche Systemanalytiker (wie Zahn) die Modelläufe und plausiblen Resultate als „Test" für das Modell und die systemtheoretische Analyse bzw. für die „Implikationen von strategischen Entscheidungen" bezeichnen (Zahn, S. 11). Die in der klassischen Wissenschaftstheorie geforderte Unabhängigkeit von Theorieentwurf, Theorieanwendung und Theorieüberprüfung voneinander ist beim angewandten systemanalytischen Arbeiten – insbesondere bei interpretativen Verfahren – nicht mehr gewährleistet. Ähnlichkeiten zur Situation bei der Anwendung von Planungstheorien sind unverkennbar.
Nur eine andere Seite der zuvor genannten Schwierigkeiten für die traditionellen wissenschaftstheoretischen Konzepte läßt sich wiederum kurz in einer *These 5* ausdrücken:

Die Methoden der angewandten Systemanalyse vereinigen größtenteils deskriptiv-kognitive empirisch-theoretische Komponenten mit normativen Zielvorgaben und wertenden Beurteilungen.

Bei Systemsimulationen handelt es sich heute zumeist um interaktive Dialogverfahren, durch die schrittweise die Adaptation des Systems verbessert wird, indem der Systemanalytiker Entscheidungsstrategien für alternative Entwicklungsmöglichkeiten präformiert und „durchspielt" (vgl. Mesarović-Pestel, S. 53). *Das Geflecht von entscheidungsstrategischen Vorgaben und dem innersystemaren Ablauf läßt sich wegen der sukzessiven Interaktion zwischen Systemanalytiker und Systemmodell nicht sauber nach den rein beschreibenden Komponenten und den normativen Entscheidungen auftrennen. Diese Nichtauftrennbarkeit deskriptiver und normativer Elemente in der angewandten Systemanalyse stellt eine Herausforderung für die traditionelle Wissenschaftstheorie dar, der nur durch neue Konzeptionen des Zusammenspiels von Praxis und Theorie im Bereich der anwendungsorientierten Systemwissenschaft begegnet werden kann.*

Als *Folgerung* ist festzuhalten: Ohne nun einfach eine normative Systemwissenschaft (analog zu der lange Zeit geforderten normativen Sozialwissenschaft) zu fordern – dadurch würde die Überprüfbarkeit der theoretischen Teile schwinden –, muß das delikate Ineinander deskriptiver und normativer Komponenten von einer praxisorientierten Wissenschaftstheorie der Systemwissenschaften sorgsam analysiert und je nach den beiden Seiten auf deren methodologische Rechtfertigung untersucht werden.

Die letzten Thesen münden auch in eine noch allgemeinere *These 6* über die *angewandte* Systemanalyse:

Systemanalytisches Arbeiten wird zunehmend von den praktischen Anforderungen der Systemplanung und der Systemtechnik her gefordert und motiviert. Die überwiegend praktischen Problemnotwendigkeiten mitsamt ihren Dringlichkeits- und Zeitrestriktionen beeinflussen auch die Auswahl und Übernahme der Methode der Problemformulierung und der Problemlösung. Eine Abkehr von puristisch strengen, aber nur eingeengt anwendbaren exakten Methoden erweist sich angesichts der komplexen Praxis als unerläßlich. Unorthodoxe Methoden wie Systemsimulation mit sukzessiver Anpassung eingeschätzter Randwerte im Verein mit Plausibilitätsbetrachtungen oder etwa der Delphi-Technik werden angewendet. Die Dringlichkeit der systemaren Probleme erlaubt aber keinen Verzicht auf deren Bearbeitung: Es ist besser, mit selbst noch zu verbessernden Methoden der tastenden schrittweisen Lösungsverbesserung zu arbeiten, als auf die exakte analytische Lösungsmethode zu hoffen und zu warten. Ohnehin sind in komplexeren Systemen keine zureichenden analytischen Methoden möglich – jedenfalls beim derzeitigen Stand der Mathematik und der Theoriebildung: Systemsimulation und schrittweise Lösungsapproximation sind unvermeidlich.

Als *Folgerung* ergibt sich: Da diese Erkenntnis keinen Freibrief für methodische Willkür bedeuten kann, müssen gerade die unorthodoxen Methoden einer aufgeschlossenen wissenschaftstheoretischen Analyse und Beurteilung unterzogen werden, ohne daß man allzu konservativ an den methodologischen Festlegungen festhält, wie sie bei den wissenschaftstheoretischen Analysen physikalischer Theorien erarbeitet wurden. Flexibilität und Offenheit für neue Ansätze dürfen natürlich nicht durch einen Niveau-Verlust an methodologischer Bewußtheit erkauft werden.

Insgesamt braucht und sollte man nicht wie manche traditionell orientierte Wissenschaftstheoretiker den Schluß ziehen, die Systemanalyse sei daher wissenschaftlich nicht zu verwenden, unseriös und abzuschaffen. Wie sich gezeigt hat, hätten Kepler oder Bohr, wären sie methodologischen Empfehlungen der traditionellen Wissenschaftstheorie strikt gefolgt, nie ihre neuen Theorien entwickeln können. Wiederum falsch wäre es, nunmehr umgekehrt die Wissenschaftstheorie für überflüssig zu erklären. Eine solche Maßnahme würde unkontrollierter Methodenwillkür Tür und Tor öffnen und der Idee wissenschaftlicher Kontrolle anhand präzise rekonstruierter Kriterien Abbruch tun. Nur im wechselseitigen Korrektur- und Klärungsprozeß zwischen dem konstruierenden Theoretiker und dem *re*konstruierenden, präzisierenden Methodologen kann eine neue Methode aufgehellt, analysiert und letztlich gerechtfertigt werden.

Weder die Wissenschaftstheorie noch die Systemanalyse sind also unnütz oder unfruchtbar. – Auf die letztere kann, wie erwähnt, schon wegen der Dringlichkeit und Komplexität der weder disziplinär noch streng analytisch zu behandelnden, durch zunehmende Systemverflechtungen gekennzeichneten Planungsprobleme multidisziplinärer Art nicht verzichtet werden. Es hieße Eulen nach Athen tragen, wollte man hierfür noch weitere Argumente sammeln. – Was die Notwendigkeit wissenschaftstheoretischer Analysen angeht, so ist es vielleicht nicht überflüssig, nochmals darauf hinzuweisen, daß die Spezielle wie die Allgemeine Relativitätstheorie eigentlich durch wissenschaftstheoretische Argumente zustandekamen und eher eine epistemologische als eine nur intern-theoretische Revolution bedeuteten. (Einstein knüpfte an Machs Wissenschaftslehre an und revolutionierte aufgrund methodologischer Überlegungen etwa den Gleichzeitigkeitsbegriff und später die Raum-Zeit-Masse-Struktur im Zusammenhang mit invarianten-theoretischen Überlegungen und nicht aufgrund des ihm bis zur Entwicklung seiner Theorie unbekannten Michelson-Morley-Experimentes.) Ähnliches gilt für die Rolle der wissenschaftstheoretischen Argumente über Interphänomene in der Kopenhagener Schule der Quantentheorie.

So bleibt also nur der folgende Ausweg, der in einer programmatischen *These 7* festgehalten werden soll:

Für die theoretische und die praktische Arbeit der Systemanalytiker einerseits und der Wissenschaftstheoretiker andererseits erweist sich als fruchtbar, wenn beide zur ständigen Kooperation zusammenkommen. Das jeweils andere Gebiet liefert die methodenkritischen oder innovatorischen Heraus-

forderungen, welche die Systemtheorie zur methodologischen Zensur (also zur Sicherung ihrer Wissenschaftlichkeit) und die Wissenschaftstheorie zur Überwindung einer gewissen Immobilität im Verharren bei den klassischen, streng analytischen Wissenschaften benötigen. Beide Disziplinen stehen im Grunde noch am Anfang – beide sind auf diese wechselseitige Konfrontation, auf fruchtbare permanente Kooperation und auf gegenseitige Korrektur angewiesen.

Gerade interdisziplinäre Herausforderungen sollten nicht Gelegenheiten bieten, Defensivtaktiken einzuschlagen, um Kontakte und Verbesserungsmöglichkeiten abzuschneiden. Im Gegenteil: *Interdisziplinäre Herausforderungen sind Chancen zur schnelleren, effektiveren Weiterentwicklung durch Gewinnung neuer Perspektiven.* Man fühlt sich an das biologische Beispiel von der Luxurierung der Bastarde erinnert. Die bisher nicht ernstgenommene Begegnungschance zwischen Systemanalyse und Wissenschaftstheorie, auf die nur von v. Bertalanffy, Buckley, Laszlo und v. Foerster beiläufig hingewiesen worden ist, stellt sich als vielversprechendes Anregungs- und Entwicklungsfeld für beide Gebiete dar.

Für die Wissenschaftstheorie ergibt sich zunächst die Aufforderung, sich mit unorthodoxen Methoden ernsthaft zu befassen, die zwar erheblich verbesserungsbedürftig – nach klassischen Kriterien sogar epistemologisch fast „unseriös" – sind, aber doch auf absehbare Zeit die einzigen bleiben werden, um komplexe Systemprobleme einigermaßen erfolgreich anzugehen. So sollte z.B . gerade die unorthodoxe Vermengung von einer rechtfertigenden Argumentation mit der Modellentwicklung in interaktiven Simulationsverfahren die Wissenschaftstheoretiker anregen, eine Methodologie solcher praktisch unerläßlicher Verfahren zu entwickeln und differenziert zu durchleuchten auf deren Rechtfertigung und eventuell nötige Modifikationen hin. Die fortschreitende Ersetzung subjektiver Beurteilungen durch protokollkontrollierte und intersubjektiv nachvollziehbare – auch etwa normenlogisch zu rekonstruierende – Rückführung auf allgemein(er) akzeptierte Grundbewertungen wäre unmittelbar von praktischer Bedeutung; ebenfalls die programm- und maschinenorganisatorisch durchaus zu leistende Übersicht über Alternativszenarios bei verschiedenen, aber diskutablen Wertungsvarianten.

Weder hinsichtlich der systemtheoretischen Methoden noch umfassenderer Modifikationen der traditionell an der theoretischen Physik ausgerichteten epistemologischen Konzepte hat die Wissenschaftstheorie diese Anregung bisher aufgenommen. Ein allgemeiner Antrag zum Schwerpunktkatalog der Deutschen Forschungsgemeinschaft, Wissenschaftstheorie der System- und Planungswissenschaften (wie auch der Technikwissenschaften im weitesten Sinne) zum bevorzugten Förderungsgegenstand zu machen, wurde nachträglich wieder fortgestrichen. Die Wissenschaftstheoretiker – meist von der Physik oder Mathematik hervorkommend – wollten traditionell bleiben, offenbar lieber zum tausendsten Male die Struktur physikalischer Theorien erörtern, als sich auf scheinbar so unseriöse Gebiete wie Systemwissenschaften begeben. Der Umstand, daß hier zur Zeit viel dringlichere Probleme der Praxis harren als in der Physikmethodologie, und auch die viel größere Erfolgswahrscheinlichkeit auf diesem praktisch völlig unbearbeiteten Gebiet rührten sie nicht.

Gegen die beachtenswerten Resultate und Methodenpräzisierungen der traditionellen Wissenschaftstheorie ist natürlich nichts einzuwenden – und man sollte diese auch in angemessenem Rahmen weiterbetreiben und weiterfördern. Doch die weitaus dringlicheren praktischen Probleme liegen anderswo – eben im Felde der interdisziplinären Konfrontationen und Kooperationsnotwendigkeiten und bei den multidisziplinären Systemwissenschaften – bei den nichtorthodoxen operativen und technologischen Wissenschaften unter Einschluß sozial- und wirtschaftswissenschaftlicher sowie ökologischer Konzepte.

Die allgemeinere Chance der Begegnung mit systemtheoretischen Ansätzen für die Weiterentwicklung der Wissenschaftstheorie besteht besonders darin, daß der Systemaspekt durchaus ein neues epistemologisches Programm anregen kann. Als weitere programmatische *These 8* sei daher angeführt:

Das systemtheoretische Denken und die ihm entsprechenden Ansätze können ein neues wissenschaftstheoretisches Paradigma und Programm und sogar noch umfassender eine metawissenschaftliche und philosophische Perspektive begründen.

Wenn Orchard (aaO. 207 f) von „generellen methodischen Prinzipien" spricht, die die Systemtheorie charakterisieren, wenn Ropohl (s. in diesem Band S. 45) schließlich die Allgemeine Systemtheorie als „allgemeine Modelltheorie" versteht mit den Aufgaben der „metatheoretischen" Verallgemeinerung und pluralistischen Vereinheitlichung, der multidisziplinären Integration und heuristischen Generierung von empirischen Theorien, so wird hier die wissenschaftstheoretische Funktion systemtheoretischer Ansätze und deren metatheoretischer Charakter deutlich gesehen und in gewissem Sinne zum Ausdruck gebracht.

Auch in einem neueren Sammelband zur Systemtheorie (Händle-Hensen 1974 : 18) wird die Allgemeine Systemtheorie auf die Beschäftigung „mit wissenschaftstheoretischen, erkenntnistheoretischen und methodologischen Problemen" der Systemanalyse und Systemkonzeption festgelegt, während die Untersuchung einzelwissenschaftlicher empirischer Probleme zu den speziellen Systemtheorien gerechnet wird. Allerdings vernachlässigen die Autoren die Einordnung überdisziplinärer empirischer Probleme; nicht jede Untersuchung, die über Disziplinengrenzen hinweggreift, muß einen spezifisch wissenschaftstheoretischen und methodologischen Charakter aufweisen, obwohl sie sicher in erhöhtem Maße methodologische Probleme aufwirft und insofern wissenschaftstheoretische Untersuchungen voraussetzt oder erfordert.

Mit Buckley (in Klir 1972 : 188 ff.) und Laszlo (1972 : 197–232) kann man explizit der Meinung sein, daß Systemtheorien ein neues Rahmenmodell für die Wissenschaftstheorie darstellen oder zumindestens vermitteln und voraussetzen, da die Rolle theoretischer Konstrukte und der konstitutiven Modelle in der interpersonal-sozialen Formung von Erkenntnissystemen sowie die erfahrungsprägenden Interaktionsbeziehungen zwischen dem erkennenden Subjekt (oder dem erkennenden *System*) und der Außenwelt (Buckley : ,,Transaktionalismus") in den Systemansätzen besonders deutlich werden. Nicht nur die Interdisziplinarität der Systemansätze und ihre holistische Überformung der atomistisch-analytischen Traditionen in der Wissenschaft können den Anreiz zur Ausbildung eines neuen *wissenschaftstheoretischen* Paradigmas darstellen – eines Paradigmas, das von seiten der traditionellen analytischen Wissenschaftstheorie allerdings erst einmal unter Berücksichtigung seiner Dringlichkeit und Praktikabilität wahrgenommen und entwickelt werden muß. Die Wende der Wissenschaftstheorie zu geschichtlichen und genetischen Problemstellungen mag hierzu das Ihrige beitragen – wie die sich immer mehr verbreitende Erkenntnis, daß auch formale Instrumente wie die Logik und die Mathematik nicht völlig unabhängig von systemhaften Beziehungen zwischen dem handelnden Menschen, der zu ,,behandelnden" Umwelt und der organismischen, teils nervlichen, Eigenausstattung gesehen werden können. Auch in anderen Bereichen hat sich die Wissenschaftstheorie nur sehr zögernd den Problemstellungen von Modellerklärungen ohne Verwendung echter Gesetze geöffnet; vielleicht kann die Systemtheorie – auch mit der ,,Autorität" gewisser praktischer Erfolge – hierzu weitere förderliche Anreize bieten.

Systemkonzepte sind nämlich Prototypen von Modellkonzepten, die für Modellerklärungen unter Fruchtbarkeitsgesichtspunkten, wie erwähnt, selbst dann zur Verfügung stehen können, wenn (noch) keine strikt naturgesetzlichen oder allgemeine gesetzeswissenschaftlichen Grundlagen zur Erfassung eines komplexen Gegenstandsbereichs bekannt sind. Laszlo deutet das (a.a.O 19) an, indem er die allgemeine Systemsynthese als ,,das Bauen von Modellmodellen" oder von ,,Modellen von Modellen" bezeichnet. Entsprechend wäre diese Aussage zu erweitern auf die Analyse von Systemmodellen.

Ferner ist zu berücksichtigen, daß der Erkenntnisapparat des Menschen sich auch nach dem biologischen Evolutionsmodell entwickelt hat – eine Erkenntnis, die noch nicht genügend in der bisherigen analytischen Wissenschaftstheorie berücksichtigt worden ist und über Lorenz' Versuch einer Naturgeschichte menschlichen Erkennens (1973) hinaus weiterentwikkelt werden müßte. Dabei ist die nur systemtheoretisch zu erfassende Wechselwirkung zwischen der Entwicklung der Erkenntnisapparatur und der jeweiligen Umgebung für die Grundlagendebatte über die Erkenntnis heranzuziehen.

Über das epistemologische Paradigma hinaus kann eine ,,systems philosphy" (Ellis-Ludwig 1962; Laszlo 1972) auch als ein neues Paradigma auch der Philosophie aufgefaßt werden. So ist Bertalanffy und Laszlo zuzustimmen: Die Analyse von hierarchisch organisierten und differenzierten Systemmodellen, die, dynamisch sich wandelnd, unter Umständen dennoch eine Art ,,Fließgleichgewicht", Äquifinalität (Zielzustandsorientiertheit trotz verschiedener Erreichungswege) und eine gewisse Identifizierbarkeit und Stabilität aufweisen, ist ein Unternehmen, das nicht nur über die Grenzen der Einzelwissenschaften hinausdringt, sondern auch die philosophische Analyse im Sinne einer neuen (oder erneuerten) synthetischen Philosophie an die wissenschaftliche und insbesondere die naturwissenschaftliche Forschung harmonisch anschließt. Eine Philosophie, die die ewigen Fragen ihrer Tradition weiterhin so reflektiert, als ob keine empirische Wissenschaft existierte, ist ebenso zur Unfruchtbarkeit verurteilt wie eine ausschließlich und eng auf sich selbst beschränkte ,,analytische Philosophie", die in Gefahr gerät, ,,sich selbst aus der Existenz herauszuanalysieren", indem sie allein die Analyse der Bedeutung eines Ausdrucks reflektiert, wie sie von irgendeinem bekannten gegenwärtigen Philosophen angeboten wird, die nur dafür sorgt, daß die ,,Räder der akademischen Philosophie sich drehen und die erforderliche Anzahl von Magister- und Doktorarbeiten produzieren" (v. Bertalanffy und Laszlo in Laszlo 1972: XX, 296 f.). Eine neue pragmatische Wissenschaftsorientierung der Philosophie ist nötig; sie kann beispielhaft durch die interdisziplinär orientierte wissenschaftstheoretische und philosophische Analyse der Systemmodelle angeregt und durchgeführt werden. ,,*Die Welt als Organisation*" zu analysieren – diese neue Art von ,,Naturphilosophie", wie v. Bertalanffy sie nennt – ist auf Daten und fruchtbare Anregungen aus den empirischen Wissenschaften angewiesen, kann insofern auch der drohenden akademischen und wissenschaftlichen Isolierung der Philosophie begegnen und der interdisziplinären Entfremdung im Zuge übertriebener fachlicher Einzelspezialisierungen wehren. Über von Bertalanffy hinausgehend muß natürlich die Untersuchung sozialer, kultureller und anderer nicht naturgegebener Systeme in die Analyse einbezogen werden – umso mehr, als artifizielle soziotechnische Systeme heute eine immer größere Bedeutsamkeit und Prägekraft entwikkeln. Diese letzteren aber sind Systeme, die zum Teil zugleich durch naturwissenschaftliche Modelle und durch sozialwissenschaftliche Theorieansätze beschrieben werden müssen: Hier hat man die notwendige Integration über die Fachgrenzen hinaus unmittelbar vor Augen – eine Integration, die sich vom untersuchten Gegenstand her als unerläßlich erweist.

Ein solcher, noch detaillierter auszuarbeitender systemphilosophischer Deutungsversuch hat natürlich zu berücksichtigen, daß er selbst nur in modellhafter Version entwickelt werden kann, daß z.B. die real existierenden, für uns unmittelbar (d.h. ohne Modellbildung) unerfaßbaren Entitäten der Außenwelt nicht mit den Systemmodellen identifiziert werden dürfen –

trotz gewisser erfahrungswissenschaftlich behaupteter Homomorphismen (verknüpfungstreuer, aber unter Umständen verkürzender Abbildungen) von der ‚an sich' unerkennbaren Außenwelt in die Modelle. Manchmal scheint auch Laszlo einen von ihm kühnerweise behaupteten Isomorphismus (einen umkehrbar eindeutigen Homomorphismus) zwischen real Existierendem in der Außenwelt und dem Systemmodell zu einer Identifizierung hochzustilisieren: zu einem systemtheoretischen ontologischen Realismus, einem Systemrealismus, der eben unerkennbare Außenweltrealitäten mit einem „natürlichen System" (einer „nichtzufälligen Anhäufung von Materie-Energie in einem physikalischen Raum-Zeit-Gebiet, die nichtzufällig in aufeinander einwirkenden und in Beziehung stehenden Subsystemen oder Komponenten organisiert ist" (Laszlo 1972: 30)). Der Systemexperte scheint manchmal unversehens den Modellcharakter jeder Systemerfassung zu vergessen – ein natürlich verführerischer oder verführerisch natürlicher Fehlschluß, da ja jedwede Erkenntnis und auch jede Einsicht über die Beziehung zwischen verschiedenen Modellen nur mittels systematisierter Modellbildungen zustandekommen kann.

Der Modellcharakter der Systemkonzeptionen ist den Systemtheoretikern wohl zumeist klar (vgl. etwa Ropohl 1975: 25). Jedoch wird manchmal nicht so klar wie bei Ropohl (in diesem Band S. 31f) gesehen, daß systemtheoretische Ansätze es ausschließlich mit Modellen und den Beziehungen zwischen verschiedenartigen Modellen zu tun haben, daß Systeme, wie sie von der Analyse untersucht oder im Modell synthetisiert werden, nicht als solche zugleich in der Realität vorkommen wie manche Autoren behaupten. Zumindest spielen hier verschiedene Arten von Systembegriffen hinein – und man sollte deutlich terminologisch zwischen ihnen unterscheiden. Auch sogenannte Realsysteme sind nur durch Modellbeschreibungen zu erfassen und auf das abstrakte Modell abzubilden. Auch konventionalisierte soziale, etwa durch Institutionalisierung von Normen konstituierte Systeme sind Modelle und nur in der Modellbeschreibungsweise zu erfassen. Die prinzipielle Modellhaftigkeit der Systemkonzeptionen ergibt sich schon daraus, daß man – wie die Systemtheoretiker einheitlich meinen – beliebige Gegenstände als Systeme – oder besser unter dem Systemaspekt – analysieren kann, daß also die Untersuchungsperspektive konstitutiv zur Systemkennzeichnung – und Erfassung – hinzugehört (Ropohl 1975: 25 ff.; ders., in diesem Band; Händle–Jensen: 17). All dies verhindert freilich nicht, daß selbst Systemexperten, die den Perspektivismus betonen, wie Laszlo (a.a.O.: 16 u.a.) gelegentlich das Realsystem oder die ohne Modellbeschreibung nicht zu erfassende Realität mit dem Modell selbst identifizieren: Laszlo identifiziert an einer Stelle (ebda. 153) den introspektiv sich selbst beobachtenden Menschen mit dem beobachteten System: „Er *ist* das System".

Laszlo identifiziert nicht nur natürliche Systeme mit der Außenweltrealität, sondern spricht ebenfalls im entsprechenden Sinne von „konkreten Syste-

men" im Sozialen, obwohl er zugibt – im Gegensatz zu seiner These über konkrete Systeme in der Natur –, daß man keine direkten Beobachtungen von konkreten Sozialsystemen machen kann (1972: 30, 100). Immerhin stellt er fest, daß das Arbeitsinstrument des Wissenschaftlers wie auch des Menschen im Alltag zur Erkenntnis solch „konkreter Systeme" ausschließlich ein theoretisches Modell sein kann, dessen Gültigkeit freilich bei Laszlo nach wie vor von den unterstellten „konkreten Systemen" bestimmt sein soll: Offenbar ist der mißdeutete Ansatz eines über das Modellhaft-Erfaßbare hinausgehende Isomorphismus noch zugrundegelegt.
Sicherlich müssen gewisse Konstanzen und Invarianzen vorausgesetzt werden, damit überhaupt eine Wiedererkennbarkeit – oder genauer: eine Wiederverwendbarkeit von Systemmodellen in gleicher Weise entsprechend der Situation behauptet werden kann. Die Existenz von Relationen in der Außenwelt, die unabhängig von der Erkenntnistätigkeit gegeben wären, könnte aber höchstens als fiktiver Als-Ob-Standpunkt unterstellt werden. Die Systemmodellphilosophie kann höchstens – wie jede Erkenntnistheorie überhaupt – als eine metaphysische Aussage über die Welt begründet behaupten, daß offenbar die Welt die Eigenschaft hat, daß Systemmodelle, wissenschaftliche Verallgemeinerungen, Theorien usw. praktisch erfolgreich verwendbar sind. Dies bedeutet nicht strikt, daß die Außenwelt die in den Modellen wiedergegebenen Eigenschaften in eben genau der Modellkombination aufweist – darüber können wir nichts sagen; darüber etwas auszusagen, ist freilich auch unnötig, um die erfolgreiche Verwendung von Theorien und Modellen zur Erklärung und Prognose zu begründen. Die Annahme der zuvor erwähnten viel abstrakteren „Eigenschaft" reicht dafür durchaus hin. Das Konzept „systems philosophy" ist nicht auf einen Relationenrealismus und nicht auf eine überzogene Isomorphismusbehauptung festgelegt, wie manche Systemtheoretiker vielleicht unbewußt anzunehmen scheinen.
Es wurde wiederholt auf die – zwar zunächst nur indirekte – Auswirkung hingewiesen, die wissenschaftstheoretische Analyse auf die Praxis der angewandten Systemanalyse und der Systemtechnik haben können und angesichts des noch bestehenden epistemologischen Defizits in Zukunft verstärkt haben werden. Wie bei der Wissenschaftstheorie der Naturwissenschaften werden auch hier wissenschaftstheoretische Konzepte nicht unmittelbar zur Gewinnung neuer inhaltlicher Modelle und Problemlösungen führen können, sondern die Beiträge werden in erster Linie methodenbeurteilend, methodenkritisch sein – eine Eigenschaft übrigens, die bei der methodischen Ungesichertheit und des teilweise zu findenden Wildwuchses an Analyse-, Pragmatik- und Planungsmethoden in komplexen Systemproblemlagen besonders wichtig ist. Gerade angesichts der methodologisch prekären Situation und des ebenso noch ungesicherten Images der Systemanalyse zwischen Natur-, Sozial- und Technikwissenschaften ist eine differenzierte Methodenkritik am ehesten geeignet, einerseits relativ abgesi-

cherte Verläßlichkeitsbeurteilungen zu ermöglichen und somit die unzuverlässigen Methoden auszuscheiden und andererseits das Vertrauen in die zwar unorthodoxen, aber für die Verwendung zu empfehlenden, da verhältnismäßig gut zu rechtfertigenden, und unerläßlichen Methoden und Teilgebiete des noch recht bunten Sammelbeckens ‚Systemanalyse' zu stärken und durch diese reinliche Trennung besonders auch das interdisziplinäre Mißtrauen abzubauen, das teilweise zu Recht von manchen Naturwissenschaftlern und Ingenieuren manchen hochfliegenden Ansprüchen etwa sogenannter Futurologen entgegengebracht wird. Es wurde begründet, weshalb dieses Mißtrauen, besonders in Hinsicht auf viele drängende interfakultative Systemprobleme, abgebaut werden muß, warum hier weder fachdisziplinäre noch rein naturwissenschaftliche oder rein sozialwissenschaftliche Methoden allein ausreichen – geschweige denn eine Planungspolitik des lediglich relativ kurzfristig orientierten ‚Durchwurstelns'. In den erwähnten Problembereichen ist ohnehin die traditionelle Unterscheidung zwischen naturwissenschaftlichen und sozialwissenschaftlichen Methoden fließend geworden – (dies unter anderem macht, wie angedeutet, den großen Reiz, die Herausforderung und die Innovationschancen der Systemwissenschaften für die Wissenschaftstheorie aus). Auf der anderen Seite kann ausschließlich die neue, von der Wissenschaftstheorie initiierte Methodenbewußtheit, methodenkritische Einstellung und daher die ständige Kooperation von Systemwissenschaftlern mit systemtheoretisch vorgebildeten und interessierten Wissenschaftstheoretikern schrittweise die nötige, sich für die Praxis auswirkende methodische Verbesserung erwirken. Dies gilt nicht nur für die methodisch einfacheren Fragen der Systembeschreibung, sondern insbesondere auch für die schwierigen Probleme der Prognostik, der Alternativprojektionen und der Systemplanung. Als weitere *These 9* scheint daher die folgende gerechtfertigt:
Sofern systemanalytische Ansätze sich an Anwendungen orientieren, sind sie Teilgebiete einer interdisziplinären Planungsdisziplin: Sie nehmen die Planungsaufgaben der Problemformulierung, Modellkonstruktion, Systembeschreibung, Situationsanalyse, Zielkonstruktion, Alternativenausformulierung, Nebenfolgenermittlung, Abschätzung des Zielrealisierungsausmaßes und der Langfristfolgen sowie die projektbegleitende Methoden- und Erfolgskontrolle wahr. Auch die Bewertungsvorbereitung – etwa die Koordinierbarkeitsanalyse in den sogenannten Aggregationsproblematiken (Arrow) von Wertentscheidungen unterschiedlicher Planungsträger bzw. verschiedener Gewichtungskriterien gehören, wie erwähnt, zu dem Aufgabenspektrum des anwendungsorientierten Systemanalytikers.
Die freilich zur Zeit noch nicht so sehr weit ausgearbeiteten Ansätze zur Methodologie der Planungsverfahren sind somit zum beträchtlichen Teil auch für die anwendungsorientierte Systemanalyse relevant.
Als *Folgerung* ergibt sich aus der vorstehenden These: Die Probleme der

Systemanalyse erfordern – und ermöglichen zugleich – eine Weiterentwicklung der Planungstheorien und ihrer Methodologie.
Ein praktisches Beispiel dafür, wie ein wissenschaftstheoretisch geschärftes Bewußtsein zu einer veränderten Beurteilung einer systemanalytischen Einzelstudie führen könnte, läßt sich an Randers' bekannter Studie „Das DDT in unserer Umwelt" entwickeln.
Die Studie macht (zunächst) den Eindruck einer sorgfältigen analytischen Durchdringung des Problems. Ziel der Untersuchung ist es, ein Simulationsmodell für die Konzentration und langfristige DDT-Bilanz in der Umwelt (Boden, Luft, Meer) und für die dadurch bewirkte Belastung in den Nahrungsketten (z.B. Boden, Wasser, Plankton, Fische, Menschen) aufzustellen und somit prognostische Projektionen für die Fälle gewinnen, daß man Änderungen der Anwendungsrate vornimmt. So weit sind Zielsetzung und Modellstrukturannahmen klar.
Man mag auch einige der als plausibel angegebenen Vernachlässigungen hinnehmen, obwohl dabei von der Zielsetzung her schon manche Problematik deutlich wird: etwa in der Annahme, DDT sei gleichmäßig in der durchmischten Oberflächenschicht des Meeres verteilt, obwohl z.B. das Plankton keineswegs gleichmäßig verteilt ist usw. Bei der Einschätzung der Daten werden dann aber z.T. zu großzügige Anpassungen und Abrundungen vorgenommen, da fast keine wirklichen Meßwerte und statistischen Gesamtdaten vorliegen: Die Ausgangsgröße, auf der die ganze Simulation basiert, die Welt-Anwendungsrate von DDT pro Jahr, wird einfach gleich der doppelten USA-Produktion an DDT gesetzt ohne jeden Versuch einer Abschätzungsbegründung. – Aus lokalen Messungen (Woodwell) in Neu-England, die ergaben, daß (rund) 50 % des aus der Luft versprühten DDT „niemals" die Erde erreichen, darf man offenbar „mit Sicherheit annehmen, daß im globalen Durchschnitt rund 0,4 des angewandten DDT in der Atmosphäre verbleibt" und 60 % sich niederschlägt. Es fällt natürlich sofort auf, daß eine aus einer Mindestschätzung („niemals") gezogene Schlußfolgerung der Prämisse selbst widerspricht. – Da die Halbwertszerfallszeiten des DDT im Boden zwischen 2,5 und 35 Jahren variieren (je nach Beschaffenheit, Art des Bodens und Anwendungskonzentration), wird einfach der Wert 10,5 Jahre als einheitlicher Zerfallswert für DDT im Boden angesetzt – und von da an global für den Zerfall im Boden benutzt. Die Ausscheidungshalbwertszeit bei Fischen wird mit 0,3 Jahren angesetzt, obwohl sie, wie betont, zwischen 0,05 und 0,7 Jahren liegen kann. Auch andere Randdaten variieren noch innerhalb einer oder vereinzelt sogar um mehr als eine Zehnerpotenz, selbst wenn es sich um Multiplikationsfaktoren handelt (die DDT-Konzentration in Fischen ist um 10 bis 100 mal höher als im Plankton). Die Sensitivitätsanalyse soll nachträglich diese Abweichungen wieder ausgleichen – als unerheblich erweisen: „Wenn veränderte Größen Einfluß auf das Modellverhalten haben, so bedeutet dies, daß die Simulationsergebnisse weitgehend verläßlich sind..." (ebda., S. 73).

Wissenschaftstheoretisch handelt es sich bei diesem Satz um eine Erschleichung: Aus der Nichtrelevanz von Größen für die angenommenen Simulationsgleichungen bzw. Computer-Läufe wird die Anwendungsverläßlichkeit des Modells zu erschließen versucht. Man kann aber allenfalls eine Aussage über die Nichtrelevanz der durch die Empfindlichkeitsanalyse in ihrem Sequenzverhalten untersuchten Größen machen. „Tests" oder – wie es in demselben Band (S. 127, 129) in der Rohstoffstudie von Behrens III heißt – ein „Beweis" für die Brauchbarkeit des Simulationsmodells oder dafür, „die vorhandenen Kenntnisse in richtige Beziehung zueinander zu setzen" können hieraus natürlich nicht entnommen werden. Was soll „richtig" hier heißen? Wie wird die „Richtigkeit" der Beziehungen ermittelt?

Wie schon oben erwähnt – und hier an einem praktischen Beispiel verdeutlicht – ist durch Testläufe des Rechners allein eben kein *Test* des Modells im Sinne einer Überprüfung und Bestätigung des theoretischen Modells zu erhalten.

Im übrigen gerät das Vertrauen auf die Empfindlichkeitsanalyse ein wenig ins Wanken, wenn sie nach Wahl der „optimistischen" und der „pessimistischen" Eingangs-Extremwerte als Konsequenz herausbekommt, daß „der maximale spezifische Gehalt an DDT im Fisch bei pessimistischen Annahmen rund 33000 mal höher" ist „als bei optimistischen Annahmen" (ebda., S. 75). Die Konsequenzenvariabilität ist in diesem Falle zu groß, als daß man überhaupt noch von einer wesentliche Projektionsleistung des Modells sprechen kann.

Der Autor räumt nun zwar ein, die Ergebnisse seien nicht „als präzise Voraussagen verwertbar"; „von sehr viel größerer Bedeutung" seien „die relativen Größen und Zeitspannen", die sich als Antwort auf die verschiedenartigen Maßnahmen ergeben. Doch ist ein Unterschied eines Multiplikationsfaktors von 33000 im Gehalt – durchaus um die Schädlichkeitsrate herum – wohl eine zu große Varianz, als daß man in diesem Falle schon mit begründetem Anspruch behaupten könnte, die Simulation sei „mindestens den intuitiven Schätzungen überlegen" (ebd., S. 70). Dies gilt höchstens hinsichtlich der Anordnung, der Übersichtlichkeit und der modellhaft projektierten inneren Verflechtung der intuitiven Schätzungen untereinander, nicht aber in bezug auf deren Treffsicherheit.

Das Modell ist zunächst einer Gesetzmäßigkeit vergleichbar, bei der wichtige Größen noch nicht gemessen werden konnten. Es gibt eine gewisse Einsicht in das Gesamtsystem der Wirkungsverflechtungen (bei allen nötigen Vernachlässigungen), aber noch keine verläßliche – und sei es auch nur bedingte – Projektion. Es hat hier noch den Wert eines abschätzenden Gedankenexperimentes, zu dem der empirische Test noch nicht erfolgt ist. Das Modell ist heuristisch und methodisch interessant und wichtig, darf aber (noch) nicht für eine Theorie genommen werden.

Die vom Autor als die wichtigsten herausgehobenen Schlußfolgerungen, daß das DDT erst und noch mehrere Jahre nach steigender bzw. sinkender Anwendungsrate in steigender Konzentration in der erwähnten Nahrungskette auftritt, hätten natürlich ohne jede Systemanalyse durch histologische, biochemische und physiologische Untersuchungen anhand von Experimenten mit Fischen, Plankton, Vögeln gewonnen werden können. Dieses Ergebnis allein kann im Gegensatz zur Verlautbarung Randers' also nicht das Wesentliche der Anwendung einer solchen Systemanalyse ausmachen.

Hier muß man also offenbar mutiger sein als der Autor selbst: Die wissenschaftstheoretische Analyse diskreter Zustandssysteme (Rescher) hat ergeben, daß die Kenntnis der systembeherrschenden Gesetze einen Eigenwert hat: Es gibt Modelle stochastischer diskreter Zustandssysteme, bei denen man zwar die Gesetze der Zustandsänderungen explizit kennt, aber weder Voraussagen noch kausale Erklärungen noch Retrodiktionen vornehmen kann. Dennoch gibt die Kenntnis der Gesetze einen wichtigen Einblick in das dynamische Zustandssystem und seine Wandlungen. Ein System solcher Art wäre z.B. durch jeden Zustandsgraphen dargestellt, bei dem in jedem Zustand jeweils gleiche Übergangswahrscheinlichkeiten bestehen. Einfache Beispiele für solche Zustandssysteme wären:

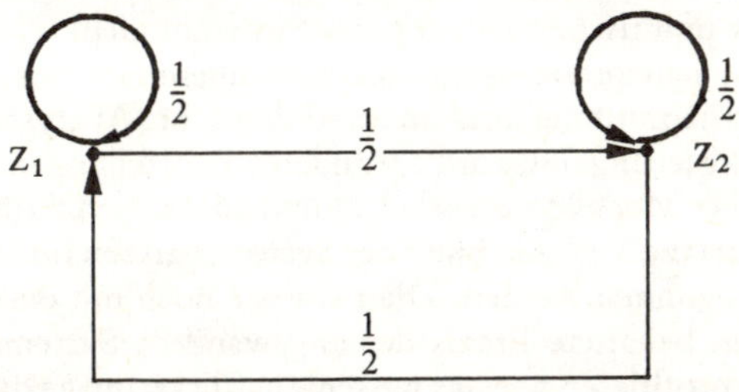

Einfaches diskretes Zustandssystem mit zwei Zuständen ohne Möglichkeit der Prognose, Retrodiktion oder (kausalen) Erklärung trotz Kenntnis der (stochastischen) Gesetze.

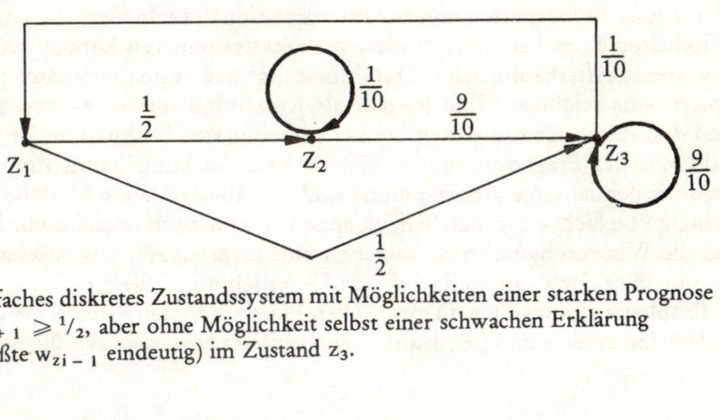

Einfaches diskretes Zustandssystem mit Möglichkeiten einer starken Prognose $w_{z_i+1} \geqslant {}^1/_2$, aber ohne Möglichkeit selbst einer schwachen Erklärung (größte w_{z_i-1} eindeutig) im Zustand z_3.

Obwohl die Systemdynamik meist nicht alle expliziten Gesetze, sondern eben nur verkürzte, abstrahierte Modellannahmen über Größen- und Zustandsänderungen verfassen kann, darf man hier wohl eine Analogie sehen, die als *These 10* formuliert sei:
Ähnlich wie die etwas überraschend erscheinenden Extremfälle diskreter Zustandssysteme sind die systemtheoretischen Ansätze geeignet, übergreifende Systemzusammenhänge (teils Gesetze, teils generelle Modellannahmen) wiederzugeben, zu ‚simulieren', ohne schon präzise Prognosen, Projektionen oder gar Erklärungen zu erlauben. Die prinzipielle Einsicht in den Systemdynamismus (ohne vollständige, aber aufgrund möglichst weitgehender Gesetzeskenntnis) ist schon eine wertvolle wissenschaftliche „Systematisierung" – ein Ziel, das den Systemtheoretiker auch angesichts noch nicht faßbarer komplexer Realsysteme interessieren kann – weniger natürlich, sieht man die Angelegenheit etwas kurzsichtig: den Anwendungspraktiker. – Doch wie in der Naturwissenschaft der Gesetzeserkennung noch immer sehr schnell die praktizierbare Anwendung, die Möglichkeit einer Prognose und/oder experimentellen Anwendung und meist auch bald die technisch industrielle Verwertung folgte, so dürfte dies auch für die Systemforschung – und auch für viele von deren vorläufigen Entwürfen – gelten. So wie nichts praktischer ist als eine gute Theorie, so ist für die Systemanalyse nichts praktischer als ein gutes Systemmodell.
Insgesamt läßt sich *zusammenfassend* formulieren:
Wissenschaftstheoretische und methodologische Analysen können zur Methodenpräzisierung und zur begründeten Beurteilung und Auswahl systemanalytischer Modelle wesentliche Fundamente und Kriterien beitragen und so a fortiori die Verläßlichkeit der Systemanalysen fördern und sollten daher zügig begonnen werden. Die teilweise noch mit einigen unnötigen Unsicherheiten behaftete Praxis der angewandten Systemanalyse würde davon ebenso profitieren wie das wissenschaftliche Image dieser jungen interessanten Disziplin zwischen Natur- und Sozialwissenschaft, zwischen Theorie und Anwendung.
Zur nötigen Koordination der aus unterschiedlichen Wissenschaften stammenden Fachexperten und zur Interpretation des erforderlichen interdisziplinären Forscherteams in diesem multidisziplinären Bereich würde die wissenschaftstheoretische ‚Durchforstung' der Systemwissenschaften insofern eine wichtige Hilfe leisten, als Kommunikationsbarrieren zwischen den Ausgangsdisziplinen bei der gemeinsamen Diskussion der methodologischen Fragen am ehesten abgebaut werden können und Möglichkeiten für gemeinsame Ansatzpunkte und fachübergreifende Modelle unabhängig von fachbezogenen Scheuklappen systematisch gesucht würden; denn die Wissenschaftstheorie selbst ist eine *meta*(einzel)-wissenschaftliche, eine inter- bzw. supradisziplinäre Unternehmung. Sie ging zwar von den Problemstellungen der theoretischen Physik und den Grundlagenfragen der Mathematik und Logik aus, war aber von vornherein als allgemeine

Methodologie für alle Wissenschaften konzipiert – zunächst für die reinen, theoretischen Wissenschaften. Die methodischen Koordinations- und Innovationsprobleme erzwingen aber heute zunehmend und notwendigerweise eine verstärkte Konzentration auch auf die angewandten Wissenschaften, insbesondere auf die technologischen, die System- und Sozialwissenschaften.

Gerade in interdisziplinären Forschungsteams von Großforschungsanlagen erweisen sich die Probleme der Koordination verschiedener Fachrichtungen als immer dringlicher. Die Methodologie vermag die Experten zu koordinieren und zu einer Gruppe zu integrieren, wenn eine gemeinsame Klammer durch gemeinsame Projekte, Programme und – vor allem – gemeinsame Probleme gegeben ist – und das ist insbesondere in Großforschungsinstituten mit einer relativ einheitlichen multidisziplinären Zielsetzung wie etwa den Kernforschungsinstituten der Fall.

Selbstverständlich kann nicht jedes Mitglied jedes Systemanalyseteams für alle relevanten Fachgebiete kompetent sein. Ebenso selbstverständlich sollte es aber außer in den systemwissenschaftlichen Methoden und operativen Theorien auch in wenigstens einem betroffenen Gebiet Experte sein, dort selbst wissenschaftlich arbeiten (oder wenigstens gearbeitet haben). Kein wissenschaftlicher Scharlatan ist erforderlich, der vorgibt, alles zu können, in Wirklichkeit aber nichts so recht, keine Disziplin bis in die Tiefe beherrscht. Interdisziplinarität in Personalunion ist erwünscht, aber mit Schwerpunkten, Tiefe und Gehalt. Die damit notwendigerweise verbundene gewisse Einschränkung der Spektralbreite des einzelnen Forschers kann und muß kompensiert werden durch die sich ergebende multidisziplinäre Überlappung in der Forschergruppe, deren Mitglieder – wiewohl mit Schwerpunkten interdisziplinär orientiert – sehr verschiedene Wissenschaftskombinationen repräsentieren. Nur durch Vereinigung der fachlich fundierten Kenntnisse und ‚Tiefenerfahrungen' von Experten, die der interdisziplinären Kooperation fähig sind, kann das weite multidisziplinäre Spektrum abgedeckt werden, ohne daß sich die Oberflächlichkeit des wissenschaftlichen „Hans Dampf in allen Gassen" ausbreitet. Hierzu sind geeignete Koordinationsmodelle sowohl für Planungsstäbe und Beratungsgremien, wie an anderer Stelle ausgeführt (Verf. (Hrsg.) 1973), als auch für Systemanalysegruppen nötig. Eine Systemanalyse der Großforschungseinrichtungen und eine Systemanalyse der Systemanalyseteams selbst – eine „Systemanalyse der Systemanalyse" – wären hierfür sicherlich fruchtbar. Auch *so* verstanden ist für die Systemanalyse selbst nichts praktischer als ein gutes Systemmodell.

Indem die Systemwissenschaften ein neues Paradigma der angewandten Wissenschaft und auch der methodologischen Modelle darstellen und somit Herausforderungen und Chancen für die Wissenschaftstheorie bieten und indem umgekehrt die Wissenschaftstheorie wesentliche Aufgaben der Systemanalyse fördern kann, erweist sich die Begegnung und wechselseitige

Durchdringung dieser beiden interdisziplinären Ansätze als nützlich und nötig:
Systemanalyse ohne Wissenschaftstheorie bliebe methodenblind, Wissenschaftstheorie ohne Systemwissenschaften bliebe traditionell eingeengt.

Anmerkungen

[1] Vgl. a. Ropohl (in diesem Band S. 19ff), der den Systembegriff zwar zunächst allgemeiner als beliebige Objektmenge mit aufgeprägten Relationen – also als Relativ – definiert, dann aber doch sogleich eine Partition disjunkter Attributenmengen einführt.
[2] Die im folgenden entwickelten zehn Thesen fassen jeweils das Erörterte wiederholend zusammen oder werden zunächst programmatisch formuliert und danach erläutert.
* Besser, weil weniger mißverständlich gegenüber den operativen Theorien, wäre vielleicht der Ausdruck ,,interpretierende Theorie" oder einfach ,,Theorie der Meßinstrumente".
[3] Vereinfachungen zur Erfassung des Verhaltens überaus komplexer Systeme sind allgemein unerläßlich, es ist aber eine Frage der Resultatbeurteilung wie auch der methodologischen Kriterienwahl, *welche* Vereinfachungen gewählt werden sollen: So hat sich entsprechend bei einer solchen kritischen Beurteilung des Meadows-Modells, wie es in dem Buch *Grenzen des Wachstums* dargestellt ist, gezeigt, daß die Konstruktion eines nichtregionalisierten Gesamtmodells, das die Unterschiede zwischen hochindustrialisierten und entwickelten Gesellschaften einerseits und den Entwicklungsländern andererseits vernachlässigt, zu einfach ist, um zu akzeptablen Empfehlungen für die Wachstumspolitik und die Rohstoffpolitik etwa der Entwicklungsländer in den nächsten Jahrzehnten führen zu können. Auch der Unterschied zwischen rohstoffreichen Entwicklungsländern (etwa Öllländern) und rohstoffarmen Ländern der Dritten Welt dürfte gravierend die Prognosen und dementsprechend zu vertretenden Empfehlungen beeinflussen. – Die bei Mesarović-Pestel durchgeführte Regionalisierung des Gesamtmodells auf zehn Weltsektoren stellt demgegenüber schon einen erheblichen Fortschritt dar. Ebenfalls soll hier ein anderer Mangel des Meadows-Modells, die fehlende Berücksichtigung politischer und sozialer Faktoren und Traditionen, dem Vernehmen nach berücksichtigt worden sein, obwohl kaum ersichtlich ist, wie diese Faktoren in die den Computerläufen zugrundegelegten Datenbasen eingegangen sind und eingehen konnten. Immerhin ist im verbalen Begleittext und in der Gesamtbeurteilung des Werkes auf diese Faktoren, einschließlich der Notwendigkeit und der eventuellen Chancen eines neuen ,,ethischen Bewußtseins", verwiesen worden. Man ist sich über die Problematik der Integration von sozialen, normativen und kulturellen Faktoren sowie politischer Interessen klar, ohne jedoch grundsätzlich die Methoden und eine angemessene Methodologie zu besitzen, wie diese – außer über den Weg von notwendig subjektiv bleibenden Grenzenabschätzungen – etwa in die Flußratengleichungen eingehen können.
Um Mißverständnissen vorzubeugen, sei wiederholt: Die vorstehenden, von wissenschaftstheoretischer Seite nötigen, einschränkenden Bemerkungen zur erkenntnisliefernden Funktion der globalen Systemmodelle sollen nicht den grundsätzlichen heuristischen Wert dieser Modelle bezweifeln – von der Notwendigkeit muß man

heute angesichts fehlender alternativer empirischer Globaltheorien geradezu überzeugt sein –, sondern sie sollen nur einer Überschätzung dieser Modellsimulationen und ihrer Hochrechnungen und ihrer Mißdeutung als gesetzes- und erfahrungswissenschaftlich gesicherter Erkenntnisse begegnen.
Diese Warnung ist nicht nur negativ zu verstehen, sondern auch positiv als Aufforderung, über die formalen operativen Modelltechniken hinaus möglichst nach nomologischen, bereichs- und abstraktionsniveauübergreifenden Hypothesen zu suchen: So sind etwa die von J.G. Miller exponierten 165 „cross-level hypotheses" für lebende Systeme Beispiele von solchen Hypothesen mit nomologischem Gehalt, die zwar großenteils nur rein qualitativ formuliert sind und vielfach logisch relativ unverbunden nebeneinanderstehen, jedoch von informationstechnischen, energiewissenschaftlichen und organisationswissenschaftlichen sowie thermodynamischen und allgemeinbiologischen Grundlagen ausgehen und versuchen, eine Systemtheorie lebender Systeme fruchtbar auf einem mittleren Abstraktionsniveau zwischen der Biologie der einzelnen Organismen und abstrakten uninterpretierten Systemkalkülen überhaupt zu entwickeln (J.G. Miller, 1965, III: 380–411, vgl. a. ebda. I, 193–237 und II, 337–379).

Literatur

Ashby, W.R.: An Introduction to Cybernetics. New York 1956.

von Bertalanffy, L.: General Systems Theory. Foundations – Development – Applications. New York 1968.

Boulding, K.L.: General Systems Theory – The Skeleton of a Science. In: General Systems I (1956), S. 11–17.

Buck, R.C.: On the Logic of General Behavior Systems Theory. In: Feigl, H./Scriven, M. (Hrsg.): Minnesota Studies in Philosophy of Science and the Concept of Psychology and Psychoanalysis. Minneapolis 1956, S. 223–238.

Bunge, M.: Scientific Research, Bd. 1 u. 2. Berlin/Heidelberg/New York 1967.

Chestnut, H.: Prinzipien der Systemplanung. München 1970.

Czayka, L.: Systemwissenschaft. Eine kritische Darstellung mit Illustrationsbeispielen aus den Wirtschaftswissenschaften. Pullach 1974.

Deutsch, K.W.: Politische Kybernetik. Modelle und Perspektiven. Freiburg 1969. Original: The Nerves of Government. New York 1963.

Ellis, D.O./Ludwig, F.J.: Systems Philosophy. Englewood Cliffs (N.J.) 1962.

Emery, F.E. (Hrsg.): Systems Thinking. Harmondsworth 1969.

Faude, D./Bayer, A./Halbritter, G./Spannagel, G./Stehfest, H./Wintzer, D.: Energie und Umwelt in Baden-Württemberg. Eine Studie im Auftrag des Ministeriums für Wirtschaft, Mittelstand und Verkehr in Baden-Württemberg. Gesellschaft für Kernforschung Karlsruhe, 1974 (KFK 1966, OF) (vervielfältigt).

FitzGerald, J.M./FitzGerald, A.F.: Fundamentals of Systems Analysis. New York, London, Sidney, Toronto 1973.
ders.: Der teuflische Regelkreis. Das Globalmodell der Menschheitsthese. Stuttgart 1972 (Original: World Dynamics. Cambridge 1971).
ders.: Grundzüge einer Systemtheorie (Principles of Systems). Wiesbaden 1972.

Gilles, E.-D.: Struktur und Dynamik soziologischer Systeme. München/Wien 1974.
Greven, M.T.: Systemtheorie und Gesellschaftsanalyse. Kritik der Werte und Erkenntnismöglichkeiten in Gesellschaftsmodellen der kybernetischen Systemtheorie. Darmstadt/Neuwied 1974.

Hall, A.D./Fagen, R.E.: Definition of System. In: Buckley, W. (Hrsg.): Modern System Research for the Behavioral Scientist. Chicago 1968, S. 81–92.
Händle, F./Jensen, S. (Hrsg.): Systemtheorie und Systemtechnik. München 1974.

Jansen, P.-J.: Die Struktur systemtechnischer Arbeit. Entwurf eines qualitative Aspekte berücksichtigenden Entscheidungsprozesses. Institut für angewandte Systemtechnik und Reaktorphysik, Kernforschungszentrum Karlsruhe, 1973 (vervielfältigt).

Klaus, G. (Hrsg.): Wörterbuch der Kybernetik, I, II. Frankfurt 1969.
Klir, J.: Cybernetic Modelling. London 1967.
ders.: An Approach to General Systems Theory. New York u. a. 1969.
ders. (Hrsg.): Trends in General Systems Theory. New York 1972.
Krauch, H. (Hrsg.): Systemanalyse in Regierung und Verwaltung. Freiburg 1972.
Kuhn, T.S.: Die Struktur wissenschaftlicher Revolutionen. Frankfurt 1967. Original: The Structure of Scientific Revolutions. Chicago 1962.
Kurzrock, R. (Hrsg.): Systemtheorie. Berlin 1972.

Laszlo, E.: Introduction to Systems Philosophy. Toward a New Paradigm of Contemporary Thought. New York/London/Paris 1972.
ders.: A Systems Philosophy of Human Values. In: Behavioral Science XVIII (1973), S. 250–259.
Lenk, H.: Kybernetik – Provokation der Philosophie. in: Lenk, H.: Philosophie im technologischen Zeitalter. Stuttgart 1971, S. 72–107.
ders.: Wissenschaftstheoretische und philosophische Bemerkungen zur Systemtheorie. In: Lenk, H.: Pragmatische Philosophie. Hamburg 1975, S. 247–267.
Lorenz, K.: Die Rückseite des Spiegels. Versuch einer Naturgeschichte menschlichen Erkennens. München 1973.
Luhmann, N.: Moderne Systemtheorien als Form gesamtgesellschaftlicher Analyse. In: Habermas, J./Luhmann, N.: Theorie der Gesellschaft oder Sozialtechnologie. Was leistet die Systemforschung? Frankfurt 1971, S. 7–24.
ders.: Systemtheoretische Argumentationen. Eine Entgegnung auf Jürgen Habermas. Ebda. 291–405.

Meadows, D.L./Meadows, D./Zahn, E./Milling, P.: Die Grenzen des Wachstums (Limits to Growth). Stuttgart 1972.

ders./Meadows, D.H. (Hrsg.): Das globale Gleichgewicht. Modellstudien zur Wachstumskrise. Stuttgart 1974.

Mesarović, M.D. (Hrsg.): The Use of General Systems Theory. New York 1964.

ders.: (Hrsg.): Systems Theory and Biology. New York 1968.

ders./Pestel, E.: Menschheit am Wendepunkt. 2. Bericht an den Club of Rome zur Weltlage. Stuttgart 1974.

Miller, J.G.: Living Systems: Basic Concepts. In: Behavioral Science 1965, S. 193–237.

ders.: Living Systems: Structure and Process. Ebda. S. 337–379.

ders.: Living Systems: Cross-Level Hypotheses. Ebda. S. 380–411.

Opp, K.-D.: Kybernetik und Soziologie. Neuwied/Berlin 1970.

Parsons, T.: The Social System. New York 1957.

Prewo, R./Ritsert, J./Stracke, E.: Systemtheoretische Ansätze in der Soziologie. Eine kritische Analyse. Reinbek 1973.

Pichler, F.: Mathematische Systemtheorie. Dynamische Konstruktionen. Berlin/New York 1975.

Pribram, K.H.: Language of the Brain. Englewood Cliffs 1971.

Rapoport, A.: The Uses of Mathematical Isomorphism in General System Theory. In: Klir, J. (Hrsg.): Trends in General Systems Theory. New York 1972, S. 42–77.

Ropohl, G.: Flexible Fertigungssysteme. Zur Automatisierung der Serienfertigung. Mainz 1971.

ders. (Hrsg.): Systemtechnik – Grundlagen und Anwendung. München/Wien 1975.

Tjaden, K.H. (Hrsg.): Soziale Systeme. Materialien zur Dokumentation und Kritik soziologischer Ideologie. Neuwied/Berlin 1971.

Unbehauen, R.: Systemtheorie. Eine Einführung für Ingenieure. München/Wien 1969.

Walter, W.G.: Das lebende Gehirn. Entwicklung und Funktion. München/Zürich 1963.

Zahn, E.: Systemanalyse als Instrument der Planung sozio-ökonomischer Entwicklungen. In: Pietzsch (Hrsg.): Zehn Jahre Forschungsgruppe Pietzsch. Ettlingen 1975 (Privatdruck), S. 9–23.

Zangemeister, C.: Nutzwertanalyse in der Systemtechnik. Eine Methodik zur multidimensionalen Bewertung und Auswahl von Projektalternativen. München 1970.

Die Mitarbeiter des Bandes

Bossel, Hartmut, geb. 1935, Dipl.-Ing., Ph. D. (Eng.), wissenschaftlicher Mitarbeiter am Institut für Angewandte Systemforschung und Prognose e. V. Hannover; Arbeitsgebiete: Formalisierte Analyse und Simulation gesellschaftlicher Systeme, insbesondere der Prozesse des Wertewandels; computergestützte Planungssysteme.

Deutsch, Karl W., geb. 1912, Prof. Dr., Professor für Politikwissenschaft an der Harvard Universität in Cambridge/Mass., USA; Arbeitsgebiete: Internationale Beziehungen, vergleichende Politikwissenschaft, politische Kybernetik, Friedens- und Konfliktforschung.

Harbordt, Steffen, geb. 1934, Prof. Dr. phil., Professor für Didaktik der politischen Bildung an der Technischen Universität Berlin; Arbeitsgebiete: Politische Soziologie, politische Bildung.

Jansen, Peter-Jörg, geb. 1940, Priv.-Doz. Dr.-Ing., Kernforschungszentrum Karlsruhe; Arbeitsgebiete: Systemtechnik, Energiepolitik.

Laszlo, Ervin, geb. 1932, Prof. Dr., Mitarbeiter und Forschungsprojekt-Direktor des United Nations Institute for Training and Research (UNITAR) New York, USA; Arbeitsgebiete: Sozialphilosophie, Wertphilosophie, Philosophie der Systemtheorie.

Lenk, Hans, geb. 1935, Prof. Dr. phil., Professor für Philosophie an der Universität Karlsruhe (TH); Arbeitsgebiete: Analytische Philosophie, Logik und Wissenschaftstheorie der Natur- und Sozialwissenschaften, Philosophie der Planungs-, Technik- und Systemwissenschaften, Philosophie und Soziologie des Sports.

Niederwemmer, Ulf, geb. 1939, Dr. phil., Abteilungsleiter am Institut für Systemtechnik und Innovationsforschung der Fraunhofer-Gesellschaft Karlsruhe; Arbeitsgebiete: Technologie- und Forschungsplanung, Innovationsmanagement, Technologievermittlung, technologiebegleitende Sozialforschung.

Rampacher, Hermann H., geb. 1934, Dr. rer. nat., Dipl.-Phys., Mitarbeiter der IBM Deutschland GmbH Frankfurt; Arbeitsgebiete: Rechnernetze, Dokumentations- und Informationssysteme, Wissenschaftstheorie.

Ropohl, Günter, geb. 1939, Priv.-Doz. Dr.-Ing. habil., Geschäftsführer des Studium Generale der Universität Karlsruhe (TH); Arbeitsgebiete: Philosophie und Soziologie der Technik, allgemeine Technologie und deren Didaktik, Systemtheorie und Systemtechnik.

Stachowiak, Herbert, geb. 1921, Prof. Dr. phil., Professor für Philosophie an der Gesamthochschule Paderborn, Honorarprofessor an der Freien Universität Berlin; Arbeitsgebiete: Wissenschaftstheorie, praktische Philosophie, Systemtheorie, Planungstheorie, Bedürfnis- und Wertforschung.

Zangemeister, Christof, geb. 1939, Prof. Dr. Ing., Dipl.-Wirtsch.-Ing., außerplanmäßiger Professor für systemtechnische Planungsmethoden an der Technischen Universität Berlin und geschäftsführender Gesellschafter einer Beratungsgesellschaft in Köln; Arbeitsgebiete: Angewandte Systemanalyse und Systemtechnik, Unternehmensplanung und -organisation, Informationssysteme, Nutzwertanalyse und Zielplanung.